GÖPPINGER ARBEITEN ZUR GERMANISTIK
herausgegeben von
Ulrich Müller, Franz Hundsnurscher und Cornelius Sommer

Nr. 473

Hellmut Rosenfeld

Ausgewählte Aufsätze
zur deutschen Heldendichtung
und zur Namenforschung, zur
Todes- und Totentanzdichtung, zum
Volksdrama und zur Wechselwirkung von Kunst
und Dichtung im Mittelalter

FESTGABE
zum 80. Geburtstag von Hellmut Rosenfeld
24.VIII. 1987

zusammengestellt und herausgegeben
von
Hans-Adolf Klein

KÜMMERLE VERLAG
Göppingen 1987

Schriftleitung: Hans-Adolf Klein
Biographie: Kurt Franz
Bibliographie: Hellmut Rosenfeld

Umschlagbild: Titel — Holzschnittrahmen von Augustini in psaltiorum
prima quinquinquagenam explanatio, Paris 1529

Potraitfoto: Peter Rheinfelder, München

S. XII/XIV: Zwei Linolschnitte von Hellmut Rosenfeld (1926)

Alle Rechte vorbehalten, auch die des Nachdrucks von Auszügen,
der fotomechanischen Wiedergabe und der Übersetzung.

Kümmerle Verlag, Göppingen 1987
Druck: Sprint-Druck GmbH, Stuttgart 30
ISBN 3-87452-709-3
Printed in Germany

GRUSSWORT

Veehrter, lieber Herr Professor Dr.Rosenfeld!

Ihnen wird sicher unbekannt sein, daß die Süddeutsche Zeitung in einem längeren Artikel auch Ihre Person gewürdigt hat. In ihrer Wochenendausgabe vom 12./13. April 1986 berichtet in einem ganzseitigen Artikel ein Student aus dem ersten Semester von seinen Eindrücken an der Ludwig-Maximilians-Universität München. Erzählt wird von der endlosen Studentenschlange bei der Einschreibung, von einer Orientierungsveranstaltung zum Studium der Germanistik. Dann berichtet der Autor, ohne Ihren Namen zu nennen, über Ihre Vorlesung:

" Es sollte die Ausnahme bleiben, eine Attraktion gewissermaßen, selten, sehr selten, daß ein Professor seinen Krückstock quer auf das Rednerpult legte, sich in den Sprechpausen mit einem tiefen Schluck aus einem wassergefüllten Marmeladeglas erfrischte und, als wäre er selbst Augenzeuge gewesen, von wundersamen Heldenliedern und dem Ethos längt vergangener Zeiten zu berichten wußte oder wertvolle Pergamentschriften behutsam durch die Reihen reichte.

Die Wirklichkeit ist eine andere, abgesehen von einigen wenigen Vorlesungen (und Seminaren) hat trockene Wissenschaft ihre Greifarme um die Literatur gerankt, nüchtern analytische Denkmodelle beherrschen das akademische Verständnis......."

(Florian Moritz Reister: Das erste Semester an der Universität. SZ 12./13.4. 1986 S.169)

Was Florian Moritz Reister nicht schreibt und auch vielleicht nicht wußte, ist, daß Sie verehrter Herr Professor Rosenfeld diese Vorlesung im Alter von 78 Jahren gehalten haben, eine Vorlesung, die Sie schon zu meiner Studienzeit jeweils am Freitag von 13 Uhr 15 bis 15.00 Uhr regelmäßig gehalten haben.

So sind Sie eigentlich immer jung geblieben. Jeder von uns, der lehrt und auch erziehen will, weiß, daß gerade heute junge Menschen das Bedürfnis nach Vorbildern, nach Anregungen und nach Leitung haben. Zudem stellt die Pädagogik auch wieder jenen Lehrertyp als Vorbild in den Vordergrund, der seine Schüler durch den Vortrag mitreißen kann und der anschaulich zu erzählen weiß.

Diese Eigenschaften bestätigt Ihnen der Student, der in der SZ berichtet. Sie haben Ihre Aufgabe, die "Lehre" nie als eine lästige Pflicht empfunden. Neben Ihrer hauptberuflichen Tätigkeit in der Bayerischen Staatsbibliothek und neben Ihrem großen

Interesse für die Forschung (das zeigt die Zahl von mehr als 700 Publikationen) widmeten Sie sich in erster Linie der Lehre, der Ausbildung von Lehrern. Spricht man mit Freunden, Kollegen und Bekannten über die vergangene Studienzeit, so verklärt sich bei der Nennung Ihres Namens der Blick und man hört: "... Mein alter Lehrer, Hellmut Rosenfeld!"
Nie waren Sie im Schillerschen Sinn ein "Brotgelehrter"; sie waren ein Lehrer, der aus eigener Begeisterung heraus bei seinen Hörern Begeisterung für die Welt und Literatur des Mittelalters zu vermitteln wußte. Diese Begeisterung hat bei Ihnen bis heute angehalten, was Ihrer Arbeit an der Universität und Ihr Engagement in der Forschung deutlich macht.

Mit diesem Band, den ich Ihnen im Namen Ihrer Schüler und Freunde übergebe und der einen Ausschnitt aus Ihren wichtigsten Veröffentlichungen enthält, entbieten wir Ihnen

HERZLICHE GLÜCKWÜNSCHE ZUM 80. GEBURTSTAG.

Mit diesem Band möchten wir Ihnen eine Freude bereiten. Zugleich wünschen wir Ihnen noch für viele Jahre Gesundheit und Schaffenskraft.

Augsburg, den 24. August 1987

Hans-Adolf Klein

TABULA GRATULATORIA

SABINE AWISZUS (München)
REINHARD BAUER (München)
HERMANN BAUSINGER (Tübingen)
HARTMUT BECKERS (Münster)
SUSANNE BESSLICH (Mainz)
UILRIKE BETZLER (Bad Reichenhall)
BERNHARD BISCHOFF (Planegg)
ROBERT BÖCK (München)
JURIJ BOJKO-BLOCHYN (München)
FRANCIS B: BREVART (Philadelphia)
WOLFGANG BRÜCKNER (Würzburg)
HORST BRUNNER (Würzburg)
SIEGFRIED COLDITZ (Leipzig)
MICHAEL CURSCHMANN (Princeton University N.J.)
LUDWIG DENECKE (Hann.Münden)
JOSEF DENZ (München)
REINER DIETZ (Mertingen)
EBERHARD DÜNNINGER (München)
KLAUS DÜWEL (Göttingen)
ALWINE EDELMANN-GINKEL (Bensheim)
HANS FROMM (München)
WOLFGANG FRÜHWALD (Augsburg)
TORSTEN GEBHARD (München)
FERDINAND GELDNER (München)
GERMANISTISCHES SEMINAR DER RHEINISCHEN FRIEDRICH-WILHELMS-UNIVERSITÄT BONN
HELGE GERNDT (München)
CORNELIA GLOGGER (München)
HERBERT G. GÖPFERT (Stockdorf)
TONI GRAD (Aichach)
MANFRED GRADINGER (Gröbenzell)
GERHARD HAHN (Regensburg)
WOLFGANG HARMS (München)
SIGLINDE HARTMANN (Frankfurt/Main)
EDGAR HARVOLK (München)

KARL HAUCK, MÜNSTER
WALTER HAUG (Tübingen)
ELMAR HERTRICH (München)
DIETRICH HEUSCHERT (Lüneburg)
KARL-HINRICH HEUSCHERT (Buchholz)
RENATE VON HEYDEBRAND (München)
ANTONIN HRUBY (University of Washington)
CHRISTOPH HUBER (München)
HELLMUT HÜSKE (Berlin)
HEINZ HÖFLING (Berlin)
WERNER HOFFMANN (Mannheim)
ARNE HOLTDORF (Tübingen)
MARIA HORNUNG (Wien)
HERIBERT HOVEN (München)
BERND INSAM (München)
INSTITUT FÜR DEUTSCHE PHILOLOGIE DER
UNIVERSITÄT WÜRZBURG
INSTITUT FÜR GERMANISTIK DER
UNIVERSITÄT SALZBURG
INSTITUT FÜR NORDISCHE PHILOLOGIE
UND GERMANISCHE ALTERTUMSKUNDE DER
UNIVERSITÄT MÜNCHEN
JOHANNES JANOTA (Augsburg)
DOROTHEA UND KLAUS KANZOG (München)
GÜNTHER KAPFHAMMER (Augsburg)
HANS-MARTIN KIRCHNER (Gauting)
HANS-ADOLF UND ELKE KLEIN (Friedberg)
JOHANNES KNOBLOCH (Bonn)
THEODOR KOHLMANN (Berlin)
HERIBERT KOLB (München)
KOMMISSION FÜR MUNDARTFORSCHUNG
- BAYERISCHES WÖRTERBUCH - BEI DER
BAYERISCHEN AKADEMIE DER WISSENSCHAFTEN
(München)
ULLA-BRITTA KUECHEN (München)
HEINRICH KUNSTMANN (Raiten)
KARL S. KRAMER (Kiel)
DIETER KRYWALSKI (Geretsried)
HERMANN KUNISCH (München)

GERHART LOHSE (Aachen)
GERHARD LUTZ (Hamburg)
HANS-GEORG MAAK (Göttingen)
EDITH MAROLD (Saarbrücken)
GERMAN MERZ (Eichstätt)
HELMUT MOTEKAT (München)
ULRICH MÜLLER (Salzburg)
WALTER MÜLLER-SEIDEL (München)
ELISABETH NEUBAUER (Endorf)
CHRISTOPH PETZSCH (Augsburg)
HANS PÖRNBACHER (Nijmwegen)
KARL PÖRNBACHER (Schongau)
KARL H.PRESSLER (München)
SILVIA RANAWAKE (London)
WOLFGANG REGENITER (Schwerte-Ergste)
INGO REIFENSTEIN (Salzburg)
WOLF-ARMIN FRHR. V.REIZENSTEIN (München)
FRANZ RITZER (Wasserburg)
LUTZ RÖHRICH (Freiburg i.Br.)
HANS-GERT ROLOFF (Berlin)
GERTRUD RONDE (München)
HANS-FRIEDRICH ROSENFELD (München)
THOMAS ROTH (München)
LOTTE ROTH-WÖFLE (München)
KURT RUH (Würzburg)
RUDOLF SCHENDA (Zürich)
WALTER SCHERF (München)
KURT SCHIER (München)
ANTON SCHIRRA (München)
RICHARD SCHMIED (Murnau)
WERNER SCHRÖDER (Marburg)
RUDOLF SCHÜTZEICHEL (Münster)
EBERHARD SEMRAU (München)
FRIEDRICH SENGLE (München)
EMIL SAKALA (Praha)
FRANZ VIKTOR SPECHTLER (Salzburg)
ULRIKE SPRENGER (Muttenz)

KARL STACKMANN (Göttingen)
KARL STOCKER (München)
WILHELM STÖRMER (München)
JÜRGEN UDOLPH (Göttingen)
HELMUT URBAN (München)
THEO VENNEMANN (Ried)
BURGHART WACHINGER (Tübingen)
GERD WOLFGANG WEBER (Frankfurt am Main)
MAX WEHRLI (Zürich)
JOACHIM WERNER (München)
ARMIN WOLFF (Regensburg)
PAUL ZINSLI (Bern)

Nachtrag:

ROLF BERGMANN (Bamberg)
KURT FRANZ (München)
BARBARA GEHRT (München)
ERNST HELLGARDT (München)
EDUARD HUBER (Crailsheim)
FELIX KARLINGER (Salzburg)
HANS RALL (München)
GISLIND RITZ (München)
HUBERT SEELOW (München)
VERBAND DER PHILISTER DES MÜNCHNER WINGOLFS E.V.
WILHELM HEIZMANN (Göttingen)

Biographie

Hellmut Rosenfeld wurde am 24.August 1907 in Frankfurt an der Oder als sechstes Kind des Militärpfarrers Johannes Rosenfeld und seiner Ehefrau Hedwig Wessel geboren. Von der Mutter erbte er seine künstlerische Anlagen, vom Vater das Organisationstalent, das dieser seit 1910 in Frankfurt am Main, seit 1919 in Berlin und noch nach seiner Pensionierung vertretungsweise bis Kriegsende in Spandau in größeren Tätigkeitsbereichen nachweisen konnte. Ihm, der Geheimer Konsistorialrat, Superintendent und Dr.theol. h.c. geworden war, konnte unser Jubilar 1941 eine seiner Abhandlungen (Nr.88 der Bibliographie) zum 50jährigen Amtsjubiläum und eine (Nr.154) zum 90.Geburtstag widmen.
Seine Schulbildung erhielt H.Rosenfeld 1914-1920 in Frankfurt a.M., dann in Berlin, wo er Ostern 1926 die Gymnasialreifeprüfung ablegte. Obwohl er anschließend die Aufnahmeprüfung für die Staatliche Kunstschule in Berlin bestand, wandte er sich dem wissenschaftlichen Studium mit den Fächern Germanistik,Geschichte, Kunstgeschichte, Volkskunde und Theologie zu. Die künstlerische Seite seiner Persönlichkeit dokumentieren nicht nur die beigefügten Linolschnitte von 1926, sondern auch verschiedene bei Verwandten erhaltene Landschaftsgemälde und einige abstrakte Ölfarben-Skizzen, die die Neue Nationalgalerie in Berlin als Zeitdokumente in Verwahrung nahm. Seine Publikationen ergänzt er gern mit Holzschnitten und selbst gezeichneten Abbildungen, wie dies auch die Ausstattung der vorliegenden Festgabe auf Wunsch des Jubilars zeigt.
Von zwei Semestern in Tübingen und Wien abgesehen, studierte Rosenfeld in Berlin, wo seine Studienfächer von hervorragenden Gelehrten vertreten wurden, so ein Gastsemester durch den großen Kunsttheoretiker Heinrich Wölfflin. Angeregt durch Rilke-Studien in Wien und fasziniert vom Problem der Einwirkung der bildenden Kunst auf die Dichtung, arbeitete er mit großer Ausdauer an seiner Dissertation "Das deutsche Bildgedicht, seine antiken Vorbilder und seine Entwicklung bis zur Gegenwart. Aus dem Grenzgebiet zwischen bildender Kunst und Dichtung".
Sie enthält im Keim bereits zahlreiche andere, später einzeln bearbeitete Themen, vor allem die Entwicklung des mittelalterlichen Totentanzes, des mittelalterlichen Bilderbogens, der Emblemdichtung, der Schild- und Wappendichtung und der Todesdarstellung in der Dichtung. Nach Kürzung der zu umfangreichen Dissertation für den Druck promovierte Rosenfeld am 10.Mai 1935 zum Dr.phil.
Von 1935 bis 1939 übernahm er die Besprechung des Abschnitts "Romantik" in den "Jahresberichten für neuere deutsche Literatur" sowie von 1936 bis 1940 in Herrigs Archiv die Rezension der Bücher über deutsche Sprach- und Literaturwissenschaft.

Nach Ablegung des Staatsexamens für das Lehramt an Gymnasien in den Fächern Deutsch, Geschichte, Kunstgeschichte und nach der Ausbildung zum Studienreferendar an Berliner Schulen 1936-1938 wechselte Rosenfeld wegen politischer Schwierigkeiten in den wissenschaftlichen Bibliotheksdienst über. Er war tätig an der Staatsbibliothek Breslau, an der Deutschen Bücherei in Leipzig und schließlich an der Bayerischen Staatsbibliothek in München, wo er bei der Einziehung zum Wehrdienst am 26.8.1940 noch das Bibliotheksassesorenexamen ablegen konnte.

Nach seinem Einsatz bei der Marine im Bereich von Nordsee, Schwarzem Meer, Eismeer und Ostsee und der Kriegsgefangenschaft mit anschließender Schwerarbeitertätigkeit konnte er am 1.März 1948 an die Bayerische Staatsbibliothek zurückkehren. Hier war er bis zu seiner Pensionierung am 1.9. 1972 (seit 1965) als Oberregierungsbibliotheksrat tätig, besonders als Fachmann für das alte Buch. Dabei erwarb er sich auch hohes Ansehen in Antiquariatskreisen, wie die Aufforderung zu seinem Aufsatz "Sammler ex officio" (Nr.471) und seine stete Mitarbeit an der von der Buchhändler-Vereinigung in Frankfurt herausgegebenen Zeitschrift "Aus dem Antiquariat" zeigen.

Rosenfelds Vater hatte seinem Sohn nach dem Krieg aus Bombenzerstörung und Plünderung gerettete Arbeitspapiere nachgesandt und ihn damit zur Wiederaufnahme seiner wissenschaftlichen Studien angeregt. Diese wurden freilich durch die Vernichtung und Verlagerung der Bibliotheksbestände damals noch erschwert. Trotzdem konnte der Jubilar nach wenigen Jahren zwei Habilitationsarbeiten (" Der mittelalterliche Totentanz, Entstehung, Entwicklung, Bedeutung" und "Schichtung im germanischen Totenkult und Götterglauben") vorlegen, auf Grund derer er am 22.8. 1950 zum Privatdozenten für deutsche Philologie an der Universität München ernannt wurde. Seit WS 1950/51 hat er neben seinem bibliothekarischen Hauptberuf 35 Jahre lang völlig ohne Entgelt Vorlesungen, Übungen und Prüfungen abgehalten.

Außer über die üblichen sprach- und literaturgeschichtlichen Themen hielt er auch Vorlesungen über germanische Religionsgeschichte, Legendendichtung, die Geschichte von Drama und Theater sowie über Personen-, Familien-, Orts und Flurnamen. Alle von Privatleuten oder Behörden an die Universität gerichtete Namenanfragen wurden ihm zu gutachtlicher Beantwortung übergeben.

Die karge Freizeit, die ihm seine Tätigkeit im Hauptberuf als Oberbibliotheksrat ließ, hat der Jubilar zur Erarbeitung größerer und kleinerer Publikationen, wissenschaftlicher Lexikonartikel und Rezensionen benutzt. Wie die nachfolgende Gesamtbibliographie zeigt, reicht das Spektrum dieser etwa 700 Publikationen von germa-

H.Rosenfeld: Selbstportrait
Linolschnitt aus dem Jahr
1926

nischer Vorzeit und Religion bis zu Kunst und Frömmigkeit unserer Tage, von
den germanischen Runen und dem frühesten Schreib und Buchwesen bis zu Gutenbergs Buchdrucktechnik, zu Holzschnitt, Kupferstich, Lithographie, Holz-
stich und dem Buchdruck von heute, vom althochdeutschen Zauberspruch bis
zu Thomas Mann und Rainer Maria Rilke, vom frühmittelalterlichen beschrif-
teten Wandbild und mittelalterlichen Minnende-Seele- und Narren-Bilderbogen
bis zum Volksbilderbogen des 19.Jahrhunderts, vom althochdeutschen Heldenlied
zu Heldenballade, Meistersang und Volkslied, von vorgermansicher Namensbil-
dung bis zu modernen Vor-, Familien- und Ortsnamen.
Selbst die entsagungsvolle, akribische Tätigkeit, aus Pergamentfetzen unbekannte
Texte ans Licht zu bringen, kam nicht zu kurz. Erinnert sei an die von Rosenfeld herausgegebenen Fragmente der älteren Fassung von Hartmanns "Armen
Heinrich" (Nr.409), der bisher unbekannten deutschen Amicus-und-Amelius-Vers-
legende (Nr. 387) und des Vers-Schwankes "Aristoteles und Phillis" (Nr.424).
Aus in Buchdeckeln als Makulatur verkelbten alten Kartenspielbogen erwuchs
dem unermüdlichen Forscher ein neuartiges faszinierendes Arbeitsfeld, dem er
vier Bücher und etwa 40 Aufsätze und Rezensionen widmete: die Geschichte
und Datierung der frühen Spielkarten, ihre Herkunft aus dem Orient, letzlich vom
altinidischen Vier-Schach. Für diese Forschungen wurde Rosenfeld 1971 durch die
Verleihung der "Honory Fellowship" der International Playing-Card-Society auf dem
Wiener Kongreß geehrt.
Seit 1962 gab Rosenfeld zusammen mit Otto Zeller die Serie "Milliaria, Faksimiledrucke zur Dokumentation der Geistesentwicklung" heraus, in der er selbst Comenius' "Orbis pictus" 1964 edierte und kommentierte. Leider gab der Verleger diese
Serie 1975 mit Bd. 24 auf, obwohl schon weitere kommentierte Druckvorlagen vorbereitet waren. Stattdessen wurden Rosenfeld die Jahrtausende zusammenfassenden
Standardartikel wie die Geschichte des Buchtitels von der Antike bis zur Gegenwart,
das Plagiat von der Antike bis heute, die Entstehung und Geschichte von Flugblatt,
Flugschrift, Zeitung und Zeitschrift zur Bearbeitung angetragen. Seine kulturgeschichtlichen, volkskundlichen, kunsthistorischen und theologischen Kenntnisse ermöglichten
es ihm, das von seinem Bruder Hans-Friedrich Rosenfeld mit fünfzehn Kapiteln begonnene Werk "Deutsche Kultur im Spätmittelalter 1250-1500" mit achtundzwanzig
Kapiteln über die weltliche Sach- und Gesellschaftskultur sowie das geistige und
religiöse Leben im Spätmittelalter abzurunden und mit Illustrationen zu versehen
(Erscheinungsjahr 1978).
Bei solchem Engagement für die wissenschaftliche Forschungsarbeit neben einer

H.Rosenfeld: Leben und Tod
Linolschnitt 1926

neben einer voll ausgefüllten Berufstätigkeit verwundert es nicht, daß der Jubilar weitgehend auf ein Privatleben verzichten mußte. Dafür kam ihm die menschliche Begegnung als Vortragender und Diskussionsteilnehmer in der Arbeitsgmeinschaft der Bayerischen Landesstelle für Volkskunde bis 1962 und in der Münchner Bibliophilen-Vereinigung "Die Mappe" zugute. Vor allem aber war es das Echo seiner zahlreichen Studenten, das seine Universitätstätigkeit seit 1950 fand und das ihn bis heute als bescheidener Dank begleitet.

Mit seinen oft außergewöhnlichen, aber packenden Themen und seiner persönlichen Art des Lehrens, nämlich volle innere Anteilnahme zu zeigen und sich ganz mit dem Wissensgegenstand zu identifizieren, wußte Hellmut Rosenfeld viele Studentgenerationen zu begeistern und immer eine auf seine Forschungsgebiete eingeschworene Gemeinschaft um sich zu scharen. Davon zeugt nicht zuletzt eine Reihe von Magisterabsolventen und Disserenten, die als Rosenfeld-Schüler bei zufälligen Begegnungen in aller Herzlichkeit und Dankbarkeit an ihren ehemaligen Lehrer denken, dessen schicksalreiches Leben und dessen unermüdliches Wirken bis heute selbst an die bunte Vielfalt und den Facettenreichtum mittelalterlicher Bilderbogen erinnern.

Kurt Franz

INHALTSVERZEICHNIS

Hellmut Rosenfeld: Ausgewählte Aufsätze	1-27
Bibliographie der Veröffentlichungen von Hellmut Rosenfeld	275-
Verzeichnis der Abkürzungen	317
Sachgruppen zum Schlagwortregister	318
Schlagwortregister zur Bibliographie der Veröffentlichungen von Hellmut Rosenfeld	319-3
Abbildungsverzeichnis	330-3

HELLMUT ROSENFELD

AUSGEWÄHLTE AUFSÄTZE

zur deutschen Heldendichtung und zur Namenforschung, zur Todes- und Totentanzdichtung, zum Volksdrama und zur Wechselwirkung von Kunst und Dichtung im Mittelalter

1. Das Hildebrandslied, die indogermanische Vater-Sohn-Kampfdichtungen und das Problem ihrer Verwandschaft .... 1 - 20
Deutsche Vierteljahrsschrift für Literaturwissenschaft.. 26,1952

2. Wielandslied, Lied von Frau Helchen Söhnen und das Hunnenschlachtlied. Historische Wirklichkeit und Heldenlied .... 22 - 66
Beiträge zur Geschichte d.dt.Sprache u.Literatur 75,1955,204-248

3. Die Datierung des Nibelungenliedes Fassung B und C durch das Küchenhofmeisteramt und Wolfger von Passau 68- 84
Beiträge zur Geschichte d.dt.Sprache u.Lit. 91, 1969, 104-120

4. Nibelungische Lieder zwischen Geschichte und Politik. Parallellied, Annexionslied, Sagenmischung, Sagenschichtung .... 86 - 97
dto. 99, 1977, S.66-77

5. Die Kudrun: Nordseedichtung oder Donaudichtung? .... 99 - 124
Zeitschrift f. deutsche Philologie 81, 1962, 289-314

6. Die Brautwerbungs-, Meererin- und Südeli-Volksballaden und das Kudrun=epos von 1233 126-138
Jahrbuch für Volksliedforschung 12, 1967, 80-92

7. Die Namen der Heldendichtung, insbesondere Nibelung, Hagen, Wate, Hetel, Horand, Gudrun 139-174
Beiträge zur Namensforschung 1, 1966, 231-265

8. Der Name Wieland 175-184
dto. NF 4,1969, 53-62

9. Name und Kult der Istrionen (Istwäonen), zugleich Beitrag zu Wodankult und Germanenfrage 185-205
Zeitschrift für deutsches Altertum 90,1960, 161-181

10. Der Totentanz als europäisches Phänomen 208-237
Archiv für Kulturgeschichte 48, 1966, 54-83

11. "Der Ackermann aus Böhmen" - scholastische Disputation von 1370 oder humanistisches Wortkunstwerk von 1401?
Zur Literatur im dreisprachigen Böhmen des Spätmittelalters .... 239 -245
Jahrbuch für interantionals Germanistik, ReiheA ,Bd.8,3, 295-301

12. Das Redentiner Osterspiel - ein Lübecker Osterspiel! 247- 253
Beiträge zur Geschichte d.dt.Sprache und Literatur 74,1952 485-491

13. Der mittelalterliche Bilderbogen 256-265
    Zeitschrift f.dt.Altertum 85, 1954, 66-75

14. Das Eigengericht (Besonderes, Persönliches, Einzel-Gericht)
    in der spätmittelalterlichen Kunst sowie Bilderbogen- und
    Volksdramendichtung 267-274
    Aus dem Antiquariat, Beilage zum Börsenblatt, 10 ,1985
    A 361-368

Der Herausgeber dankt den folgenden Verlagen für die Rechte der Faksimilierung:

- J.A. Metzler Verlag, Stuttgart   (Deutsche Vierteljahresschrift für Literaturwissenschaft und Geistesgeschichte)

- Max Niemeyer Verlag, Tübingen   (Beiträge zur Geschichte der deutschen Sprache und Literatur)

- Erich Schmidt Verlag, Berlin   (Zeitschrift für deutsche Philologie)

- Verlag Walter de Gruyter, Berlin   (Jahrbuch für Volksliedforschung)

- Carl Winters Universitäts Verlag
  Heidelberg   (Beiträge zur Namensforschung Neue Folge Hg. Prof.Dr. Rudolf Schützeichel)

- Franz Steiner Verlag Wiesbaden,
  neuer Ort: Stuttgart 1   (Zeitschrift für deutsches Altertum)

- Böhlau Verlag, Köln   (Archiv für Kulturgeschichte)

- Verlag Peter Lang, Bern   (Jahrbuch für Internationale Germanistik)

- Börsenblatt für den deutschen
  Buchhandel   (Aus dem Antiquariat)

DAS HILDEBRANDLIED,
DIE INDOGERMANISCHEN VATER-SOHN-KAMPF-DICHTUNGEN UND DAS PROBLEM IHRER VERWANDTSCHAFT

Von Hellmut Rosenfeld (München)

Als die Brüder Grimm 1812 das Hildebrandlied auffanden und veröffentlichten, war diese Dichtung ihnen, wie sie sagten, „ein angenehmes Beweisstück, daß die altdeutsche Heldendichtung eine in ihrer Wirkung weit ausgreifende Volksdichtung gewesen sei". Wir haben inzwischen gelernt, das Hildebrandlied nicht als volkstümliche Dichtung zu sehen, sondern als Dichtung einer kriegerischen Standeskultur zur Zeit der Volkskönigreiche der Völkerwanderungszeit. Daß die Heldendichtung eine eigenständige Leistung des Germanentums ist, bezweifelt heute niemand mehr ernstlich, aber mancher Forscher betont, daß sie erst aus der Berührung mit der griechischrömischen Kultur unvermittelt und mit einem Male erwachsen sei[1]). Es ist für die Beurteilung des Hildebrandliedes als germanisches Heldenlied verhältnismäßig gleichgültig, auf welche Weise und aus welcher Quelle Stoff und Anregung kamen. Die Form des Liedes und der von der Tragik der Völkerwanderungszeit umwitterte Inhalt spricht für sich selber und zieht auch heute noch in seinen Bann. Aber vielleicht sehen wir das Wollen des Dichters und seiner Zeit schärfer, wenn wir nach der Vorlage fragen, und zugleich vermag sich uns eine Ahnung von der nicht zur Aufzeichnung gelangten Dichtung der Vorzeit aufzutun, wenn uns sichere Rückschlüsse auf ältere Vorbilder gelingen sollten.

Das Hildebrandlied gibt sich als historisches Lied. Es zeigt eine Einzelszene aus der gotischen Heldengeschichte, aus der Auseinandersetzung zwischen Theoderich und Odoakar, aber es zeigt bereits die Umgestaltung der historischen Wirklichkeit zur Dietrichsage; denn der Eroberer Theoderich erscheint als Heimkehrer in sein ihm von Odoaker einst entrissenes Erbe. Dieses sagenhaft verklärte historische Geschehen bildet im Hildebrandlied nur den Hintergrund für eine einprägsame Szene, wie Theoderichs Waffenmeister an der Spitze des Hunnenheeres auf eine Kriegerschar trifft, als

---

[1]) Herm. Schneider, Heldendichtung, Geistlichendichtung, Ritterdichtung. 2. Aufl. 1943, S. 31.

deren Führer sich der eigene Sohn erweist. Daß sich in den beiden Heeren Goten und Hunnen gegenüberstehen, wird zwar nicht ausdrücklich ausgesprochen. Da aber Hildebrands Goldringe als Geschenke des Hunnenkönigs bezeichnet werden und andererseits Hadubrand den Gegner einen „alten Hunnen" nennt, bildet auch dieser nationale Gegensatz offensichtlich den Hintergrund für das Treffen von Vater und Sohn. Vergeblich gibt Hildebrand sich als Vater zu erkennen. Das Mißtrauen des Sohnes gegen den an der Spitze der Landesfeinde heimkehrenden Emigranten und das Verlangen des „Erbelosen" nach der glänzenden Rüstung des Gegners auf der einen Seite[1], auf der anderen Seite die Gefolgschaftstreue und die Pflicht, für seinen König jeden Widerstand zu brechen, zwingen Hildebrand, den überdies verdächtigten und der Lüge geziehenen Vater, den Kampf aufzunehmen, führen zu dem verhängnisvollen Kampf zwischen Vater und Sohn. Den Namen Hildebrand kennt die Geschichte nicht, und die ganze Einbettung in die Dietrichsage dient offensichtlich nur dazu, einem altüberkommenen Stoff historisches Kolorit und modernes Gewand zu geben. Es liegt nahe anzunehmen, daß das Hildebrandlied im geschichtlichen Raum der Dietrichsage, also in Oberitalien, entstanden ist, entstanden bei den endlichen Erben des gotischen Reiches in Oberitalien, bei den Langobarden, die 568 Oberitalien eroberten und auf die auch die Bildung der Namen Hildebrand, Hadubrand und Heribrand hinweist[2].

Für unsere Betrachtung ist wesentlich, daß die historische Einkleidung des Liedes Fiktion ist, daß sie nur ein äußerlicher Rahmen ist für eine Heldenliedfabel, die offenbar ein sehr viel höheres Alter hat. In der Tat findet man das Motiv vom Kampf zwischen Vater und Sohn in vielen Literaturen und Zeiten[3]. Man hat immer wieder das Vorbild des Hildebrandliedes in der Fremde gesucht, ohne den Weg zu den Germanen um 600 plausibel machen zu können. Auffällig ist, daß sämtliche wirklich verwandten Dichtungen, die eine ältere Quelle widerspiegeln könnten, sich bei Völkern indogermanischer Sprache finden. So wäre es eigentlich naheliegend, statt von einer Wanderfabel zu sprechen, hier ein Heldenlied zu sehen, das in gemeinindogermanische Zeit zurückgeht. Vor Jahrzehnten hat man deshalb als Ausgangspunkt eine gemeinindogermanische mythologische Sage gesehen. Seitdem sich aber solche naturmythologischen Herleitungen als völlig willkürlich und unbegründet erwiesen, ist die Annahme indogermani-

---

[1] Vgl. H. Rosenfeld, Die Versfolge im Hildebrandlied und sein seelischer Konflikt (soll demnächst in PBr-Beiträgen erscheinen).

[2] Andr. Heusler, Das alte und das junge Hildebrandlied. Preuß. Jahrb. 208 (1927), S. 143 ff.; Georg Baesecke, Das Hildebrandlied. 1944, S. 45 ff.

[3] Bruno Busse, Sagengeschichtliches zum Hildebrandlied. PBrBeiträge 26 (1901), S. 1–92; Georg Baesecke, Die indogermanische Verwandtschaft des Hildebrandliedes. 1940 (Nachr. d. Ges. d. Wiss., Phil.-hist. Kl., Gr. IV, Bd. 3, 5).

scher Herkunft in Mißkredit gekommen, denn etwas anderes als naturmythologische Sagen traut man der gemeinindogermanischen Zeit nicht zu. Statt dessen ist die Entstehung dieser verwandten Vater-Sohn-Kampf-Dichtungen unabhängig voneinander verfochten worden. Sie seien alle aus der gleichen Situation heraus entstanden, da die reale Wirklichkeit des Lebens oftmals den Vater gegen den Sohn gestellt haben werde [1]).

Aber ist das wirklich so? Ist es wirklich so alltäglich, daß Vater und Sohn einander nicht kennen und sich deshalb beim Kampf weder erkennen noch bei der üblichen dem Kampfe vorausgehenden Namensnennung kennen lernen, dann aber auf einmal nach dem Tode des Gegners der Verwandtschaft nachträglich gewahr werden? Die wichtigsten Fassungen der alten Heldenliedfabel zeigen dieses dreifache Verhängnis, und auch im Hildebrandlied, wo entgegen der sonstigen Tradition die Namennennung vorangeht, ist es ja so, daß der Sohn so fest an den Tod des Vaters glaubt, daß ihm die Beteuerung des Gegners, sein Vater zu sein, als Spiel mit seinen heiligsten Gefühlen und als Betrug erscheinen muß. Man kann wohl schwerlich behaupten, daß diese unwahrscheinliche Situation, daß Vater und Sohn sich weder vom Aussehen noch vom Namen her kennen, aber nach dem Tode des Gegners der Verwandtschaft gewahr werden, so alltäglich sei, daß sie bei vielen Völkern unabhängig voneinander zur dichterischen Gestaltung hätte kommen müssen. Viel eher kann man sagen, daß das Unerhörte, Einmalige dieser Situation einmal irgendwo zur dichterischen Gestaltung getrieben haben muß. Einige Forscher geben dies zu und sprechen deshalb von einer Wanderfabel, die im Osten irgendwo entstanden und dann von Volk zu Volk gewandert sei, ein Vorgang, der sich also spätestens in den ersten Jahrhunderten nach Christi Geburt abgespielt haben müßte. In den Blütenlesen östlicher Novellen- und Märchenstoffe, in '1001 Nacht' und anderen Sammlungen, findet sich unsere Heldenliedfabel jedoch nicht. Es wäre wirklich sonderbar, wenn die Fabel vom fernen Osten bis zum äußersten Westen, nach Irland, gewandert sei, dabei aber sorgfältig die Völker nichtindogermanischer Zunge gemieden habe! Zu diesen kommt die Fabel erst durch Firdusi! Auch kann wohl solch ein Heldengedicht liedmäßiger Prägung, wie wir es voraussetzen müssen, nicht so leicht von Volk zu Volk wandern wie ein Schwankmotiv, das mit Handel und Verkehr in der Prosa des Alltags weitergetragen wird. So drängt, wie Meyer-Frank (dessen Argumentation wir uns hier anschlossen) mit Recht betonte, alles darauf hin, eine urindogermanische Gemeinsamkeit des Motivs ernstlich ins Auge zu fassen [2]).

Gewiß ist es mißlich, ohne das bekräftigende Zeugnis schriftlicher Quellen für eine so fernliegende Zeit Dichtungen zu rekonstruieren. Aber sollte

---
[1]) So Busse, a. a. O., S. 43.
[2]) Heinr. Meyer-Franck, Die Hildebrandsage und ihre Verwandtschaft. PBr-Beiträge 69 (1947), S. 465–72.

man nicht die Möglichkeit zugeben, daß die Poesie zwar nicht „Ursprache der Menschheit", aber immerhin Begleiterin starker Gemeinschaftskulturen wie der urindogermanischen gewesen sein kann? Von der Vorgeschichtswissenschaft wird heute freilich die Existenz einer urindogermanischen Kultur bezweifelt. Man möchte – in Übertreibung der von Fr. Maurer auf das Westgermanenproblem angewandten Methode – die ganze indogermanische Sprachverwandtschaft lediglich als sekundäres Ergebnis einer späten Verkehrsgemeinschaft völlig heterogener Völker ansehen [1]). Diese Skepsis resultiert aus der Unmöglichkeit, aus stofflichen, bild- und schriftlosen Kulturgütern Rückschlüsse auf die geistige Kultur und Sprache ihrer Träger zu machen. Die indogermanische Urheimat in Nord- und Mitteleuropa zu suchen, wie dies erst kürzlich wieder geschah [2]), ist allerdings in keiner Weise mehr diskutabel. Dagegen konnte mit den Methoden der Sprachwissenschaft und der Flora- und Faunakunde die indogermanische Urheimat für den Südabhang des Ural und eine erste Westwanderung ohne die Arier zu dem Ostrand der Rokitnosümpfe wahrscheinlich gemacht werden [3]), ferner daß die Hethiter, deren Sprache nahe Berührungen mit dem Keltischen und Italischen zeigt, vor 2000 v. Chr. auf der Westseite des Kaspischen Meeres saßen [4]). Solche geographischen und zeitlichen Festlegungen lassen nichts über eine gemeinindogermanische Poesie erschließen. Aber immerhin wissen wir, daß im Ritual des Hethiterkönigs Muvatalli (14. Jahrhundert v. Chr.) sich neben babylonischen Formeln ein Vers aus der Zeit vor 2000 v. Chr. erhielt [4]), und daß im homerischen Epos Schilderungen enthalten sind, die auf Lieder der mykenischen Zeit, also der Zeit um 1500 v. Chr., zurückgehen müssen. Die ältesten Lieder des 'Rigveda' werden ebenfalls in diese Zeit datiert. Warum sollte es dann nicht schon in urindogermanischer Zeit Lieder erzählenden Inhaltes gegeben haben? Ja, warum? Wenn wir aber bei so vielen Indogermanenvölkern Dichtungen mit dem Vater-Sohn-Kampf vorfinden, so sollten wir uns durch kein Vorurteil davon abhalten lassen, die Möglichkeit eines einfachen erzählenden Liedes in gemeinindogermanischer Zeit zu erwägen!

Mustern wir vorurteilsfrei die wichtigsten Liedzeugnisse des Vater-Sohn-Kampfes, um zu sehen, was daran ursprünglich sein kann und was das Hildebrandlied aus diesem Ursprünglichen gemacht hat! Es gibt jeweils

---

[1]) Rich. Pittioni, Die urgeschichtlichen Grundlagen der europäischen Kultur. Wien 1949, S. 116 ff.
[2]) Ernst Meyer, Die Indogermanenfrage. 1948., S. 14 ff. – Meyer verläßt sich ganz auf O. Paret, Welt als Geschichte, 1942, S. 53 ff. Auch daß die Hethiter über den Bosporus nach Kleinasien eingerückt wären, ist längst überholt.
[3]) Wilh. Brandenstein, Die erste indogermanische Wanderung. Wien 1936.
[4]) Ferd. Sommer, Hethiter und Hethitisch. 1947, S. 1 ff.

mehrere Versionen in griechischer, keltischer, französischer, nordischer, englischer, dänischer, russischer und persischer Sprache. Unter diesen Dichtungen können, wie schon Baesecke und andere betonen, neben dem Hildebrandlied nur die älteste Fassung der irischen Heldenerzählung von Cuchulinn und Conla, eine Episode im persischen Königsbuch Firdusis und die nordrussische Volksballade von Ilja und Sokolnik den Anspruch darauf machen, eine recht altertümliche Fassung zu bieten. Die Entstehung der irischen Erzählung wird ins 9. Jahrhundert gesetzt, das Epos Firdusis entstand um 1000, die russische Volksballade frühestens im 13. Jahrhundert. Der Entstehungszeit nach wäre also das Hildebrandlied weitaus die älteste dieser vier Dichtungen, und doch gibt es niemand, der das Hildebrandlied als Quelle der drei anderen Dichtungen ansehen möchte! Es ist zu offensichtlich, daß das Hildebrandlied eine Umgestaltung der alten Heldenliedfabel im Geiste der Zeit um 600 ist, während die anderen drei Dichtungen, soweit sie zeitlich und örtlich auseinanderliegen, in wesentlichen Punkten so frappant miteinander übereinstimmen, daß noch keiner daran gezweifelt hat, daß sie noch deutlich eine Fassung der Fabel widerspiegeln, die auch dem Hildebrandlied zugrunde gelegen haben kann oder muß. Daß der Vater, nicht der Sohn der aus der Fremde Kommende ist, verdankt das Hildebrandlied der Einbettung in die Dietrichsage. Daß der Vater weiß, daß er den Sohn vor sich hat und ihn trotzdem im Kampf erschlägt, entspringt der Haltung und dem Geist des Gefolgschaftsideals der Völkerwanderungszeit, während alle anderen drei Fassungen übereinstimmend den Sohn aus der Fremde kommen und Vater und Sohn sich nicht kennen lassen!

Natürlich haben auch die anderen Fassungen geändert und modernisiert, und wie wir in Deutschland das Jüngere Hildebrandlied aus dem 13. Jahrhundert haben, in dem der Kampf vorzeitig abgebrochen wird, so gibt es überall Abschwächungen und Umbiegungen der verschiedensten Art. Aber die Änderungen der ältesten irischen, persischen und russischen Fassung sind nur oberflächlich und als solche leicht zu erkennen. Bei den Iren ist es so: Cuchulinn zieht zur Königin Scathach, um die Waffenkunst zu erlernen. Die Schwester der Königin ergibt sich ihm in Liebe, und als er wegzieht, hinterläßt er ihr einen Ring: sobald er dem künftigen Sohn paßt, soll er den Vater suchen. Der Sohn ist schon mit sieben Jahren so stark wie hundert Männer (man sieht das Eindringen von Märchenelementen) und zieht alsbald aus, den Vater zu suchen. Hierbei hält er sich an die drei magischen Verbote des Vaters, darunter auch das, keinem einzelnen seinen Namen zu nennen. Wir begegnen hier also zum ersten Male dem typisch keltisch-romanischen Motiv, daß es ehrenrührig sei, vor dem Zweikampf den Namen zu nennen. Es ist das Motiv, das später auch ins deutsche höfische Epos eindringt und im Bruderkampf zwischen Parzival und Feirefiz (Wolframs 'Parzival' 15, 745 ff.) eine Rolle spielt und nach diesem Vorbilde zum Kernmotiv des Vater-Sohn-Kampfes im Jüngeren Hildebrandlied des 13. Jahrhunderts wird[1]). Zunächst mag es wirklich ein magisches Verbot gewesen sein, da magischem Denken gemäß mit dem Wissen und Aussprechen des Namens auch eine Macht über den Träger des Namens verbunden ist[2]). Hier bei Cuchulinn und Conla ist das magische Verbot nur dazu da, um das Erkennen zwischen Vater und Sohn äußerlich zu unterbinden, erbietet sich doch Conla vergebens, den Namen zu nennen, wenn der Gegner einen Begleiter mitbringe, und andererseits hat Cuchulinns Gattin es Cuchulinn gegenüber längst ausgesprochen, der furchtbare Gegner könne nur Cuchulinns eigener Sohn Conla sein! All das hält Cuchulinn nicht vom Kampf ab, und so kommt es zum Kampf zwischen Vater und Sohn. Schon scheint Cuchulinn bei dem Ringkampf im Wasser zu unterliegen; da läßt er sich unter Wasser die Zauberlanze der Königin Scathach „gae bolga", einen mit Rochenstachel oder einer ähnlichen unheilvollen Spitze versehenen schwimmenden Speer[3]) zuspielen, ergreift ihn mit den Zehen und durchbohrt damit im Ringkampf unter Wasser den Sohn. Der Ring, an dem der Vater zweifellos den toten Sohn hätte erkennen sollen, wird zum blinden, nicht mehr verstandenen Motiv, denn ohne den Ring weiß der Vater auf einmal (woher eigentlich?), daß der Sterbende sein Sohn ist, und verkündet dies seinen Kriegern, die er dem Sterbenden noch vorstellt. Das Motiv von den drei oder mehreren Verboten, das auch im 'Ruodlieb' und 'Parzival' begegnet, ist ein altes Märchenmotiv, aber die richtige Befolgung dieser Verbote bringt sonst Glück. So erweist sich dies Motiv ebenso wie das Märchenmotiv von der unwiderstehlichen Zauberlanze und von dem Kind, das siebenjährig die Kraft von hundert Männern hat, als oberflächliche Zutat zu der alten Heldenliedfabel. Das Verbot der Namensnennung insbeson-

---

[1]) H. de Boor, ZfdtPhilol. 50, S. 201; L. Wolf, Hess.BllfVolkskde 39, S. 56 f.
[2]) Vgl. H. Rosenfeld, Magie des Namens. Bayer. Jb. f. Volkskde 1950, S. 94 ff.
[3]) Nach den jüngeren Fassungen jedenfalls wird der „gae bolga" dem Cuchulinn unter Wasser zugesandt; er erfaßt sie mit der Gabel der Zehen und stößt sie dem Gegner in den Leib, wobei die 30 Spitzen oder besser Widerhaken entfaltet und nur durch Herausschneiden wieder entfernt werden können. Rud. Thurneysen, Die irische Helden- und Königssage bis zum 17. Jahrhundert, Halle 1921, der die verschiedenen Sagenfassungen berichtet, erklärt weder Namen noch Eigenart dieser Zauberlanze, aber in Parallele zu dem Schwert caladbolg „Hart-Scharte" ist gae bolga wohl als „Ger mit Scharten" zu deuten. Da er im Wasser schwimmt und Widerhaken entfaltet, kann er jedenfalls keine Metallspitze haben, sondern nur eine solche aus dem Rochenstachel oder ähnlichem Fischgebein. Diese Tatsache kann auf eine sehr frühe Entstehung dieses Sagenzuges hindeuten, auch ist zu beachten, daß dieser gae bolga nur im Vater-Sohn-Kampf und in ihm nachgebildeten oder auf ihn zurückgreifenden Episoden (Kampf mit Lōch und Fer Diad, Cuchulinns Lehre usw.) erwähnt wird, aber nicht bei den anderen entscheidenden Kämpfen Cuchulinns!

dere scheint nur deshalb eingefügt, um die merkwürdige durch die Überlieferung überkommene Tatsache, daß Vater und Sohn sich weder kennen noch durch die übliche Namensnennung vor dem Kampf kennen lernen, rein äußerlich verständlich zu machen. Auch daß ausgerechnet Cuchulinn, dem wie Achill und Siegfried der Tod in der Blüte der Jugend bestimmt ist, hier in die Rolle des Vaters kommt, der seinen Sohn erschlägt, ist unorganisch und offenbar sekundär. Ein sehr viel älterer Heldenliedstoff wurde nachträglich mit der Cuchulinnsage verbunden. Daß die Vater-Sohn-Kampf-Fabel erst im 8. Jahrhundert nach Irland gedrungen sei (Thurneysen S. 403), ist daraus wohl schwerlich zu folgern. Vielmehr scheint eine volksläufige Heldenliedfabel durch die Verknüpfung mit dem beliebten Sagenheld Cuchulinn bodenständig und literaturfähig gemacht worden zu sein!

Ähnlich wie in der irischen Cuchulinnsage ist es in der 'Schahname' des Firdusi. Auch hier gewinnt der Held Rustam in der Fremde eine Königstochter und hinterläßt ihr nach der einzigen Nacht, in der überdies noch plötzlich und übereilt eine offizielle Eheschließung erfolgt, für das künftige Kind einen Armring. Auch hier sucht der Sohn Suhrab in früher Jugend den Vater. Auch hier muß auf äußerst seltsame Weise die übliche Namensnennung hintertrieben werden. Hier ist es Rustams König, der auf irgendeine Weise das Verhältnis von Vater und Sohn zueinander erfährt und von beider Vereinigung für seinen Thron fürchtet. Er verhindert, daß Rustam den Namen seines Gegners erfährt und veranlaßt Rustam selbst, den stolzen, selbstbewußten Helden, seinem Sohn einen falschen Namen zu nennen. Bei dieser Lüge beharrt Rustam ganz unverständlicherweise auch, als Suhrab ihn ausdrücklich fragt, ob er nicht Rustam sei! Also durch eine ganze Kette von Unwahrscheinlichkeiten wird gewaltsam die normale Namennennung und damit das gegenseitige Erkennen von Vater und Sohn hintertrieben! Auch in Persien wie in Irland wäre der Vater fast dem ungestümen Sohn unterlegen. Durch Gebet erhält er neue Jugendkraft und zerbricht nun im Ringkampf dem Sohn das Rückgrat. Wie in Irland so ist also auch hier der letzte, der entscheidende, der tödliche Kampf ein Ringkampf, der damit endet, daß der Vater den Überwundenen durchbohrt. Sterbend droht Suhrab mit der Rache seines Vaters Rustam: daran erkennt der Vater den Sohn. Also auch hier bleibt das als Erkennungszeichen gedachte Kleinod zunächst aus dem Spiel, wird aber zuletzt noch als nachträgliche Bestätigung der Echtheit des Sohnes erwähnt.

Die russische Volksballade von Ilja und Sokolnik beginnt mit dem Kampf zwischen Vater und Sohn, die sich nicht kennen. Wieder ist der letzte entscheidende Kampf ein Ringkampf, wieder hat der Vater durch Gebet wunderbaren Kräftezuwachs und überwindet den Sohn. Als er ihm den Panzer öffnet, um ihm das Herz zu durchbohren, findet er ein Kreuz, das er kennt. Er schenkte es nach einer Liebesnacht auf freiem Felde der Frau zum Andenken, nun erkennt er daran in dem Gegner den eigenen Sohn. Hier hat also das Motiv des Kleinods der Mutter, das den Sohn legitimiert, seine organische Funktion behalten, und auch das Liebesspiel auf der Heide kommt wohl dem Ursprünglichen näher als die einnächtige legitime Ehe des Rustam. Das ursprüngliche Lied wird hier tragisch geendet haben. Einige Fassungen der Ballade fügen an diesen zunächst glücklichen Ausgang, daß der Sohn zur Mutter geht, um sich Gewißheit über seine Abstammung zu holen. Da ihm die uneheliche Zeugung schmachvoll dünkt, schilt er die Mutter Hure, tötet sie und eilt zurück, um den schlafenden Vater mit der Lanze zu durchbohren. Aber das Kreuz hält den Stoß zurück, der Vater erwacht und tötet ergrimmt den Sohn. Diese Episode ist deutlich jüngere Erfindung, um den unverständlichen Totschlag des Sohnes durch den Vater, wie er in der Heldenliedfabel überliefert war, dem Verständnis einer jüngeren Zeit begreiflich zu machen: der berechtigte Zorn des Vaters über den feigen Mordversuch muß die grausame Szene offenbar altertümlicher Iljalieder rechtfertigen, wie der riesenhafte Ilja den Sohn in die Luft wirft, beim Niederfallen an den Beinen ergreift und ihn schonungslos in zwei Teile zerreißt, die er nach verschiedenen Seiten von sich wirft[1]).

Man könnte als Parallele heranziehen, daß auch die Thidrekssaga und rudimentär auch das Jüngere Hildebrandslied den Zorn des Vaters über eine Hinterlist des Sohnes bieten. An eine Beeinflussung der russischen Iljalieder durch die gemeinsame Quelle von Thidrekssaga und Jüngerem Hildebrandlied ist gleichwohl nicht zu denken; denn nach der Thidrekssaga liegt durchaus kein Mordversuch wie im Iljalied vor, sondern eine Kriegslist. Der Sohn bietet dem überlegenen Gegner als Zeichen der Unterwerfung sein Schwert dar, schlägt aber, als der Vater es ergreifen will, plötzlich zu, verwundet den Vater und entlockt dem Erzürnten das Scheltwort: „Diesen Streich lehrte dich ein Weib, nicht dein Vater!" Einige Forscher möchten diese Kriegslist Hadubrands bereits dem alten Hildebrandlied zuschreiben und im Zorn Hildebrands darüber den eigentlichen Anlaß sehen, weshalb er sich nicht mit dem Sieg über den Sohn begnügt, sondern darüber hinaus den Sohn auch tötet[2]). Aber von germanischer Sicht her konnte solch ein Zweikampf nur tragisch enden. Eine Unterwerfung des einen Partners ist ebenso unwahrscheinlich wie andererseits die Anwendung einer Kriegslist moralisch nicht entehrend und deshalb auch kein Grund für Sohnesmord sein konnte. Erst das höfische Rittertum, dem das Christentum mit Erfolg Barmherzig-

---

[1]) Vgl. O. Miller, Das Hildebrandlied und die russischen Lieder von Ilja Murometz. Herrigs Archiv 33 (1863), S. 257 ff.

[2]) R. Kögel, Geschichte d. dt. Lit. 1894, Bd. 1, 1, S. 234; Busse, PBrBeitr. 26, S. 33 und 50; W. Kienast, Altes Hildebrandlied, Thidreksaga und Junges Hildebrandlied. Herrigs Archiv 144 (1922), S. 155–69, bes. S. 161; A. Heusler, PrJbb. 208, S. 147; G. Baesecke, Hildebrandlied, S. 28.

keit zur Pflicht machte, kennt die Mäßigung und Gnade des Siegers und hat einen ritterlichen Ehrenkodex, der kommentwidrige Schläge verwirft. So kann die Episode mit dem hinterlistigen Schlag Hadubrands nur auf das mit ritterlich-höfischem Geiste durchtränkte Hildebrandlied des 13. Jahrhunderts zurückgehen, das die gemeinsame Vorlage für Thidrekssaga und Jüngeres Hildebrandlied war [1]). Die Episode dient dazu, die Spannung zu steigern: der nur zur Erprobung des Sohnes begonnene Zweikampf droht durch den Jähzorn des Vaters über die Hinterlist des Sohnes eine verhängnisvolle Wendung zu nehmen. Daß Hadubrand, am Boden liegend und die Schwertspitze des Gegners auf der Brust, gleichwohl seinen Namen nicht nennen will (da der höfisch-ritterliche Ehrenkodex Namennennung als Feigheit verwarf), das besänftigt den Vater. Wie Feirefiz in Wolframs 'Parzival' – und gewiß in Nachbildung dieser Parzivalszene – nennt sich der siegreiche Vater zuerst und leitet so wie Feirefiz zum versöhnenden Schluß über. Gegenüber dieser ritterlich-höfischen Begründung des väterlichen Zornes im deutschen Lied des 13. Jahrhunderts zeigt der feige Mordversuch in der russischen Volksballade ein ganz anderes Gesicht. Der starren Moral bäuerlicher Seßhaftigkeit schien der Makel unehelicher Geburt groß genug, um den Mutter- und Vatermord des Sohnes verständlich zu machen, andererseits konnte der Mordversuch des Sohnes die grausame Tötung durch den ergrimmten Vater rechtfertigen. Das krasse Ausmalen solcher grauenhaften Mordszenen entspricht, wie wir aus vielen Volksballaden und volkstümlichen Moritaten sehen, dem Geschmack der Masse.

Suchen wir nun das Gemeinsame und Altehrwürdige aus der irischen, persischen und russischen Fassung herauszufinden, so ist es das Folgende: Der in der Fremde in einer glücklichen Liebesnacht gezeugte Sohn sucht den Vater, und die Stimme des Blutes leitet ihn richtig zu ihm hin. Da aber der Vater nichts vom Sohne weiß und der Sohn den Namen des Vaters nicht kennt, kommt es zum Kampf der Ebenbürtigen, den der Vater als der Erfahrenere, und doch nur mit Mühe, siegreich besteht. Als die Waffen versagen, kommt es zum Ringkampf, und der siegreiche Vater erkennt zuletzt, vielleicht erst bei der Beraubung der Leiche, das Kleinod, das er der Mutter zum Andenken an die Liebesnacht schenkte, und weiß nun mit einem Male: der unbekannte, ebenbürtige Gegner war der unbekannte Sohn! Alle anderen Einzelheiten, die Gebete um Jugendkraft, die Märchenmotive, die Verhinderung der Namensnennung, die Kurzehen in der Fremde und so fort, sie alle sind spätere Zutaten und Erklärung der urtümlichen, nicht mehr

---

[1]) H. de Boor, Die nordische und deutsche Hildebrandsage, ZfdtPhilol. 49 (1923), S. 149 ff.; 50, S. 175 ff., setzt 50, S. 206 eine epische Dichtung „Dietrichs Heimkehr" als gemeinsame Quelle an; Ludw. Wolff, Das Jüngere Hildebrandlied und seine Vorstufe, Hess.BllfVolkskde 39 (1941), S. 54 ff., macht wahrscheinlich, daß diese den Rahmen eines größeren Liedes nicht überschritten habe.

vollverständlichen oder unvollständig überlieferten alten Heldenliedfabel. Daß der Sohn sowohl bei den Iren wie bei Firdusi dem Alter nach noch ein Kind ist, kann durchaus unabhängig voneinander erfunden sein, um es verständlich zu machen, daß der Vater in dem unbesiegbaren Gegner noch nicht seinen Sohn erwarten konnte. Bei der Einordnung der alten Heldenliedfabel in größere Sagenkreise konnte nur Unbezwingbarkeit und überdurchschnittliche Stärke des Eindringlings es verständlich machen, daß man ausgerechnet den Vater als einzigen Retter aus der Not herbeirufen mußte, und diese Unbezwingbarkeit konnte nur wahrscheinlich erscheinen, wenn auch der Vater nur mit knapper Not oder gar mit List des unbekannten Sohnes Herr wurde. So zieht die Einordnung in einen größeren Sagenkreis zwangsläufig auch einen wechselvollen Kampf, der zeitweise zuungunsten des Vaters auszugehen droht, nach sich, so daß die diesbezügliche Ähnlichkeit der irischen und der persischen Fassung gar nichts für die ursprüngliche Heldenliedfabel besagt. Die entscheidende Rolle des Kleinods als Erkennungszeichen mußte mißverstanden werden, sobald aus der flüchtigen Liebesnacht eine legitime Ehe gemacht wurde. Natürlich hat der Vater ursprünglich das Kleinod keineswegs deshalb der Mutter übergeben, damit sie es dem Sohn übergebe – der Gedanke an einen Sohn liegt doch zunächst ganz fern: er hinterließ das Kleinod der Geliebten zum Andenken, und aus dem Andenken wird dann erst nach dem verhängnisvollen Zweikampf unerwartet ein Erkennungszeichen für Vater und Sohn, die sich ja eben gerade nicht mit Namen nennen können.

So sehen wir, meine ich, durch das Geflecht jüngerer, zum Teil zwangsläufiger Zutaten und Entstellungen eine einprägsame und sinnvolle Heldenliedfabel hindurchschimmern, so prägnant und deutlich, als habe eine einmalige grauenhafte Begebenheit hier dichterische Gestaltung erfahren! Andererseits konnte diese einmalige dichterische Gestaltung die Anteilnahme und das Erschrecken immer neuer Geschlechter erregen. Nicht weil es eine alltägliche Geschichte war, die sich alle Tage ereignet hat, sondern weil die in dieser Heldenliedfabel auftretenden Personen so handeln, wie jeder, der es hörte, auch gehandelt haben könnte, mit anderen Worten, weil hier im grauenhaften Einzelfall zugleich die Handlungs- und Denkensweise von Menschen mit bestimmter Artung aufs genaueste erfaßt war. Menschen welcher Artung? Hinter dem dunklen Drange des Sohnes von der Mutter zum Vater hin steht der vaterrechtliche Zustand der Indogermanen, deren Einzelvölker als gemeinsame Gottheit nur den allmächtigen Himmels- und Vatergott kannten und ihre Göttinnen erst spät und nachträglich dem Glauben im eroberten Land ansässiger Völker entnahmen[1]). Die Stimme des Blutes führte den

---

[1]) Dies glaube ich in einer Anzahl meist unveröffentlichter religionsgeschichtlicher Studien erhärtet zu haben, z. B. in Schichtung im germ. Totenkult u. Götterglauben 1950, wo Wildbeuterglaube, Bauernglaube (Muttergöttin) und

Sohn richtig wie ein Kompaß zum Vater hin, so wie in Hartmanns 'Gregorius' und Wolframs 'Parzival' ohne jede Vorbereitung das ritterliche väterliche Erbe erwacht. Wie sollten sich Vater und Sohn, die sich weder bei Namen noch bei Aussehen kennen, im entscheidenden Augenblick zusammenfinden? Für eine urtümlich kriegerische Haltung – und sie dürfen wir sowohl der alten indogermanischen Hirtenkriegerkultur[1]) als den Indogermanen der Landnahmezeit zuschreiben – für eine urtümlich kriegerische Haltung kann sich blutsmäßige Ebenbürtigkeit letztlich nur in kriegerischer Ebenbürtigkeit beim Zweikampfe erweisen. So ist es noch in Wolframs 'Parzival', wo die Halbbrüder Parzival und Feirefiz sich eigentlich daran erkennen, daß keiner den anderen überwinden kann. Wenn nun aber die Vater-Sohn-Kampf-Dichtungen noch der Ritterzeit diesen Kampf, der die Ebenbürtigkeit erweisen soll, in seiner letzten eigentlich verhängnisvollen Phase nicht mit der blanken Waffe ausfechten, sondern im Ringkampf auf Leben und Tod bis zum Zerbrechen des Rückgrats, so zeigt das urtümliche, gänzlich unritterliche Zustände. Vielleicht ist sogar der Schluß möglich (wenn auch nicht zwangsläufig), daß sich damit diese Heldenliedfabel als älter erweist als Eisen- und Bronzeschwert und daß in diesem Einzelzug sich rudimentär steinzeitliches Erbe bewahrt hat! Lebendig aber konnte diese einmalige Heldenliedfabel sich halten, weil sie den Gegensatz schweifender Jugend und des seßhaften Mannes und die Tragik des Kriegertums zu einer furchtbaren Szene verdichtet hatte. Das war dem Kriegertum aller Zeiten zugänglich und konnte immer wieder zum Symbol seiner Haltung werden. Liebt doch das Kriegertum aller Zeiten nur deshalb so sehr Abenteuer und Gefahr, weil im Einsatz des Lebens der Wert des Lebens immer erneut bestätigt wird und weil die Beseligung des Erfolges nur über dem dunklen Hintergrund von Gefahr und Tragik ihren vollen Glanz entfalten kann.

So sehen wir die Dichtung vom Kampf zwischen Vater und Sohn, wo und wann sie auch entstanden sein mag, als altes indogermanisches Erbe. Wir sehen sie allenthalben umgewandelt und dem Geist verschiedener Zeiten und Räume mehr oder weniger äußerlich angeglichen. Es konnte nicht ausbleiben, daß die alte Fabel in größere Zusammenhänge eingeordnet und dementsprechend gänzlich umgebogen wurde, und gerade diese Tatsache beweist die Verbreitung der ursprünglichen Dichtung. Hierbei mußte sich der Akzent von der Tragik des Vaters auf die Situation des Sohnes verlagern.

Hirtenkriegerglaube (Himmel-Vatergott) schichtweise abgehoben und der Wodanglaube als späte Einwanderung zusammen mit der Kultur des Reitpferdes gesehen wird.

[1]) Im Gegensatz zu rein bäuerlichen Kulturen, die Muttergöttinglaube haben, gehörten die Indogermanen ursprünglich zu den Hirtenkriegerkulturen (mit Ackerbau als Ergänzung). Vgl. u. a. Die Indogermanen- und Germanenfrage, Wien 1936.

Die Heldenliedfabel vom Kampf zwischen Vater und Sohn wird dann zum bloßen Telegonos-Motiv: der in der Ferne gezeugte Sohn sucht den Vater und muß unbekannt mit ihm kämpfen. Der Ausgang des Kampfes kann dann – schon im Interesse der Weiterführung der Handlung – ein Sieg des Sohnes sein oder ein versöhnlicher. In diesem Sinne finden wir das Telegonos-Motiv zuvorderst in der 'Telegoneia' des Eugam von Kyrene, die etwa 565 v. Chr. gedichtet wurde. Telegonos, der Sohn des Odysseus und der Kirke, geht auf die Suche nach dem Vater, landet, vom Sturm verschlagen, auf Ithaka, wird als Eindringling von Odysseus bekämpft, tötet aber mit einer Wunderlanze den Vater, dessen Namen er zu spät erfährt. Daß er dann Penelope und Telemach zu Kirke mitnimmt und jeder der beiden Halbbrüder seine Stiefmutter heiratet, gibt der Geschichte ein glückliches, aber recht triviales Ende. Spätere Fassungen der Telegonos-Sage machen die Wunderlanze zu einem Erinnerungsgeschenk des Odysseus an Kirke, die sie dem Sohn als Erkennungszeichen mitgibt: damit lenken sie in die Bahn der alten Heldenliedfabel, die ihnen also wohl aus anderen Dichtungen geläufig war, wenn auch gerade eine solche gefährliche Lanze kein sehr geeignetes Erinnerungskleinod war und deshalb sich als Ausgleich zwischen der Darstellung der 'Telegoneia' und der üblichen Kleinodgabe erweist. Zweifellos ist die Telegonossage von Eugam erst willkürlich mit Odysseus verknüpft worden. Es paßt recht schlecht zu Kirke, der alten Unterwelts- oder Mondgöttin, deren Kult von den Griechen sogar nach Mittelitalien mitgebracht wurde, daß sie in die Rolle eines vom Manne verlassenen Weibes kommt und einen Sohn gebiert, der den Vater suchen muß. Kirke war ja auch die Herkunft des Odysseus recht wohl bekannt. So kann die Telegonossage nur als eine Abzweigung der alten Heldenliedfabel vom Kampf zwischen Vater und Sohn angesehen werden. Sie wurde mit der Odysseussage nur äußerlich und der Zeitmode entsprechend verbunden, nicht anders als die Vater-Sohn-Kampf-Fabel im Hildebrandlied mit der Dietrichsage verflochten wurde. Daß sie dann diese Bindung an die Odysseussage in der hohen Literatur beibehielt – auch Sophokles widmete ihr ein Drama –, ist nicht verwunderlich. Für die Altertümlichkeit der Telegonossage spricht auch die Wunderlanze, denn sie trägt statt einer Metallspitze einen Rochenstachel. Man hat daraus nicht mit Unrecht geschlossen, daß die Telegonosfabel möglicherweise aus einer Zeit stamme, wo man noch keine Lanzenspitzen aus Metall gekannt habe[1]. Nehmen wir an, daß die Wunderlanze dem ursprünglichen Sieger, dem waffenkundigeren Vater, zugehört hat, so hätten wir einen gemeinsamen Zug zwischen der Telegonossage und dem irischen Cuchulinn-

---

[1] Vgl. Scherling, Realenzykl. d. klass. Altertumswiss. 2, 9 (1934), Sp. 314 ff.; zum Thema: A. Hartmann, Untersuchungen über die Sage vom Tod des Odysseus, 1917.

lied mit seiner Zauberlanze „gae bolga". Gleichwohl muß diese Einzelheit unabhängig voneinander entwickelt sein, da sie nur Meeranwohnern eignen kann; auch stellt es im Grunde eine Abschwächung dar, daß der Vater seinen Sieg nicht größerer Erfahrung, sondern einer besseren Waffe verdankt.

Ob man in der Euryalossage, die ebenfalls von Sophokles, also im 5. Jahrhundert v. Chr., dramatisch verwertet wurde, wirklich nur eine Dublette zu der 'Telegoneia' des Eugam sehen darf, bleibt zweifelhaft. Ebensogut könnte man in ihr eine andere Fassung der Telegonossage bzw. des Vater-Sohn-Kampfes sehen, wieder der Zeitmode entsprechend mit der Odysseussage verquickt. Hier ist es der Sohn des Odysseus und der Euhippe in Epeiros, der den Vater sucht und unbekannt in Ithaka landet, aber auf Geheiß der argwöhnischen Penelope getötet wird, ehe er sich zu erkennen geben kann. Vielleicht lebt in dem Tod des unerkannten Sohnes die alte tragische Fabel mit dem Tod des Sohnes durch die Hand des Vaters fort, nur hineingepreßt in das Szenar der Odysseussage. Endlich wird man auch im ersten Teil der Oedipussage eine Umgestaltung des Telegonosschicksals sehen dürfen. Hier ist der ferngeborene Sohn zum Findling geworden, der erwachsen den unbekannten Vater sucht, ohne es zu wissen mit ihm zusammentrifft, in Streit gerät und ihn erschlägt. Wenn Gürtel und Schwert des erschlagenen Vaters später die Verwandtschaft an den Tag bringen, so kann darin das Wiedererkennen des Kleinods aus der alten Heldenliedfabel rudimentär nachleben. Da das Telegonosmotiv in eine andere Motivreihe eingegliedert ist und das erste Glied einer Kette von Widernatürlichkeiten bilden soll, mußte der Sohn in diesem Vater-Sohn-Kampf obsiegen, obwohl es kaum glaubhaft erscheint, daß ein von seinen Trabanten begleiteter König von einem einzelnen Jüngling erschlagen wird.

Wie in Griechenland, so finden wir das Telegonosmotiv auch im christlichen Mittelalter und besonders im Ritterroman so oft vertreten, daß damit ein Weiterleben der alten Vater-Sohn-Kampf-Dichtung unbeeinflußt von der Formung des Hildebrandliedes und seiner Nachfahren genügend belegt scheint. Neben anderen ähnlichen Legenden ist vor allem die Gregoriuslegende zu nennen, die in zahlreichen Fassungen, darunter mehreren französischen, aber auch englischen, lateinischen, serbischen und koptischen, verbreitet wurde, uns aber durch Hartmann v. Aue und seine höfische Legende 'Gregorius' besonders nahe gebracht wurde. Sie macht unabhängig vom Griechischen aus dem Telegonosmotiv eine Oedipusdichtung. Zwar erspart sie dem Helden die Blutschuld am Tode des Vaters, obwohl alles auf eine Begegnung von Vater und Sohn im Kampfe angelegt erscheint, aber der fern vom Vater Geborene und überdies zum Findling Gemachte sucht nach dem unbekannten Vater, findet unbewußt zu seiner Vaterstadt und heiratet dort nach einem siegreichen Kampfe die Mutter. Deutlicher ist das

Telegonosmotiv im 'Wigalois' des Wirnt v. Gravenberg zu erkennen. Da Wirnt seine Romanfabel nach eigener Aussage aus Frankreich bezog, vertritt seine Dichtung zugleich einen älteren, verlorenen französischen Versroman. Die französische Herkunft wäre auch ohne Wirnts Quellenangabe wahrscheinlich, denn das Liebesabenteuer der urspünglichen Heldenliedfabel vom Kampf zwischen Vater und Sohn ist im 'Wigalois' zu einem keltischen Feen- und Jenseitsmärchen umgestaltet, wie wir es so häufig antreffen und hinter dem letzten Endes wahrscheinlich der alte Druidenglaube an eine Mondgottheit steht[1]). Noch im 'Wigalois' ist das Feenparadies hinter der Wildnis und dem breiten Wasser, die nur mit einem Wundergürtel durchritten werden können, deutlich als märchenhaft erkennbar, während in Chrétiens und Wolframs Waldleben des jungen Parzival dieses Feenparadies als Fluchtasyl der betrübten Witwe Gahmurets weitgehend der Realität angeglichen wurde. Vermutlicherweise verdanken wir es der Verbindung mit dem keltischen Feenparadiesmärchen, daß die alte Vater-Sohn-Kampf-Fabel in Frankreich ein so überaus reiches Nachleben gefunden hat. Der 'Wigalois' zeigt aber deutlich hinter dem Feenschema das kurze Liebesabenteuer und den schnellen Abschied ohne Wiederkehr, das Streben des aufwachsenden Kindes zum Vater, das Scheiden von der Mutter auf Nimmerwiedersehen, wobei die Mutter ihm das Kleinod des Vaters mitgibt (39, 20 ff.), das Suchen nach dem Vater, dessen Name er nicht kennt (44, 22 ff.), und endlich die Begegnung zwischen Vater und Sohn, ohne sich zu kennen: nur ist der Zweikampf zwischen Vater und Sohn umgewandelt zu ritterlicher Unterweisung durch den unbekannten Vater. Wir sehen also noch eindeutig die indogermanische Heldenliedfabel durchschimmern, freilich nur als Gerüst eines abenteuerlichen Heldenlebens. Unter den anderen in Frankreich nachweisbaren mittelalterlichen Fassungen des Telegonosmotives[2]) zeigen noch besonders das Lai de Milun der Marie de France und das Lai des Doon aus der Zeit um 1170 einen der alten Heldenliedfabel weithin folgenden Verlauf: das kurze Liebesabenteuer, das Ausziehen des Sohnes, dem die Mutter als Erkennungszeichen einen Ring mitgibt, das Zusammentreffen mit dem Vater im Turnier. Der auf Versöhnlichkeit abgestellten ritterlich-höfischen Sphäre gemäß endet der Turnierkampf unblutig mit dem Siege des Sohnes, der sich nun zu erkennen gibt und den Ring vorweist. Der Vater erkennt an dem Ringe beglückt den Sohn, während in der alten Fabel das Erkennen des Ringes bei der Beraubung der Leiche geschah: so scheiden sich urtümliche Tragik und mittelalterlich höfischer Optimismus! Diese Beispiele mögen genügen, um für Frankreich ein Nachleben der indogermanischen Heldenliedfabel zu erweisen.

---

[1]) Diese Vermutung hoffe ich in größerem Zusammenhang auf Grund ärchäologisch-religionsgeschichtlich-volkskundlichen Materials begründen zu können.
[2]) Busse, PBrBeitr. 26, S. 13 ff.

Schwieriger liegen die Dinge für Deutschland. Auch hier finden sich Telegonosdichtungen. So zieht Dietleib aus, seinen Vater Biterolf zu suchen, so sucht König Ortnit seinen Vater Alberich, so Wigamur seinen Vater Paltriot, so Johan uz dem Virgiere seinen Vater Ruprecht v. Artois, und sie alle geraten mit dem unbekannten Vater in Kampf. Es entspricht dem optimistischen-idealistischen Geist der Ritterzeit, daß das Erkennen immer noch rechtzeitig erfolgt und die Tragik vermieden wird, und darin stimmen diese Telegonosdichtungen mit dem Hildebrandlied des 13. Jahrhunderts zusammen, das mit der glücklichen Heimkehr zu Frau Ute endet. Vom Hildebrandlied trennt aber alle diese Telegonosdichtungen, daß der Sohn der aus der Ferne Kommende ist, und es kann nur die Frage sein, ob sich die alte Heldenliedfabel mit dem Telegonosschicksal auch in Deutschland neben dem Hildebrandlied und seinen Nachfahren ununterbrochen im Volke erhalten hatte, oder ob jetzt in der Ritterzeit das literarische Vorbild Frankreichs allein für die Aufnahme des Motivs maßgebend ist. Für den 'Wigalois' war die literarische Abhängigkeit von Frankreich vorbehaltlos zu bejahen, und das Gleiche sehen wir beim Waldleben Parzivals, das bei Chrétien vorgebildet war. Auch die anderen deutschen Telegonosdichtungen können das Motiv von Frankreich übernommen haben, und es bliebe nur zu fragen, ob die Beliebtheit des Telegonosmotivs (gegenüber etwa dem Motiv der Graalssuche, das ohne Wirkung blieb) daraus resultiert, daß volksläufige Telegonoslieder noch in den Ohren der Dichter nachklangen? Jedenfalls hat Wolfram ohne erkennbare französische Quelle in Feirefiz' Schicksal ein reines Telegonosschicksal gestaltet: die Kurzehe Gahmurets mit Belakane, der Abschied auf Nimmerwiedersehen, das Suchen des Sohnes nach dem Vater, das Auffinden zwar nicht des Vaters, aber des Halbbruders, der Kampf der Ebenbürtigen, die sich nicht kennen! An die Stelle der Erinnerungsgabe des Vaters an die Mutter, das sonst als Erkennungszeichen dient, ist freilich der väterliche Herkunftsname und die Schwarzweißfärbung des Antlitzes getreten. Wenn aber mit dem Abnehmen des Helmes die Schwarz-Weißfärbung des Antlitzes als Erkennungszeichen und letztgültiges Beweisstück dient, so erinnert dies so außerordentlich an das Auffinden des väterlichen Kleinods bei Beraubung der Leiche des Sohnes in der alten Heldenliedfabel, daß man meinen möchte, Wolfram habe einen volksläufigen deutschen Nachfahren der alten Heldenliedfabel gekannt und bewußt verwertet! Beweisen läßt sich freilich solches Weiterleben des indogermanischen Heldenlieds neben dem Hildebrandlied nicht. Aber der Dichter des Hildebrandliedes aus dem 13. Jahrhundert empfand noch die Ähnlichkeit zwischen seinem Stoff und dem Kampf von Feirefiz und Parzival und benutzte deshalb nach Wolframs Vorbild das Motiv der Namensverweigerung und Namensnennungen zuerst durch den Sieger, um seiner versöhnlichen Umgestaltung des alten Hildebrandliedes ein neues Kernmotiv zu geben. So entkleiden alle hochmittelalterlichen Gestaltungen der alten Heldenliedfabel ihren Stoff der ursprünglichen Tragik.

Demgegenüber wird deutlich, wie sehr das alte Hildebrandlied, das für die Königshalle germanischer Recken des 7. Jahrhunderts geschaffen wurde, die Tragik der ursprünglichen Heldenliedfabel zu verstärken sucht! Die irische, persische und russische Fassung des Vater-Sohn-Kampfes behielten den alten Zug, daß Vater und Sohn sich nicht kennen, bei, zum Teil dadurch, daß sie unter den merkwürdigsten Umständen die Namensnennung verhindern. Das alte Hildebrandlied läßt es aber dank der üblichen Namensnennung vor dem Kampf den Vater wissen, daß der Gegner sein Sohn ist, und läßt ihn wissentlich und sehenden Auges das eigne Blut vergießen! Was das für einen Germanen bedeutet, können wir ahnen, wenn wir das Nachleben des germanischen Sippengefühls bei Wolfram sehen. Sein Leben lang verfolgt es Parzival als dunkle Schuld, daß er unbekannterweise in Ither einen Vetter im Zweikampf tötete. So wenig die nordischen Sagas ein getreues Abbild altgermanischer Verhältnisse geben können, so werden sie doch altgermanischer Denkungsweise nahestehen, wenn sie niemand zum Kampf gegen das eigene Blut zwingen lassen. Als der Skalde Björn von einer Vielzahl von Gegnern überfallen wird, hält er auf einmal dem heftigsten Angreifer, dem Sohn seines erbittertsten Feindes Thord, entgegen, er besitze wenig Kenntnis von seinem Geschlecht. Kolli erkennt, daß der Todgeweihte sich als seinen natürlichen Vater betrachtet und steht sofort vom Kampfe ab: die Sippenpflicht steht ihm höher als die Treue zu seinen Kampfgenossen[1]).

Hildebrand aber tötet wissentlich den eigenen Sohn. Daß er durch den Vorwurf der Feigheit zur Aufnahme des Kampfes gezwungen worden sei, wie einige Forscher meinen[2]), ist gänzlich unwahrscheinlich. Aber der Sohn hat auf die Selbstoffenbarung des Vaters den Vorwurf des Betruges ausgesprochen, er erkennt ihn weder als Vater an noch als Volksgenossen, da er an der Spitze der Hunnen reitet. Höhnend hält er ihm entgegen: „Wohl sehe ich an deiner glänzenden Rüstung, daß du zu Hause einen freigiebigen Herrn hast und niemals Flüchtling warst"[3]). Hierdurch muß sich Hildebrand um so mehr betroffen fühlen, als er nicht nur vor versammeltem Heere als Betrüger beschimpft und seine Vatergefühle mit der deutlichen Beutegier nach seiner prächtigen Rüstung beantwortet werden, sondern vor allem, weil auch seine Handlungsweise als Flüchtling, seine Rückkehr mit Hilfe der landfremden Hunnen, moralisch verdächtigt wird. Er opfert den Sohn und

---

[1]) Saga von den Skalden Björn und Thord, Thule 9 (1923), S. 134.

[2]) Busse, PBrBeitr. 26, S. 58, Anm. 5; Baesecke, Hildebrandlied, S. 26.

[3]) Daß diese Worte nur von Hadubrand gesprochen sein können (der ahd. Text weist sie Hildebrand zu!), habe ich in einem (in Anm. 1 S. 414 zitierten) Aufsatz dargetan. Ähnlich schon L. Wolff, Hess.BllfVolkskde 36, S. 54.

die Pflicht gegen seine Sippe einem strengen Begriff von Ehre und Treue.
Das ist nicht gemeingermanische Ehrauffassung. Es geht ja bei Hildebrand
gar nicht um die Ehre des einzelnen. Die Ehre des einzelnen wäre sicher
zu teuer erkauft mit dem Opfer des Fortbestandes der Sippe. Aber Hildebrand ist ja nicht ein auf sich allein gestellter Kämpfer, er ist der Gefolgschaftsälteste und steht stellvertretend für die Gefolgschaft und für den
König, mit dem ihn die gemeinsame Landflucht unlösbar verbindet. König
und Gefolgschaft sind eine kleine, auf Leben und Tod verschworene Gemeinschaft, die nur der Tod scheidet, eine Gemeinschaft, hinter der alles Persönliche, sei es Familie, Besitz oder Leben, völlig zurücktreten muß. So hat
Hildebrand bedenkenlos Frau und Kind schutzlos, rechtlos und besitzlos
daheimgelassen, um dem König, dem ins Unglück geratenen „freundlosen
Mann", mit der gesamten Gefolgschaft (v. 19: „miti sinero degano filu") in
die Verbannung zu folgen. Jetzt aber handelt es sich nicht um eine beliebige
Begegnung zweier auf Abenteuer ausreitenden Ritter, sondern darum, dem
Gefolgschaftsherren die Rückkehr in sein Reich zu erkämpfen. Der Zweikampf zwischen beiden Heeren ist ein Zweikampf, der über das Recht entscheidet (v. 57: „ibu du dar einic reht habes"), nicht aber das Recht Hildebrands und nicht darüber, ob Hildebrand ein Feigling ist oder nicht, nein:
ob Hildebrand das Recht vertritt oder der Gegner, also ob Dietrich das
Recht der Rückkehr hat, sei es auch an der Spitze des landfremden Hunnenheeres! Deshalb fordert die Gefolgschaftstreue und Gefolgschaftsehre von
Hildebrand den Kampf mit dem Gegner, nun er ihn nicht für sich gewinnen
konnte. Der Sinn für die zeitgenössischen Hörer des Liedes ist also der, daß
Gefolgschaftstreue und Gefolgschaftsehre nicht zu teuer erkauft sind, wenn
auch die Stimme des Blutes völlig ertötet werden muß! Das ist wahrlich
kein Ideal breiter Volksschichten, nicht das Ideal der Germanen schlechthin! Nein, es ist das Ideal einer kleinen Herrenschicht. Das Hildebrandlied
ist ganz auf die Königshalle der Völkerwanderungszeit zugeschnitten, es
feiert und predigt die Gesinnung jener kleinen Herrenschicht, die die Germanenreiche auf fremdem Boden schuf. Die indogermanische Vater-Sohn-Kampf-Fabel wird demzuliebe so umgemodelt, daß nur das eine bleibt: das
Vorbild des Recken, dem die Gefolgschaftstreue und Gefolgschaftsehre höher
stehen als alle Güter der Welt, der selbst Familie und Sippe um ihretwillen
opfert. Die dunkle Tragik dieses Opfers erhebt die Heiligkeit des Ideals in
ein um so strahlenderes Licht!

So sehr diese Haltung das Gepräge einer eng begrenzten germanischen
kriegerischen Standeskultur trägt, so fühlen wir doch im Hildebrandlied wie
in den anderen indogermanischen Vater-Sohn-Kampf-Dichtungen etwas Verwandtes anklingen. Es ist das Gefühl, als ob hinter dem Widersinn des Geschehens doch irgendwie ein höheres sinnvolles Schicksal sich manifestiere.
Es ist deshalb aufschlußreich, daneben eine moderne, ebenfalls tragisch en-

dende Gestaltung des Vater-Sohn-Kampfes zu halten, um der Verschiedenheit bewußt zu werden. Als Rudolf Georg Binding 1910 seine psychologische Novelle 'Die Waffenbrüder' schrieb, schwebte ihm gewiß kein literarisches Vorbild vor Augen, aber als belesener Mann kannte er sicherlich nicht nur das Hildebrandlied, sondern auch andere Gestaltungen des Vater-Sohn-Kampfes. Was er daraus gemacht hat, kann hier nicht im einzelnen verfolgt werden. Jedenfalls hat er es mit psychologischer Meisterschaft verstanden, den Kampf zwischen Vater und Sohn in der modern bürgerlichen Welt verständlich zu machen und ihn dabei nicht als ein bloßes Spiel des Zufalls, sondern als ein sinnvolles Schicksal erscheinen zu lassen. Es ist ihm auch gelungen, selbst das Unwahrscheinlichste psychologisch wahrscheinlich zu machen, eine verhängnisvolle Nacht, wo der Fechtmeister Daniel eine Ehrenkränkung seines Freundes und Waffenbruders durch dessen Braut von sich aus rächen will, aber von der Reumütigen im Dunkel der Nacht für den Bräutigam selbst gehalten wird. Viele Jahre sind seitdem vergangen, der Freund gestorben, der Sohn des Verstorbenen erwachsen. Da geht es wie im Nibelungenlied: Daniels Frau hält der ahnungslosen Witwe das Geschehen jener verhängnisvollen Nacht vor. Diese hält es für Lüge und ruft den Sohn zum Eintreten für ihre Ehre auf, und besinnungslos stürzt dieser zu Daniel und im Duell mit der blanken Waffe trifft er ihn, der den Gegner zu schonen sucht, tödlich. Als er zur Mutter zurückkehrt, glaubt sie im ungewissen Schein der Blitze Daniel vor sich zu sehen, und auf einmal wird ihr die Ähnlichkeit des Sohnes mit Daniel bewußt und hellsichtig erkennt sie die furchtbare Tatsache, daß sie unwissentlich den Sohn auf seinen natürlichen Vater gehetzt hat! Sie geht freiwillig in den Tod, ohne das Geheimnis zu verraten, und sühnt so die zwanzig Jahre zurückliegende unwissentliche Verfehlung, aus der so großes Unglück erwuchs.

Wir stellen diesen Vater-Sohn-Kampf des modernen Dichters neben das Hildebrandlied und seine indogermanischen Verwandten. Was verbindet sie, was trennt sie? Es verbindet sie der heroische Geist, der vor keiner Konsequenz zurückscheut. Es verbindet sie die Unerbittlichkeit gegen sich selber und der Hang zur Tragik, der dem Kriegertum aller Zeiten gemeinsam ist. Aber es trennt sie doch eine Welt. Der moderne Dichter steht in der Tradition des ausgehenden 19. Jahrhunderts, dem das Problem der Frau zwischen zwei Männern eines der erregendsten war. So wird die alte Vater-Sohn-Kampf-Fabel mit dem Problem der Frau zwischen zwei Männern verbunden und die ganze Tragik auf die Seele der Frau abgewälzt. Nur sie hat die volle Erkenntnis des furchtbaren Geschehens, nur sie weiß um die Schwere der Schuld, und sie nimmt, im Innersten erstarrt, ihr Wissen mit in den Tod. Der Fechtmeister Daniel, der Vater, aber kämpft im Glauben, dem Sohn des Freundes Genugtuung zu geben und die ungewollte Schuld jener Nacht, deren Folge er nicht weiß, endlich zu sühnen. Wie in der alten Heldenliedfabel steht bei ihm die ferne Liebesnacht und der Kampf mit dem unbekannten Sohn nebeneinander, aber die Erkenntnis dessen wird ihm erspart, und sein Leben vollendet sich in schöner Harmonie: ritterlich nimmt er den Vorwurf der Lüge auf sich und hofft so die Schatten, die die Worte seiner Frau auf das Leben von Mutter und Sohn warfen, zu bannen. Und der Sohn? Er weiß auch nach dem Kampf nicht, daß er den Vater tötete: was sonst dem Überlebenden dieses furchtbaren Kampfes, sei es der Vater oder der Sohn, auf der Seele brennt, ist hier allein der Mutter auferlegt, und sie trägt schweigend die Schuld der Männer und löscht sie mit dem eigenen Tod. So rundet sich das furchtbare Geschehen zu einem ausgewogenen Schicksalskreis.

Damit erweist sich der feinsinnige Dichter als ausgesprochener Repräsentant eines Individualismus und reiner Diesseitigkeit, wie er denn auch ausdrücklich alle religiöse Bindung als frommen Wahn vergangener Jahrhunderte ablehnte. Ihm wird die Tragik des Kampfes zwischen Vater und Sohn zum innermenschlichen psychologischen Konflikt im Herzen der Frau, die zwischen zwei Männern steht, und das furchtbare Geschehen ist nur das zwangsläufige Abrollen eines durch menschliches Handeln heraufbeschworenen Unheils. So bleibt die Novelle, so kunstvoll und feinfühlig sie ist, doch ganz in der diesseitigen Ebene, etwa im Rahmen des Satzes: „Alle Schuld rächt sich auf Erden!" Dem Hildebrandlied und seinen indogermanischen Verwandten geht es aber nicht um den einzelnen und nicht um ein Schicksal, das im Diesseits abrollt und sich vollendet. Nein, bei ihnen wird der Mensch an die Grenze des Seins gestellt und das Problem der Tragik bleibt ungelöst und offen, ein Verhängnis, das die ganze Problematik der menschlichen Existenz aufreißt. Hier bleibt das Schicksal wirklich groß, und Hildebrand ruft sein „Wehe nun, waltender Gott, Wehgeschick erfüllt sich!" wie eine Anklage zum Himmel, so wie Prometheus seinen Ruf an die Götter: „Sehet, welch Unrecht ich leide!" Binding sagt einmal, das Leben sei einzig, herrlich und wundervoll: wozu es eines anderen Lebens noch danach bedürfe? Das Hildebrandlied aber und seine indogermanischen Verwandten wußten um den metaphysischen Zwiespalt, sie wußten, daß das Leben sich nicht auf Erden vollendet, und sie suchten nach einem höheren Sinn, indem sie den tragischen Zwiespalt der Welt aufwiesen. Sie wußten von dem gewaltigen Schicksal, welches den Menschen erhebt, wenn es den Menschen zermalmt!

Bindings Novelle ist wie ein Gemälde Adolf Menzels: fein in der Psychologie, vollendet in der Zeichnung und erfüllt vom Glauben an die Schönheit des Lebens, wie es ist, mag es auch Schatten und Dunkelheiten bringen. Diese Schatten lassen nur die warmen Farben um so strahlender leuchten, und so leuchtet aus der Tragik des Vater-Sohn-Kampfes bei Binding die reine schöne Seelenbrüderschaft der Waffenbrüder um so ungetrübter hervor. Aber über dem Hildebrandlied und seinen indogermanischen Verwandten liegt die Dunkelheit verhangener Sturmnächte, und sie stellen den Menschen in seiner Ohnmacht unter die unendliche Weite des Himmels. Goethe vergleicht das Schicksal mit dem Sturm, der die schäumenden Wogen von Grund auf aufwühlt. So ist das Schicksal im Hildebrandlied. Es gleicht nicht irdisches Geschehen aus wie bei Binding, nein, es wühlt von Grund auf die Seelen auf, und im tragischen Konflikt, der die Ohnmacht des Menschen vor dem übermächtigen Schicksal zeigt, wird der Mensch über die Enge seines Daseins emporgehoben und in kosmische Zusammenhänge gestellt!

STRASSBURG 1500

WIELAND-SAGE
THE FRANKS CASKET
(700)

WIELANDLIED, LIED VON FRAU HELCHEN SÖHNEN UND HUNNENSCHLACHTLIED

HISTORISCHE WIRKLICHKEIT UND HELDENLIED

1. Wielandlied

Heldensage ist verklärte Geschichte, und wenn es Heldensage auch vor und außerhalb der Dichtung gegeben hat,[1]) so ist doch die dichterisch geformte Heldensage, das Heldenlied, eine Geschichtsdichtung, die vom Ethos der kriegerischen Gefolgschaft getragen wurde. Das Hildebrandlied — mag es nun dichterische Neuformung eines Vorzeitliedes[2]) oder mythische Umgestaltung jüngst vergangenen Heldenkampfes[3]) sein — zeigt deutlich die Bestimmung für die Halle von Heerkönigen. Nicht aus persönlicher Ehrkränkung greift Hildebrand zum Schwert gegen den eignen Sohn, sondern allein um das Recht seiner Sache zu erweisen. Der Kampf ist ein Gottesgericht, und er geht nicht um Hildebrand und Hadubrand als individuelle Einzelpersönlichkeiten, sondern um das Recht des Gefolgschaftsherren auf die Rückkehr in sein angestammtes Reich, die Hadubrand verweigert. Das Lied hämmert es den Hörern ein: die Treue zum Gefolgschaftsherren ist das Oberste und Heiligste für den Helden, es ermahnt sie: Gefolgschaftstreue muß bestehen, und fordere sie auch den Tod des eigenen Sohnes!

Wie aber soll das Wielandlied sich solchem Ethos und solcher Zielsetzung einordnen? Deshalb sagt Hans Kuhn: „Die Völundarkvida hat weder einheitliche Fabel und straffen Bau noch einen echt heldischen oder tragischen Inhalt; sie ist nur dem Schein nach Heldenlied, das Untermenschliche der Alben-

---

[1]) Hans Kuhn: Heldensage vor und außerhalb der Dichtung, in: Edda, Skalden, Saga, Festschrift für Felix Genzmer, Heidelberg 1952, S. 262—78.

[2]) H. Rosenfeld: Das Hildebrandlied, die indogermanischen Vater-Sohn-Kampfdichtungen und das Problem ihrer Verwandtschaft, Dt. Vierteljahrsschr. f. Litwiss. 26 (1952), S. 413—32.

[3]) Jan de Vries: Das Motiv des Vater-Sohn-Kampfes im Hildebrandlied, Germ.-Roman. Monatsschrift 34 (1953), S. 257—74; vgl. H. Rosenfeld. Hildebrandlied, Verfasserlexikon der dt. Lit. des MA. 5 (1955) Sp. 410—416.

sage ist geblieben".[1]) Immerhin wäre es ein Phänomen, wenn hier ein echter Mythos — sei es auch ein Mythos niederer Art — ins Heldenlied Eingang gefunden hätte[2]), und wenn im Gegensatz zu allen heldischen Idealen hier nicht ein Held, sondern ein im Grunde unbesiegbarer Dämon den Sieg davontrüge!

Wie steht es mit der Möglichkeit, das Wielandlied[3]) aus der Sphäre niederer Mythologie herzuleiten? Märchenhaft und mythisch klingt es, wenn die drei Brüder drei Schwanjungfrauen überraschen und zum Weibe nehmen, und daß neun Jahre später Sehnsucht nach ihrem mythischen Dasein die drei Schwanjungfrauen in die Ferne treibt. Es ist das Motiv der gestörten Mahrtenehe, aber völlig abgebogen ins Sinnlose. Wo das Motiv der gestörten Mahrtenehe in vergleichbarer Form auftritt, da wird von drei überraschten Schwanjungfrauen nur die eine festgehalten und zur Ehe gezwungen. Die Flucht der dämonischen Gattin nach einer Reihe glücklicher Ehejahre veranlaßt dann immer den verlassenen Gatten, der Entflohenen sehnsüchtig suchend nachzuziehen. Gerade dieses Kernmotiv, das Suchen nach der Entflohenen, hat auf Wieland schlechterdings nicht gepaßt: deshalb mußten die beiden Brüder ganz widersinnigerweise erfunden werden, die ihrerseits den entflohenen Gattinnen nach dem Schema des Motivs nachjagen (sie entschwinden damit auch völlig unseren

---

[1]) Kuhn (s. S. 204, Anm. 1), S. 273.

[2]) Anders urteilt Jan de Vries in seinem S. 204, Anm. 3, zitierten Aufsatz und in seinem Buch „Betrachtungen zum Märchen", Helsinki 1954 (FF-Communications 150), S. 71ff., „Das Märchen und die Heldensage"; Heldensage ist ihm teils mythisierte Geschichte, teils verweltlichter Göttermythos (S. 165). Zustimmend F. R. Schröder: Mythos und Heldensage, Germ.-Rom. Monatsschr. 36 (1955) S. 1—21; ebda S. 5: „Zu Unrecht gilt die Wielandsage immer noch als Heldensage, sie ist ganz eindeutiger Göttermythos." Ich hoffe, daß meine Darlegungen über die historische, kulturelle und literarische Grundlage des Wielandliedes das Gegenteil erweisen.

[3]) Georg Baesecke: Vor- und Frühgeschichte des dt. Schrifttums I (1940), S. 289—306; H. Rosenfeld: Wielandlied,. Verfasserlexikon d. dt. Lit. des MA. 5 (1955), S. 1124—32. Zum gleichen Ergebnis über den Kern des ursprünglichen Wielandliedes kam bei seiner wertvollen Untersuchung der Tellsagen bereits Helmut de Boor: Die nord., engl. und dt. Darstellungen des Apfelschußmotivs, Quellenwerk zur Entstehung der schweiz. Eidgenossenschaft III, 1 (1947), S. *1—*53, S. *14ff. — Für die Sagenzusammenhänge vgl. Hermann Schneider: German. Heldensage 2, 2 (1934), S. 72—95. — Der Text der Völundarkvida: Edda, hrsg. G. Neckel 1 (1927), S. 112—19. Übersetzung: Edda I, Heldendichtung, übertr. Felix Genzmer, Thule 1 (1912), Nr. 1, S. 17—23.

Augen), während der eigentliche Held entgegen aller Motivtradition untätig zu Hause bleibt und von der freiwilligen Rückkehr seiner entflohenen Gattin träumt. Man sieht also deutlich: die Schwanjungfrauen-Geschichte ist ganz äußerlich an die Wielandsage angestückt, unorganisch und gänzlich widersinnig, und man hat nicht mit Unrecht die Formel geprägt, der Flieger (Wieland) habe die Fliegerinnen (die Schwanjungfrauen) angezogen. Der Geschichte von dem Menschen, der zum Flieger wird, wurde die Geschichte von den Fliegerinnen, die zu Menschenweibern wurden, beigesellt. Es handelt sich also um rein assoziativ wuchernde Sagenklitterung. Erst durch Verkoppelung mit diesen Wesen der niederen Mythologie konnte dann der Meisterschmied auch selbst zum Dämon, zum „weisen Alf" werden, obwohl keine seiner Taten diese Dämonisierung rechtfertigt. Zwar meinte Kuhn, die Rache des Schmiedes, die statt der Schuldigen ihre Kinder treffe, stehe tief unter allen heldischen Rachetaten und „stamme gewiß aus der Albensage und nicht aus dem Kopfe eines Heldenlieddichters." Aber nicht Dämonensagen bieten Parallelen zu dieser brutalen Rache des geschändeten Schmiedes, sondern vielmehr sehr reale und historisch beglaubigte Scheußlichkeiten der Merovingergeschichte und vielleicht auch die scheußliche Atreusmahlzeit, die Kriemhild-Gudrun ihrem Gatten Attila aus dem Fleische der eignen Kinder bereitet. Einer Zeit, der die Sippe eine wirkliche Einheit bildete, war es auch selbstverständlich, daß die Schuld eines Gliedes der Sippe an anderen Gliedern, und seien sie noch so unschuldig, gerächt werden könne und müsse: darauf beruht ja die Blutrache als zeitloses reales Motiv, das sich bis in die Gegenwart in einzelnen urtümlichen Kulturen erhalten hat. Wir finden es aber auch genau so noch unter der höfischen Politur in unserem Nibelungenlied, wo der unschuldige jugendschöne Giselher bzw. in letzter Fassung Dankwart (Str. 1924) vergeblich beteuert, er sei ja bei Siegfrieds Tod noch ein Kind gewesen: dies rettet ihn nicht vor der Einbeziehung in die Rache an der Sippe, die Siegfried erschlug. Mit der Grausamkeit seiner Rache steht Wieland durchaus im Bereich dessen, was an Übeltat und Gewalttat gegenüber Verwandten, Erwachsenen wie Kindern, am Merovingerhofe und anderwärts an der Tagesordnung war. Das Fliegertum aber erringt Wieland nicht durch Verwandlung wie bei dämonischen Wesen, sondern durch höchste Kunst des auf Freiheit sinnenden vergewaltigten Krüppels in genauer Parallele zum antiken Dädalus. Das Eddalied freilich macht den kunstvollen Schmied zum Albenfürsten, aber auch dieses schildert ihn in keiner Weise als Dämon, sondern als einen der unzähligen, in Wald und Sumpf lebenden zauberkundigen Lappen. Weder Schwanjungfrauen-Sage noch die dämonische Herkunft erweisen sich als feste, ursprüngliche Motive der Wielandsage.

Genau so äußerlich wie die Schwanjungfrauen ist auch noch eine andere Gestalt in das Wielandlied gelangt, Egil, der Meisterschütze und nordische Tell. Dem Meisterschmied wird der Meisterschütze als Bruder beigesellt: wieder sehen wir das assoziative Wachsen der Sage. Es bleibt gleichgültig, ob diese Koppelung zugleich mit der Beigesellung der beiden Brüder erfolgte oder unabhängig von ihr. Wenn die Thidrekssaga und das angelsächsische Runenkästchen (ca. 800) Egil als Gehilfen beim Anfertigen des Federkleides und später beim Schießen nach dem davonfliegenden Wieland zeigen, so ist das eine wenig glückliche Doppelrolle, von der wohl niemand ernsthaft behaupten kann, daß sie eine ursprüngliche und organische ist. Ursprünglich dagegen ist die Rolle Wielands als eines meisterlichen Schmiedes. Als Kern der Wielandsage müssen wir zweifellos die furchtbare Rache des vergewaltigten Schmiedes ansehen und die Selbstbefreiung des Gelähmten mit dem selbstgeschmiedeten Flügelpaar. Ist auch diese Selbstbefreiung das notwendige Korrelat zu der tyrannischen Verstümmelung, so ist doch die unmittelbare Ähnlichkeit mit der Geschichte des gefangenen und sich befreienden antiken Meisterschmiedes Dädalus unleugbar.[1]

Ist das Wielandlied seinem Wesen nach Verherrlichung des Schmieds schlechthin? Die Verwandtschaft zwischen Dädalus- und Wielandsage veranlaßt Martini, die Wielandsage aus dem Bereich der mythischen Vorstellungen des steinzeitlichen indogermanischen Urvolkes herzuleiten,[2] also aus einer Zeit, die weder Schmiede noch Könige kannte und deshalb in keiner Weise die Rache eines Schmieds an seinem tyrannischen König erfinden konnte. Eine Zeit, die das Kernmotiv der Wielandsage rein kulturgeschichtlich nicht erfunden haben kann, kommt ernsthaft als Wiege der Wielandsage nicht in Frage. Deshalb sucht de Vries einen anderen

---

[1] Baesecke (s. S. 205, Anm. 3), S. 299f. (Servius' Vergilerklärung als indirekte Quelle).

[2] Fritz Martini: German. Heldensage, Berlin 1935, S. 80—93.

Weg.¹) Er gibt den Einfluß der Dädalussage auf das Wielandlied, den Baesecke eingehend nachwies, seinerseits durchaus zu: „Die Übereinstimmung ist sogar so groß, daß auch die Nebenfigur des Ikarus, und zwar als Egil, seinen Platz in der Sage bekam." Aber wenn Baesecke den Vergilkommentar des Servius wegen verschiedener Einzelheiten, z. B. der Heranziehung des Volcanus und seiner etymologischen Ableitung von *volare* ‚fliegen', als indirekte Quelle des Wielandliedes annahm²) und damit einer westgermanischen Entstehung des Wielandliedes das Wort redete, so möchte nunmehr de Vries in den Ostgermanen, speziell in den Ostgoten, diejenigen sehen, die die griechische Dädalussage auffingen und weitergaben. Mag man die Berührung mit der Dädalussage mit Baesecke aus gelehrter lateinischer Schultradition oder mit de Vries aus volksmäßiger Erzähltradition griechisch-gotischer Herkunft herleiten, niemand wird deshalb die Dädalussage als Anlaß für das Wielandlied sehen, sondern lediglich als bereichernden Stoff zu einer aus anderen Gründen emporsteigenden Dichtung.

De Vries möchte den eigentlichen Anlaß des Wielandliedes in der Verherrlichung der gotischen Goldschmiedekunst sehen. „Die hochentwickelte Goldschmiedekunst der Goten war eine solch überragende Leistung, daß es nur natürlich ist, wenn sie in einer Sagengestalt zu einem konkreten Ausdruck gelangte: Wieland bildet gewissermaßen den Höhepunkt und den Inbegriff der gotischen Ornamentalkunst."³) Hiermit käme auch de Vries zu dem Ergebnis, daß das Wielandlied kein Heldenlied ist, denn anderwärts formulierte er ausdrücklich: „Eine richtige Heldensage und ganz besonders eine germanische Heldensage setzt ein geschichtliches Ereignis mit wirklichen Trägern der Handlung voraus; dieses muß das prima movens gewesen sein, nicht der Wunsch, für eine schöne Geschichte ein geeignetes, wenn auch erfundenes Personal zu finden".⁴) Ich glaube, nicht nur de Vries' eigene überspitzte Formulierung, sondern auch alles, was wir von germanischem Denken und Dichten wissen, schließt es vollkommen aus, daß das Wielandlied „konkreter Ausdruck gotischer Ornamentalkunst ist". Dann wäre ja Personal und Geschichte nachträglich

---

¹) Jan de Vries: Bemerkungen zur Wielandsage, in: Edda, Skalden, Saga, Festschr. für Fritz Genzmer, Heidelberg 1952, S. 173—91.
²) Baesecke (s. S. 205, Anm. 3), S. 299f.; S. 187f.
³) de Vries (s. Anm. 1), S. 187/88.
⁴) de Vries (s. S. 204, Anm. 3), S. 258.

erfunden, um die Goldschmiedekunst zu preisen! Aber die Goldschmiedekunst spielt in Wirklichkeit beim Wielandlied durchaus nur eine Nebenrolle. Im Vordergrund steht der Konflikt zwischen Wieland und dem König, oder besser gesagt: Wielands Rache. Alles andere ist zweitrangiges Beiwerk und Hintergrund. Erst die Thidrekssaga hat die Kunst des Schmiedes mit der Schilderung frappierend naturwahrer Statuen stärker in den Vordergrund geschoben, wie mir scheint in durchaus läppischer Weise, die nur beweist, eine wie unorganische Zutat das ist bei einer Fabel mit so tiefgreifendem, leidenschaftlichem Geschehen.

Die jahrelang vorbereitete grausame kalte Rache des Wielandliedes versetzt uns genau wie die kalte Rache der Kriemhild im Nibelungenlied in die Atmosphäre merovingischer Grausamkeiten und Mordtaten. Einige deutsche Worte im Eddalied (Fittich, tragen, Fell, Baduhild, Dankwart, Schlagfeder, Schwanweiß usw.) verweisen auf ein deutsches Urlied, die Erwähnung des Rheins und Chlodwigs (Hlödwes) auf Franken und Merovinger. Die tyrannische Gefangenhaltung durch einen König bietet ein wichtiges Argument innerer Chronologie: sie setzt ein starkes Königtum voraus, wie es erst durch die Völkerwanderung geschaffen wurde; früheres Ansetzen der Wielandsage ist schon aus diesem Grunde vollkommen unmöglich.

Wir dürfen deshalb die historische Grundlage des Wielandliedes in dem Ereignis sehen, das Eugipp in seiner Vita Severini, Kapitel 8, berichtet.[1]) Der Rugierkönig Feletheus Feva hatte eine Arianerin Giso zur Gattin, die einige barbarische germanische Goldschmiede in strengem Gewahrsam hielt, damit sie ihr königlichen Schmuck verfertigten. Zu ihnen kam in kindlicher Neugierde der kleine Königssohn namens Friedrich. Da setzten die Goldschmiede dem Knaben ein Schwert auf die Brust und drohten, ihn und sich selbst, die sie von langer Gefangenschaft zu Tode erschöpft seien, zu töten, wenn man ihnen nicht die Freiheit zurückgebe. Die Situation in Lied und Historie ist genau dieselbe, hier wie dort ein von seiner Gattin übel beratener tyrannischer König, hier wie dort gefangene Goldschmiede, hier wie dort die kindliche Neugier des Königssöhnchens. Es wäre mehr als seltsam, wenn diese Übereinstimmung zufällig wäre. Ich weiß nicht, weshalb sich de Vries und andere so dagegen sträuben, dieses histo-

---

[1]) Geschichtsschreiber der dt. Vorzeit, Urzeit Bd. 4, S. 36.

rische Ereignis etwa aus dem Jahre 480 als Quelle und Anlaß des Wielandliedes anzusehen. Nicht nur in der Situation im einzelnen, sondern auch im Kernmotiv, der Befreiung der Goldschmiede aus unwürdiger Knechtschaft, läßt sich das Lied deutlich aus diesem Ereignis herleiten. Das historische Ereignis, diese ungewöhnliche Verzweiflungstat der Goldschmiede, muß auf die Zeitgenossen ungeheuren Eindruck gemacht haben. Sie wird nicht erst durch die Vita Severini von 511, die in zahlreichen Handschriften verbreitet wurde, sondern schon früher von Mund zu Mund weitergegeben worden sein. Handelt es sich doch hier um ein Ereignis, das gewissermaßen im vollen Rampenlicht auf der großen historischen Weltbühne vor sich ging. Feletheus Feva und Giso wurden wenige Jahre später von Odoakar gefangengenommen und hingerichtet (487), der dem Schwert der Goldschmiede entgangene Königssohn flüchtete 488 zu Theoderich, und als Theoderich 493 meuchlings Odoakar ermordete mit den Worten: ,,Ich tue dir, wie du den Meinen getan", da wollte er diese Tat ausdrücklich als Blutrache für das mit ihm verwandte rugische Königspaar hinstellen.[1]) Das tragische Ende des rugischen Reiches und Königshauses mußte als gerechte Strafe für tyrannische Gewalttat erscheinen und die Erinnerung an jene Tat der Goldschmiede erneut ins Gedächtnis rufen.

Wenn Kuhn die Rache des Goldschmiedes an den unschuldigen Kindern des Königspaares als untermenschlich und albisch erschien: hier in dem historischen Ereignis haben wir die gleiche Tat wenigstens als Drohung belegt. In der Geschichte blieb es Drohung, da die bestürzten Eltern nachgaben. Der Dichter des Wielandliedes hat lediglich die Drohung der Goldschmiede konsequent zu Ende gedacht und die Ereignisse entsprechend rekonstruiert. Die Mehrzahl der Goldschmiede wird auf eine Einzel-

---

[1]) Ludwig Schmidt: Geschichte der dt. Stämme bis zum Ausgang der Völkerwanderung, 2. Aufl. 1 (1934), S. 123f. und 288. — Die Hauptquelle für Odoakars Ermordung Johannes Antiochenus läßt Theoderich von Vergeltung für ,,die Meinen" sprechen (MGH, auctores ant. 9, 1, S. 316ff.). Ennodius' Lobrede auf Theoderich (MGH, auctores ant. 7, S. 206, 25ff.) sagt, Odoakars kriegerischer Sinn habe dazu geführt, Theoderichs Verwandte (propinqui) zu töten. Baesecke (s. Anm. 5), S. 196, möchte in propinqui die im Kampf mit Odoakars Feldherrn Sabinianus Gefallenen sehen. Das ist unwahrscheinlich. Dagegen war die ,,Hinrichtung" des kriegsgefangenen rugischen Königspaares ein glatter Mord, Theoderichs Blutrache für sie ,,kalte Rache" wie die Kriemhilds und Wielands.

gestalt reduziert, die mit dem etymologisch durchsichtigen ‚redenden Namen' als Kunsthandwerker schlechthin bezeichnet wird,[1]) die Zahl der Opfer verdoppelt, die Schändung der Königstochter zur Steigerung hinzugefügt. Man sieht den Dichter am Werk. Er steigert, kontrastiert, klärt und übersteigert die reale Wirklichkeit. Aus den bis zu Tode erschöpften gefangenen Goldschmieden in ihrer anonymen Mehrzahl wird der eine gefangene Goldschmied, dessen Gefangenschaft durch Zerschneiden der Fußsehnen zu einer ewigen gemacht ist, aus der den glücklichen Zufall nützenden Tat der historischen Goldschmiede wird eine kaltblütig von langer Hand vorbereitete Befreiungstat und Rachehandlung. Wie vielen mag in ähnlicher Weise Unrecht und Gewalt angetan sein, ohne daß ihnen Befreiung und Genugtuung gelang wie den Goldschmieden des Feletheus und wie Wieland dem Schmied! Die Dichtung gestaltet hier aus der Rechtsnot unterdrückten Menschentums eine exemplarische, einprägsame Rache, die allen Unterdrückten und Vergewaltigten in der Idee den Sieg über ihre Unterdrücker geben konnte, der in der Realität den wenigsten gegönnt ist. Die Dichtung stellte zugleich der rohen Gewalt des tyrannischen Königspaares die Freiheit des Geistes gegenüber, repräsentiert durch den Schmied als Künstler schlechthin, der aus Gefangenschaft und Lähmung des Körpers sich durch überlegene Kunst Rache und Freiheit zu verschaffen weiß. Das hat nichts mit Albenmythos und Untermenschentum zu tun. Vielmehr ist es eine der Uraufgaben der Dichtung, eine überhöhte Wirklichkeit zu geben und damit auch die Rechtsnot, die in der Realität meist ungestillt bleibt, in der Dichtung Recht finden zu lassen,[2]) und das bedeutet, für ältere Zeit wenigstens, Aufzeigung exemplarischer Rache. Wie bei der historischen Tat der Goldschmiede des Feletheus und wie im Nibelungenlied trifft die Rache nach dem Gesetz der Sippenverbundenheit, wenn sie die unschuldigen Kinder als Opfer wählt, die schuldigen Eltern oder Verwandten um so tiefer, je mehr damit zugleich der Bestand der Sippe ausgelöscht wird. Diese Hal-

---

[1]) Wieland, entstanden aus *wêland*, Partizipialform zu *wêlan*, zu dem an. *vêl* ‚List, Kunstwerk' gehört; vgl. Ferd. Holthausen, Wörterbuch d. Altwestnordischen, Göttingen 1948, S. 336; Baesecke (s. S. 205, Anm. 3), S. 299.

[2]) H. Rosenfeld: Die Legende von der keuschen Nonne, Beitrag zur Soziologie und Psychologie von Legende und Sage, Bayer. Jahrb. für Volkskunde 1953, S. 43—46.

tung eint also das Wielandlied mit anderen Dichtungen aus dem Bereich der Heldensage, und diese Haltung ist mithin kein Grund, dem Dichter des Wielandliedes den Rang als Heldenlieddichter abzusprechen.

Das Wielandlied widerspricht nicht nur nicht dem Geiste der Heldensage, sondern ordnet sich auch durchaus der Sphäre des Heldenliedes ein, wenn wir das Heldenlied nicht unorganisch nur auf Helden in heroischer Bewährung einengen, sondern aus seinem literarischen Publikum begreifen. Heldendichtung ist in erster Linie Dichtung für die Halle der Heerkönige und ihre kriegerische Gefolgschaft. Sie will nicht nur historische Ereignisse in überhöhter dichterischer Sicht widerspiegeln, der Realität die höhere Wahrheit entgegensetzen und die Geschichte vom Standpunkt heroischer Seelenhaltung betrachten, sondern vor allem auch das Ethos der Gefolgschaft und Gefolgschaftstreue in vorbildlichen Ereignissen und Gestalten aufzeigen und damit den Seelen einhämmern. Gefolgschaftstreue ist aber nach germanischer Auffassung doppelseitig, sie bindet nicht nur den Gefolgsmann an den Herren, sondern auch den Herren an den Gefolgsmann und verlangt nicht nur vom Gefolgsmann Treue und alle ritterlichen Tugenden, sondern auch vom Herren dasselbe und darüber hinaus die königlichen Tugenden der Freigebigkeit, Großherzigkeit und edlen Gesinnung. Hier ordnet sich das Wielandlied dem Themenkreis der Gefolgschaftsdichtung ein, indem es als abschreckendes Beispiel den ungetreuen, den geizigen, den unedlen, den gewalttätigen Gefolgschaftsherren zeigt und die Rache, die ihn treffen kann und nach der Forderung höherer Gerechtigkeit treffen muß. Insofern also ist das Wielandlied echtes Heldenlied, weil es nicht nur dichterische Überhöhung eines bestimmten historischen Ereignisses der unmittelbar erlebten Geschichte ist, sondern — jedenfalls in der von der nordischen Sonderentwicklung noch freien Urfassung — für die Halle der Gefolgschaft und des Adels bestimmt war und mit den Mitteln und Lebensanschauungen kriegerischer Ethik am Gegenbeispiel von Gewalt und Rache die gegenseitige Verpflichtung von Herr und Gefolgschaft — Treue um Treue — aufzeigte.

2. Das Lied von Frau Helchen Söhnen

Ob die Zwergen- und Riesenkämpfe der Dietrichepen alte Dietrichsagen bewahren, Verklärung des Friedenswerkes Theoderichs sind oder als junge Sprößlinge volksepischer Phantasie zu gelten haben, ist umstritten; die Möglichkeit, daß hinter den Zwölfkämpfen des Großen Rosengartens und anderer Dietrichepen kultische Riten, im Sieg über Siegfried und Gunther in Worms der Sieg Theoderichs und seines Feldherrn Ibba (Hildebrand?) über Chlodwig und den mit ihm verbündeten Gundobad von Burgund stehen könnte, ist bisher kaum ernsthaft ins Auge gefaßt.[1]) Unbestreitbar aber stehen hinter der Rabenschlacht Theoderichs Kämpfe mit Odoakar um Ravenna, hinter dem Namen Sabene Sabinian, der Theoderichs Nachschub abfing, hinter Dietrichs Widersacher Ermenrich die Gestalt Odoakars. Aber gerade der Name und die Gestalt Ermenrichs beweisen, daß älteres Sagengut von der Dietrichsage angezogen und mit ihr vereint wurde. In der zwielichtigen Verrätergestalt Witiges lebt wohl der Name des sagenhaften Königs Widigoja oder auch des letzten Ostgotenkönigs in Italien, Witiges. Er ließ ja den letzten Amalerkönig Theodahad umbringen und erinnert insofern an Witige, der die hunnischen Königssöhne und Dietrichs Bruder im Kampfe tötet.[2])

───────

[1]) H. Rosenfeld: Rosengarten zu Worms, Verfasserlexikon des MA.s 5 (1955) Sp. 987—991.

[2]) Witiges war früher Waffenträger des Königs Theodahad gewesen, ließ sich jedoch dann zum Gegenkönig wählen und durch ausgesandte Schergen Theodahad umbringen (Jordanes 309/10). Theodahad aber war Blutsverwandter Theoderichs und sein Schwiegersohn (Jordanes 306). Aus diesen Fakten hat die Sage offensichtlich den ungetreuen Witige gemacht, der Diether tötet und dafür von Dietrich verfolgt wird (man beachte, daß auch die Namen des historischen und des Sagen-Gegners, Theodahad und Diether, fast völlig übereinstimmen, was kein Zufall sein wird!). Wir dürfen also wohl ein selbständiges Witige-Lied voraussetzen, das ursprünglich nicht das geringste mit der Rabenschlacht und Attilas Söhnen zu tun hatte. Die Entrückung des fliehenden Witige ins Meer zu seiner mythischen Mutter spiegelt wahrscheinlich dichterisch die Überführung des historischen Witiges nach Konstantinopel nach seiner Kapitulation 540 (Jordanes 313) wider; sie entzog den historischen Witiges in gleicher Weise der Blutrache seitens Theodahads Sippe, wie die mythische Entrückung den Sagen-Witige dem Zorne Dietrichs entzog. (Die in der Heldensage-Literatur übliche Schreibung *Witege* scheint mir angesichts des *Witige* der Handschriften nicht berechtigt.) — S. Gutenbrunner, Zschr. f. dt. Philol. 74 (1955), S. 121, möchte aus Muchs etymologischer Ableitung des Namens *Witige*, got. *Widugauja*, von den *Widuwariern* des Weichseldeltas Witiges schwankende Rolle in der Rabenschlacht zwischen Ermenrich und Dietrich, bzw. seine Ardarichrolle als Bekämpfer der Attilasöhne, erklären. Jedoch sind die Gepiden erst lange nach Abzug der Goten ihrerseits nach Süden abgerückt, andrerseits konnten die Widuwarier erst nach Abzug der Gepiden die Gepidensitze im Weichsel-

Mit dem Namen Ermenrich ist aber nicht nur Odoakars Name durch einen königlicheren ausgetauscht, sondern auch die Gestalt selbst in die Dietrichsage übernommen. Ermanarich hatte mit starker Hand die verschiedensten Völker germanischer und nichtgermanischer Herkunft unter sein Szepter gezwungen, was schlechterdings nicht ohne Härte und Gewalttat geschehen konnte.[1]) Nichts ist natürlicher, als daß die ihrer Freiheit Beraubten und ebenso die in ihrer Macht geminderten Adelskreise im eigenen Volke ihn in erster Linie als Tyrannen auffaßten und als typische Tyrannengestalt in Heldenlied und Sage eingehen ließen, zunächst in das Lied von Ermenrichs Tod,[2]) dann aber auch in die Dietrichsage. Wenn Dietrich trotz aller seiner Siege (die sich an seine Siege über Odoakar anlehnen) das Reich nicht erringen und Ermenrich nicht vernichten kann, so lebt auch darin die Ermenrichsage, die es noch wußte, daß erst nach dem Tode des großen Tyrannen das große Reich auseinanderbrach und Eroberern zugänglich wurde.

Im Rahmen solcher Beobachtungen scheint es durchaus glaubwürdig, daß Vorgänge und sagenhafte Überlieferungen, die eigentlich Theoderichs Vater Theodemer betrafen, auf den berühmteren Sohn übertragen wurden.[3]) Wenn die Dietrichsage den König zum Zeitgenossen Attilas macht und seine Exilzeit an Attilas Hofe zubringen läßt, so kann hierbei nur die Geschichte von Theoderichs Vater den Anlaß gegeben haben. Allerdings kehrte auch Theoderich selbst nach einer Geiselzeit von etwa zehn Jahren gewissermaßen aus einem Exil in sein heimisches Reich zurück, und diese Tatsache hat zweifellos den Ansatzpunkt für die Exilsage gebildet. Auch konnte die Eroberung Italiens als Heimkehr in angestammtes väterliches Erbe erscheinen, da die Westgotenherrschaft in Italien nur wenige Jahrzehnte zurücklag.

---

delta übernehmen (Jordanes 36 u. 96). Die Goten konnten also Gepiden und Widuwarier nicht miteinander verwechseln und taten es auch nach dem Zeugnis des Jordanes (96) nicht. Damit entfällt jede Möglichkeit, Witige seines Namens wegen als Gepiden anzusehen, und erst recht konnte man alle diese Dinge um 1200 nicht mehr wissen!

[1]) Jordanes' Getica 116/117, wo auch berichtet wird, daß einige Quellen Ermanarich mit Alexander dem Großen verglichen.

[2]) H. Rosenfeld: Ermenrikes Dot, Verfasserlex. 5 (s. S. 205, Anm. 3), Sp. 208—10; H. de Boor: Die nord. Svanhilddichtung, Erbe der Vergangenheit, Festgabe für K. Helm, Tübingen 1951, S. 47—62; daselbst S. 50ff. Ermanarich als Tyrann.

[3]) Baesecke (s. S. 205, Anm. 3), S. 198.

In den Westgoten Alarichs aber waren ja Teile der Ostgoten aufgegangen, da sich Greutunger unter dem jungen Greutungerkönig Vitherich und seinen Feldherrn Alatheus und Saphrax noch vor der Schlacht bei Adrianopel den Westgoten (Terwingern) unter Fritiger angeschlossen hatten (da diese Greutunger später nicht mehr besonders erwähnt werden, dürften sie unter den schlechtweg „Goten" genannten Westgoten aufgegangen sein).[1]) So konnte Theoderich also allenfalls als Heimkehrer in gotisches Erbe erscheinen. Hildebrandlied und Dietrichepen lassen ihn jedoch nach dreißigjährigem Exilaufenthalt an Attilas (Etzels) Hof mit Hilfe der Hunnen zurückkehren: hier dürfte seines Vaters Theodemer enge Beziehung zu Attila und dessen Heerfahrten zusammen mit den Hunnen nachleben. Die Teilnahme Theodemers an Attilas Zug nach Gallien und an der Schlacht auf den Katalaunischen Feldern ist gut bezeugt (Jordanes 139 und 253), seine Teilnahme an Attilas anschließendem Heereszug nach Italien eigentlich selbstverständlich. Der Hunnenzug nach Italien konnte in der Sage leicht mit Theoderichs italienischem Eroberungszug zusammengeworfen werden.

Dennoch bleibt auffällig, daß das Epos von der Rabenschlacht trotz siegreicher Kämpfe Dietrichs mit einer Rückkehr zu Etzels Hof schließt.[2]) Wenn in „Dietrichs Flucht" der Held trotz siegreicher Schlachten zu Etzel zurückkehrt, so war hier der späte Ependichter dadurch gebunden, daß er sein Epos zyklisch mit der Rabenschlacht zusammenfügen wollte, also die Eingangssituation, den erneuten Auszug von Etzels Hof, bei dem Schluß seines Epos berücksichtigen mußte. Schwerer wiegt, daß bereits die Rabenschlacht entgegen dem geschichtlichen Ausgang mit einer Flucht zu Etzel schließt. Kein germanischer oder mittelalterlicher König hätte sich durch den Schlachtentod von Verwandten oder anvertrauten Freundessöhnen davon abhalten lassen, seinen Sieg auszunützen und das eroberte Reich in Besitz zu nehmen.

---

[1]) Ammianus Marcellinus' Rerum gestarum libri 31, 4, 12 und 31, 12, 12/17. — Vgl. auch S. 226, Anm. 2.

[2]) Theodor Steche: Das Rabenschlachtgedicht, das Buch von Berne und die Entwicklung der Dietrichsage, Greifswald 1939; H. Rosenfeld: Heinrich der Vogler, Verfasserlexikon 5, Sp. 361—67. Für die Sagenzusammenhänge vgl. Schneider (s. S. 205, Anm. 3) 1, 1928, S. 226 ff. — Text: F. H. v. d. Hagen / J. G. Büsching: Dt. Gedichte des MA.s 2, 2 (1825); F. H. v. d. Hagen: Heldenbuch 1 (1855), S. 347—543; E. Martin: Dt. Heldenbuch 2 (1866), S. 217—326.

Dietrich nimmt statt dessen wieder das Schicksal eines landfremden Flüchtlings auf sich und bettelt die Eltern um Verzeihung an, deren Kinder durch seine indirekte Schuld umkamen. Der schöne Gedanke, Dietrich fühle, daß sein Königsglück von ihm gewichen sei und gebe deshalb seine Sache auf,[1]) genügt doch wohl nicht, diese gänzlich sinnlose Rückkehr zu Etzels Hof verständlich zu machen. Erklärlich wird sie nur, wenn neben dem Vorbild des edelmütigen Gefolgschaftsherren aus Dietrichs Flucht, der, um die gefangenen Gefolgschaftsmitglieder auszulösen, Kampf und Reich aufgibt, noch eine festgeprägte Sage vorhanden war, wo Heimkehr nach dem Tod der Königssöhne und nach verlorener Schlacht und großmütige Verzeihung für beides im Mittelpunkt stand. Die Szene der Heimkehr an Attilas Hof war offensichtlich altes, um nicht zu sagen: ältestes Sagengut, das sich mehr schlecht als recht in die Dietrichsage hineinpressen lassen mußte. Hier fassen wir offenbar ein Heldenlied aus dem Sagenkreise von Theoderichs Vater, ein Lied, in dem es wesentlich nicht um Kampf und Sieg, sondern um seelisches Verhalten, eben um die Verzeihung für Verlust der Schlacht und für den Tod der Söhne, handelte.

Noch in der Rabenschlacht wird Dietrich das Hunnenheer und das Leben der jungen Königssöhne anvertraut. Die Königin läßt den Grund von Dietrichs Traurigkeit ermitteln (den kennt man doch schon dreißig Jahre lang!), verheiratet ihn und schickt ihn mit einem Heer nach Italien (Rabenschlacht 12ff.; 81ff.; 156ff.; 195ff.): das ist alles so an den Haaren herbeigezogen, daß man die krampfhafte Bemühung erkennt, vorgefaßte Sageninhalte auf die Gestalt Dietrichs zu übertragen. Daß Dietrich dann die Königsknaben in Bern unter Obhut zurückläßt, daß die Knaben sich bei einem Spazierritt von Bern viele hundert Kilometer bis nach Ravenna hin verirren, ist ebenso krampfhaft und innerlich jung wie die Begegnung mit Witige, der völlig unmotiviert vom Gros der Kämpfenden entfernt seiner Wege reitet (Rabenschlacht 276ff.; 340ff.; 367ff.). Künstlich ist auch, daß die Königssöhne einerseits dem erfahrenen Elsan, andrerseits auch Dietrichs jungem Bruder Diether anvertraut werden (Rabenschlacht 285ff. bzw. 238ff.). Diether ist es, der als einziger Witige erkennt und als Landesverräter beschimpft (387—390). Trotzdem greift nicht

---

[1]) Wolfgang Mohr: Dietrich von Bern, Zschr. f. dt. Altertum 80 (1944), S. 117—55, besonders S. 132.

er als erster an, sondern er läßt zunächst die jungen Königssöhne angreifen und fallen, ehe er selbst — der erfahrenere, der beauftragte Hüter der Etzelsöhne und der einzige, der um den Verrat Witeges weiß, in den Kampf ernsthaft eingreift (312—462). Dietrichs Klage nach Auffindung der Leichen gilt dann zunächst nur den beiden Königssöhnen (886—905), nachträglich auch seinem Bruder Diether (906), nie aber allen drei Gefallenen zugleich. Die Verfolgung Witiges durch Dietrich gilt, wie der Text aussagt, der Rache für die Königssöhne, *die jungen herren*, nicht für den Bruder (915—968). Diese verschiedenen Beobachtungen erweisen eindeutig, daß die Gestalt Diethers unorganisch eingeschoben ist und daß die ursprüngliche Situation keineswegs eine solche Zersplitterung des Schauplatzes kannte. Der Schauplatz war ursprünglich offensichtlich von vornherein das Schlachtfeld, wo den Königssöhnen unter sicherer Hut die Rolle von Zuschauern zugedacht war. Das schimmert selbst noch in der Rabenschlacht, Str. 875, durch: *Mich muoz des michel wunder hân, daz si bî dem vanen niht sint.* Das paßt keineswegs in den Zusammenhang der Rabenschlacht, wo die Königssöhne sich auf einem Spazierritt von Verona auf das Schlachtfeld bei Ravenna hin verirren. Tatsächlich ist diese Stelle Überbleibsel jener älteren Vorstellung, wo die Königssöhne an der Schlacht als Zuschauer teilnehmen und sich, fern vom eigentlichen Kampf, in sicherer Hut bei der Fahne aufhalten sollen. Da sehen sie den Verräter Witege und stürzen sich impulsiv auf ihn, um Rache zu nehmen.

Die Thidrekssaga schlachtete bei der Erzählung von Thidreks Zug gegen Ermanrik offensichtlich eine ältere Fassung des Rabenschlachtepos aus und schildert deshalb den Handlungsvorgang im wesentlichen wie das Rabenschlachtepos, hat aber in einigen Punkten die älteren Züge bewahrt. Erp und Ortwin sind nicht Knaben, sondern bereits junge Männer. Königin Erka rüstet sie mit den besten Waffen aus, gibt sie dem hunnischen Hilfsheer bei und ermahnt sie zur Tapferkeit im Kampf. Attila macht die Königssöhne zu Führern des Hauptheeres, dessen Banner der Herzog Naudung trägt, Hialprek wird der persönliche Schutz der Königsöhne anvertraut. Als es zur Schlacht kommt, reiten die Attilasöhne hinter dem Banner wohlgewaffnet zur Schlacht. Erst als Herzog Naudung von Widga erschlagen wird, stürzen sich die Königssöhne nebst Thether und Hialprek in den Kampf. Wenn Widga an dieser Stelle nur als „verfluchter Hund" bezeichnet und mit solcher Erbitterung angegriffen wird, so findet das im Erzählzusammenhang keinerlei Erklärung und sieht wie unverstanden weitergegebenes Erzählgut aus, hinter dem die Gestalt des siegreichen Empörers und Verräters Ardarich durchschimmern kann. Ebenso tritt in der Thidrekssaga die entscheidende Rolle der Königin Erka hervor. Sie ist es, die das Hilfsheer entsendet und die Königssöhne ausrüstet und dem Heere beigibt, und vor ihrer Gnade oder Ungnade bangt der siegreiche Thidrek nach der Nachricht über den Schlachtentod der Königssöhne, und die Königin Erka ist es auch, die nach dem tapferen Ende der Söhne forscht und daraufhin dem unruhvoll vor ihrem Zorn bangenden Thidrek großmütig und königlich würdevoll Verzeihung gewährt. Deutlicher noch als im Rabenschlachtepos tritt also hervor, daß Erka ursprünglich regierende Hunnenkönigin nach Attilas Tode ist und daß die Gestalt Attilas in die Vorlage nur recht äußerlich hineingeflickt wurde.

Wie wenig die Situation dieser Schlacht auf den italienischen Schauplatz der Theoderichkämpfe paßt, zeigt noch eine andere Beobachtung. Dietrich kommt nach fruchtloser Verfolgung Witiges, nach Totenklage und Begräbnis in langer Heimfahrt nach Gran zum Hunnenhofe, um das Unglück zu melden. Im gleichen Augenblicke wie er kehren auch die blutbefleckten ledigen Rosse der Königssöhne heim (Rabenschlacht 1034—1043). Sie haben dieselbe weite Strecke von Ravenna bis nach Ungarn genau in der gleichen Zeit zurückgelegt und nehmen es nun Dietrich und Rüdiger just im rechten Moment ab, die Unglücksbotschaft als erste zu verkünden. Das ist nicht originale Erfindung eines Dichters, der einen dramatischen Vorgang nacherlebt, sondern kleinliche Kompilation eines gegensätzliche Fabeln verknüpfenden Spätlings. Ursprünglich muß die verhängnisvolle Schlacht in Reichweite des Etzelhofes stattgefunden haben, so daß die Heimkehr der ledigen Rosse und die Rückkehr der geschlagenen Krieger unmittelbar nach der Schlacht erfolgen konnte. Wie die Königin Helche es war, die die Königssöhne dem Gotenkönig anvertraute, so ist auch sie es, der man die schlimme Botschaft bringen muß, um deren Gnade man bangen muß (die gleichen Dinge werden dann jedesmal unorganisch noch einmal von Attila berichtet). Es muß sich also ursprünglich um eine Schlacht nach Attilas Tod gehandelt haben, um eine Niederlage der Hunnen und um den Tod eines Attilasohnes, der, wenn ich recht sehe, noch in späten

Liedern „einer stolzen Witwe Sohn" genannt wird.[1]) Nicht um einen König, der eine siegreiche Schlacht zur Wiedereroberung seines Reiches schlägt, handelt es sich, sondern um einen Lehensmann, der nach verlorener Schlacht mit der bitteren Trauerbotschaft vom Tod der Söhne zu Etzels Witwe zurückkehren muß. Aber der Tod der Söhne kann auch nicht aus einer zufälligen Begegnung mit einem einsamen Kämpen erwachsen sein, ein Spiel des Zufalles, sondern muß sinnvoll begründet gewesen sein als impulsiver Versuch zu manneswürdiger Rache, dem die Jugendlichkeit der Königssöhne noch nicht gewachsen war. Nicht also eine angebliche Untreue Witiges gegenüber Dietrich kann der Grund für diesen Zweikampf auf Leben und Tod gewesen sein, sondern etwas, was die Etzelsöhne selbst zutiefst anging. In der Rabenschlacht werden gegen Witige härteste Vorwürfe erhoben. Sie sind aus dem epischen Zusammenhange nicht zu verstehen und müssen deshalb unverstanden aus einer früheren Schicht übernommen sein und — da Diethers Rolle sekundär und jung ist — ursprünglich von den Etzelsöhnen allein dem Verräter entgegengeschleudert sein. *Ir verkoufet unser lant*, heißt es (387); *ir müezzet hiute gelten die ungetriuwen geschiht, ja, büezzet ir die schande* (388); *zage ungetriuwer* (390); *boswicht aller untugende* (420); *vil ungetriuwer man* (427). Fragen wir uns, wem diese Vorwürfe der Etzelsöhne gelten können, so steigt vor unserem inneren Auge die Gestalt des Gepidenkönigs Ardarich empor, er, der „wegen seiner ungemeinen Ergebenheit gegen Attila" an dessen Beratungen teilnehmen durfte, „bewährt in seiner Treue und im Rat" (Jordanes' Getica 199/200), und der dann 454 nach Attilas Tod den Aufstand gegen Attilas Söhne entfesselte und in

---

[1]) Das Lied von Ermenrikes Dot, 1560 gedruckt, aber auf eine Vorlage des 13. Jh.s zurückgehend, nennt König Dietrichs „allerjüngsten Mann", den zwölfjährigen König Blödelink, Sohn einer „Wedewe stolt". Das Lied hat Ermanarichs Tod (vgl. Hamdirlied) mit der Dietrichsage verknüpft und damit dem Rabenschlachtgeschehen das Ende gegeben, auf das es längst hinsteuerte: die Rache an Ermanarich. Im zwölfjährigen Blödelink, den Dietrich (fälschlich) als Toten beklagt, kann der Tod der Attilasöhne in der Rabenschlacht nachleben, und damit würde dann die „Wedewe stolt" als Nachleben der Königinwitwe Helche verständlich. Da jedoch Blödelink zugleich die Rolle des überstarken Dümmlings Rennewart bekommen hat, ist die ältere Rolle als Attilasohn der Rabenschlacht überdeckt und nicht mehr mit Sicherheit zu erweisen. — Text des Liedes bei John Meyer: Dt. Volkslieder mit ihren Melodien 1 (1935).

der Schlacht von Nedao in Pannonien Attilas ältesten Sohn Ellak und 30000 Hunnen erschlug (Jordanes 260—62). Alles, was uns Witige gegenüber völlig unmotiviert erscheint, gewinnt Farbe und innere Berechtigung, wenn es Vorwürfe gegen Ardarich sind,[1]) und auch die ungestüme Kampfeswut der jungen Königssöhne wird dann sinnvoll und innerlich wohl begründet!

So schimmert durch die unbekümmert und lose aneinandergereihten Geschehnisse des späten Dietrichepos das klare Handlungsgefüge eines Liedes, das die verlustreiche Schlacht am Nedao, den Tod der Etzelsöhne im Kampf mit dem Verräter Ardarich, die bittere Heimkehr des Gotenkönigs, dem Schlachtführung und Leben der Königssöhne anvertraut waren, und die Verzeihung durch die Königin Helche zum Inhalt hatte. Die Voraussetzung eines solchen ‚Liedes von Frau Helchen Söhnen' ist, daß es Ereignisse gegeben hat, die sich in dichterischer Verklärung und Sinngebung zu einem solchen Handlungsablauf runden konnten. Schlacht, Niederlage und Tod Ellaks durch Ardarich sind glaubwürdig bezeugt, dagegen die Rolle von Theoderichs Vater Theodemer als Feldherr und Teilnehmer an der Schlacht am Nedao auf Seiten der Hunnen ist uns nicht direkt überliefert. Die Teilnahme der Ostgoten an der Schlacht am Nedao und ihre Treue zu Attilas Söhnen in dieser Schlacht wird bestritten. Es ist deshalb unumgänglich, die historischen Quellen auf ihr Zeugnis und ihren Wahrheitswert hin zu prüfen.

Von den modernen Historikern nimmt, soweit ich sehe, allein Altheim an, daß die Ostgoten sich an dem Aufstand der Gepiden unter Ardarich beteiligt und in der Schlacht am Nedao auf Ar-

---

[1]) Ardarich war nach den historischen Quellen Schwiegervater eines Attilasohnes Giesmos (vgl. S. 229, Anm. 1). Der Zorn der Attilasöhne gegen den Verräter war also doppelt verständlich und konnte auch von der Sage nicht übergangen werden. Mit Ardarichs Gestalt aber verschmolz die des Ostgotenkönigs Witiges, aus dessen Untreue gegenüber Theodahad im Liede der Kampf Witiges mit Diether und seine Flucht vor Dietrichs Rache geworden war (vgl. S. 213, Anm. 2). Anknüpfungspunkt zwischen ‚Lied von Frau Helchen Söhnen' und Witige-Lied war offensichtlich, daß auch Theodahad-Diether vor dem Kampf seinem überlegnen Gegner Untreue vorwarf. Ardarich und Witiges verschmolzen dann zu der einen Gestalt Witige, während die Gegner beider Helden (die Attilasöhne und Theodahad-Diether) unorganisch summiert wurden und nun zu dritt den einen Sagen-Witige bekämpfen.

darichs Seite gegen die Hunnen gekämpft hätten.[1]) Maßgebend für diese Stellungnahme ist die Darstellung des Paulus Diaconus sowie die stilistische Fügung in Jordanes' Schlachtschilderung (Getica 261). Jordanes gibt von den Goten und den anderen beteiligten Germanenstämmen nicht an, ob sie auf Seiten der Gepiden oder der Hunnen kämpften, er nennt aber in einer ersten stilistischen Periode zunächst Goten, Gepiden und Rugier, dann Sueven, Hunnen, Alanen und Heruler. Altheim möchte in dieser stilistischen Zweiteilung der Mitkämpfer die Gliederung der Parteien sehen,[2]) was zunächst etwas sehr Bestechendes hat. Dagegen läßt sich jedoch einwenden, daß diese Aufführung der Schlachtteilnehmer durchaus unter dem Gesichtspunkt ihrer Kampftechnik und Bewaffnung geschieht. Die Nahkampftechnik der Goten, Gepiden und Rugier unter Gebrauch von Spieß und Speer wird mit der Schnelligkeit der Sueven, der Bogenkunst der Hunnen, der schweren Rüstung der Alanen und der leichten Bewaffnung der Heruler kontrastiert. Aus dieser Charakterisierung der Waffentaktik und Ausrüstung ist kein Rückschluß auf die Parteizugehörigkeit der genannten Völker zu ziehen; Jordanes läßt uns über sie offenbar bewußt im Unklaren; wahrscheinlich will er verschweigen, daß die Goten damals auf Seite der Hunnen kämpften und damit zu den Besiegten gehörten. Die Parteigliederung, wie sie Altheim annimmt, ist schon deshalb unmöglich, weil die Donaugermanen (Gepiden, Sueven, Rugier und Heruler), die nach dem Zeugnis der Historiker Jahrzehnte lang eine Einheitsfront gegen die Goten bildeten, dann ausgerechnet in dieser Schlacht, die den Auftakt zum Erfolg bildete, sich gegenseitig bekämpft hätten. Das widerspricht dem ganzen Ablauf der Geschichte.

Paulus Diaconus macht den Ostgotenkönig Valamer zum Initiator des Aufstandes, Ardarich nur zum Mitläufer. Soweit

---

[1]) Franz Altheim: Attila und die Hunnen, Baden-Baden 1951, S. 153, folgt insofern Paulus Diaconus' De gestis Romanorum 16, 13, als er den Aufstand bei den Ostgoten beginnen läßt. Er weist jedoch mit Jordanes trotzdem die Initiative des Aufstandes dem Ardarich zu. — Auf Altheim fußt bei seiner Ablehnung der gotisch-hunnischen Bundesgenossenschaft im Nedao-Kampf Kurt Wais: Frühe Epik Westeuropas und die Vorgeschichte des Nibelungenliedes, Tübingen 1953, S. 34 u. 74. — Zu Wais' weittragenden Folgerungen aus dieser Auffassung und aus der ungarischen Sagenüberlieferung für die Vorgeschichte des Nibelungenliedes will ich hier nicht Stellung nehmen.

[2]) Nach gütiger schriftlicher Auskunft vom 3. 8. 1954.

folgt Altheim dem Langobarden nicht, sondern schreibt mit Jordanes dem Gepidenkönig Ardarich die Initiative des Aufstandes zu; Ardarich habe „seinen Gesinnungsgenossen von einst, den Ostgotenkönig Valamer, zu sich herübergezogen". Das ist also eine Version, die weder durch Jordanes noch durch Paulus Diaconus gedeckt wird. Wir sollten uns vor solcher willkürlichen Ausdeutung widersprechender Historikerberichte hüten und statt dessen fragen, ob Gründe vorhanden sind, einem der beiden Berichte größeren Glauben zu schenken. Jordanes (ca. 550) steht den Ereignissen sehr viel näher. Außerdem hatte er in Priskus, Ablavius und Cassiodor ausgezeichnete Quellen. Sowohl Cassiodor wie Jordanes selbst konnten auch aus der lebendigen Überlieferung des Gotenvolkes schöpfen. Paulus Diaconus (ca. 750) dagegen steht den Ereignissen und der gotischen Überlieferung sehr viel ferner. Daß er andere und bessere Quellen als Jordanes benutzt hat, ist unbeweisbar. Aber das eine steht fest: Paulus Diaconus hatte einen einleuchtenden Grund, die Verdienste der Gepiden in seiner Darstellung zu schmälern. Die Langobarden, deren Geschichte Paulus Diaconus schreibt, wurden mit den Gepiden in die erbittersten Kämpfe verwickelt und hatten 567 die Gepiden fast völlig vernichtet; daß ein Langobarde deshalb Ruhmestaten dieser Erzfeinde der Langobarden zu schmälern bestrebt war, ist mehr als wahrscheinlich. Außerdem zeigt gerade diese Partie seines Geschichtswerkes das Bestreben, die Ereignisse zu vereinfachen und auszugleichen. Er hat verschiedene Vorgänge, den Aufstand gegen Attilas Söhne in der Theißebene (Jordanes 259—64) und die mindestens zwei Jahre später liegenden Abwehrkämpfe der pannonischen Goten gegen hunnische Angriffe im Gebiet der Save und Drau (Jordanes 268—69) widersinnigerweise miteinander identifiziert. So erklärt sich die Hervorhebung Valamers, der bei diesen späten pannonischen Hunnenkämpfen eine führende Rolle gespielt hat. Da Paulus Diaconus hierbei Jordanes' Formulierungen wörtlich aufnimmt (Jordanes: *velut fugacia mancipia requirentes*; Paulus Diaconus: *ut fugitiva mancipia eos insequentes*), wird deutlich, daß Paulus Diaconus hier lediglich Jordanes' Text zusammenstreicht. Hatte andrerseits Jordanes irgendeinen Grund, die Beteiligung Valamers und der Ostgoten an Ardarichs Aufstand und Sieg zu verschweigen? Jordanes benutzt im Gegenteil jede Gelegenheit, die Ostgoten herauszustreichen und Rühmliches von ihnen zu berichten. Hätte er auch nur den geringsten Anlaß gehabt, ihnen einen Anteil an dem epochemachenden Sieg über Attilas Söhne zuzuschreiben, so hätte er es bestimmt nicht versäumt.[1]) Es sieht vielmehr so aus, als ob er, um die Besiegung der Ostgoten zusammen mit den Hunnen durch die Gepiden und ihre Verbündeten nicht ausdrücklich schildern zu müssen, die erwähnten rhetorischen Floskeln über die Nahkampftechnik und Taktik der beteiligten Völker gemacht hätte!

Ludwig Schmidt meint, die strittige Frage der Schlacht am Nedao damit klären zu können, daß er behauptet, die Goten hätten an der Schlacht überhaupt nicht teilgenommen, und hätten in ihren alten südrussischen Sitzen die unbeteiligten Zuschauer gespielt und sich dadurch den Haß beider Parteien zugezogen.[2]) Das ist völlig aus der Luft gegriffen, da Jordanes ausdrücklich die Teilnahme der Ostgoten an der Schlacht bezeugt. Entgegen der herrschenden Ansicht kann überhaupt keine Rede davon sein, daß die Goten 454 noch in ihren alten Sitzen am Schwarzen Meer zuhause waren. Es wäre grotesk anzunehmen, die Goten seien nach der Schlacht zu ihren Angehörigen am Schwarzen Meer zurückgekehrt, dann aber — weil die Hunnen sich ebenfalls hierher zurückzogen — mitten aus der hunnischen Bewachung mit Frau und Kind, mit Hab und Gut vom Schwarzen Meer durch das von den Gepiden und von Hunnenstämmen besetzte Gebiet hindurch wieder zurück nach Pannonien gezogen, wo die Schlacht am Nedao stattgefunden hatte. Wer jemals diese Landstrecke selbst zurückgelegt hat und die Schwierigkeiten kennt, die die Fortbewegung auch heute noch bei Regenfällen bietet, wird an einen solchen Zug der Ostgoten von Pannonien ans Schwarze Meer und von hier mit allem Gepäck und Frau und Kind wieder zurück nach Pannonien niemals glauben. Die nach der Schlacht am Nedao zum Pontos geflüchteten Hunnen würden einen Aufbruch der Goten nach Westen nie geduldet und mit Leichtigkeit verhindert, die anderen, noch nördlich der Donau umherschweifenden Hunnenstämme, von denen die Historiker berichten, würden

---

[1]) So argumentieren auch Andreas Alföldi: Untergang der Römerherrschaft in Pannonien 2 (1926), S. 97 f.; Schmidt (s. S. 210, Anm. 1), S. 269.

[2]) Schmidt (s. Anm. 1), S. 269; Die Ostgoten in Pannonien, Ungar. Jahrbücher 6 (1926), S. 459—60. — Ähnlich Wilhelm Enßlin: Die Ostgoten in Pannonien, Byzant.-neugriech. Jahrbücher 6 (1927/28), S. 150, und C. A. Macertney: The end of the Huns, ebda. 10 (1934), S. 106—114.

die Goten unterwegs aufgehalten haben. Auch eine andere Überlegung verbietet, die Heimatsitze der Goten 454 noch am Schwarzen Meer zu suchen: die unterworfenen Germanenstämme wurden ja von den Hunnen als Hilfstruppen verwendet. Die Hunnen in der Theißebene hätten die Goten nicht für ihre Kriegszüge nach Westen bis nach Gallien einsetzen können, wenn sie damals noch am Schwarzen Meer beheimatet gewesen wären. Schon die primitivste strategische Überlegung erfordert, daß die von den Hunnen unterworfenen Ostgoten in unmittelbarer Nachbarschaft der Hunnen, also in der Nachbarschaft der Theißebene, ihre Heimatsitze hatten.[1]) Etwas anderes ist es mit den sogenannten Krimgoten, die südlich des Jailagebirges auf der Krim im Schutze der dortigen Griechenstädte saßen. Ihre Sprache erweist, daß sie nicht zu den Goten in engerem Sinne gehörten.[2]) Ob sie jemals zum Gotenreich gehört haben, ist zweifelhaft. Sie waren bereits 325 Christen,[3]) standen also ganz unter dem Einfluß der benachbarten Griechenstädte und saßen abseits vom Machtbereich des Ostgotenreiches wie auch von den Wegen der Reiternomaden des Ostens. Daß der Name „Goten" an ihnen hängenblieb, verdanken sie wahrscheinlich der Tatsache, daß die Diözese des bei ihnen stationierten orthodoxen (also nicht arianischen) Bischofs „Gothia" hieß, eine geographische Bezeichnung, die zugleich die Erwartung in sich schloß, daß von hier aus die Missionierung der Goten nördlich des Schwarzen Meeres vor sich ginge.

Meist wird es so dargestellt, als seien die Ostgoten von den Hunnen im ersten Ansturm überrannt und unterworfen worden,

---

[1]) Altheim (s. S. 221, Anm. 1), S. 153, spricht deshalb von Ansiedlung der Ostgoten in der Theißebene. — Priscus' Gesandtschaft zu Attila brauchte mit leichtem Gepäck von Konstantinopel nach Serdika, d. h. ca. 500 km, 13 Tagereisen. Vom Pontos über die Donauebene zu Attilas Sitz, ca. 1600 km, würde dementsprechend eine Heerfahrt ca. 40 Tage gebraucht haben. Vom Absenden eines Befehles Attilas bis zum Eintreffen des Kontingentes wären demnach mindestens drei Monate verstrichen. Zum Zeitverlust wäre noch die Schwierigkeit der Verpflegung unterwegs gekommen.

[2]) Ernst Schwarz: Goten, Nordgermanen, Angelsachsen, Bern 1951, S. 162—75; Die Krimgoten, Saeculum 4 (1953), S. 156—64; Die Urheimat der Goten u. ihre Wanderungen ins Weichselland u. nach Südrußland, Saeculum 4 (1953), S. 13—25, bes. 23; S. 25: „das Asowsche Meer, die Halbinsel Krim und der untere Don sowie die Ostküste des Schwarzen Meeres unterstanden um 250 n. Chr. nicht mehr den Goten".

[3]) Wilhelm Tomaschek: Die Goten in Taurien, Wien 1881, S. 9 ff.; Schmidt (s. S. 210, Anm. 1), S. 398 ff.

während die Westgoten sich rechtzeitig nach Westen hätten retten können.[1]) In den antiken Quellen findet sich für diese Auffassung keinerlei Stütze. Schon vor dem Hunneneinbruch befanden sich die Ostgoten in einer Westwärtsbewegung. Als Kaiser Valens 369 bei Novodunum, also in der Gegend der Donaumündung, die Donau überschritt, um die Westgoten für die Unterstützung des Usurpators Prokop zu bestrafen, traf er, bevor er auf die Westgoten Athanarichs stieß, nach einigen Tagesmärschen zunächst „auf das kriegerische Volk der Greutunger, das schon ziemlich tief im Lande wohnte",[2]) fand die Ostgoten also bereits in Bessarabien, in der Gegend des Pruth vor. Schon damals (369) kann also nicht der Dnjestr die Grenze zwischen West- und Ostgoten gebildet haben, wie man überall lesen kann. Der Einbruch der Hunnen und der von ihnen unterworfenen Alanen ins Ostgotenreich 375 geschah dann in verschiedenen räuberischen Vorstößen. Von einem Überrennen der Ostgoten kann keine Rede sein. Vielmehr heißt es ausdrücklich, die Ostgoten seien langsam zum Dnjestr zurückgewichen (Ammianus Marcellinus 31, 3, 3). Zum Dnjestr eilten auch die Westgoten unter Athanarich, nicht um die angebliche Dnjestrgrenze der Westgoten zu verteidigen — die Ortsangabe „nahe bei Greutungental" *(Greuthungorum vallis*, Amminanus 31, 3, 5) beweist, daß es sich um Greutungergebiet handelte —, sondern um den stammverwandten Ostgoten[3]) zu

---

[1]) Alföldi (s. S. 223, Anm. 1), S. 99. — Schmidt (s. S. 210, Anm. 1), S. 357, sieht als es unzweifelhaft an, daß der größere Teil der Ostgoten in den Stammsitzen am Dnjepr zurückblieb. Er kann sich dabei nur auf Jordanes c. 246 berufen (*in eadem patria remorasse*), das zu einer Partie des Geschichtswerkes (c. 246—251) gehört, deren geschichtliche Wertlosigkeit Schmidt selbst S. 253—57 dartut. Jordanes korrigiert sich selbst c. 263/64, indem er die Küste des Pontos als vorzeitliche Sitze der Goten, nicht als die des Jahres 454 bezeichnet (c. 263: *litora Pontici maris, ubi prius Gothos sedisse descripsimus*; c. 264: *suae antiquae sedes*).

[2]) Ammianus Marcellinus 27, 5, 6 (nach: Geschichtsschreiber der dt. Vorzeit, Urzeit Bd. 3, S. 58). Im Originaltext: *continuatis itineribus longius agentes Greuthungos bellicosam gentem adgressus est*. — Schmidt (s. Anm. 1), S. 232, möchte *Greuthungos* in *Terwingos* umändern, weil das Auftauchen der Greuthunger hier ihm nicht in sein Geschichtsbild paßt. Jedoch nennt Ammianus die Westgoten vorher immer nur *Gothos*, auch soll mit dem Ausdruck *bellicosa gens* zweifellos ein bisher nicht genannter Volksstamm vorgestellt werden. Da Ammian Zeitgenosse ist, darf seine Mitteilung über die Greuthungi nicht einfach ignoriert werden.

[3]) Das Zusammengehörigkeitsgefühl blieb stets lebendig; nach seinem Mißerfolg führt Widimer seine Ostgoten zu den Westgoten, nicht zu Theoderich!

helfen. Offensichtlich ordneten sich die Ostgoten, deren König Ermanarich ja den Tod gesucht hatte, nunmehr dem Oberbefehl des weitberühmten Athanarich unter, auch als die Dnjestr-Stellung nicht zu halten war und Athanarich in aller Eile nun eine rückwärtige Stellung am Sereth zwischen Karpaten und Donau auszuheben suchte.[1]) Als auch diese Verteidigungslinie von den Hunnenvorstößen erreicht und durchbrochen wurde, zog sich Athanarich mit einem Teil der Westgoten und Ostgoten ins Gebirge (Siebenbürgen) zurück, während andere Teile der Westgoten unter Alaviv und Fritiger und ein großer Teil der Ostgoten (Greutunger) mit dem unmündigen König Vitherich unter Führung von Alatheus und Saphrax sich nach Süden über die Donau in römisches Gebiet retteten. Bei Ammian (31, 3, 8) wird die Südbewegung nur mit Lebensmittelmangel begründet, aber das wird nicht der einzige Grund gewesen sein. Sicher hatten die Hunnen die Serethstellung in der Mitte durchbrochen und bei ihrem Vormarsch in Richtung auf das Banat das vereinigte West- und Ostgotenheer in einen nördlichen und einen südlichen Teil zersplittert. Die über die Donau gegangenen West- und Ostgoten unter Fritiger und Alatheus plünderten — nachdem die anfänglichen Verträge mit den Römern in die Brüche gegangen waren — die Balkanhalbinsel, schlugen 378 Kaiser Valens vernichtend bei Adrianopel, wurden aber dann unter Gratian und Theodosios für einige Zeit wohl in Mösien seßhaft,[2]) bis sie, des ruhigen Lebens

---

[1]) Ammianus 31, 3, 7/8. Mit *Gerasus* ist offensichtlich der sonst *Hierasus* genannte Sereth gemeint, nicht, wie meist angesetzt, der Pruth (Pyretus). Am Sereth ist die strategisch einzig mögliche Abriegelungsstelle, vgl. Constantin C. Diculescu: Die Wandalen und Goten in Ungarn und Rumänien, Leipzig 1923, S. 39.

[2]) Das gemeinsame Vorgehen der Ostgoten (Greutunger) des Alatheus und der Westgoten des Fritiger bezeugt Ammian 31, 4, 12 und 31, 12, 12—17. Schmidt (s. S. 210, Anm. 1), S. 260, schließt aus späteren getrennten Beutezügen (Jordanes 140), daß Alatheus' Ostgoten in Pannonien, Fritigers Westgoten in Mösien angesiedelt und nie mehr vereinigt seien. Von einer Ansiedlung wird aber überhaupt nicht ausdrücklich berichtet. Die Belegstelle Schmidts für die pannonische Ansiedlung der Ostgoten (Zosimus 4, 34) besagt gerade das Gegenteil, alle Goten wären 482 zurück in ihre Heimat jenseits der Donau gezogen. Zosimus ist also hierin unzureichend unterrichtet. Alatheus' Ostgoten werden nie mehr erwähnt, nachdem Jordanes 140 allgemein von Friedensschluß Gratians mit den plündernden Ost- und Westgoten gesprochen hat. Orosius 7, 345—47 spricht vom Friedensschluß mit sämtlichen Gotenstämmen (*universa gens Gothorum*) nach Athanarichs Tod

überdrüssig, unter Alarich nach Italien zogen. Alarichs Scharen dürften also aus West- und Ostgoten und sonstigen, zu ihm gestoßenen Germanensplittern bestanden haben.

Die nach Norden abgesplitterten West- und Ostgoten fanden in Siebenbürgen, wo die Westgoten schon längst Wohnsitze gefunden[1]) und diese gegen die von Nordwesten vordrängenden Gepiden mit Erfolg verteidigt hatten, vereinigt wahrscheinlich mit anderen Germanensplittern, die sich ihnen anschlossen, ein vom unmittelbaren Hunnensturm unberührtes Gebiet.[2]) Infolge innerer Schwierigkeiten mußte jedoch Athanarich mit seiner Leibgarde nach Konstantinopel fliehen, wo er starb (482), während sein Gefolge in römische Dienste trat (Zosimos 4, 34 und Jordanes 142—145). Die Restvölker in Siebenbürgen mußten sich dann der Oberhoheit der Hunnen, deren Gebiet sie von Bessarabien bis zur Theißebene umgab, unterwerfen und in ihrem Auftrag ihre alten Feinde, die Gepiden (etwa 419/429) dem Hunnenreich unterwerfen.[3])

Seitdem die Goten in der Weichselgegend den eng verwandten Gepiden den Spottnamen „die Trägen" angehängt hatten,[4]) bestand eine Feindschaft zwischen Goten und Gepiden. Vergeblich hatten die Gepiden den Westgoten Siebenbürgen abzuringen versucht.[5]) Ihre Unterwerfung unter die Hunnen durch ihre alten Feinde mußte einen Stachel zurücklassen und sich zum mindesten in Rivalität um die Gunst der Hunnenkönige äußern. Man kann

in Konstantinopel 481/82, Themistius or. 16, 256, 7 davon, daß der Friede nicht von einem gemeinsamen König, sondern von den einzelnen Gotenfürsten beschworen wurde. Alles das spricht dafür, daß Fritigers Westgoten und Alatheus' Ostgoten (Greutunger) völlig miteinander verschmolzen, daß also Alarichs Westgoten aus beiden Stämmen hervorgingen.

[1]) Nach Eutropius 8, 2, 2 war 275 die ganze Provinz Dazien in den Händen der Westgoten (Terwinger). Vgl. auch C. C. Diculescu (s. S. 226, Anm. 1), S. 11, und C. Daicoviciu: Siebenbürgen im Altertum, Bukarest 1943, S. 190. Jordanes c. 74 sagt nach Beschreibung des Karpatenlandes: „Dieses Gothien, das man früher Dazien nannte, welches jetzt aber Gepidien heißt."

[2]) Über ostgotische Spuren in Siebenbürgen vgl. Daicoviciu (s. Anm. 1), S. 194.

[3]) Constantin C. Diculescu: Historisch-topograph. Forschungen zur Geschichte der Gepiden in Dazien, Diss. Berlin 1916, S. 56ff.

[4]) Jordanes 95; vgl. Schwarz (s. S. 224, Anm. 2), S. 154f.

[5]) Sieg der Goten über die Gepiden bei Galt an der Aluta im Jahre 262 und ein weiterer Abwehrsieg 290 nach Diculescu (s. 226, Anm. 1), S. 11 bzw. 18. Vgl. auch Jordanes 97—99.

den Berichten des Jordanes entnehmen, daß der Gepidenkönig Ardarich dem Ostgotenkönig Valamer bei Attila den Rang ablief. Dies feindselige Verhältnis zwischen Gepiden und Goten schließt es aus, daß Ardarich bei seinem Aufstand gegen Attilas Söhne sich der Unterstützung der Goten erfreuen konnte, richtete sich dieser Angriff doch in erster Linie auch gegen das alte Ziel der Gepiden, eben das von den Goten besiedelte Siebenbürgen! Die Goten waren deshalb von vornherein darauf angewiesen, in dem Aufstand der Gepiden und Donaugermanen den Hunnen beizustehen, um damit ihre Heimat zu verteidigen. Daß sie also bei dem Aufstande zunächst Ellak Waffenhilfe leisteten, müßte man als selbstverständlich annehmen, auch wenn nicht Theophanes ad a. m. 5977 berichtete: „erst herrschten Attilas Söhne über die Goten, dann Walamer", also die (notgedrungene) Treue der Goten zu Attilas Söhnen ausdrücklich bestätigte. Das Ergebnis der Kämpfe gegen Attilas Söhne war nach dem einhelligen Bericht der Quellen, daß die Gepiden ganz Dazien für sich in Anspruch nahmen, während Kaiser Avitus 454 Pannonien kampflos wieder dem weströmischen Reich einverleibte und die Hunnen zum Schwarzen Meer und zur unteren Donau flüchteten. Die Hunnen werden dabei nach Sitte der Reitervölker die großen Ebenen, d. h. die Theiß- und Donauebene, wie zu ihrem Herzug[1]) auch zu ihrem Rückzug benutzt haben. Die Goten vermochten infolge ihrer stärkeren Verwurzelung im Boden und ihrer weniger durchgreifenden Verreiterung nicht so rasch zu folgen. Befehle dazu haben ihre hunnischen Herren sicher gegeben. Als die Gepiden und ihre siegreichen Verbündeten sie aus Siebenbürgen vertrieben, wandten sie sich deshalb nach Westen und ließen sich vom West-Kaiser Avitus in Pannonien (455) ansiedeln und 456 vom Ost-Kaiser Marcianus einen Föderatenvertrag bewilligen.

Während die Gepiden von den Hunnen seither unbehelligt blieben, machten diese mehrere Versuche, die in Pannonien siedelnden Goten „als entlaufene Sklaven" wieder einzufangen (Jordanes 268; 272); zur Zeit Attilas war ja die stete Forderung der Hunnen bei allen Gesandtschaften die Auslieferung der entlaufenen Gefangenen und Sklaven gewesen. Auch daraus läßt sich schließen, daß die Goten noch während des Aufstandes auf Seite der Hunnen standen und deshalb von diesen noch als Untertanen

---

[1]) Altheim (s. S. 221, Anm. 1), S. 126/27.

betrachtet werden konnten. Daß es bei dieser Sachlage völlig absurd ist zu glauben, die Goten wären zunächst ans Schwarze Meer zurückgeflüchtet und von dort wieder den Hunnen entflohen, wurde bereits oben dargetan.

Diese geschichtlichen Ereignisse bilden den Hintergrund für die Schlacht am Nedao und das mutmaßliche gotische Heldenlied, in dem die Schlacht dichterisch gestaltet wurde. Daß der Aufstand durch den Streit der Attilasöhne um das Erbe und die Aufteilung der unterworfenen Stämme wie Viehherden veranlaßt wurde, ist der Schilderung der antiken Historiker eindeutig zu entnehmen (Isidors Gotengeschichte 27/28, Jordanes 259/60). Das gotische Heldenlied, das wir unter der trüben Oberfläche des mhd. Rabenschlachtepos durchschimmern sehen, bewahrte offensichtlich die Erinnerung an die Niederlage der Hunnen und der mit ihnen verbündeten Goten, mag es nun Valamer oder Theodemer die führende Rolle zugewiesen haben, bewahrte den Tod des ältesten Attilasohnes Ellak, nur verdoppelt in Scharpfe und Orte — zugleich erinnert uns diese Verdoppelung, daß es sich um einen Kampf gegen eine Mehrzahl von Attilasöhnen handelte! Der germanische Recke (Witige), der unbeirrt um den Vorwurf des Landesverrates sich seiner Haut gegen die Etzelsöhne wehrt und sie erschlägt, spiegelt noch gut die besonnene Art des Gepidenkönigs Ardarich wider, der im günstigsten Augenblick seinem Volk und seinen Verbündeten durch Treubruch Freiheit und neues Siedlungsland erkämpfte.[1]) Im Epos und wohl schon im

---

[1]) Daß Geschichte und Sage Ardarichs Tat festgehalten haben, bezeugt uns Kézas Chronica Hungarorum (13. Jh.). Hier ist der historische Kampf des Germanen Ardarich gegen den Attilasohn in einen solchen des Kriemhildesohnes Aladarius gegen den Helchesohn Chaba verwandelt. Wie im Lied von der Hunnenschlacht (vielleicht unter seinem Einfluß) ist der historische Kampf zwischen Germanen und Hunnen, dessen historische Gründe nicht mehr verständlich waren, als Streit von Halbbrüdern um das Erbe germanischem Rechtsdenken eingegliedert. Auch daß nach Kéza bei diesem Kampf der Halbbrüder zur Freude der Hunnen Germanen auf beiden Seiten fechten, erinnert noch an die Schlacht am Nedao. — Andere Schlüsse aus Kéza zieht Wais (s. S. 221, Anm. 1), da er die von mir für sekundär gehaltene Halbbruderschaft für ursprünglich hält. Das von Kéza benutzte Kriemhildlied soll demnach zwei Attilawitwen gezeigt haben, deren Söhne auf Betreiben des Ostgoten Dietrich gemeinsam Hunnenkönige wurden. Nach dem Zeugnis der Quellen war natürlich nicht Ardarich Attilas Sohn, jedoch war Ardarich mit Attila verschwägert, da Attilas Enkel Mundo mütterlicherseits Neffe von Ardarichs Sohn Thrafila sein soll. Dicu-

Liede werden die Etzelsöhne zu Knaben gemacht, um die Tragik ihres frühen Todes zu steigern. Die historischen Attilasöhne, die Priskus anläßlich seiner Gesandtschaft zu Attila 448 schildert, waren 454 schon zu jungen Männern herangereift. Die Jugendlichkeit der Etzelsöhne der Dichtung erforderte eine Regentschaft für die Unmündigen. So konnte der Dichter die Königinwitwe Helche, Attilas historische Hauptgemahlin Kerka, steigern zu einer mütterlich-fürstlichen Gestalt in Art der historischen Königin Brünhild von Austrasien, die für Söhne, Enkel und Urenkel allen Widerständen zum Trotz jahrelang die Regentschaft führte. Die Königin Kerka aus dem Harem des Ostens wird in germanischem Sinne zu einer königlichen Landesmutter erhöht.

Das postulierte ‚Lied von Frau Helchen Söhnen' ist also deutlich dichterisch verklärte Geschichte in einer hunnenfreundlichen germanischen Sicht, und das will heißen: mit gotischen Augen gesehen. Mit dieser dichterisch verklärten Geschichtlichkeit würde es die Voraussetzung aller Heldendichtung erfüllen. Strengere Anforderungen stellt Kralik[3]) an ein Heldenlied jener Epoche. Er meint: „Wenn die Erben des hunnischen Reiches in der Schlacht besiegt und getötet werden, so ist das für die verwitwete Mutter gewiß der denkbar schwerste Schicksalsschlag, aber doch keiner, der irgendwen in einen tragischen Seelenkonflikt verwickelt." Den Gotenkönig treffe keine tragische Schuld: „Ein so gearteter Inhalt ergibt überhaupt keine spannende Liedfabel, die ein menschlich ergreifendes Seelenproblem veranschaulicht." Kralik stellt also sehr hohe Anforderungen an das Heldenlied und erwartet von vornherein tragische Seelenkonflikte und ergreifende Seelenprobleme, Erwartungen, die gewiß aus modernen Bedürfnissen entsprungen sind und nicht im Sinne der Völkerwanderungszeit liegen. Man könnte Kralik mit Kuhn[2]) antworten,

---

lescu (s. S. 227, Anm. 3), S. 114, hat das Verwandtschaftsverhältnis durcheinander gebracht dadurch, daß er Ardarichs Tochter zur Gattin Attilas macht; Mundo wäre dann väterlicherseits Großneffe Thrafilas, während in Wirklichkeit Attilas Sohn Giesmos Ardarichs Tochter heiratete, deren Sohn Mundo war.

[1]) Dietrich v. Kralik: Rezension von Georg Baeseckes Vor- und Frühgeschichte des dt. Schrifttums 1, Zschr. f. dt. Altertum 80 (1944), Anz., S. 45—63, S. 61.

[2]) Vgl. S. 204, Anm. 1.

daß man die dichterisch vollkommensten Fassungen nicht ohne weiteres bei der ersten dichterischen Gestaltung eines historischen Faktums erwarten darf; normalerweise wird ein historisches Ereignis erst bei mehrfacher dichterischer Umgestaltung voll durchgeistigt, mag es auch Ausnahmefälle geben. Es sei zugegeben, daß es die Tragik steigern konnte, wenn nicht der hunnische Vasall Theodemer nach dem Tod der Etzelsöhne als Besiegter heimkehrt, sondern wenn der siegreiche Dietrich die Söhne seines Gönners einbüßt und deshalb Sieg und Reich aufgibt; aber diese wirklichkeitsfremde Durchformung des ursprünglichen Ereignisses ist eben künstlich und konnte niemals am Anfang stehen. Vor allem kann und muß auf Kraliks Einwand geantwortet werden, daß es reine Theorie und Postulat der Moderne ist, im echten Heldenlied in jedem Falle „tief tragische Bedeutsamkeit" und „innerlich ergreifende Seelenprobleme" zu erwarten.

Vergessen wir nicht, daß das Heldenlied keine zweckfreie Dichtung war, keine Ballade im modernen Sinn, sondern Dichtung der Völkerwanderungszeit, nicht Dichtung für seelisch besonders empfängliche Menschen schlechthin, sondern Dichtung für ein bestimmtes Publikum, für die kriegerische Gefolgschaft der Heerkönige der Völkerwanderungszeit. Von hier aus gesehen gewinnt das ‚Lied von Frau Helchen Söhnen' im einzelnen wie im ganzen Gewicht und Rundung. Die ängstliche Vorsicht der Königinwitwe und die treue Hut des getreuen Vasallen wird zunichte in dem Augenblick, wo die jungen Königssöhne den Gegner und Verräter (Witige = Ardarich) erblicken. Ist es nun heldische Art, daß sie den übermächtigen Gegner persönlich angreifen oder hätten sie vorsichtig im Hintertreffen bleiben sollen und dabei Leben und Reich bewahren? Es gibt Imponderabilien, die jeder Voraussicht spotten. Es gibt Augenblicke, wo Vorsicht und Rücksicht auf Erfolg völlig zurücktreten und zurücktreten müssen vor der unmittelbaren impulsiven heldischen Tat, sei sie auch von vornherein zum Scheitern verurteilt. Weil die versuchte Rachetat für Ardarichs Verrat sinnvoll war, deshalb ist sie heldisch und erweist die Gesinnung dieses frühen Liedes als Klang echter Heldenlieddichtung. Daß dann die ledigen blutbefleckten Rosse der bangenden Mutter die erste Kunde vom Tode der Söhne bringen, ist bildhaft und anschaulich und echter hoher Heldenliedstil. Aber weder die heldische Gesinnung der Knaben allein, noch der

Schmerz der Mutter — Schicksal unzähliger Mütter in den Kriegszeiten aller Jahrhunderte und Jahrtausende — erheben das ‚Lied von Frau Helchen Söhnen' zur Bedeutsamkeit eines echten Liedes für die Halle von Heerkönigen. Das Ethos des Heldenliedes zeigt sich im Verhältnis von Gefolgschaftsmann und Gefolgschaftsherr. Wie sehr hat hier das von Kralik so hoch erhobene poetische Gebilde des 13. Jahrhunderts gefrevelt! In der ‚Rabenschlacht' erschlägt Dietrich den unglücklichen Hüter der Königssöhne Elsan und rechnet sich diese Zornes- und Freveltat vor dem königlichen Elternpaar als Verdienst an (Rabenschlacht 1120); der Hüter Elsan war aber ebenso sehr wie Dietrich selbst ein schuldlos Schuldiger und hätte kein anderes Schicksal von seinem Gefolgschaftsherrn verdient, als Dietrich selbst von seinen hunnischen Herren bereitet wurde.

Anders geartet und anders akzentuiert ist das Heldenlied aus germanischer Frühe. Der Schmerz der Mutter um die gefallenen Söhne ist zugleich verschlungen in den Schmerz der Königin um das zertrümmerte Reich. Aber die Klage der Mutter und der Schmerz der Königin wird geadelt dadurch, daß sie dem Gotenkönig, dem sie die Führung der Schlacht und den Schutz der Söhne anvertraute, vorbehaltlos verzeiht und dadurch über den fassungslosen Schmerz der Mutter, über den menschlichen Urtrieb nach Vergeltung und tyrannischer Rachsucht herüberfindet zu königlicher Art in germanischem Sinne. Das also macht unser ‚Lied von Frau Helchen Söhnen' zu einem echten Heldenlied für die Halle der kriegerischen Gefolgschaft, daß es zunächst unbedingten Einsatz ohne Rücksicht auf Erfolg und daß es edle Ergebung auch in härtestes Schicksal am einmaligen Bilde der Schlacht am Nedao feierte und forderte. Echtes Heldenlied im soziologischen Sinne seiner zeitgebundenen Hörerschaft ist es insbesondere, weil es im Schicksal und Verhalten der Hunnenkönigin den edlen Gefolgschaftsherren feierte, der im tiefsten persönlichen Schmerz und im größten Unglück und bei Verlust von Thron und Reich immer noch der überlegene, gerechte, großmütige und huldreiche Herr zu sein hatte. Gegenüber dem ungerechten Gefolgschaftsherren im Wielandlied und seiner Strafe sehen wir hier im „Lied von Frau Helchen Söhnen" den wahrhaft königlichen und gerechten Gefolgschaftsherren, verkörpert durch die Hunnenkönigin, und zweifellos konnte nur da der Gefolgschaftsherr von seiner Gefolgschaft Einsatz und Treue bis zum letzten fordern und erwarten, wo er diesem Ideal königlicher Gerechtigkeit, Großmut und Treue nahekam.[1]

Damit sehen wir — wenn auch nur in schattenhaftem Umriß — ein gotisches Heldenlied echtester Prägung aus germanischer Frühe unter der Oberfläche der späten mittelhochdeutschen Dichtung durchschimmern. Wenn uns auch Jordanes' Gotengeschichte nichts von der Situation dieses Heldenliedes überliefert hat, so klingt doch in der gehobenen Sprache, in der er den Heldentod des Attilasohnes Ellak in der Schlacht am Nedao feiert (Jordanes 262), etwas von dem Geiste germanischer Heldenliedpoesie durch. Wir begreifen, daß die Nachwelt bestrebt war, den Inhalt dieses Heldenliedes gotischer Frühe mit der jüngeren Idealgestalt des heldischen und edlen Gefolgschaftsherren, mit Dietrich von Bern, in Verbindung zu setzen, wobei dann der Name des berühmteren Sohnes einfach den des Vaters verdrängte. Freilich wurden dabei die Akzente verlagert und die Riesengestalt des Berners gewaltsam in das Prokustusbett eines demütigen Vasallen gedrängt. Der Abstand der Erzeugnisse der jungen Dietrichepik vom Geiste echter Heldenlieddichtung läßt uns schmerzvoll empfinden, daß die edle Gestalt Dietrichs keinen Epiker vom Range unseres Nibelungenlieddichters fand.

3. Lied von der Hunnenschlacht

Mit dem ‚Lied von der Hunnenschlacht' aus der Hervararsaga[2]) wird in grandioser Weise ein Stück Völkerwanderungszeit lebendig, insofern das Zusammenprallen der durch Klimaschwankungen und daraus folgenden Völkerverschiebungen durcheinandergewirbelten Völker notwendig zu Völkerschlachten vernichtenden Ausmaßes führte. Nach der älteren Auffassung lebt im ‚Lied von der Hunnenschlacht' die Schlacht auf den katalaunischen Feldern von 451 nach, wo Attila gegen den Weströmer

---

[1]) Ähnlich sieht H. de Boor: Das Attilabild in Geschichte, Legende u. heroischer Dichtung, Bern 1932, S. 14, im Attila der Rabenschlacht den *getriuwen* Gefolgschaftsherren.

[2]) Heidreks Saga, hrsg. Jon Helgason, København 1924, c. 17—19; Eddica minora, hrsg. A. Heusler u. W. Ranisch, Dortmund 1903, Nr. 1; Edda I, Heldendichtung übertragen von Felix Genzmer, Thule 1 (1912), Nr. 2. — Über die Sagenzusammenhänge orientiert H. Schneider: German. Heldensage 2, 2, 1934, S. 96—115.

Aetius stand, wo Westgoten gegen Ostgoten, Germanen gegen Germanen im Bruderkampf fochten.[1]) Der Kampf zwischen Angantyr und seinem Halbbruder Hlödr schien Umbiegung jener völkischen Gegensätze ins Persönliche, während die Ausmaße einer ungeheuren Völkerschlacht auch im Liede bewahrt blieben. Aber bei solcher Auffassung muß mit einer so weitgehenden Umfälschung der Namen und historischen Fakten gerechnet werden, daß nicht viel mehr Ähnlichkeit zwischen Dichtung und Geschichte bleiben würde, als der Kampf Verwandter unter Beteiligung der Hunnen. Deshalb haben andere mit Recht darauf hingewiesen, daß die wenigen eindeutig auswertbaren Namen auf den äußersten Osten, auf den Raum der Ostgoten vor und zur Hunnenzeit hinweisen.[2]) Das spricht eher dafür, daß eine ostgotische Dichtung vorliegt, die über westgermanische Vermittlung oder sogar unmittelbar vom Karpatenraum nach Norden gewandert und hier äußerlich und mehr schlecht als recht in die Hervararsaga eingebettet wurde. Man wird sich nicht gerade auf die historisch unzuverlässigsten Kapitel von Jordanes' Gotengeschichte berufen dürfen,[3]) wenn man nach den historischen Wurzeln fragt. Ebensowenig braucht man, um die Dûnheide zu erklären, die Kämpfe zwischen Langobarden und Hunnen am Oberlauf der Weichsel im Gebiet der Δοῦνοι heranzuziehen.[4]) Auch die uns in Umrissen bekannten Abwehrkämpfe der Ostgoten gegen den Ansturm der Hunnen bieten genug Ansatzpunkte für ein Lied von der Hunnenschlacht.

Neuerdings ist noch eine weitere These hinzugekommen, die zwar Goten und den östlichen Kampfraum gelten läßt, aber die hunnischen Gegner auszumerzen sucht. Verführt durch die angeb-

---

[1]) So noch A. Heusler: Hunnenschlacht, Hoops' Reallexikon f. germ. Altertumskunde 2 (1912/15), S. 574—76; F. Genzmer, Thule 1, S. 24; Ludwig Wolff: Die Helden der Völkerwanderungszeit, Jena 1928, S. 30—62.

[2]) Helmut de Boor: Die nordische und deutsche Hildebrandsage 3. Asmundarsaga und Hervararsaga, Zschr. f. dt. Philol. 50 (1924), S. 186—99. Vgl. auch de Boor (s. S. 233, Anm. 1), S. 30ff., und: German. Altertumskunde, hrsg. H. Schneider, München 1938, S. 394ff.

[3]) Henrik Schütte: Studier i Hervararsagan, Rektoratsprogramm Upsala 1918, de Boor (s. Anm. 2), S. 192, nach Jordanes c. 248/49, wozu aber Schmidt (s. S. 210, Anm. 1), S. 253—57, zu vergleichen ist.

[4]) Rudolf Much, Zschr. f. dt. Altert. 33, 4; 46, 312; 57, 147; 61, 97; 62, 146.

lichen Gleichungen Dûnheide = Donheide, Dylgja = Kossa Dolgjana, die Nehrung im Asowschen Meer südlich Mariupol, Jassarberge = Alanenberge zwischen Donez und Don, möchte Altheim im Hunnenschlachtlied echte uralte Erinnerung an Gotensiege über die iranischen Nachbarn sehen.[1]) Diese vielleicht zunächst bestechende These erweist sich bei näherem Zusehen als unhaltbar. Das kurze *a* von *Tanais* „Don" mußte sich germanisch als *a* erhalten; demgemäß bewahrte die Rigþula 49 in den mythischen Personennamen Danr und Danpr die Namen der Flüsse Don und Dnjepr.[2]) Dûnheide kann rein sprachlich nur Donauheide bedeuten; *Dánúbius* wurde germanisch zu *Dónawi* und gotisch nach dem Zeugnis des Caesarius von Nazianz zu Δούναβις.[3]) Zu dem sprachlichen Befund stimmt, daß keine historische Quelle die Goten am Don beheimatet. Am Don saßen vielmehr die Alanen, die von dem zeitgenössischen Historiker Ammianus Marcellinus 31, 3, 1 ausdrücklich *Tanaites* genannt werden, und zwar bildete der Don die Ostgrenze des Alanengebietes. Als die Hunnen sich zum Vorstoß nach Westen anschickten, mieden sie den Donübergang; sie überschritten statt dessen das seichte Asowsche Meer und fanden im Gebiet zwischen Don und Dnjepr die Alanen vor, mit denen zusammen sie dann über das ostgotische Großreich herfielen. Ebensowenig hält die These, mit „Dylgja unter den Jassarbergen" sei die Kossa Dolgjana gemeint, kritischer Nachprüfung stand. Die auf der Südostseite des Asowschen Meeres gelegene Nehrung ,*Kossa dolgaja*' (nicht „*Kossa Dolgjana*, wie Baesecke schreibt) war weder gotisch, noch kommt eine Nehrung nach der strategischen Gewohnheit von Jahrtausenden als Kampffeld in Frage, da jede Aufmarschmöglichkeit für die Gegner fehlt. Von den angeblichen Jassarbergen südlich des Donez ist die Kossa dolgaja etwa 300 km Landweg und auch in der Luftlinie über das Asowsche Meer 150 km entfernt. Würde man jemals von Bayreuth oder auch nur von Donauwörth behaupten, sie lägen „unterhalb der Zugspitze"? Die Entfernung ist die gleiche wie die der

---

[1]) Franz Altheim: Attila und die Hunnen, Baden-Baden 1951, S. 65 und 80, aufgebaut auf Baesecke (s. S. 205, Anm. 3), S. 177/78.

[2]) Es handelt sich um die mythischen Eltern des dänischen Eponymus, der Stammutter Dana, jedoch darf angenommen werden, daß die Flußnamen Danr und Danaper bei der Namenswahl Vorbild waren.

[3]) Max Vasmer: Untersuchungen über die ältesten Wohnsitze der Slaven 1. Die Iranier in Südrußland, Leipzig 1923, S. 60.

Kossa dolgaja zu diesen angeblichen Jassarbergen.[1]) Der Name *Kossa dolgaja* — das haben weder Baesecke noch Altheim beachtet — ist seiner Bildung und seinem Wortmaterial nach rein russisch „lange Nehrung" und muß deshalb ein sehr junger Name sein; zur Zeit der Goten gab es weit und breit hier noch keine Slaven! Der Wortstamm *dolg* ist im Iranischen nicht belegt, gehört aber in den slavischen Ortsnamen vom Schwarzen Meer bis zur Ostsee zu den geläufigsten Bildungselementen. Das *Dylgja* der Dichtung als Nachhall von Kossa Dolgaja ansehen zu wollen, ist deshalb ein Anachronismus! Wahrscheinlich liegt in dem *Dylgja* des Hunnenschlachtliedes überhaupt kein Ortsname vor, sondern das gut nordische Appellativ *dylgja* ‚Kampf'. Man hat schon lange festgestellt, daß die ersten Helminge der beiden Strophen, die Dylgja, Dûnheide und Jassarberge nennen, stilistisch nicht in Ordnung sind, da die Dreigliedrigkeit dem sonstigen Stil widerspricht.[2]) Wenn man *dylgja* als Appellativ auffaßt, heißt es in stilgemäßer Zweigliedrigkeit: „Fordere sie zum Streit auf der Donauheide, zum Kampf unter den Jassarbergen."[3]) Damit entfällt das Hauptargument für die Lokalisierung der Hunnenschlacht im äußersten Osten; sie widersprach auch der übrigen Darstellung des Liedes, die ja die Karpaten als östliche Vorburg nennt, bevor es zur großen Hauptschlacht kommt. Unhaltbar ist auch, wenn die Jassarberge mit den Alanen in Verbindung gebracht werden. Es gibt wohl einen sarmatischen Stamm der Ἀσαῖοι, eine Ableitung von avest. *ásu-* „schnell", der im Volksnamen der Osseten weiterlebt.[4]) Eine ganze Reihe von Ortsnamen nördlich der Krim und auf der Krim bewahren diesen sarmatischen Volks-

---

[1]) Baesecke (s. S. 205, Anm. 3), S. 177, hat sich durch die ungewohnte Verkleinerung asiatischer Karten gegenüber europäischen zu seiner unmöglichen Hypothese verleiten lassen. Aber auch seine Bemerkung, dieser ca. 200 m hohe Höhenzug (höchste Erhebung 365 m) sei der „höchste im europäischen Rußland", ist angesichts von Ural, Kaukasus und Jailagebirge phantastisch.

[2]) Gustav Neckel: Beiträge zur Eddaforschung, Dortmund 1908, S. 256, spricht von Vergewaltigung des Sprachgefühls und nimmt Verderbnis einer ehemaligen vierfachen Ortsnennung an. Vier Ortsangaben für das eine Schlachtfeld halte ich für nicht weniger stilwidrig.

[3]) Der Text, der hier sowieso korrigiert werden muß, würde dann folgendermaßen lauten: 98. *Kendu þeim dylgju / ok á Dúnheidi / orrustu þeim / und Jassarfiollum.* 100. *Byd ek ydur dylgju / ok á Dúnheidi / orrustu ydur / und Jassarfiollum.*

[4]) Vasmer (s. S. 235, Anm. 3), S. 33 f.

namen in der Form *As*,¹) und in dieser Form müssen also auch die Goten ihn kennengelernt haben, er könnte also germanisch nur *Assar* oder ähnlich lauten. Erst bei den später vordringenden Slaven mußte mit dem üblichen *J*-Vorschlag²) *Jasi* daraus werden; so entstand der alte Name der Stadt Jassy, *Jaseskyj torg* „Ossetenmarkt", aus altruss. *Jasi*.³) Dieses späte altrussische *Jasi* für die Goten, die unmittelbar mit diesem Volksstamm zusammentrafen, anzunehmen, ist wiederum ein Anachronismus. Vielmehr muß man die Jassarberge auf einen Nachbarstamm der Goten beziehen, dem einhellig das *J* des Anfangs zukam, auf die Jazygen, griech. ᾽Ιάξυγες von iran. *yahu-* „rastlos".⁴) Die sarmatischen Jazygen saßen Jahrhunderte zwischen Donau und Theiß und haben hier auch die Hunnenherrschaft überdauert. Wenn diese Landschaft heute noch in deutschem Munde Jazygien, ungarisch Jászág heißt und viele Orte hier das Jász- im Namen tragen, so ist das allerdings teils zufälliger Wortanklang, teils antiquarische Aufnahme des alten Jazygennamens. Denn die Wellen der Völkerwanderung haben schließlich die Jazygen, die hier mehr als fünfhundert Jahre saßen, verschlungen, und die heutigen *Jasz*-Namen dieser Landschaft gehen auf Ossetensplitter zurück,⁵) die im

---

¹) Vasmer (s. S. 235, Anm. 3), S. 70; 73.

²) Der *J*-Vorschlag, den wir auch in slav. *jasen* „Esche" gegenüber germ. *askiz*, in slav. *jasika* „Espe" gegenüber germ. *aspa* bemerken, ist, wie mir Prof. Max Vasmer freundlicherweise mitteilt, eine alte Erscheinung in fast allen slavischen Sprachen mit Ausnahme des Ostbulgarischen, und begegnet bereits in den Texten des 10. Jahrhunderts. Nach Vasmer sind auch viele Ortsnamen dafür Zeuge, z. B. Jasmund auf Rügen, das sich aus einem nord. Asmund herleite. Das bestätigt, daß ein nordisches *Jassarfiallar*, wenn es gotischer Herkunft ist, nicht auf die Alanenberge bzw. die *Asi* bzw. ihre slavisierte Form *Jasi* zurückgeführt werden kann.

³) Vasmer (s. S. 235, Anm. 3), S. 26

⁴) Vasmer (s. Anm. 3), S. 40. — Jordanes c. 74/75 berichtet über die Jazygen als Nachbarn der Goten. — Das griech. Zeta wurde damals schon als stimmhaftes *s* gesprochen und entsprechend mußten die Goten den Z-Laut wiedergeben. Mit der Aufhellung der Mittelvokale, wie sie got. *Dunabis* für *Dánubius* beweist, mußte aus *Jazyges* got. *Jazaga(ns)* werden. Aus einem got. *Jazaga-felisós konnte durch Kontraktion und Abschleifung leicht nord. *Jassar-fioll* werden.

⁵) Zoltán Gombocz: Ossetenspuren in Ungarn, Streitberg-Festgabe, Leipzig 1924, S. 105—110; Ossètes et Jazyges, Revue des études hongroises et finno-ougriennes 3 (1925), S. 5—10. — Die ältere Auffassung, wonach die ungarischen *Jászok* königliche Pfeilschützen sind, d. h. *tjasz* von *ij* ‚Bogen' (so z. B. Karl Frhr. v. Czoernig: Ethnographie der österr. Monarchie 2, 1857, S. 97f.), ist aus sprachlichen und sachlichen Gründen abzulehnen.

13. Jahrhundert mit den Kumanen hier vor den Tartaren Schutz suchten und in slavischem Munde aus *Asi* zu *Jasi* geworden waren. Als Bewohner Siebenbürgens und später nach 454 als Bewohner Pannoniens waren die Goten jahrhundertelang Nachbarn der alten sarmatischen Jazygen, und noch von dem jungen, soeben aus Konstantinopel zurückgekehrten Theoderich wird ein Beutezug in ihr Gebiet berichtet (Jordanes 282). Donauheide und Jassarberge weisen also doch wohl auf die Donauebene bei Budapest und Waitzen, wo die Hügelkette, die den Bakony-Wald nach Nordosten mit dem Matra-Gebirge verbindet, den Donaulauf schneidet. Auf das Gebiet der alten Gotensitze am Schwarzen Meer bezieht sich nur der Name des Dampar ‚Dnjepr'. Mit den heiligen Gräbern am Gestade des Dampar dürften die skythischen Königsgräber bei Nikopol am Dnjepr gemeint sein, von denen schon Herodot IV, 71 berichtete.[1]) Sie waren den Goten natürlich bekannt und gingen deshalb auch in ihre Sage ein, wie sie ja auch die reiterliche Kampfweise und sogar die Königstracht von ihren iranischen Vorbesitzern und Nachbarn übernahmen.[2])

Damit dürfte der Lokalisierung der Hunnenschlacht am Don ebenso wie der auf den Katalaunischen Feldern oder an der oberen Weichsel endgültig der Boden entzogen sein. Aber der Raum, den das Hunnenschlachtlied vor unseren Augen erstehen läßt, geht allerdings vom Dnjepr, dem südrussischen Sitz der Goten bis zu Ermanarich, über die Karpaten (Harfaderfioll, Myrkwiþ), dem Sitz der restlichen Ost- und Westgoten zur Hunnenzeit, bis nach Pannonien, den Sitzen der vor den siegreichen Gepiden 455 hierher geflohenen Goten Valamers. Der Blick des Hunnenschlachtdichters faßt also in großartiger Vision das gotische Reich in Südrußland und die späteren Sitze im Karpatenraum und in Pannonien als eine große Einheit. Im Vorstoß der Hunnen unter dem Hunnenkönig Humli und Anganthyrs Halbbruder Hlödr über die Karpaten bis zur Donauheide spiegelt sich ihm der Vorstoß der Hunnen zu Dnjepr, Karpaten, in die Theißebene und nach Pannonien wieder. Das historische Geschehen der Jahre von 375 bis 456 ist also aus der Vielfalt historischer Einzelvorgänge in einen einzigen dichterisch geformten Hunnenvorstoß umgewandelt. Wie achtzig Jahre vielfältigster Geschichte zum

---

[1]) Vasmer (s. S. 235, Anm. 3), S. 68/69.
[2]) Franz Altheim: Goten und Finnen, Berlin 1944, S. 22 ff.

einmaligen Vorstoß einer großen Hunnenarmee werden, so wird der historisch damals noch unverständliche Vorstoß des hunnischen Steppenvolkes im Stile des Heldenliedes als Erbstreit gesehen. Der Halbbruder von hunnischer Kebse fordert nach dem Tode des Vaters die Hälfte des Reiches und kämpft an der Spitze der Hunnen um das verweigerte Erbe. Damit war der historisch unbegreifliche Vorgang aus der Rechtssphäre persönlicher Erbstreitigkeiten heraus dem germanischen Rechtsdenken verständlich gemacht!

Im Kampf der ungleichen Brüder um das Erbe lebt aber nicht nur die Bedrängnis durch den Ansturm aus dem Osten, sondern auch der Stolz einer endlichen Loskämpfung und Befreiung. Wenn im Liede Gizur dem „Geutungerfürsten", eine so wichtige Rolle als bärbeißiger Mentor und Waffenmeister des jungen Königsohnes Anganthyr eingeräumt wird, so ersteht vor unseren Augen die edle Gestalt des Greutungerfürsten Gensimund, der nach Cassiodor var. VIII, 9 auf die eigene Königswahl verzichtete, um dem jungen Königssohn den Thron zu bewahren; dieser junge Königssohn war Valamer, Theodemers Bruder bzw. Theoderichs Oheim. Valamer war es, der zunächst in der Schlacht auf den Katalaunischen Feldern und wohl auch noch in der Schlacht am Nedao für Attila und Attilas Söhne kämpfte und der dann 456 das neu besiedelte Pannonien und die neu gewonnene gotische Freiheit siegreich gegen die wieder von Osten vorgestoßenen Hunnen verteidigte. Der Name Anganthyr ist ungotisch[1]) und kann dem Hunnenschlachtliede also erst im Norden eingefügt sein; er hat zweifellos den Namen Valamers oder den seines Bru-

---

[1]) Jedenfalls ist im Gotischen weder ein dem nord. *angi* ‚Duft' entsprechendes Wort belegt noch ein dem Angantyr entsprechender Namentyp, während das *wulthuthewaz* der Thorsberger Schwertklinge (ca. 300) ein dem im Widsid bezeugten *Ongen-théow* entsprechendes Wort für den Norden belegt. *Angan-thewaz* wird Profanierung des wohl auf den Ull-Kult zu beziehenden *Wulthu-thewaz* sein; die in der Hervararsaga gebrauchte Form *Angantyr* ist offensichtlich nachträglich durch Volksetymologie an den Namen des Himmelsgottes angeglichen. Sollte in *Angan-tyr* das *n* eines *n*-Stammes wie in *Skandin-avia* erhalten sein, so widerspricht auch dies dem Gotischen, das in der Kompositionsfuge stets das *n* tilgt (Braune-Helm: Got. Grammatik, 1953, § 88a). Sollte wie in der Völuspa *angan* ‚Freude' zugrundeliegen, so dürfen wir damit die nordische Sonderentwicklung ehemaliger *n*-Stämme zu anderen Deklinationen unter Beibehaltung des *n* wie bei *nafn, biörn, örn* feststellen (A. Heusler: Isländ. Elementarbuch, 3.Aufl., Heidelberg 1932, § 231, Anmerkung).

ders Theodemer ersetzt. Wenn das Lied allerdings neben dem Greutungerführer als Name des von ihm verteidigten Reiches *Terwing* nennt,[1]) so bedarf das der Klärung.

Greutunger und Terwinger sind die alten Namen für Ost- und Westgoten, die von den älteren Historikern bis zu Ammian benutzt werden. Jordanes nennt statt dessen die Stämme Ostrogoten und Vesegoten, die er nach ihren Sitzen zur Zeit der von ihm miterlebten Geschichte (Frankreich, Italien) ausdrücklich als östliche und westliche Goten versteht, was rein sprachlich nicht so eindeutig ist. Die älteren Namen Greutunger und Terwinger mögen bei ihm nicht mehr auftauchen, weil — wie ich oben ausführte — sowohl die Westgoten wie die Ostgoten aus Greutungern und Terwingen zusammengewachsen waren.

Das Alter der Stammesnamen Greutunger und Terwinger ist umstritten. Nach Altheim sollen die Ostgoten, als sie bei den Pripetsümpfen den Dnjepr überschritten und das Land Oium ‚Avia' besetzten (Jordanes 27) von diesem fruchtbaren Lande den Namen Greutunger ‚Feldleute' bekommen haben.[2]) Wenn sie nach diesem Lande genannt wären, müßten sie jedoch Avionen oder Aviungen heißen, ein Name, der anderwärtig belegt ist. Mit der Behauptung, Greuthungen heiße ,,Feldleute", wird ein grober Irrtum Spechts[3]) weitergegeben. Nach dem Zeugnis der zahlrei-

---

[1]) Die Auffassung des *Tyrfing* im Hunnenschlachtlied nicht als Schwertname, sondern als Ländername ‚Terwingien' vertrat vor allem Neckel (s. Anm. 49), S. 258/59. Genzmer, Thule 1, S. 26, und Schneider (s. S. 233, Anm. 2), S. 100, akzeptierten Neckels These; auch de Boor erhält nach freundlicher brieflicher Auskunft seine früheren Bedenken (Zschr. f. dt. Philol. 50, S. 189, Anm. 1) nicht mehr aufrecht.

[2]) Franz Altheim: Krise der Alten Welt im 3. Jahrhundert nach der Zeitwende und ihre Ursachen 1 (1943), S. 95; 103; Literatur und Gesellschaft im ausgehenden Altertum 1 (1948), S. 181, Anm. 6; Niedergang der antiken Welt 1 (1952), S. 111; 2 (1952), S. 417, Anm. 380; Waldleute und Feldleute, Paideuma 1954, S. 424—30.

[3]) Fr. Specht: Greutungi — Graudenz?, Zschr. f. vgl. Sprachwiss. 66 (1939), S. 224—226. — Im Anschluß an seine Interpretation der Herodotstelle bzw. der Scheidung der Skythen in ,,solche, die den Acker bebauen, und solche, die im Waldgebiet wohnen", fährt Specht unbegreiflicherweise fort: ,,Dem entspricht genau der Gegensatz got. Greutungi . . . und Terwingi", und dies, obwohl er selbst angibt, daß *grjot* ‚Stein, Sand' heiße! Aber nicht nur dieser Rückschluß ist falsch, sondern auch bereits die Interpretation der Herodotstelle IV, 17—19. Herodot schildert die Pflüger-Skythen (Σκύθαι ἀροτῆρες) und die jenseits des Dnjepr und jenseits eines

chen verwandten Orts- und Flurnamen auf deutschem Gebiet weist dieses Wort in erster Linie auf das grobe Geröll von Gebirgsflüssen und auf Siedlungen, die bei oder in diesem Geröll entstanden. Auch der weltfremdeste Gelehrte muß wissen, daß ‚Geröll' kein Name für Ackerfeld ist und sachlich gesehen jeden Ackerbau ausschließt. Nach den Parallelen auf deutschem Siedlungsboden müßten wir also annehmen, daß die Ostgoten einmal an einem besonders geröllreichen Fluß oder Meeresstrand gesiedelt haben und danach ihren Namen erhielten, wobei völlig außer Betracht bleibt, ob sie landeinwärts Ackerbau trieben oder mit Viehzucht und Jagd ihren Unterhalt fanden. Da der Dnjepr mir nur am sandigen Unterlauf bekannt ist, kann ich nicht sagen, ob er in der Gegend der Pripetsümpfe geröllhaltig ist; jedoch schließen Sumpflandschaften meist Ufergeröll aus. Aber wahrscheinlich ist der Name bereits aus Skandinavien mitgebracht, denn in einer, wie mir scheint, das Ursprüngliche wahrenden Handschriftenvariante von Jordanes c. 22 werden die *Greotingi* genannt (das *Evagre, Otingis* der üblichen Texte kann nicht richtig sein).[1]) Im Norden bedeutet aber *griot* nicht eigentlich Geröll, sondern Felsgestein schlechthin. Jordanes beheimatet im Gegensatz zu anderen in ebenem fruchtbarem Gebiet wohnenden skandinavischen Völkern die *Gautigot, Greotingi* und andere an einer Felsenküste, wenn er etwas abenteuerlich erklärt, sie wohnten „in ausgehauenen Felsen wie in Kastellen in Art von Untieren". Der Name Greutunger ist also offensichtlich von Skandinavien mitgebracht und bedeutet ‚Felsenleute'; alle anderen Kombinationen sind hinfällig. Die Stadt Graudenz (< *Grautingi*) scheint diesen Namen auch für die Weichselheimat der Goten zu belegen. Da die

---

Waldgebietes am Dnjepr wohnenden Ackerbau-Skythen (Σκύθαι γεωργοί). Daß das trennende Waldgebiet bewohnt sei, behauptet Herodot mit keiner Silbe. Spechts und Altheims Trennung in Ackerbau-Skythen und Waldgebiet-Skythen entbehrt deshalb jeder Grundlage und damit entfallen auch alle daraus gezogenen Schlüsse. Erst die Nestorchronik bietet mit dem Gegensatz von Drevljanen und Poljanen den Gegensatz von Wald- und Feldleuten für die slavische Zeit. — Vgl. ähnlich Eduard Hermann: Sind der Name der Gudden und die Ortsnamen Danzig, Gdingen und Graudenz gotischen Ursprungs?, Nachrichten d. Akad. d. Wiss. Göttingen, Phil.-hist. Kl., NF. Fachgr. IV, Bd. 3, Heft 8 (1941), eine Arbeit, die mir erst nach Abschluß dieses Aufsatzes zugänglich wurde.

[1]) Jordanis Romana et Getica, rec. Theodor Mommsen, MGH, auct. ant. 5, 1 (1882), S. 59, 11 (Anm.).

jetzt kaiserzeitlich datierten Helme von Negau[1]) mit der Harigast-Inschrift keinen früheren Termin mehr für die germanische Lautverschiebung gebieten und der unverschobene Kimbernname eine späte Ansetzung der Lautverschiebung nahelegt,[2]) steht nichts im Wege anzunehmen, daß die Goten zur Weichselmündung übersetzten, ehe die Lautverschiebung, zumal bei den konservativer bewahrten Eigennamen, voll durchgeführt war. Andrerseits könnte das unverschobene *d* in Graudenz auch aus volksetymologischer Angleichung eines germanischen *Grautingi* an slav. *grauda, gruda* ‚Erdscholle' und damit aus Umwandlung des *Grautingi* zu slav. *Grauding* > *Grudenica* erklärt werden.[3]) So darf der Name Graudenz als alte Greutungersiedlung genommen werden und die skandinavische Herkunft des Namens stützen. Es ist also falsch, anzunehmen, die russische Landschaft habe, wie den Wald- und Ackerbauskythen und den Wald- und Feldslaven, auch den

---

[1]) Paul Reinecke: Der Negauer Helmfund, Bericht der röm.-german. Kommission 32 (1944/50), S. 117—98. — Danach war der Besitzer des Helms, der während des pannonischen Aufstandes 6—9 n. Chr. in den Windischen Büheln fiel, ein römischer Auxiliarsoldat; sein Helm muß, wie andere Waffen, den Besitzernamen getragen haben, vielleicht auch die Nummer seiner Abteilung. Demnach könnten die Wörter weder Dativ sein, noch einen Götternamen enthalten. Vgl. über die Inschriften der Helme Carl J. S. Marstrander: Les inscriptions des casques de Negau, Styrie, Symbolae Osloensis 3 (1925), S. 37—64. Zu dem ganzen Fragenkomplex vgl. H. Rosenfeld: Die Inschrift des Helms von Negau, ihr Sinn u. ihre Bedeutung für die Datierung der germ. Lautverschiebung u. der Runen, Ztschr. f. dt. Altertum 1955/56.
[2]) Vittore Pisani: Zur Chronologie der german. Lautverschiebung, Die Sprache 1 (1949), S. 136—42. — Nach Schwarz (s. S. 224, Anm. 2), S. 215, W. Wissmann (mündlich) u. a. wäre german. *Chimbrós* den Römern durch keltische Vermittlung als *Cimbri* zugeflossen. Jedoch haben die Römer die Cimbern unmittelbar durch Gesandte in Rom, durch Verhandlungen vor den einzelnen Schlachten und durch die zahlreichen cimbrischen Sklaven nach ihrer Besiegung unmittelbar kennengelernt. Es wäre merkwürdig, wenn daraufhin die germanische Aussprache mit *Chimbri* nicht wenigstens einmal zu einer Variante bei den Historikern geführt hätte anstelle des angeblich keltischen *Cimbri* (welche Kelten sollen eigentlich dabei die Vermittler gewesen sein?). Die Römer haben doch im Monumentum Ancyranum die Charydes und ebenso die Cherusker richtiger mit *Ch* geschrieben! — Hans Kuhn wertete in einem Vortrag auf der Germanistentagung in Münster 1953 den Kimbernnamen ebenfalls für die These eines allmählichen Vordringens der Lautverschiebung nach Norden aus. Das Fehlen der germanischen Lautverschiebung zeigt auch der Name der Teutonen, wenn er wie *Theoderich* zu idg. *teutā* gehört. Noch Marbods Gegner heßt Catualda statt Haduwald!
[3]) So Hermann (s. Anm. S. 241), S. 81. Vgl. auch Schwarz (s. S. 224, Anm. 2), S. 31—34.

Goten eine verschiedene Siedlungsweise und damit eine Teilung in Wald- und Feldleute aufgezwungen.[1])

Freilich wissen wir nicht, ob auch der Name der Terwinger aus Skandinavien mitgebracht wurde. Er begegnet uns erst in einer Zeit, wo die Westgoten im Karpatenland sitzen, einem klassischen Waldland, das in der antiken Welt für Holzexport bekannt war. Der Name Terwinger ‚Waldleute' konnte deshalb im Karpatenraum, in Siebenbürgen, aufkommen. Mag der Name mitgebracht oder neu gebildet sein, seine appellativische Bedeutung wird er im Gegensatz zu dem urheimatlichen Greutungernamen nie ganz eingebüßt haben; immer wird verstanden sein, daß er auf eine waldreiche Heimat hinweist. Deshalb dürften die Greutunger, die nach dem Hunneneinbruch nicht nach Süden, sondern nach Norden, nach Siebenbürgen zu den dort bereits wohnenden Terwingern flüchteten, den Namen Terwing noch als ‚Waldland' verstanden und weiterbenutzt, ja vielleicht sogar bei ihrer Umsiedlung nach Pannonien auf das neue Siedelgebiet übertragen haben, in dessen Mittelpunkt ja wiederum ein Waldgebirge, der Bakony-Wald, lag. Das Ostgotenreich in Siebenbürgen, und vielleicht auch das pannonische Reich nach 454, konnte deshalb in die Hunnenschlachtdichtung als *Terwing* eingehen, auch wenn daneben als Stammesname noch der Name Greutunger lebendig blieb.

Das Lied von der Hunnenschlacht ist durchweht von Siegesstolz und Siegesjubel. Es ist durchaus die Situation jener Zeit, als die Ostgoten in Pannonien als Föderaten des römischen Reiches Fuß gefaßt hatten und nun Hunnenheere von der Donaumündung her den Versuch machen, die Goten als entlaufene Sklaven wieder zurückzuholen (Jordanes 268; 273). Jordanes schildert uns die Abwehrschlacht mit den Worten: „Valamer bereitete den Hunnen einen guten Empfang, wenn auch nur mit kleiner Schar, und nach langem Kampf schlug er sie so, daß kaum ein kleiner Teil der Feinde übrigblieb; dieser eilte, in die Flucht gejagt, in die Gegenden Skythiens, die die Fluten des Danabers bespülen." Von einem zweiten Hunneneinfall unter dem Attilasohn Dintzik sagt er: „Darauf brachen die Goten den Feldzug, den sie gegen die Sadagen hatten unternehmen wollen, auf der Stelle ab, zogen gegen die Hunnen und jagten sie so schmählich aus dem Lande

---

[1]) Vgl. Specht und Altheim (s. S. 240, Anm. 2—3).

hinaus, daß von dieser Zeit an bis auf den heutigen Tag die übriggebliebenen Hunnen sich vor den Waffen der Goten fürchten." In der Verklärung des Heldenliedes wird dieser letzte Zusammenstoß zwischen Goten und Hunnen gewissermaßen zu dem einzigen, der letzte Sieg zu dem entscheidenden Sieg, der den Vormarsch des unübersehbaren Hunnenheeres erstmalig und endgültig hemmte und zurückschlug. Aus der jahrzehntelangen erzwungenen Waffenbrüderschaft bis 454 wird im Lied eine Halbbrüderschaft der Königssöhne und eine Rückkehr des hunnischen Halbbruders, das verweigerte Erbe am Terwingerreich mit Waffengewalt einzufordern. Der Tod des Vaters Vandalar (Jordanes 251), der vielleicht zwei Jahrzehnte oder mehr zurücklag, wird im Lied unmittelbar an die Entscheidungsschlacht herangerückt, nur ein Winter voll Kriegsvorbereitungen liegt dazwischen. Richtig festgehalten ist Vandalars (Heidreks) Tod bei den Karpaten: damals waren die Goten ja im Karpatenraum ansässig. Durch Verschiebung des politischen Geschehens zu einem Erbstreit zwischen Bruder und hunnischem Bastardbruder, durch Einbeziehung des Todes Heidreks in die Vorgeschichte des Liedes und durch die Gliederung des Hunnenvorstoßes in einen Vorkampf an den Karpaten und einen Entscheidungskampf an der Donau fließt ein achtzigjähriges historisches Geschehen von den Vorstößen der Hunnen seit 375 bis zu den Vorstößen von 456 zu einer grandiosen Vision eines großen Feldzuges kaleidoskopartig zusammen. Das gotische Großreich am Dnjepr mit den skythischen Königsgräbern ehrwürdigen Alters und dem gotischen Krönungsstein, das siebenbürgische Gotenreich unter hunnischer Herrschaft und das neue pannonische Reich tritt uns als einheitliches unendlich weites Großreich Terwing entgegen, großartig in seiner Weite und der Einsamkeit seiner Wälder und dem Zugriff des zahllosen Hunnenheeres nahezu kampflos ausgeliefert. Aus den beengteren Verhältnissen des europäischen Westens heraus hat der Dichter Auge und Herz für die unendlichen Weiten des Ostens, aus denen der Hunneneinfall die Goten vertrieben hatte. Vor unseren Augen staut sich die aus dem Osten heranbrausende Völkerflut ganz wie in Wirklichkeit zuerst vor dem Burgwall der Karpaten, wo Anganthyrs Schwester Hervör und Ormarr mutig Widerstand leisten, um dann der geschichtlichen Wirklichkeit gemäß in die weite Ebene zwischen Donau und Theiß einzubrechen. Jetzt entbietet Anganthyr die Gegner durch Gizur auf die Donauebene bei

Budapest, wo wieder eine Hügelkette, die Jassarberge der Dichtung, den Vormarsch des riesigen Reiterheeres hemmen und wo wohl die fortdauernden Kämpfe der pannonischen Goten und ihrer sarmatischen Nachbarn (Jazygen) bis zu den Kämpfen des jungen Theoderich stattgefunden haben mögen. Mag der Vorstoß der Hunnen 456 auch weiter südlich die Drau entlang erfolgt sein, einige Jahrzehnte früher ging der hunnische Westvorstoß über diese Stätte dahin, auf der nach dem Heldenlied nun Anganthyr die Hunnenflut besteht und den Hunnenkönig Humli und seinen Halbbruder Hlödr mit eigner Hand erschlägt.

Bei allem Stolz über den Sieg in der Schlacht und die endgültige Befreiung der Heimat von hunnischem Druck ist der Schluß des Liedes doch vom Schatten der Tragik überlagert: der Bruder hat des Bruders Blut vergossen, ,,Unheil schuf die Norne". Die Befleckung mit dem Blute des Bruders kann nicht nur ein flüchtiger Schatten über der Freude des Sieges sein. Alles Glück eines Volkes ist gebunden an die Glückhaftigkeit seines Königs (so ist es überall da, wo sich ein Königtum entwickelt), und weicht das Glück vom König, so auch von seinem Volk. So kehrt nach Mohrs Deutung der König Dietrich, als er im Tod der anvertrauten Etzelsöhne und seines Bruders Theodemer sein Königsglück sinken sah, kampflos in sein Exil zurück.[1]) Ich möchte das weniger als Eigentum der Dietrichsage, die ja in Wahrheit anders verlief, sondern viel mehr als Reflex des Hunnenschlachtliedes in der Dietrichsage nehmen, als Reflex des Hunnenschlachtschlusses, der bei Eingliederung in die Hervararsaga wegbleiben mußte. Der siegreiche Gotenkönig erkennt an der Leiche seines Halbbruders, wie Dietrich an der Leiche seines Bruders, daß er sein Königsglück verscherzt hat trotz seines Sieges. Für den Dietrich der Rabenschlacht bedeutete das völlig unorganisch Rückkehr ins Exil. Für den Gotenkönig der Hunnenschlacht bedeutet es völlig organisch Aufgabe der weiten Gebiete des Ostens, die das Hunnenheer bis zur Donauheide verwüstet hatte.[2]) Auch hier ist

---

[1]) Mohr (s. S. 216, Anm. 1), S. 132.
[2]) Einen Reflex des Hunnenschlachtliedes sehe ich in der fabulösen Erzählung von Fastida und Ostrogotha (Ostrogotha war nach Schmidt, s. S. 210, Anm. 1, S. 203, Westgotenkönig) in Jordanes c. 98—100: Fastida, der Gepidenkönig, verlangt von Ostrogotha Landabtretung und droht mit Krieg. Ostrogotha lehnt ab, ,,es sei zwar durchaus gottlos, mit Verwandten zu kämpfen, aber Land räume er nicht ein" (vgl. Hunnenschlachtlied: ,,harte Klingen sich kreuzen sollen, ehe das Terwingenland ich teilen lasse").

historisches Geschehen durch individuelle und persönliche Motivation verständlich gemacht. Das großgotische Reich am Dnjepr und das gotische Reich im Karpatenraum wurde ja nicht wieder gotisch trotz der überwältigenden Abwehrsiege Valamers über die Hunnen 456 und später. Warum, so fragte sich der Dichter des Hunnenschlachtliedes und so fragten sich seine Zuhörer, ist das Gebiet im Karpatenraum und der gotische Machtraum am Schwarzen Meer nach diesen Siegen über die Hunnen nicht wieder in Besitz genommen? Die Antwort lautet: da er im Kampf des Bruders Blut vergoß, verließ den Brudermörder sein Königsglück. Fortan blieb trotz aller Siege der Dnjepr und der heilige Königstein und die vorzeitlichen Königsgräber am Dnjepr, blieb Myrkwiþ, das waldumkränzte Karpatenland und die Donauheide mit den Jassarbergen in Feindeshand, gleichgültig, ob es die Hunnen selbst waren, die nun am Schwarzen Meer saßen, oder die Gepiden, die aus dem siebenbürgischen Gotien ein Gepidien machten. Fortan blieb der Osten vertan, und der siegreiche König Valamer, das weiß auch die Geschichtsschreibung, blieb ohne Erben: „Unheil schuf die Norne!"

So bietet das Lied von der Hunnenschlacht, eingekleidet in den Erbstreit zweier Brüder, das historische Geschehen eines ganzen entscheidenden Jahrhunderts gotischer Geschichte. Das märchenhafte Großkönigreich Ermanarichs leuchtet noch im Klang des Dnjeprnamens und, sollte das Vidsidlied hierin einen Namen des alten Hunnenschlachtliedes bieten, im Namen des Weichselstrandes. In Myrkwiþ und Harfadarfioll taucht fatamorganahaft das waldumkränzte Siebenbürgen auf, und im Sieg auf der Donauheide auf historischem Boden, der noch die Sarmatenkämpfe des jungen Theoderich sah, der Siegesstolz über die Hunnenabwehr um das Jahr 470. Zugleich aber wird der

---

Die Gepiden greifen an. Nun erst sammelt Ostrogotha sein Heer, und es kommt zu bitterer Schlacht. „Aber die bessere Sache und ihre Ausdauer half den Gothen...; da ließ Fastida ... die Leichen der Seinigen zurück und eilte zur Heimat zurück; auch die siegreichen Goten, zufrieden mit dem Abzug der Gepiden, kehrten zurück." Auch hier bleibt also der Sieg unausgenützt und das von den Gepiden durchzogene Land bis an die Südkarpathen und Aluta bleibt von den Goten verlassen. Die Hinweise auf die Gottlosigkeit des Verwandtenkampfes lassen vermuten, daß hier die Könige ursprünglich Brüder oder Verwandte waren, denn sonst scheuen verwandte Germanenstämme, so wenig wie die einzelnen deutschen Stämme miteinander, nicht den Kampf als gottlos.

Sieg (wie die Dichtung will: durch den Brudermord) zur Abkehr von dem sagenhaften Osten. Theoderich, angeblich am Tage von Valamers Hunnensieg geboren, wird sein Volk nach Westen in die enge Welt römischer Stadtkultur und völkischer, religiöser und kultureller Gegensätze führen. Wie sagt doch Tacitus, Germania c. 2: ,,Sie feiern in alten Liedern, das ist bei ihnen die einzige Art geschichtlicher Überlieferung..." Und diese alten Lieder haben vor den Werken der nüchternen Geschichtsschreiber das eine voraus, daß sie historisches Geschehen ganzer Zeitepochen, befreit von den Einzelheiten, zu symbolträchtigen Gesamtbildern von ungeheurer Eindrücklichkeit zusammenfassen können. Das Lied von der Hunnenschlacht, veranlaßt durch die Abwehrsieg Valamers gegen die nach Pannonien nachstoßenden Hunnen, wird so zu einem Gesamtbild der Hunnenvorstöße von 375 bis 470.

Blicken wir auf das Wielandlied und das ‚Lied von Frau Helchen Söhnen' zurück, so erschließt sich uns das doppelte Gesicht des Heldenliedes. In jenen beiden Heldenliedern wie in vielen anderen wurde historisches Geschehen zu Liedern über Gefolgschaftsethik gestaltet, Lieder also, wo nicht das historische Geschehen, sondern die Gesinnung das Wesentliche ist. So konnten denn auch wohl ältere Stoffe wie der vom Vater-Sohn-Kampf als Hildebrandlied in ein anscheinend modernes historisches Geschehen hinübergenommen werden, um die Gesinnung und Haltung echter Gefolgschaft darin gegenwartsnah zu preisen.[1]) Anders das Lied von der Hunnenschlacht: hier ist das Heldenlied in erster Linie geschichtliche Überlieferung, freilich nicht in Form von Merkdichtung, sondern als dichterisch durchgestaltetes anschauliches Bild welthistorischer Vorgänge. Im Nibelungenlied fließen beide Ströme des Heldenliedes zusammen, die große Schau welthistorischen Geschehens, manifestiert im Handeln markanter historischer Gestalten, und der Sang von Gefolgschaftstreue und Gefolgsherrenpflicht. Aber im Nibelungenlied klingt das Heldenlied wohl zum letzten Male auf, da die Dichtung aus der großen Geschichtsschau in die zeitlose Welt märchenhaften Artusritter-

---

[1]) Rosenfeld (s. S. 204, Anm. 2), S. 414 ff. — Bedenken gegen diese Hypothese eines ,,Personalwechsels" äußert de Vries (s. Anm. 3) und möchte im Hildebrandlied lieber ein unbekanntes historisches Ereignis sehen, das nach der mythischen Fabel vom Kampf des Himmelsgottes mit seinem Sohn umstilisiert sei. Vgl. dazu H. Rosenfeld: Hildebrandlied, Verfasserlexikon des MA.s 5 (1955) Sp. 412—413.

tums hinüberstrebte und die Mär von Gefolgschaftstreue und Gefolgsherrenpflicht im Wust märchenhafter Heldenabenteuer nach dem Schlage der Dietrichepen unterging.

NACHTRAG
THEODERICH UND DAS BLUTRACHEMOTIV.

Die S. 210 vertretene These, Theoderichs Mord an Odoakar sei Blutrache für das rugische Königspaar, das Odoakar 487 ermordete, ist inzwischen von andrer Seite als Tatsache bestätigt worden, so daß alle anderen Hypothesen hinfällig werden. Friedrich Stefan (Graz) teilte mir auf Anfrage freundlicherweise mit, daß er in seinem längst druckfertig vorliegenden, vermutlich 1956 in Horn herauskommenden Buch „Die Rugen in Österreich, ihre Geschichte, Kultur, Kunst und Münzwesen" nachweisen werde, daß des Rugenkönigs Feletheus Fewa Gattin Giso die Tochter Widimers war, des Bruders von Theoderichs Vater. Theoderichs Bluttat an Odoakar war also tatsächlich Blutrache für die von Odoakar Ermordeten. Damit wird das Zeugnis des Johannes Antiochenus, Theoderich habe bei der Tat ausgerufen: „Ich tue dir, wie du den Meinigen getan hast" weitgehend gestützt.

Nunmehr wird endlich klar, weshalb Odoakars Ermordung das Idealbild Theoderichs in Geschichte und Sage nicht zu beeinträchtigen vermochte und weshalb Theoderichs Gegner in der Sage zum Tyrannen, Bösewicht und Mörder gemacht wurde. Meist wird es so dargestellt, als habe man durch propagandistische Maßnahmen Theoderichs Bluttat vertuscht. Das war gar nicht nötig, wenn jeder wußte, daß es sich um eine gerechte Blutrache handelte; da Giso's Sohn Friedrich mit rugischer Gefolgschaft bei Theoderich weilte, war selbstverständlich Theoderichs Verwandtschaft mit dem rugischen Königspaar ebenso bekannt wie Odoakars Bluttat an ihnen. Deshalb konnten auch Johannes Antiochenus und Ennodius die Kenntnis dieser Verwandtschaftsverhältnisse voraussetzen. Wenn die Heldensage das Blutrachemotiv im Zusammenhang mit Theoderichs Hauptgegner nicht mehr aufweist, so rührt dies wohl von dem Austausch Odoakars mit der gewaltigeren Tyrannengestalt Ermanarichs her. Aber ganz hat ja die Heldensage Theoderichs Verflechtung mit dem Blutrachemotiv nicht vergessen. Wenn Dietrich in der „Rabenschlacht" den flüchtenden Witige wegen seiner Bluttat an Diether und den Etzelsöhnen so hitzig verfolgt, so ist das zweifellos ein Reflex von Theoderichs Blutrache an Odoakar. Im Witigelied war Theoderichs Neffe Theodahad zu Dietrichs Bruder gemacht, um Dietrich als Rächer auftreten lassen zu können. Wie der historische Witigis durch Abtransport als Gefangener über See nach Konstantinopel der Blutrache entzogen wurde, so wird der Sagen-Witige durch seine märchenhafte Meernixenmutter (bei der man sich an Achills Mutter Thetis erinnert fühlt) der Rache entzogen. In gleicher Weise wird ja auch Theoderichs Ende mythisiert. Die Katholiken entfernten den Leib des verhaßten Arianerkönigs aus der als Sarkophag dienenden Badewanne und verwiesen den König in die Hölle, die Sage aber läßt den badenden König aus der Badewanne nackt auf einen Rappen springen, der ihn in die Hölle entführt!

DIESER NACHTRAG WURDE NUR DEM JOHANNES ROSENFELD ZUM 90. GEBURTSTAG GEWIDMETEN SONDERDRUCK (TÜBINGEN 1955) BEIGEFÜGT!

SCHATZHALTER (NÜRNBERG 1491)

DIE DATIERUNG DES NIBELUNGENLIEDES FASSUNG *B UND *C DURCH DAS KÜCHEN- MEISTERHOFAMT UND WOLFGER VON PASSAU

In der 24. Aventiure des Nibelungenliedes (B, Str. 1465–1468) gibt der Küchenmeister Rumolt den denkwürdigen Rat, es sich lieber zuhause bei Speise, Trank und schönen Frauen wohl sein zu lassen als ins ferne Hunnenland zu ziehen einem ungewissen Schicksal entgegen. Nun bedeutet *küchenmeister* von haus aus den Oberkoch in der Küche. Es wäre deshalb zu fragen, ob Rumolts Rat im älteren Epos vom Burgundenuntergang durch den königlichen Oberkoch ausgesprochen wurde und dieser Oberkoch erst in unserer Nibelungenliedfassung zu *degen* und Landpfleger avancierte.[1] Dem steht aber die geringe soziale Stellung des Koches im Mittelalter entgegen. Im ältesten lateinischen Totentanztext wie auch im ältesten deutschen Totentanztext von ca. 1350 wird der Koch zwischen den Bettler und den leibeigenen Bauern in die absteigende Ständefolge eingegliedert.[2] Diese Einstufung muß eine überkommene sein und zeigt den Koch fast auf der untersten Stufe der Ständeordnung. Das wird indirekt bestätigt durch Wolframs Willehalm VI. 286,1–22. Hier wird der kaiserliche *küchenmeister*, der im Scherz dem in der Küche schlafenden Rennewart den Bart abgesengt hat, von Rennewart ins Herdfeuer geworfen und bei lebendigem Leibe verbrannt. So human Wolfram in anderen Fällen denkt, bei dieser grausamen und unmenschlichen Ermordung des Küchenmeisters zeigt er keinerlei Hemmungen, sondern nur einen uns bei dieser Tat heute völlig befremdenden Humor. Köche und Küchenmeister standen also auf einer sozial so niedrigen Stufe, daß man sie wie Ungeziefer vernichten konnte, ohne Skrupeln zu haben. Deshalb ist es völlig ausgeschlossen, daß ein wirklicher Koch oder Küchenmeister auf einer Vorstufe unseres Nibelungenliedes

---

[1] Dies erwog früher Helmut de Boor: Rumoldes Rat, ZfdA. 61 (1924) S. 1–11.

[2] Vgl. Hellmut Rosenfeld: Der mittelalterliche Totentanz, Entstehung, Entwicklung, Bedeutung, Köln 1954, ²1968, S. 322 bzw. 316.

sich in die Beratung der Könige hätte einmengen und den Königen einen Rat hätte geben können.

In der uns vorliegenden Nibelungenliedfassung wird Rumolt *der küene* (B 235,2), *der degen* (563,1; 1465,1), *ein ûzerwelter degen* (10,1), *ein helt* (1518,1) genannt und Str. 1519 zum königlichen Statthalter während der Abwesenheit Gunthers ernannt. Wenn er also Str. 10,1, 777,1 und 1465,1 *kuchenmeister* genannt wird, so kann damit nur das erbliche Hofamt des Küchenmeisters gemeint sein. Das wird auch dadurch erhärtet, daß *Rûmolt der kuchenmeister* nach *Hûnolt dem truchsess* und *Sindolt dem schenken* aufgeführt wird (Str. 777). Es wurde aber bisher übersehen, daß damit die Fertigstellung des Nibelungenliedes (*B) ganz eindeutig auf „nach 1202" festgelegt ist.[3] Denn bis dahin gab es zwar die erblichen Hofämter von Marschall, Schenk, Truchseß und Kämmerer, die stellvertretend die Funktionen der vier weltlichen Kurfürsten als Erzschenk, Erztruchseß, Erzmarschall und Erzkämmerer ausübten, aber keineswegs und nirgends das Hofamt des Küchenmeisters.

Das Hofamt des Küchenmeisters wurde in einer bestimmten politischen Konstellation neu geschaffen. König Philipp hatte 1198 das bisher von den Rotenburgern verwaltete Erbamt des Reichstruchseß an das Geschlecht der von Waldburg übertragen. Seit 1199 machten aber die Rotenburger wieder Erbansprüche auf das Amt des Truchseß geltend. Um diese Zwistigkeiten zu beheben, schuf König Philipp im Jahre 1202 für die Rotenburger als Ersatz für das Truchsessenamt ein vollkommen neues Reichshoferbamt (eine Art Abzweigung vom Truchseßamt), eben das Erbamt des Küchenmeisters. Es war zugleich das erste Hofamt, das nicht mit den Erzämtern der Kurfürsten korrespondierte und das an anderen Höfen völlig unbekannt war. Philipp nennt Heinrich von Rotenburg erstmals 23. Juli 1202 *fidelis ac familiaris noster Henricus magister coquine de Rotenburc*.[4] Mithin konnte der Nibelungenlieddichter erst Ende 1202 oder im Jahre 1203 Rumolt als Küchenmeister in die Dichtung hineinnehmen. Die Schaffung dieses neuen Reicherbamtes hat offensichtlich ungeheures Aufsehen erregt und wegen der Übereinstimmung des Titels mit dem des so verachteten Oberkoches auch zu mancherlei Scherz Anlaß gegeben. Die Ein-

---

[3] Gottfried Weber: Nibelungenlied, Stuttgart 1961, sowie die neueren Arbeiten zur Datierung des Nibelungenlieds erwähnen es nicht.

[4] Vgl. M. J. Ficker: Die Reichshofbeamten der staufischen Periode, Wien 1863, S. 29 und 39.

fügung dieses Hofamtes in unser Nibelungenlied war deshalb das Allerneueste und Aktuellste und zeigt die Gegenwartsnähe des Dichters.

Das Aufsehen, das die Schaffung des Küchenmeisterhofamtes erregte, spiegelt sich auch bei Walther von der Vogelweide wider. Denn auf dieses neue Hofamt spielt (was in neuerer Zeit nicht mehr beachtet wurde)[5] Walther an, wenn er nach dem Tode von Philipps Schwiegervater Isaak Angelos von Byzanz (April 1204) in seinem sogenannten „Spießbratenspruch" (17,11 ff.) die Berater des Königs schlechthin als *koche* anredet und ihnen rät, *der fürsten brâten snîden groezer baz dan ê, doch dicker eines dûmen*. Die Inhaber der Reicherbämter fungierten als Berater der deutschen Könige und hatten damit im Gefüge des Reiches gewissermaßen eine Funktion, die später den Ministern oblag. Niemals hätte Walther auf die Idee kommen können, diese hohen Reichsbeamten einfach als „Köche" zu bezeichnen, wenn nicht eben Juli 1202 den seit alters üblichen Reicherbämtern das des Küchenmeisters zugefügt wäre, das mit der Berufsbezeichnung der verachteten Oberköche übereinstimmte und deshalb zu solchen Vergleichen herausforderte. So zeigt auch Walthers Spießbratenspruch, wie sehr die Schaffung dieses neuen Hofamtes die Gedanken der Zeit beschäftigte und zu Vergleichen aus der Küchen- und Tafelsphäre lockte.

Bei der oben erwähnten Küchenmeisterszene im Willehalm VI, 286,1–22, fühlt sich Wolfram an Walthers Spießbratenspruch erinnert. Auch er denkt bei seinem Küchenmeister, d. h. dem Oberkoch in der kaiserlichen Küche, an Walthers *koche*, d. h. an die kaiserlichen Reichserbhofbeamten, die nach Walther für die Kargheit Philipps gegenüber den deutschen Einzelfürsten verantwortlich waren. Mit *dirre brâte was dick unde lanc* variiert er Walthers *brâten snîden groezer baz dan ê, doch dicker eines dûmen*, setzt also die Kenntnis von Walthers Spießbratenspruch bei seinem Publikum voraus. Im Parzival (VIII, 420,26–421,10) hatte er bereits früher auf Rumolts Rat im Nibelungenlied angespielt und dabei 421,6 den Küchenmeister Rumolt entgegen seiner Quelle als *koch* bezeichnet, so wie Walther die Reichserbhofbeamten einschließlich des Küchenmeisters 17,11 titulierte.

---

[5] K. H. Halbach: Walther von der Vogelweide, Stuttgart 1965, und die neueren Waltherkommentare erwähnen es nicht. W. Wilmanns erwähnte es ZfdA. 13 (1869) S. 252 und „Leben und Dichten Walthers" ²1916, S. 421, 152.

In der Forschung besteht die Kontroverse, ob Wolfram bei dieser Anspielung auf Rumolts Rat die Textfassung im Sinne hat, die B, Str. 1465-1469 und A, Str. 1405-1409 bieten, oder aber die erweiterte Fassung der Handschrift C, Str. 1493-1499. Das ist wichtig für die Datierung von *B und *C, da sich das VIII. Buch des Parzival ziemlich genau datieren läßt. Für die Benützung der Fassung *C durch Wolfram könnte sprechen, daß in B und A Rumolts Rat ein ganz anderer ist als bei Wolfram und in C, nämlich: *ir solt beliben, herren: daz ist der Rûmoldes rât* (A, 1409,4; B 1469,4). Die Fassung C (1397,2-3) sagt jedoch: „*ich wolde iu eine spîse den vollen immer geben, sniten in öl gebrouwen: deist Rûmoldes rât*", eine Formulierung, die bei Wolfram wiederzuklingen scheint, wenn es heißt:

420, 26   Ich taete ê als Rûmolt,
          der dem künec Gunther riet,
          dô er von Wormze gein den Hiunen schiet:
          er bat in lange sniten baen
          und in sînem kezzel umme draen".
421,5   „Ir râtet mir dar ich wolde jedoch
          und sprecht, ir taetet, als riet ein koch
          den küenen Nibelungen".

Es handelt sich bei Wolfram wie in C um eine Mehlspeise derart, wie sie noch Schmeller mit den „guldenen Schnidln" als Festtagsspeise für den Bayerischen Wald belegen konnte: „breite Semmelschnitten, die in abgeklopften, etwas gesalzenen Eiern getränkt und in Schmalz gebacken werden; wen man sehr ehren will, pflege man mit guldenen Schnidln und Branntwein zu bewirten".[6] Das erscheint in C vereinfacht als *sniten in öl gebrouwen* „in Öl gesiedet". Wolfram könnte das mit seinem *baen und in sînem kezzel umme draen* „backen und im Kessel umwenden" variiert haben. Dann hätte Wolfram bei seinem VIII. Buch bereits die Fassung *C gekannt und bei seinem Publikum vorausgesetzt.

Man kann aber auch anders argumentieren. In B und A wird nach dem Lobpreis des heimatlichen Wohlergehens mit schönen Kleidern, Wein und stattlichen Frauen hinzugefügt: *darzuo gît man iu spîse die besten, di ie gewan in der werlte künec deheiner*. Es sieht nach Wolframischem Küchenhumor aus, wenn anstelle dieser Feststellung (die ungefähr so auch noch C in 1496 bringt) eine spezielle

---

[6] J. A. Schmeller: Bayer. Wörterbuch, München 1873/77, II, S. 586.

Speise genannt wird. Der Humor bestünde darin, daß Wolfram mit
Rûmolt riet bei den Zuhörern die Erinnerung an Rumolts Rat,
zuhause zu bleiben, erweckt (was auch durchaus der Intention des
Liddamus an dieser Parzivalstelle entspricht), stattdessen aber
wider alle Erwartung die Zubereitung einer heimischen Speise als
Lockung für das Zuhausebleiben bringt. Das würde in der Tat
Wolframs Küchenhumor und seiner spielerischen Abwandlung von
Zitaten entsprechen. In diesem Falle wäre es die Fassung *C, die
sich an Wolfram anschließt, und nicht umgekehrt.[7] Dafür könnte
sprechen, daß in C, Str. 1498,3 der eigentliche Rat, „*des sult ir
beliben*" erhalten bleibt, aber die Formel *deist Rûmoldes rât* an eine
Stelle versetzt wird, wo sie eigentlich nicht paßt. Denn *ich wolde iu
eine spîse den vollen immer geben* ist kein Rat, sondern ein beinahe
ulkig wirkendes Versprechen. Bekennt man sich zu dieser Erwägung,
so bildet Parzival, Buch VIII nicht einen terminus ante quem,
sondern vielmehr einen terminus post quem für die Fassung *C.
In beiden Fällen aber ist die genaue Datierung des achten Buches
wichtig.

Das 7. und 8. Buch von Wolframs „Parzival" werden bekanntlich zeitlich festgelegt durch VII, 379, 18–20, wo von der Verwüstung der Erfurter Weingärten gesprochen wird (sie entstand bei
der Belagerung König Philipps in Erfurt durch Landgraf Hermann
von Thüringen und seine Verbündeten im Juli 1203) sowie durch
die Erwähnung der *marcgrâvin, die dicke von dem Heitstein über al
die marke schein* (VIII, 403,30–404,2). Es handelt sich um die
Markgräfin Elisabeth von Vohburg, Schwester Herzog Ludwigs von
Bayern, die nach dem Tode ihres Gatten Berthold von Vohburg
(† 12. 8. 1204) und der Einverleibung des Markgrafentums Vohburg in das Herzogtum Bayern nicht mehr in Heitstein residieren
konnte. Wolfram erinnert sich ihrer Hofhaltung als etwas Vergangenen (Ende 1204 oder 1205). Die Zerstörung der Erfurter Weingärten kann ebenfalls noch 1204/1205 sichtbar gewesen sein. Ist sie
doch nur eine Einzelheit der Verwüstungen durch die böhmischen
Bundesgenossen Hermanns; die Historiker berichten, daß damals
in Thüringen 16 Klöster und 350 Pfarreien von den Böhmen vernichtet seien.[8]

---

[7] Dies erwog z. B. H. de Boor in: Das Nibelungenlied, 16. Aufl., Wiesbaden 1961, S. XXXIX.

[8] Vgl. E. Winkelmann: Philipp von Schwaben und Otto IV. von Braunschweig (Jahrbücher des deutschen Reiches 21) 1873, S. 289.

Wolfram hat also 1204/1205 das Nibelungenlied in der Fassung *B oder *C benutzt.[9] Eine Entscheidung, welche Fassung es war, bringt weder die Zitierung von Wolfharts Kampfbegier 420,22 noch die Übernahme von *Zazamanc* (B 362,2) in I, 16,2 (u. ö.),[10] da das erste Buch erst nach dem VI. Buch gedichtet wurde und nahe an Buch VII und VIII heranrückt. Benutzte Wolfram bereits die Fassung *C, so müßte diese Neubearbeitung bereits 1204 unmittelbar nach Abschluß der Fassung *B vorgenommen sein. Das würde mancherlei Probleme bieten, ist aber durchaus denkbar, wenn der ursprüngliche Auftraggeber die Umarbeitung verlangte.

Auf jeden Fall kann Fassung *B frühestens 1203 vollendet worden sein. Die Einführung des erst Juli 1202 geschaffenen Küchenmeisterhofamtes bildet einen unverrückbaren terminus post quem. Das Datum 1203 oder Anfang 1204 für *B wird gestützt durch Panzers Hinweis, die völlig unmotivierte Lokalisierung von Kriemhilds Hochzeit mit Etzel ausgerechnet in Wien (das nach 1375,4 gar nicht zum Hunnengebiet gehört) sei Reflex der Wiener Fürstenhochzeit Anfang November 1203.[11] Damals wurde in Wien *pomposissime* die Hochzeit zwischen Leopold VI. und Theodora Komnena von Byzanz gefeiert. Wien gehörte zum Sprengel des Passauer Bischofes, der deshalb die Einsegnung der Ehe vollzogen haben muß. Wir können auch urkundlich nachweisen, daß Bischof Wolfger von Passau damals in Wien weilte. Wenn der Dichter des Nibelungenliedes (*B) in Passau beheimatet war, wofür doch mancherlei spricht,[12] so kann er zusammen mit seinem Mäzen Wolfger an der Wiener Hochzeit teilgenommen und dieses aktuelle Ereignis in sein Gedicht verwoben haben.

Man darf dagegen nicht einwenden, daß damit zu wenig Zeit für die Vollendung des Nibelungenliedes vor der Benutzung durch Wolfram oder vor der Umarbeitung *C bliebe.[13] Nichts zwingt uns dazu anzunehmen, daß alles, was auf Etzels Hochzeit folgt (Aventiure 25–39) erst nach November 1203 zugedichtet wäre. Viel eher können wir annehmen, daß der Dichter unter dem lebendigen Eindruck

---

[9] Vgl. de Boor, a.a.O.; Fr. Panzer: Das Nibelungenlied, Entstehung und Gestalt, Stuttgart 1955, S. 472; E. Ploss: Die Datierung des Nibelungenliedes, ds. Zs. 80 (1958) S. 72–106.
[10] Ploss, a.a.O. S. 104; Weber, a.a.O. S. 51.
[11] Panzer, a.a.O. S. 481f.
[12] Weber S. 50; de Boor S. XXXIX; Ploss S. 104; Dietrich v. Kralik: Wer war der Dichter des Nibelungenliedes?, Wien 1954.
[13] Weber S. 50; Ploss S. 104.

der Wiener Hochzeit in seinen fast vollendeten Text die Lokalisierung der Hochzeit in Wien nachträglich eingeschoben hat. Die Hochzeit in dem nicht zum Hunnengebiet gehörigen Wien widerspricht der sonstigen Geographie, nach der in Bechelaren Rüdiger als Vasall des Hunnenkönigs sitzt, am Treisen eine hunnische Burg steht (Str. 1332) und König Etzel Kriemhild bereits in Tulne mit allem Pomp empfängt (Str. 1341/42). Das Zusammenkommen der verschiedensten Heerscharen und die Turniere in Tulne (Str. 1336–1360) sehen wie der Auftakt zu der Hochzeit in Tulne aus. Die wenigen Strophen, die unorganisch die Hochzeit selbst nach Wien verlegen (Str. 1361–1374) können nachträglich eingeschoben sein anstelle anderer Strophen, wie es denn auch denkbar ist, daß die Hinweise auf das neu geschaffene Küchenmeisterhofamt nach Juli 1202 in eine bereits fortgeschrittenere Dichtung eingefügt wurden. Wenn der Dichter auf Grund der miterlebten Wiener Hochzeit Etzels Hochzeit ebenfalls nach Wien verlegte, so ist es verständlich, daß er unwillkürlich die deutsche Stadt Wien nicht zu Etzels hunnischem Land zählte (Str. 1375,4), obwohl es seiner historischen Geographie widerspricht.

Weder die Verlegung der Hochzeit nach Wien unter dem Eindruck der Fürstenhochzeit November 1203 noch die Einfügung des Küchenmeisterhofamtes nach Juli 1202 schließt aus, daß die Dichtung einige Jahre früher begonnen wurde. Häufig wird heute vorgeschlagen, den Beginn der Dichtung schon auf 1190 anzusetzen.[14] Soweit kann man schwerlich zurückgehen. Wenn wir Bischof Wolfger von Passau als Mäzen des Nibelungenlieddichters ansehen (und das haben wir hinsichtlich der Lokalisierung der Hochzeit in Wien getan), so hätten wir in den historischen Daten seines Lebens gewisse Richtpunkte. Als terminus post quem ergibt sich seine feierliche Einsetzung als Bischof von Passau am 12. Juni 1191 für einen Auftrag an den Dichter.[15] Aber Wolfgers erste Episkopatjahre, die von politischer Tätigkeit und Reisen vornehmlich in Italien erfüllt waren,[16] werden wir auszuscheiden haben.[17] Anfang Dezember 1195 nimmt Wolfger das Kreuz, 1196 ordnet er

---

[14] de Boor S. XXXIX; Ploss S. 106; Weber S. 51.
[15] Ploss S. 106 gibt versehentlich 1194 als Inthronisationsjahr an.
[16] Th. Toeche: Kaiser Heinrich VI, 1867, E. Winkelmann: Philipp von Schwaben und Otto IV v. Braunschweig, 1873 = Jahrbücher d. dt. Reichs 20/21.
[17] So schon de Boor, a.a.O. S. XL.

die territorialen Verhältnisse seines Bistums für seine Abwesenheit, 1197 bis Mai 1198 befindet er sich auf dem Kreuzzuge, von dem er mit den Gebeinen des verstorbenen Babenbergers Friedrich zurückkehrt. Erst nach der Rückkehr vom Kreuzzug konnte in Anlehnung an *pilgrim* „Kreuzfahrer" der Name *Pilgrim* zum durchsichtigen Pseudonym für Wolfger von Passau werden, wie wir es im Nibelungenlied finden, wobei natürlich die Erinnerung an den historischen Bischof Pilgrim von Passau, der 991, genau 200 Jahre vor der Inthronisation seines Nachfolgers Wolfger gestorben war, mitschwang, da nach Wiederauffindung seines Grabes in Passau Pilgrims Grab Gegenstand kultischer Verehrung wurde. Da Wolfger nach seiner Rückkehr zunächst die bairischen Grafen von Ortenburg, die westlichen Nachbarn des Bistums Passau, die plündernd in sein Gebiet eingefallen waren,[18] in einem mit großer Grausamkeit geführten Krieg in ihre Grenzen zurückweisen mußte,[19] dürfte er erst 1200 Ruhe gefunden haben, seine Gedanken auf die deutsche Heldendichtung zu richten. So dürfen wir vielleicht die vier Jahre von 1200 bis 1203 für die Entstehung des Nibelungenliedes *B in Anspruch nehmen (bei vierjähriger Arbeitszeit würden im Durchschnitt nur wenig mehr als $1^1/_2$ Strophen auf jeden Tag kommen).

Wenn Wolfger von Passau der Auftraggeber des Nibelungendichters war, gilt es, der Verflechtung der Dichtung mit dem Leben des Auftraggebers genauer nachzugehen und auch zu prüfen, ob sich daraus weitere Gesichtspunkte für die Datierung und Beheimatung des Liedes ergeben. Es hat sich wohl noch keiner mit der Frage befaßt, wie der Dichter, der Etzels Hochzeit in Wien mit 14 Strophen verhältnismäßig kurz behandelte, dazu kam, die Dauer der Hochzeit Etzels in Wien auf 17 Tage zu beziffern (Str. 1365), den Aufbruch aus Wien genau auf den 18. Tag (Str. 1375) festzulegen. Es sind das aber die genauen Daten für Wolfgers Beteiligung an der

---

[18] Auf diesen Kriegszug der Ortenburger führt Kralik, a.a.O. S. 24f. die Baiernfeindlichkeit des Nibelungenliedes zurück. M. Heuwieser: Passau und das Nibelungenlied, ZfbayerLandesgesch. 14 (1943) S. 5–62, läßt das nicht gelten und sieht die Ortenburger nicht als Baiern an. Sie erhielten jedoch 1208 die bairische Pfalzgrafenwürde, während Wolfger und seine Leute sich als Ostmärker fühlten.

[19] Paul Kalkoff: Wolfger von Passau 1191–1204, Diss. Straßburg 1882, S. 24f.; E. Graf zu Ortenburg-Tambach: Geschichte des reichsständischen, herzoglichen und gräflichen Hauses Ortenburg, Heimat-Nachrichten-Beilage des Vilshofener Tagblattes 1931–1937, S. 70f.

Hochzeit Leopolds VI. in Wien, bei der sich nach unserer Annahme
der Nibelungenlieddichter ja im Gefolge Wolfgers befand. Wolfger
ließ *in sabbato ante festum apostolorum Symonis et Jude*, d. h. am
Samstag, dem 25. Oktober 1203, in Wien sein Geld in Wiener
Münze wechseln,[20] worauf in seinen Reiserechnungen die zahlreichen Ausgaben in Wien getreu verbucht werden.[21] Er bricht *in die
sancti Martini* (11. November), mithin am 18. Tag, von Wien nach
Klosterneuburg und Zeizenmûre auf.[22] Seine Ausgaben in Wien in
der Zwischenzeit betrafen vornehmlich Kleider und Schuhe für
sich und sein Gefolge, worauf der Dichter offensichtlich 1367,4
anspielt: *alle, die dâ wâren, die truogen iteniuwe kleit*. Wolfger ließ
allerdings den größeren Teil seines Gefolges in Zeizenmûre, 15 km
vor Wien, zurück, wo der Passauer Bischof das judicium criminale
besaß[23] sowie ein Haus, das in einer Urkunde von 1184 als *palacium
Szeizenmore* bezeichnet wurde.[24] Wohl weil die Beköstigung so
vieler so lange Zeit in einem so kleinen Orte Schwierigkeiten machte, verlegte Wolfger am 5. Tage sein Gefolge nach Swabedorf, 20 km
südöstlich von Wien, einem anderen ständigen Übernachtungsort
des Bischofs. Wolfger selbst mit einigen wenigen fand natürlich
als wichtiger Ehrengast in Wien selbst Unterkunft, aber für die
Mehrzahl des Gefolges bot das mit vornehmen Festgästen überfüllte
Wien begreiflicherweise keinen Raum. Der Dichter glossiert diese
realen Verhältnisse in Str. 1363:

> Sine mohten geherbergen   niht alle in der stat.
> Die niht geste wâren,   Rüedegêr die bat,
> daz si herberge   naemen in daz lant.

---

[20] I. V. Zingerle: Reiserechnungen Wolfgers v. Ellenbrechtskirchen,
Heilbronn 1877; A. Höfer: Die Reiserechnungen des Bischofs Wolfger von Passau, Beiträge 17 (1893) S. 441–549. – Höfer S. 479 leugnet die Umwechslung in Wien trotz „ad Viennam", da er eine Randnotiz über Rückwechslung auf der Rückreise in Krems kombiniert
und die Wechslung in Krems auf der Hinreise vor sich gehen läßt.
Das ist unhaltbar.

[21] An der Spitze steht die Beschaffung eines *pallium episcopi pluviale*
offensichtlich für die Einsegnung der Hochzeit durch Wolfger.

[22] Das 1. Blatt der Reisekostenrechnung nennt nur *Niuwenburch*, die
Reinschrift berichtigt durch Einfügung des Übernachtungsortes
Zeizemurum.

[23] Vgl. Fr. Zarncke, Berichte über die Verhandlungen d. Sächs. Ges. d.
Wiss. zu Leipzig 7 (1955) S. 204, Anm. 43.

[24] Salbuch von Göttweig (Fontes rerum Austr. II, 8, 1855) S. 276.

Daß die Freigebigkeit, die Walther von der Vogelweide 25,26ff. als Charakteristikum dieses Wiener Festes ansah, mit der Schilderung in Str. 1366 und 1372–1374 übereinstimmt, hat bereits Panzer gebührend betont.[25] Auch die Bekanntschaft des Dichters mit lokalen Verhältnissen in Passau ist genügend hervorgehoben. Während der Dichter später beim Zug der Burgunder zu Etzel zwischen Passau und Etzels Hof nur den Aufenthalt in Bechelaren nennt, werden bei Kriemhilds Reise von Passau nach Wien als Zwischenstationen die Orte Everdinge (1302), Bechelâren (1318), Medelicke (1328), Mûtâren (1329), Zeizenmûre (1332) und Tulne (1341) genannt. Von diesen Orten erweisen sich nach Wolfgers Reiserechnungen für 1203/1204 Everdingen, Mûtâren, Zeizenmûre und Tulne als ständige Übernachtungsquartiere des Bischofs auf seinen Reisen durch seinen Bischofssprengel und nach Wien.

Der Nibelungenlieddichter selbst hatte bei der hunnischen Burg *bî der Treisem* (Str. 1332) selbstverständlich an *Treisenmûre* gedacht und diesen Namen natürlich auch in seinen Text gesetzt. Der Passauer Schreiber, der den fertigen Nibelungenliedtext (*B) abschrieb, kannte von den Reisen mit Wolfger und seinen Reiseabrechnungen *Zeizenmûre* als ständiges Reiseabsteigquartier auf der Reise nach Wien und hat sich deshalb verschrieben und fahrlässig für *Treisenmûre* das 50 km weiter östlich liegenden *Zeizenmûre* eingesetzt. Dieser Schreibfehler ging übersehen und unverbessert in die Handschriftentradition ein, eben weil allen Passauer Schreibern und Bischofsbegleitern *Zeizenmûre* bei Wien so geläufig war, während *Treisenmûre*, mit dessen Pfarrer Wolfger Schwierigkeiten hatte,[26] niemals als Absteigequartier benutzt wurde. *Zeizenmûre* stand jedoch nicht, wie manchmal gesagt wird, im Archetypus oder der Urhandschrift des Dichters, denn die Handschriften C, D und a haben in Str. 1359 (und C, R und a auch in 1363) richtig *Treisenmûre*.[27]

---

[25] Panzer, a.a.O. S. 481 f.
[26] Der Pfarrer bot den Entscheidungen dreier Päpste Trotz; vgl. Kalkoff, a.a.O. S. 10. – E. Ploss: Zeizenmûre und die Helchenburg, FuF. 31 (1957) S. 208–215 bietet eine Stoffsammlung zur Heldensage, aber keine Lösung für das Problem Zeizenmûre/Treisenmûre.
[27] Nibelungenlied, hrsg. A. Holtzmann, 1857, S. 179; hrsg. K. Bartsch, 1875, II, 1 S. 162f. – Helmut Brackert: Beiträge zur Handschriftenkritik des Nibelungenliedes, Berlin 1963, hat merkwürdigerweise diese für die Beurteilung der Handschriftenverhältnisse so entscheidende Differenz nicht herangezogen.

Als Bischof Wolfger am 11. November 1203 nach der Wiener Hochzeit von Wien aufbrach, befand sich Walther von der Vogelweide in seinem Gefolge. Dieser hatte soeben auf der Hochzeit sein Deutschlandlied *Ir sult sprechen willekommen* (56,14ff.) vorgetragen und war wohl daraufhin von Wolfger eingeladen worden. Er bekam am nächsten Tage bei der ersten Zwischenstation in Zeizenmûre einen Pelzmantel geschenkt, wie ihn einige Tage vorher in Wien selbst Wolfgers Kämmerer *frater Heinrich* bereits erhalten hatte (Walther erhielt nicht Geld für einen Pelzmantel, wie manchmal angegeben wird, sondern die Formulierung ist dieselbe wie bei allen Käufen Wolfgers). Die unwirtliche Novemberwitterung mochte zu solchem Geschenk einladen und der bischöfliche Palast in Zeizenmûre hatte wohl einen Pelzhändler angelockt, der allerdings etwas teurer verkaufte als die Händler in Wien selbst. Die Reise von Zeizenmûre, wo sich das ganze Gefolge wieder Wolfger anschloß, zurück nach Passau haben dann vermutlich Walther von der Vogelweide und der Dichter des Nibelungenliedes zusammen im Gefolge Wolfgers zurückgelegt. Vielleicht hat dieses Zusammentreffen mit Walther den Nibelungenlieddichter zur Einfügung eines literarischen Porträts des Minnesängers Walther in Gestalt von Volker am Hof zu Bechelâren angeregt (Str. 1705). Es ist bekanntlich die einzige Stelle, an der Volker nicht bloß als Fiedler, sondern auch als Sänger auftritt:[28]

  Volkêr der snelle mit sîner videlen dan
  gie gezogenlîche für Gotelinden stân;
  er videlte süeze doene und sanc ir siniu liet;
  dâ mit nam er urloup, dô er von Bechelâren schiet.

Wir dürfen annehmen, daß der Nibelungenlieddichter bald nach der Heimkehr aus Wien seine Dichtung (*B) vollendet hat. War der Auftraggeber mit der vollendeten Dichtung zufrieden? Es spricht manches dafür, daß er es nicht war. Haben wir doch die Umarbeitung C, die möglicherweise auf die Direktiven Wolfgers zurückgeht, und die Klage, die in der gesamten Handschriftentradition mit dem Nibelungenlied verbunden blieb. Die Direktiven zur Umarbeitung betrafen offensichtlich das Verlangen nach grö-

---

[28] Von den Troubadouren wissen wir, daß sie sich bei dem Vortrag ihrer Minnelieder selbst auf der Fiedel begleiteten. Die Fiedel wurde damals meist nicht am Hals, sondern am Oberkörper angesetzt. Vgl. H. Rosenfeld, Beiträge zur Namenforschg. NF 1 (1966) S. 248.

ßerer Klarheit, höfischerer Darstellung, aber auch die Entlastung Kriemhilds von Schuld zuungunsten Hagens.[29] Entweder war der Einfluß des Auftraggebers auf den Dichter von *B so stark, daß er seinen ursprünglichen Text so stark änderte. Oder aber, und das ist wohl wahrscheinlicher, der Dichter starb[30] oder fiel in Ungnade, und Wolfger beauftragte einen anderen mit der Umarbeitung, wahrscheinlich noch, bevor er am 30. März 1204 auf seine Italienreise ging, um seine Berufung auf den demnächst freiwerdenden Patriarchenstuhl von Aquileja zu betreiben. Wahrscheinlich wurde der Anfang der Umarbeitung (*C) noch in Passau vorgenommen. Denn so würde es sich am leichtesten erklären, daß einige Anfangsstrophen von C in die Handschriftentradition von *B eingegangen sind. Wolfger kehrte nach seiner Wahl und Bestätigung zum Patriarchen von Aquileja erst 13. Juli 1204 nach Passau zur Niederlegung der Bischofswürde zurück, um sich 31. Juli 1204 endgültig nach Aquileja zu begeben. Wahrscheinlich hat er damals den Bearbeiter von *C nach Aquileja mitgenommen.

Wolfger hatte aber wahrscheinlich auch zu bemängeln gehabt, daß dem Nibelungenlied (*B) eine würdige Totenklage über so viele hervorragende Tote fehlte. Ja, es macht den Eindruck, als habe der Dichter von *B selbst schon diesen Mangel empfunden *(Ine kan iu niht bescheiden.* 2379), aber wegen Krankheit seine Dichtung etwas voreilig abgeschlossen. Jedenfalls hat Wolfger offensichtlich einem anderen[31] den Auftrag zu einer würdigen Totenklage erteilt. Der Dichter der Klage blieb wohl in Passau, als Wolfger nach Aquileja ging. Deshalb kam seine Dichtung in die Handschriftentradition von *B. Aber auch der Bearbeiter von *C kannte und verwertete die Klage. Wir können uns vorstellen, daß Wolfgers Sohn Otakar von Erla, der Domherr in Passau war und blieb,[32] ihm die Handschrift der Klage nach Aquileja nachgesandt hat. Daß auch Otakar (wohl legitimer Sohn aus einer Frühehe vor Eintritt Wolfgers in den geistlichen Stand) seinerseits auch Interesse für die Dichtung oder Spielmannskunst hatte, können wir wohl aus der Tatsache entnehmen, daß er 1210 mit einem anderen Chorherrn als Zeuge für die Selbstübergabe des freien *Ulricus joculator* an den heiligen

---

[29] Panzer, a.a.O. S. 91ff.
[30] So Panzer S. 98.
[31] Für verschiedene Verfasser von „Lied" und „Klage" tritt Panzer S. 81ff. ein.
[32] Heuwieser, a.a.O., S. 31.

Stephan von Passau als Leibeigenen (das muß eine Art Altersversorgung gewesen sein) auftritt.[33]

Sollte Wolfram von Eschenbach bei seiner Erwähnung von Rumolts Rat im Jahre 1205, bereits die Fassung *C benutzt haben, so müßte die Fassung *C außerordentlich schnell vollendet und in Umgang gebracht sein. Namentlich letzteres ist nicht so leicht vorzustellen, wenn die Umarbeitung in Aquileja erfolgte. Dagegen sehen wir auch beim Wälschen Gast des Thomasin von Zerklaere, die ebenfalls an Wolfgers Hof in Aquileja verfaßt wurde, eine außerordentlich schnelle Arbeit (14749 Verse im Winter 1215/16, bzw. in zehn Monaten, wie v. 12228 ff. steht, vollendet). Aber wie sollte die Dichtung *C von Aquileja aus so schnell in Umlauf kommen, da Wolfger zunächst Aquileja nicht verließ? Erst im Juni 1206 griff Wolfger wieder persönlich in die deutsche Reichsgeschichte ein, als er als Beauftragter des Papstes auf einer Fürstenversammlung zu Nürnberg erschien und trotz des Gegensatzes seines päpstlichen Auftraggebers zu König Philipp von Philipp die Investitur empfing.[34] Inzwischen hatte Wolfram von Eschenbach sein VII. und VIII. Parzivalbuch abgeschlossen. Hat Wolfram vielleicht auf jenem Fürstentag in Nürnberg 1206 aus seinem Parzival vorgetragen? Dann wäre möglich, daß Wolfger Wolframs Anspielung auf Rumolts Rat gehört und solches Gefallen daran gefunden hat, daß er sie dem Bearbeiter von *C zur Einarbeitung in *C empfahl (vielleicht begleitete ihn der Bearbeiter von *C nach Nürnberg?). Natürlich sind das unbeweisbare Vermutungen, aber sie können die Verschränkung der Literaturdenkmäler der Zeit erklären helfen. Wir könnten dann die Vollendung der wohl 1204 begonnenen Bearbeitung *C in das Jahr 1206 oder die Zeit nach 1206 setzen.

Für das Zusammentreffen Wolframs mit dem Patriarchen Wolfger von Aquileja und seinem Gefolge im Juni 1206 läßt sich die Nennung von *Aglei* im Parzival IX, 496,21 anführen: es handelt sich um die gesprochene Form des offiziellen Namens *Aquileja*. *Aglei* wird im Zusammenhang mit Trevrizents Turnierfahrt genannt, die in Aquileja beginnt und durch Friaul (496,21) nach Cilly in Steiermark *(Zilje:* 496,20; 498,21), *Rôhas* (Rohitscher Berg in Steiermark: 496,15; 498,20/21) führt und bei *Gandine* (Haidin bei

---

[33] Max Heuwieser: Die Traditionen des Hochstifts Passau, München 1930, S. 296, Nr. 844.
[34] Winkelmann, a.a.O S. 367.

Pettau: 498,27) an der Einmündung des Grajenabaches in die Drau (498,27) ihr Ende findet. Es sind die einzigen realen Ortsnamen im Romangeschehen und deutlich eine Anspielung auf den Fluchtweg des englischen Königs Richard Löwenherz nach dem Schiffbruch bei Aquileja Anfang Dezember 1192 über Görs in Friaul und Pettau an der Drau nach Wien.[35] Der Patriarch Wolfger von Aquileja war 1192/1193 noch als Passauer Bischof nach der Gefangennahme Richards am 21. Dezember 1192 in Erdberg bei Wien an den Verhandlungen über die Übergabe Richards an den Kaiser beteiligt.[36] Die geographischen Angaben Wolframs beschränken sich aber auf die zum Patriarchat Aquileja gehörigen Gebiete Friaul und Steiermark bis zur Drau, das heißt: bis zur Gefangennahme der meisten Begleiter Richards durch die Beauftragten der Grafen von Görz, der Schutzvögte des Patriarchates Aquileja! Die Gefangennahme von Richards Begleitern erfolgte natürlich nicht in Friesach in Kärnten, wie die Historiker ohne Prüfung der geographischen Gegebenheiten angeben. Mit dem Ort *Frisorum* ist natürlich Fresen, 30 km westlich von Marburg an der Drau gemeint, wohin die Begleiter die von Pettau her kommenden Verfolger ablenkten, während Richard selbst sich von Marburg mit nur einem Begleiter nach Norden in Richtung Wien absetzte.

Die bei Fresen gefangenen Begleiter Richards wurden nach Görz überführt. Unmittelbar aus der Görzer Gefangenschaft kam z. B. Richards Reisebegleiter Baldwin von Bethune am 25. Juni 1193 zum Fürstentag in Worms, der über Richards Freigabe verhandelte. Er und seine Mitgefangenen hatten in der Tat mit einem *windisch her* (wie Wolfram 496,17 sagt) zu tun gehabt, während Richard selbst ja in Wien von Herzog Leopold von Österreich gefangen genommen wurde. Es liegt also auf der Hand, daß Wolframs Darstellung auf Erzählungen der Begleiter Wolfgers von Aquileja fußt, die natürlich 1206, dreizehn Jahre nach den Ereignissen, noch von dieser Verflechtung Görzs und Aquilejas mit der europäischen Geschichte wußten. Ein Innerdeutscher wie Wolfger selbst hätte eher den Parforceritt Richards mit einem einzigen Knappen in

---

[35] Vgl. Paul Hagen, ZfdPh. 38 (1906) S. 20–38; Toeche, a.a.O S. 257–260; auf die an sich notwendige Quellenkritik kann hier nicht eingegangen werden.
[36] Kalkoff, a. a.O. S. 13–16.

drei Tagen von der Drau nach Erdberg bei Wien hervorgehoben,[37] was aber den Aquilejaer Begleitern des Patriarchen ungeläufig war. Höchst wahrscheinlich also hat Wolfram im Juni 1206 beim Fürstentag von Nürnberg von Wolfgers Begleitern aus Aquileja über die Flucht Richards von Aquileja über Görz, Cilly und Pettau an der Drau gehört und wurde so veranlaßt, diese Ereignisse in Trevrizents Leben einzuweben. Nach *Gandine* bei Pettau aber nennt Wolfram Gahmurets Vater *Gandin*. Gahmuret selbst und damit Parzivals Geschlecht wird *von Anjou* genannt und damit unmittelbar mit Richard Löwenherz, der sich von Anjou herleitete, verbunden. Hinter Gahmuret und seinen orientalischen Fahrten, die Wolfram ja erst 1206 seinem Parzival einverleibte, schimmert das verklärte Bild von Richards Kreuzzugstaten und seine Verherrlichung als Kreuzzugsritter schlechthin. Es kann auch kein Zufall sein, wenn Parzival aus dem Geschlechte der Anjou zu den *templeisen* („Tempelritter") genannten Gralsrittern findet; hat doch Richard Löwenherz seine Rückfahrt vom Kreuzzug zusammen mit Tempelrittern angetreten, und ein Teil der in Görz gefangen gehaltenen Reisebegleiter Richards bestand aus diesen Tempelrittern! All dies und die Ortsnamen von Aglei über Friaul, Cilly, Gandine, Grajienabach und den Zusammenstoß mit dem *windisch her* muß Wolfram von Leuten aus Aquileja und vermutlich auf dem Fürstentag in Nürnberg Juni 1206 gehört haben. Damit wird dieses Datum wichtig für Wolframs Parzival, sein IX. Buch und die beiden Gahmuretbücher, wichtig aber auch für die Datierung der Bearbeitung *C des Nibelungenlieds, wenn der Bearbeiter von *C damals Wolframs Fassung von Rumolts Rat hörte und sie in seine Formulierung hineinverwob.

Nach dieser Fixierung der Bearbeitung *C blicken wir noch einmal zurück auf den Dichter des Nibelungenliedes (*B). Kralik hielt es für wahrscheinlich, daß man den von der Klage genannten *schriber meister Kuonrât* als Dichter des Nibelungenliedes (*B) ansehen könne. Er suchte diesen *Kuonrât, der mit lâtinischen buochstaben . . . daz maer dô briefen began*, in einem Schreiber und

---

[37] Dieser von Radulph de Coggeshale (Chronicum Anglicanum = Rerum Britannicarum medii aevi Scriptores 68, 1875, S. 55) berichtete Gewalttritt schließt aus, daß Richard von Pettau aus den um 250 km längeren Weg über Friesach in Kärnten nach Wien genommen haben könnte.

Notar Konrad in Passau nachzuweisen.³⁸ Es ist aber wenig wahrscheinlich, daß der Klagedichter, der so etwas wie ein Konkurrent des Dichters war (da er eine von diesem gelassene Lücke, die Klage um die Toten ausfüllen sollte), seinen Konkurrenten auf diese Weise verherrlicht und der Anonymität entrissen haben sollte. Viel eher ist anzunehmen, daß mit dieser Namensnennung einem uns heute unbekannten Passauer Geschichtsschreiber, sei es dem Verfasser der für uns anonymen Passauer Bischofsgeschichte, sei es einem gelehrten Zeitgenossen des Klagedichters, ein ehrendes Denkmal gesetzt wurde.

Die Heldendichtung (das hat Otto Höfler mit Recht betont) blieb traditionsgemäß anonym, weil sie sich nur als Weitergabe der Vorzeittradition in modernerem Gewande verstand. Deshalb hat der Klagedichter den ihm sicher wohlbekannten Nibelungenlieddichter (*B) wohl gerade nicht genannt. Er hat ihn vielmehr mit den Verfassern der älteren, damals noch umlaufenden Lieder des Nibelungenkreises in den Versen 2157–2160 summarisch zusammengefaßt – man sollte dieses Zeugnis der Klage für den Umlauf der älteren Lieder wie auch der neuen Nibelungenliedfassung (*B) nicht bagatellisieren! – :

2157   Getihtet man ez sît hât
        dicke in tiutscher zungen:
        die alten und die jungen
        erkennent wol diu maere!

Meine in die geschichtlichen Zeugnisse und Gegebenheiten eingebaute Konstruktion zeigt das Nibelungenlied gebunden an seinen Auftraggeber Wolfger von Passau und als literarische Umgestaltung mündlicher Tradition, zeigt aber auch, daß es mit einigen zeitgeschichtlichen Anspielungen aktuell gemacht wurde. Diese Dichtung trat in ihrer ersten Fassung (*B) und bald darauf auch mit ihrer zweiten Fassung (*C) in Konkurrenz mit den zweifellos noch umlaufenden älteren Liedern. Unter diesen waren nach dem Zeugnis des Kudrunepos von 1233 auch den Eddaliedern entsprechende Lieder, in denen noch eine Gudrun die Schwester Gunthers war.³⁹

Das lebhafte Interesse, das durch die zahlreichen Abschriften der Dichtung bezeugt wird, nötigt uns aber zu der Annahme, daß dieses

---

³⁸ Kralik, a.a.O. S. 25–28.
³⁹ Vgl. H. Rosenfeld, Die Kudrun: Nordseedichtung oder Donaudichtung? ZfdPh. 81 (1962) S. 289–314.

zum Epos, zum Literaturwerk gewordene Lied mit Hilfe von Vortragsmanuskripten auch in lebendigem Vortrag lebte und gerade deshalb die noch umlaufenden älteren Parallellieder allmählich verdrängen konnte. Die verwickelte Handschriftentradition erklärt sich vielleicht mit daraus, daß sich bei der schriftlichen Weitergabe unter Zugrundelegung einer oder mehrerer Vorlagen auch der Einfluß noch umlaufender Lieder und die Abwandlung des Textes beim Vortrag mit einmischten. Vielleicht sollte man das Heil der Textherstellung nicht bloß in der hypothetischen Ansetzung von Zwischenhandschriften sehen, sondern stärker berücksichtigen, daß sich hier doch wohl schriftliche Weitergabe mit mündlicher Abwandlung und Beeinflussung auf geheimnisvolle Weise verschränken.

AUGSBURG 1494

Wood cut from *Le chevalier délibéré,* by Olivier de la Marche. Paris, 1488. A great early French illustrated book.

NIBELUNGISCHE LIEDER
ZWISCHEN GESCHICHTE UND POLITIK
Parallellied, Annexionslied, Sagenmischung, Sagenschichtung

Tacitus berichtet Germania c. 2, Heldenlieder *(carmina antiqua)* seien bei den Germanen die einzige Art von Geschichtsüberlieferung *(unum apud illos memoriae et annalium genus)*. Aber eben nur eine Art Geschichtsbeschreibung, keine annalistische, sondern eine sinndeutende. Andreas Heusler nannte es eine Privatisierung, wenn im Heldenlied hinter den geschichtlichen Vorgängen ein allgemeinverständlicher Sinn gesehen wurde, Haß und Versöhnung, Treue und Untreue, Schuld und Sühne. Das ist aber etwas, was noch nicht das Heldenlied als Gattung konstituiert, sondern das aller Geschichtsdeutung bis zum heutigen Tage anhaftende Bestreben, einen Sinn hinter den geschichtlichen Vorgängen zu sehen. So hat das Alte Testament hinter allen Ereignissen und Katastrophen die strafende Hand eines unerbittlichen personalen Gottes Jahwe gesehen, und von hier bis heute mit den Schlagworten von Haß und Versöhnung benachbarter Völker geht eine Linie solch einer privatisierenden Geschichtssinndeutung nach personalen Handlungsklischees, um die sonst sinnlosen Geschichtsereignisse zu erklären. Heldendichtung steht insofern in einer Reihe mit aller Geschichtsdeutung: die schrecklichen Geschichtsereignisse werden dadurch bewältigt, daß man sie zu einem in Handlungsschemata[1] gezwängten Schicksal umdenkt.

Das Heldenlied hebt sich aus dieser zeitlosen Geschichtsbewältigung heraus dadurch, daß es bezogen ist auf sein spezifisches Publikum. Dieses Publikum war eben nicht das bäuerliche Feierabendpublikum unter der Dorflinde, nicht das zu kultischer Verehrung der göttlichen Macht versammelte Publikum des antiken Theaters, nicht das Massenpublikum auf dem Markt einer Großstadt. Das Publikum des frühen Heldenliedes war vielmehr die kriegerische Gefolgschaft. Deshalb wird bei der Sinndeutung der

---

[1] W. Haug, Andreas Heuslers Heldensagenmodell: Prämissen, Kritik und Gegenentwurf, ZfdA 104 (1975), S. 273-292.

Geschichte die Ethik der Gefolgschaft hervorgekehrt, und es werden im Heldenlied idealtypische Verhaltensweisen als Leitbilder aufgestellt – im Hildebrandslied, daß der Gefolgschaftsmann alles, auch seine Sippe, hintanstellen muß im Kampf für den Gefolgschaftsherrn[2], im Wielandlied, mit welcher schrecklichen Rache der untreue Gefolgschaftsherr zu rechnen hat.[3]

Es versteht sich von selbst, daß der fahrende Sänger der christlichen Ära, der das Erbe des Gefolgschaftsskops antrat und die Heldenliedstoffe weitertrug, nicht nur den Endreim statt des Stabreimes einsetzte, sondern auch die Ethik der Gefolgschaft abschwächte oder tilgte. Das Heldenlied wird zum Heldenzeitlied[4], d.h. zu einem Lied über Vorzeitgeschehen. Jetzt war es gleichgültig, ob das historische Geschehen hinter der Dichtung im strengen Sinne eigne Volksgeschichte war. Es war als Vorzeitgeschehen Heldenzeitgeschichte und damit auch Vorgeschichte des eignen Volkes auf früher Entwicklungsstufe.

Es ist seit Heusler üblich, eine spielmännische Epenstufe zwischen Heldenlied und Heldenepos des 13. Jahrhunderts einzuschieben. Dieser Ansatz steht auf schwachen Füßen. Begründet wird er mit dem Jüngeren Hildebrandlied, und es wird dabei übersehen, daß das Jüngere Hildebrandlied in den beiden vorliegenden Fassungen keineswegs ein spielmännisches Kleinepos des 12. Jahrhunderts ist, sondern der Zeit um 1500 angehört und nach dem Heldenzeitlied eine dritte Stufe der Heldendichtung manifestiert, die Heldenballade.[5] In der Heldenballade wird der Heldenliedstoff für ein breites Publikum zurechtgesungen (Volkslied). Das Historische der Heldenzeitlieder wird gleichgültig, es geht nur noch um das, was jeder nachempfinden kann, um Vater, Mutter und Sohn, um Liebe und Treue, kurz, aus dem Heldenzeitlied wird eine Familienballade. Wiederum hat das Publikum zu einer grundlegenden Umformung genötigt.

Für den Literarhistoriker ist nicht diese Entwicklung vom Hel-

---

[2] H. Rosenfeld, Das Hildebrandlied, die idg. Vater-Sohn-Kampf-Dichtungen und das Problem ihrer Verwandtschaft, DVjs. 26 (1952), S. 413–432.

[3] H. Rosenfeld, Wielandlied, Lied von Frau Helchen Söhnen und Hunnenschlachtlied, PBB (Tüb.) 77 (1955), S. 204–248.

[4] Vgl. H. Fromm, Das Heldenzeitlied des deutschen Hochmittelalters, Neuphil. Mitt. 62 (1961), S. 94–118; H. Rosenfeld, Heldenballade, in: Hb. des Volksliedes, Bd. 1, München 1973, S. 57–87.

[5] H. Rosenfeld, Heldenballade (Anm. 4), S. 72ff.

denlied zum Heldenzeitlied und zur Heldenballade das Hauptproblem, sondern wie aus Heldenzeitliedern, die nach dem Zeugnis des Marners († 1270) noch Jahrzehnte nach der Vollendung des Nibelungenepos von 1203 umliefen, Heldenepen werden konnten. Für das Nibelungenlied und die Dietrichepen können wir die epischen Großformen nicht neben die voranliegenden frühen Heldenlieder und Heldenzeitlieder stellen, und nur die Widerspiegelung der festländischen Heldenlieder und Heldenzeitlieder in der z.T. recht jungen Sonderform der Lieder-Edda steht uns zu Gebote. Was den 1. Teil des Nibelungenepos angeht, so ist sich die Forschung nicht einmal über die zugrunde liegenden geschichtlichen Ereignisse einig, geschweige denn über die ursprünglichen Heldenlieder, über die Stufen zum Heldenzeitlied und zu epischer Umbildung. Seit urdenklichen Zeiten (d.h. seit Wilhelm Grimms ›Heldensage‹ 1829) schreibt einer vom andern ab, daß Saxo Grammaticus schon für 1132 ein Heldenzeitlied, in dem Kriemhilde ihre eignen Brüder verrät, bezeuge entgegen der älteren Vorstellung Kriemhildes als Rächerin ihrer Brüder *(speciosissimi carminis notissima Grimildae erga fratres perfidia)*. Dabei wird übersehen, daß Saxo seine Dänengeschichte 1186–1216 schrieb, also hier ganz zweifellos von unserem Nibelungenlied von 1203 oder der Älteren Not spricht und unter ihrem Eindruck diese ausschmückende Anekdote vom Warnlied des Sängers erfunden hat.[6] Dieser Markstein für die Umwandlung der Bruderrache in Gattenrache entfällt also.

Die von Heusler angesetzten frühen Lieder sind alles andere als praktikable Heldenlieder, sondern rekonstruierte epische Vorformen, die bereits den ganzen Stoff des nachfolgenden Epos enthalten. Aber vor allem müßte klar sein, welche Ereignisse die ursprünglichen Heldenlieder ausgelöst haben. Dabei darf man nie vergessen, daß solch ein aufrüttelndes Geschichtsereignis nicht nur einen einzigen Heldenliedsänger gefunden haben wird, sondern mehrere. Wir müssen also von vornherein mit Parallelliedern rechnen, die das gleiche Ereignis auf verschiedene Weise zum Heldenlied formen. Sie sind sicher lange nebeneinander hergelaufen, und der Dichter, der ein größeres Epos gestaltete, hat nicht nur Heldenzeitlieder verschiedener Sagenkreise, sondern auch

---

[6] H. Rosenfeld, Burgundensagen, in: RL Germ. Altertumskunde, 2. Aufl., Bd. 3, erscheint 1977.

mehrere des gl....nen Stoffes gekannt, aus denen er auswählen oder
die er kombinieren konnte.
Wir müssen weiterhin damit rechnen, daß Heldenlieder verschiedener Sagenkreise sich im Laufe der mündlichen Weitergabe annäherten oder miteinander in Verbindung gebracht wurden. Zunächst wurden die Namen der Helden aufeinander abgestimmt, dann auch das Geschehen selbst (Annexionslieder). Das ursprüngliche Lied vom Burgundenuntergang nannte im Einklang mit der Geschichte Hunnen als Sieger und den römischen Feldherrn Aëtius als Initianten des hunnischen Überfalls. Das alte Lied von Attilas Tod in der Brautnacht mit Hildiko hatte den bloßen Unfall (Ersticken am Blutsturz) sinnvoll umgedeutet als Blutrache der Germanin für die von Attila erschlagene Sippe. Beide Lieder nähern sich dadurch an, daß der Hunnenüberfall statt mit Aëtius mit dem 436 nicht beteiligten Attila in Verbindung gebracht wird, die Ermordung Attilas aber als Rache für den Tod der Burgundersippe erscheint. Eine weitere Annäherung konnte den Namen Hildiko (eine Koseform für mit *hild-* gebildete Vollnamen) durch einen mit der Burgunderkönigssippe Gibica, Gundomar, Gislahar, Gundahar stabenden Namen Grîmhild ersetzen, den dann das Nibelungenlied festhielt, die Lieder-Edda aber auf die Königinmutter abschob. Parallellieder verbanden die rächende Schwester durch das erste Namenglied mit dem im Vordergrund stehenden königlichen Bruder Gundahar und nannten sie Gundrun, was in der Lieder-Edda als Gudrun, Gunnars Schwester nachlebt (hier aber durch die verschiedene Lautentwicklung beider Namen nicht mehr so stark aneinandergebunden wie in der ursprünglichen festländischen Form). Jedenfalls zeigt dieses Beispiel, wie sich Annexionslieder hinsichtlich Namen und Handlung nähern.

Schon damit wird deutlich, eine wie wichtige Rolle die Namen für das Erkennen der Sagengrundlage, Sagenannäherung und Sagenmischung spielen.[7] Deshalb schloß Helmut de Boor nicht zu Unrecht, daß die Einheirat Siegfrieds in die Burgunderkönigssippe

---

[7] H. Rosenfeld, Die Namen der Heldendichtung, insbesondere Nibelung, Hagen, Wate, Hetel, Horant, Gudrun, BzN NF 1 (1966), S. 231–265; ders., Vorzeitnamen und Gegenwartsnamen in der mittelalterlichen Dichtung und die Schichtung der Namen, in: Disputationes ad montium vocabula, Wien 1969, S. 333–340; vgl. auch W. Regeniter, Sagenschichtung und Sagenmischung, Phil. Diss. München 1971.

im Nibelungenlied auf die Einheirat eines ripuarischen Prinzen mit einem *Sigi*-Namen in die Sippe des historischen Burgunderkönigs Gundahar zurückgehe.[8] Das war methodisch richtig gedacht, aber sachlich unrichtig. Diese Einheirat eines ripuarischen Prinzen, nämlich des Sigismêr, ist erst für das neue savoyische Burgunderreich bezeugt. Sigismêr heiratete 474 eine Tochter des neuen Burgunderkönigs Chilperich; sein Hochzeitsaufzug in Lyon wird von Apollinaris Sidonius ep. IV, 20 ausführlich geschildert. Die Folge war, daß Chilperichs Enkel 474 den Namen Sigismund erhielt (Patenkind Sigismêrs?), so wie Siegfrieds Vater im Nibelungenlied heißt. Natürlich ist der Name des Burgunderkönigs Chilperich nicht ebenfalls ein Frankenname, sondern ein burgundischer. Der Burgunder Chilperich starb 480, der Merowinger Chilperich aber regierte erst 561–584, also 100 Jahre später.

Solcher Austausch von stammesgebundenen Königsnamen kann Sache der Höflichkeit sein, es kann aber auch ein politischer Anspruch dahinter stecken. Wenn drei Söhne des Merovingerkönigs Chlotar I. (511–561) burgundische Namen bekamen (Gundhar, Guntchramm, Chilperich), so war das kaum Höflichkeit gegenüber Chlotars Mutter Chrodechildis, die Tochter des Burgunderkönigs Chilperich II. und Gattin Chlodowechs war, sondern die Anmeldung eines politischen Anspruches auf das neuburgundische Reich, das dann 524–534 von den Merowingern erobert wurde. Diese drei Chlotar-Söhne mit burgundischen Namen hatten einen Bruder Sigibert und spiegeln somit die Gunthar-Brüder des alten Burgunderreiches mit ihrem Schwager Siegfried wie im Nibelungenlied wider: jetzt also war für diese Nibelungenepossituation gewissermaßen ein dynastisches Vorbild gegeben, und nicht zufällig ist dieser Sigibert I. der Gatte der einzigen in der Geschichte bekannten Königin Brünhild gewesen, so daß diese vier Brüder die Voraussetzung für Annexionslieder lieferten, die im Siegfried-Teil des Nibelungenepos ihre Zusammenfassung erlebten.

Welches Schicksal der 474 in die savoyische Burgundersippe einheiratende Prinz Sigismêr hatte, ob er, wie de Boor vermutete, ein Flüchtling war und letztlich aus Neid ermordet wurde, wissen wir nicht. Wenn es so wäre und seinem Schicksal ein Lied gewidmet wurde, so wird dieses bald mit dem Lied von Sigmunds Tod zusam-

---

[8] H. de Boor, Hat Siegfried gelebt?, PBB 63 (1939), S. 250–271; auch in: Zur germ. Heldensage, hg. von Karl Hauck, Darmstadt 1961, S. 31–51.

mengefallen sein. Der 484 geborene Burgunderkönig Sigmund
(Sigismêrs Patenkind?) wurde 523 von dem Merovinger Chlodomar
gefangen und 524 mit seiner gesamten Familie durch Sturz in einen
Brunnen ermordet. Die christliche Kirche sah in Sigismund, der
zum katholischen Glauben übergetreten und Erneuerer des Klosters
St. Moritz war, einen Märtyrer und Heiligen, dessen Leben in einer
›Passio Sigismundi‹ verherrlicht wurde. Sein tragischer Tod wird
aber bestimmt auch Heldenlieddichter inspiriert haben. Im Heldenlied aber wird dieser Tod gewiß als Sühne dafür angesehen sein,
daß er seinen Sohn erster Ehe, Sigirîch, Enkel Theoderichs des
Großen, ermorden ließ. Wahrscheinlich wurde auch der frühe Tod
Sigirîchs im Liede besungen und mit der Verleumdung durch die
böse Stiefmutter (wie eine historische Quelle berichtet) und mit
dem Neid auf Sigirîchs angesehene Stellung und enge Beziehung zu
den Ostgoten begründet, was der Motivation der Ermordung Siegfrieds im Nibelungenepos nicht unähnlich war. Das wären bereits
drei Annexionslieder um einen Helden mit einem *Sigi*-Namen, die
schließlich mit einem vierten, dem von Sigiberts Tod (575) zusammenfließen konnten.[9]

Sigibert I., Gatte der Westgotin Brünhild, wurde in dem Augenblicke, als er das ganze Frankenreich in einer Hand vereinigte, im
Auftrage seiner Schwägerin Fredegunde ermordet. Die Mörder
wurden auf der Stelle getötet, so wie der Mörder Sigurds im Gudrun-
lied der Edda. Dieses unbedingt zu postulierende Lied von Sigiberts Tod hat die drei anderen Lieder mit *Sigi*-Helden schließlich
beiseitegedrängt und lebt aufs stärkste im Nibelungenepos von
1203 noch nach. Anlaß für die Ermordung war wahrscheinlich, daß
seine Gattin ihre Schwägerin Fredegunde, die erst leibeigene Bei-
schläferin war, ehe ihr Gatte Chilperich sie zur legitimen Königin
erhob, Leibeigene und Kebse gescholten hatte. Die im Nibelungenlied völlig unverständlichen Beschimpfungen *eigendiu* (838,4)
und *kebse* (839,4) erhalten ihren Sinn, wenn sie Relikte aus dem
Lied von Sigiberts Tod sind. Das mutmaßliche Sigirîch-Lied hatte
sich offenbar dieser Motivation von Sigiberts Tod bereits angenähert, ehe es unterging, da ein Historiker berichtet, Sigismunds
Gattin habe durch Verleumdung Sigirîchs Ermordung betrieben,
weil Sigirîch ihr ihre Standesungleichheit vorgehalten habe.

---

[9] Aus anderer Wurzel kommen die Jungsiegfriedsagen, vgl. H. Rosenfeld, Burgundensagen (Anm. 6), § 7.

Das Lied von Sigiberts Tod erfuhr 38 Jahre später eine Art Fortsetzung durch ein Lied von Brünhilds Tod (613). Die verwitwete Königin, die 38 Jahre lang für Sohn, Enkel und Urenkel die Regierung geführt hatte und durch Werke des Friedens wie Straßenbau berühmt war, wurde 613 von ihren Gegnern drei Tage lang gefoltert und dann von wilden Pferden zerrissen. Über dieses Ende einer großen Königin ergriff die Welt Mitleid und Furcht. In Worms, wo sie zeitweilig residiert hatte, wurde sie als Märtyrerin verehrt wie König Sigismund von Burgund. Man wußte aber auch, daß sie zeitlebens eine Rächerin über alles Maß war, die die Sippe der Fredegunde, die Brünhilds Schwester und ihren Gatten ermordet hatte, mit allen Mitteln verfolgte. Ihre Gegner behaupteten, sie habe zehn Könige umgebracht. Aus dem Lied von Brünhilds Tod stammt letztlich das Bild der Kriemhild im Nibelungenlied als Rächerin ihres Gatten auch an ihren Verwandten. Es ist nur die Frage, wann dieses Lied so weit den Liedern von Sigiberts Tod und vom Burgundenuntergang angenähert war, daß schließlich ein Epiker daran gehen konnte, auch dieses Lied in den Gesamtkomplex von Siegfrieds Tod und den Nibelungenuntergang einzubeziehen.

Die postulierten Lieder vom Tod eines Helden mit *Sigi*-Namen, also einem ähnlichen Motiv, konnten leicht so weit genähert werden, daß sie in eines zusammenflossen. Schwieriger waren Lieder von Brünhilds Tod dem Komplex vom Burgundenuntergang anzunähern. Wenn ein Held mit *Sigi*-Namen zum beneideten und ermordeten Schwager der Burgunderkönigssippe wurde, konnte seine Gattin nur Gattenrächerin bleiben, wenn sie danach später noch Rächerin ihrer Brüder wurde. Aber nur sehr schlecht konnte eine Brünhilde zur Schwester der auf G stabenden Burgunderkönigssippe werden. Auch ihre wehrhafte Selbständigkeit als Regentin (die historische Brünhild zog ja gepanzert an der Spitze ihres Heeres in den Kampf) entzog sich einer Identifizierung mit einer minderberechtigten Schwester der mächtigen Burgunderkönige.

Brünhild wurde deshalb heroisiert und zu einer Märchenkönigin im fernen Thule, auf die schwierige Brautwerbungsmotive klischeehaft übertragen wurden. Das ist nur eine sagenhafte Steigerung dessen, daß um die historische Westgotenprinzessin im fernen Spanien geworben werden mußte. Daß diese Brünhild Gattin des *Sigi*-Königs Sigebert war, läßt die Edda noch erkennen in der Vorverlobung Sigurds mit Brünhild; auch schimmert es im Nibelungenepos noch durch, da Brünhild den mit Gunther ankommenden Siegfried sofort erkennt. Aus dem Nibelungenepos verschwindet sie spurlos, nachdem sie durch Verleumdung den Tod Siegfrieds erreicht hat. Denn hier und natürlich bereits in vorausliegenden Liedern hatte Grîmhild/Gudrun sie als Gattin des *Sigi*-Helden und als Rächerin des Gatten beerbt. Grîmhild also schlüpfte in einem Teil der Heldenzeitlieder auf der Annexionsliederstufe in die Rolle der Brünhild als Rächerin ihres Gatten hinein (der Mörder ist wohl Hagen), ohne zunächst ihre angestammte Rolle als Brüderrächerin im Lied von Attilas Tod aufgeben zu müssen.

Je mehr aber das alte Gesetz der Blutrache vergessen wurde und je stärker die Bande der Ehe wurden, desto mehr mußte die Brüderrächerin in dem System der Parallel- und Annexionslieder ihre Geltung verlieren. Es war wohl der Epiker der Älteren Not, der die Gattenrächerin Grîmhilde dominieren ließ und Brünhilde sozusagen zum blinden Motiv machte. Sie verschwindet sang- und klanglos aus dem epischen Zusammenhang, nachdem sie im Sinne des Sigirîch-Liedes durch Verleumdung den Tod des *Sigi*-Helden erreicht hat.

Heldenlied und Heldenzeitlied stehen nicht im luftleeren Raum. Sie sind auf Publikum und Gesellschaft bezogen. Das frühe Heldenlied zeigte an den Ereignissen der Geschichte die Ethik der kriegerischen Gefolgschaft auf, das späte Heldenlied sieht hinter den schrecklichen Mordtaten der Merowingerzeit Schuld und Sühne. Dieses merowingische Heldenlied dokumentiert also die ausgleichende Gerechtigkeit in einer von Verwandtenmord erfüllten Welt.

Das Heldenlied und Heldenzeitlied steht auch insofern in Raum und Zeit, weil es über die allgemeine Sinndeutung der Geschichte hinaus im sozialen Rahmen bleibt. Das Lied vom Burgundenuntergang ist sicher nicht, wie man seit Heusler (1914) behauptet, bei den Rheinfranken entstanden, sondern, mindestens in einer Fassung, bei dem Burgundenrest. Der Lyoner römische Aristokrat Apollinaris Sidonius (430–480) mokiert sich ja in carm. XII (Ad V. C. Catullinum) darüber, daß er als Gast beim Mahl der burgundischen Herren in Lyon Lieder zur barbarischen Leier anhören müsse *(quod Burgundio cantat esculentus ... barbaricis plectris)*: das dürften Lieder wie das vom Burgunderuntergang gewesen sein. Gerade dieses Lied war ja nicht nur Bewältigung der Volksgeschichte, sondern auch Legitimation der neuen Burgunderreichsgeschichte. Eine neue Burgunderdynastie hatte sich aufgetan, die begreiflicherweise sich im Burgundenrest zu verwurzeln sucht durch Anknüpfung an die ruhmvolle und tragische Vergangenheit.

Die neue Dynastie stammt wahrscheinlich von dem Westgotenfürst Athanarich ab und hatte um so mehr Grund, nach der Wahl zur neuen Königssippe an die Vergangenheit anzuknüpfen. In der Lex Burgundionum nennt der König Gundobad (480–516) die Könige der alten Burgunderkönigssippe Gibica, Gundomar, Gislahar, Gundahar als seine unmittelbaren Vorgänger *(regiae memoriae auctores nostros)*. Man brauchte also das Lied vom Burgundenuntergang, um auch bei der Gefolgschaft diese Verwurzelung in der Tradition des alten Wormser Burgunderreiches aufzuzeigen. Wenn bei Weiterentwicklung des Liedes vom Burgundenuntergang Gundomar, Gislahar und Gundahar, die eigentlich drei Generationen verkörpern, zu Brüdern gemacht werden, so spiegelt das die Brüder Gundobad, Godegisel, Godmar der Gegenwart wider, und wenn ihnen der einheiratende Frankenprinz Siegfried als Schwager zugesellt wird, so spiegelt sich darin der 474 einheiratende Frankenprinz Sigismêr, der Schwager eben dieses Gundobad, wider. Das fortentwickelte Lied vom Burgundenuntergang dient also zugleich als innenpolitische Propaganda für die neue Burgunderdynastie.

Für das Wormser Gebiet vergaß man im Laufe der Zeit nach dem Untergang des zweiten Burgunderreiches in Savoyen (534) die Verflechtung mit dem Burgundenvolk. Für das lateinische Waltharius-Epos ist der sagenhafte Gunther bloß ein Frankenkönig. Unser Nibelungenepos hält mit dem Schlußvers *Daz ist der Nibelunge nôt* eine Formel fest, die noch in der Stabreimzeit geprägt sein muß. Damit stimmt überein, daß ab Strophe 1523 die Burgunden als Nibelungen erscheinen. Nur jüngere Lieder der Edda wie das grönländische Atli-Lied und das Lied vom Niflungar-Untergang haben ebenfalls statt des ursprünglichen Burgundernamens diese neue Bezeichnung aufgenommen. Wiederum muß eine neue Dynastie sich des alten Liedes vom Burgundenuntergang bedient haben, um für sich Propaganda zu machen und mit der alten Burgunderkönigssage zu verschmelzen. Karl Martells Bruder Childebrand I. († 752) war zu einer Art Vizekönig des untergegangenen südfranzösischen Burgunderreiches geworden und hatte Interesse, diese seine Stellung auszubauen und in der Geschichte zu verwurzeln. Vielleicht war er durch Heirat mit der alten Burgundensippe verbunden, deren Name sich in den französischen Orten *Neublens* <*Ni-*

bilingôs forterbte[10] und die Grund haben mochte, an die alte Königssippe anzuknüpfen. Jedenfalls wurden Childebrands Sohn und dann fünf weitere Generationen Nibelung genannt (Nibelung I.–VI.). Gleichzeitig wird in den neuen Fassungen des Liedes vom Burgundenuntergang das Königsgeschlecht von Worms weder als Burgunden bezeichnet noch nach dem wirklichen Ahnherrn Gibichungen genannt (in der Edda: Gjukungar), sondern Nibelungen.[11] Das war eine zweckgebundene Umbenennung zu Nutz und Frommen dieser ihre Position im ehemaligen Burgunderreich ausbauenden Pippinidensippe, eine Umbenennung also im Dienste der politischen Propaganda. Sie war so wirksam, daß sie noch im 2. Teil unseres Nibelungenliedes (sicher dank der Stabreimformel am Schluß) sich erhielt, während ein in der Geschichte Bewanderter in der Vorlage des ersten Teiles den alten Burgundernamen wiedereingeführt hatte, aber nun nicht mehr mit der germanischen Erstsilbenbetonung, sondern nach dem Muster der französischen Bezeichnung Bourgógne mit der romanischen Zweitsilbenbetonung *Burgónden*. Das wären Hinweise für die Verflechtung von Heldenlied und Heldenzeitlied in die Politik.

Warum drängte das Heldenzeitlied des frühen Mittelalters so sehr auf die Annäherung der Namen und Handlungen der einzelnen Lieder und schließlich im hohen Mittelalter zur epischen Zusammenfassung? Man muß wohl sagen, daß noch der Sinn für die Geschichte als eine Entwicklung von Generation zu Generation fehlt. Dieser Sinn kündigt sich im Norden in der isländischen Familiensaga nach 1200 an und auf deutschem Boden in dem bairischen Kudrun-Epos von 1233, wo Generationsunterschiede und die Entwicklung von vorhöfischer Welt zu höfischer und christlicher Gesinnung erstmals aufscheinen.[12]

Da die in den Heldenzeitliedern abgehandelten Ereignisse weit zurücklagen, konnte man sie als Vorzeit schlechthin deklarieren,

---

[10] E. Gamillscheg, Romania Germanica, Bd. 3, Berlin 1936, S. 86 u. 141.
[11] H. Rosenfeld, Die Namen der Heldendichtung (Anm. 7), S. 236–244; ders., Die Namen Nibelung, Nibelungen und die Burgunder, Blätter für oberdt. Namenforschung 9 (1968), S. 16–21. – Zustimmend zu der hier gegebenen Etymologie Henning Kaufmann, Adt. Personennamen, München 1968, S. 268.
[12] H. Rosenfeld, Die Kudrun: Nordseedichtung oder Donaudichtung?, ZfdPh 81 (1962), S. 269–314.

als eine Vorzeit, deren Helden gleichzeitig lebten. So rückt die Dietrichsage Theoderich und Ermanrich, in der Geschichte um viele Jahrzehnte getrennt und in verschiedenen geographischen Räumen beheimatet, zusammen in eine Zeit und in den gleichen italischen Raum. So besteht das Bestreben, die großen tragisch endenden Burgunderkönige und den sagenberühmten großen Hunnenkönig Attila in Zeit und Raum zusammenzurücken, um nur zwei Beispiele zu nennen. Helden der verschiedensten Zeiten und Räume werden in eine einzige Ebene gerückt, eben die Ebene ›Vorzeit‹ oder ›Heldenzeit‹!

Ein zweites ist die Zusammenfassung von Heldenzeitliedern zum Epos um 1200. Einesteils wird damit dem Artusroman als dem ideellen Überbau des Rittertums und seiner zeitlosen Märchenwelt im Heldenepos die Realität der Geschichte entgegengesetzt: Worms, Passau, Wien, Etzelburg, Rhein und Donau: das war nicht mehr Märchenwelt, sondern geschichtliche Landschaft und Gegenwartslandschaft. So kann auch die 17 Tage dauernde Wiener Hochzeit Leopolds VI. von Österreich, die der zuständige Passauer Bischof Wolfger November 1203 einsegnete, in durchsichtiger Verschlüsselung in die Vorzeitgeschichte einbezogen werden[13], um die Realität zu betonen. Im wesentlichen aber war es eine Zusammenziehung der wichtigsten Vorzeitlieder in eine einheitliche Handlungsebene.

Aber auch das genügt noch nicht zu Kennzeichnung und Begründung. Wie die zuletzt noch zugefügte Rüdiger-Handlung und die Einfügung Dietrichs von Bern als rex justus mitten in die vorzeitliche Unrechtshandlung zeigen, war das Nibelungen-Epos gleichzeitig eine Abrechnung mit der Vergangenheit. Nicht zufällig wird das Vorzeitgeschehen mit dem Christentum als Hintergrund gegeben, was sowohl durch Bezug auf kirchliche Handlungen wie etwa durch den Streit der Königinnen vor dem ehrwürdigen Wormser Kaiserdom angedeutet wird. Dadurch bekommt auch der Schluß des Epos eine andere Wendung. Die Vorzeitgeschichte treibt trotz des versöhnlichen Auftretens Dietrichs einem schrecklichen Ende zu, unaufhaltsam wie in einer Tragödie. Wie in der griechischen Tragödie verflechten sich Menschen, die zunächst schuldlos scheinen, in Schuld und Verbrechen, unaufhaltsam,

---

[13] H. Rosenfeld, Die Datierung des Nibelungenliedes Fassung *B und *C durch das Küchenmeisteramt und Wolfger von Passau, PBB (Tüb.) 91 (1969), S. 104–120.

schicksalhaft. Die liebliche Kriemhild der ersten Aventiure wird zum Schluß zur *vâlandinne*, die selbst zur Mordwaffe greift und Jammer und Not zurückläßt. Die Welt ist aus den Fugen. Ganz deutlich zeichnet der Dichter eine desillusionierte Gesellschaft mitten in einer Zeit, die von der harmonischen Vereinigung von Weltehre und Gottes Huld träumte, und die Hinrichtung Kriemhilds durch Hildebrand setzt den Schlußstrich. Es ist eine Abrechnung mit der Welt der Gewalt. Hinter dem Schluß mit der Hinrichtung der Kriemhild steht wie in der griechischen Tragödie das Walten der Gottheit, die die von menschlicher Schuld in Unordnung gebrachte Welt in ihrer Ordnung wiederherstellt. Die epische Zusammenfassung aus Parallelliedern und Annexionsliedern zu einem sinnvollen Ganzen ist zu einer überlegenen Bewältigung der Vergangenheit geworden, eine Abrechnung mit der Vorzeitgeschichte und dem, was kontinuierlich bis in die Gegenwart davon nachlebte.

MÜNCHEN HELLMUT ROSENFELD

KIRCHENPORTAL IN HYLLESTAD (NORW.) ca. 1200

DIE KUDRUN:
NORDSEEDICHTUNG ODER DONAUDICHTUNG?

1. Einheit und Aufbau der Kudrun

Als die Kudrundichtung neu entdeckt wurde [1], stellte man sie als „wunderbare Nebensonne" neben das Nibelungenlied [2] oder gar ihm zur Seite wie die Odyssee der Ilias [3]. Ja, man glaubte sogar eine viel kunstmäßigere Feder als im Nibelungenlied zu spüren und fand „poetische Ausdrücke, sprachliche Gewandtheit, Reichtum der Gedanken, Wendungen und Reime vorzüglicher als im Nibelungenlied, alle Situationen lebendiger, die Charaktere teilweise noch fester gezeichnet" [4]. Gervinus findet weniger Widersprüche als im Nibelungenlied und möchte diesem viele Eigenschaften der

---

[1] A. Primisser, Büschings Wöchentl. Nachr. 1 (1816) S. 389; 3 (1817) S. 174—181.
[2] Fr. H. v. d. Hagen, Dt. Gedichte des MA.s 2 (1820), Vorwort.
[3] G. G. Gervinus, Gesch. d. poet. Nat. Lit. 1 (³1846) S. 374.
[4] Kudrun, übersetzt von Friedr. Koch, 1847. — Neuerer wissenschaftlicher Gepflogenheit gemäß wird konsequent „Kudrun" geschrieben, wo die Dichtung als solche gemeint ist, „Gudrun", wo es sich um die dichterische Einzelgestalt handelt.

Kudrun wünschen, da sie die trockene Farblosigkeit mehr ablege, ohne die leere Prunksucht der Hofdichtung anzunehmen. Beide Dichtungen aber sah er gegenüber den „zuchtlosen Stoffen der französischen Romane" voll biederer, wenn auch rauher Sinnesart, voll derber, aber reiner edler Sitte [5]. Das bürgerliche 19. Jahrhundert bot der Kudrun also offensichtlich eine sehr viel herzlichere Aufnahme als das mittelalterliche Publikum, wenn man sich auch insofern leicht tat, als man zahlreiche Strophen als späte Zutat, viele Ungeschicklichkeiten als späte Interpolation dieser ja nur im Ambraser Heldenbuch (1504—1516) überlieferten Dichtung abtat [6]. Inzwischen hat man es längst aufgegeben, durch Ausscheiden angeblich unechter Teile sich einen besseren Text zurechtzubasteln, und auch die Zuversichtlichkeit, einzelne späte Interpolationen als solche erkennen zu können, ist stark gesunken. Man mußte erkennen, daß dem Gedicht entgegen dem Lob nach der Neuentdeckung doch wohl die letzte Feile gefehlt hat [7] — sogar der Ausdruck „unfertiges Konzept" wird in die Debatte geworfen [8]. Manche Ausdrücke sind ungeschickt, die Reime bisweilen schematisch, die Charaktere, von einigen wenigen abgesehen, blaß und typisch. Es fehlt auch die „heroische Selbstbehauptung der sittlichen Persönlichkeit" und die „fruchtbare Begegnung des Heroischen mit der höfisch-adligen Welt" [9].

Man täte dem Dichter aber unrecht, wenn man es bei dieser Hervorkehrung der Schwächen bewenden ließe. Trotz einer etwas sorglosen Komposition [10] ist nicht zu verkennen, daß der Aufbau der Dichtung gut durchdacht, eigenartig und reizvoll ist. Etwa zur gleichen Zeit, wo im Norden die isländische Saga Familienschicksale in künstlerische Form brachte, wird in der Kudrun ein in Grundzügen überlieferter Heldenliedstoff zu einer Geschichte mehrerer Generationen umgestaltet. Auch Hartmann von Aue (Gregorius) und Wolfram von Eschenbach (Parzival) stellten das Schicksal der Eltern voran, um Art und Geschick ihrer Helden als durch Geburt und Abstammung vorbestimmt zu erweisen, und der Gedanke, daß der Gral an die Gralsfamilie gebunden sei, durchzieht Wolframs ganzes Werk. Bei der Kudrun ist es nicht dieser Adelsstolz auf Abstammung und edle Art, sondern das Gefühl für Generationsunterschiede, das die Dichtung durchzieht, gepaart mit Raum-

---

[5] Gervinus, a.a.O. S. 392 f.
[6] Ludw. Ettmüller, Kudrunlieder, 1841; Karl Müllenhoff, Kudrun, 1845.
[7] Herm. Schneider, German. Heldensage 1 (1928) S. 373: „Der logischen Ungereimtheiten sind, wie jeder weiß, Legion."
[8] Hugo Kuhn, Kudrun, in: Münchener Universitätswoche an der Sorbonne zu Paris, München 1956, S. 143.
[9] Helmut de Boor, Geschichte d. dt. Lit. 2 (1953) S. 202.
[10] H. d. Boor, a.a.O. S. 200.

Die Kudrun: Nordseedichtung oder Donaudichtung?

empfinden für vorhöfische und nachhöfische Welten und einem Gefühl — wohl zum ersten Male in der Dichtung — für zeitgebundene Wandlung. Die höfische Epik spielt vor dem einfarbigen Goldgrund einer überall gleichförmigen höfischen Welt, und auch im Nibelungenlied wird keinerlei Unterschied gemacht zwischen dem höfischen Stil in Worms und dem am Etzelhof. In der Kudrun aber sind die Höfe der drei im Mittelpunkt der Handlung stehenden Länder hinsichtlich ihrer Durchdringung mit höfischem Lebensstil gestaffelt. Am Normannenhof herrscht voll und ganz patriarchalisch-barbarischer Lebensstil, gipfelnd in der erniedrigenden Qual der entführten Königstochter. Dem Hofe in Irland bringt die Mutter Hagens den ersten höfischen Einschlag, und nur am Hegelingenhofe herrscht voll die höfische Welt. Dieser räumlichen Gliederung entspricht eine zeitliche, freilich durchbrochen durch die Inkonsequenz, mit der die Nebenfigur Hildeburg ungealtert von der ersten Generation in die dritte weitergereicht wird; freilich hatte dies für das Mittelalter in der Einheirat junger Handwerker in die Werkstatt ihres verstorbenen Altmeisters eine gewisse Realität. Im Großen gesehen heben sich jedoch die Generationen deutlich von einander ab: eine erste Generation von Recken wie der wilde Hagen, *vâlant der künege,* die noch in sagenhafte Vorzeit hineinreicht, in der so Märchenhaftes wie das Greifenabenteuer des jungen Hagen etwas Alltägliches war, eine Generation, die ihre Töchter aus reiner Despotie den Freiern verweigern und 20 Freier töten durfte; eine zweite Generation, die auf Standesbewußtsein und Rangunterschiede hält und damit sich nicht weniger der *übermüete* schuldig macht, und eine letzte Generation, bei der das Menschliche, Versöhnliche, Christliche die Oberhand behält. Dieses Motiv ist aber dadurch vorgebildet, daß auch schon bei der ersten Generation die Jugend versöhnlicher ist als das Alter, wenn der junge Hagen seinen Vater mit dem Feinde versöhnt, und daß auch Hilde den Vater mit dem ungebetenen Freier versöhnt. So ist der Leser darauf vorbereitet, die leidgeprüfte Gudrun aus einer stolzen Dulderin für Ehre und Recht zu einer großartigen Versöhnerin emporwachsen zu sehen und damit zu einem direkten Gegenbild zu Kriemhild, der Unheilstifterin und Verderberin [11]. Schon der Eingang der Kudrun mit seinem „*Ez wuohs in Irlande ein rîch künic hêr*" und zahlreiche andere direkte Anklänge [12], auch Personenpaare wie Wate/Hôrant = Hagen/Volker, machen deutlich, daß der Kudrundichter bewußt den Wettstreit mit der Nibelungendichtung aufnahm. Kriemhild, der *getriuwen*, die um ihrer *triuwe* zu Sieg-

---

[11] Kuhn, a.a.O. S. 135—143.
[12] Vgl. E. Kettner, Der Einfl. d. Nibel.Liedes auf d. Kudrun, Z. f. dt. Ph. 23 (1891) S. 145—217; Kuhn, a.a.O. S. 138.

fried willen zur *vâlandinne* wird und alle ins Verderben hineinreißt, wird Gudrun entgegengestellt als die *getriuwe*, die entehrt und gedemütigt, duldend und hoffend, als Erlöste sich nicht der Rache hingibt wie Kriemhild, sondern zur großen Friedensstifterin wird. Dieses Gegenbild war es, das dem Dichter am Herzen lag und auf das hin er seine ganze Dichtung unter Freihalten von naheliegenden Nebenepisoden ausrichtete, ohne Rücksicht darauf, daß er damit weder einem auf tatenreiche Heldenepik erpichten noch einem auf Artusepik oder auf Wunder und Abenteuer eingestellten Publikum gerecht werden konnte!

Vergegenwärtigt man sich den Aufbau der Kudrun vom Motiv der Braut her, so gibt der Hagenteil die Brauterwerbung im Verlauf eines gefährlichen Abenteuers, der Hildeteil die Brauterwerbung im Kampf mit dem Vater, der Gudrunteil aber komplizierter die Brauterwerbung im Kampf mit dem Vater, den Brautraub im Kampf mit dem Vater und die Brautrückeroberung im Kampf mit dem Brauträuber. Diese „pyramidenartige" Komposition ist also auf das Achtergewicht des dritten Teiles ausgerichtet und kommt auch in der Strophenzahl zum Ausdruck, da 203 Strophen für den 1. Teil, 358 Strophen für den 2. Teil, aber 1143 Strophen, mithin das Doppelte der beiden ersten Teile, für den Schlußteil verwandt werden. Der Dichter hat also mit Generationsschema, Raumgliederung, Zeitwandel, mit dem Lichte der Idee wie auch mit der Häufung von Motiven und Strophen alles Gewicht auf den dritten Teil gelegt und hier wiederum vornehmlich auf die titelgebende Frauengestalt. Wuchs das Nibelungenlied sich aus zu dem Roman einer Frau, die als Unheilstiftende aus dem der Frau gesetzten Rahmen heraustritt und gerade dadurch die Herzen der Männer packte, so bleibt die Hauptheldin der Kudrun durchaus im Rahmen des Weiblichen, genau wie ihre blasseren Vorgängerinnen in den ersten beiden Teilen Objekt der Abenteuer und des Streites der Männer. Daß sie trotzdem darüber hinauswächst, das machte sie für das bürgerliche 19. Jahrhundert so interessant, aber für die auf Abenteuer eingestellte Welt ihrer Entstehungszeit verhältnismäßig uninteressant.

2. *Entfaltung des Gudrunteiles aus der älteren Hildedichtung*

Fand der Dichter von 1240 diesen Stoff vor und gab er ihm nur die letzte Gestalt oder hat er ihn sich erst ungeachtet der Zeitmode so geformt? Die Zeugnisse für einer Vorexistenz der Dichtung für die Zeit vor 1200 in Edda, Saxo-Grammaticus, Lamprechts Alexander und anderen Quellen betreffen nur den Hildeteil. Der Hildeteil entstammt noch der Heldenliedzeit und ging zweifellos tragisch aus wie fast jedes Heldenlied. Die Kernszene des Hildeliedes war offensichtlich der Kampf zwischen Vater und Entführer auf einer Insel. Das Seemilieu ist also ursprünglich. Da Widsith (8. Jh.) Hagen als Herrscher der Holm-Rugier nennt und Heoden Herrscher der Glommen, Völker, die schon bei Tacitus als Rugier und Lemonii und Nachbarn im Ostseebereich auftauchen [13], ist die älteste Hildedichtung als Ostseedichtung anzusprechen. Der Name „Rügen" hält die Erinnerung an eine vorslawische Rugierheimat fest (ca. 400 n. Chr. tauchen die Rugier im Donauraum auf), der Name der benachbarten kleineren Insel Hiddensee *Hedins-ö* = „Hedins Insel" die Erinnerung an Hedin, und noch bei Saxo-Grammaticus wird als Schlachtort der Hildegeschichte *„insula Hithinsö"* genannt. Wie Arminius nach Tacitus' Annalen I, 55.58 Thusnelda raubte und von deren Vater Segestes deshalb verfolgt wurde, so mag wirklich ein Glommenkönig die Tochter des Rugierkönigs geraubt und seinen Raub auf der Insel Hiddensee verteidigt haben [14]. Das alte Heldenlied verrät sich noch in der Kudrun durch die stabenden Namen *Hagen, Hetel, Hilde,* und vielleicht bezeichnete es Hedin schon als Sohn des *Herrand (Herirand)* wie die Snorra Edda (Skáldskaparmál 50) als *Hjarranda son.*

Als sich der Schwerpunkt der germanischen Seefahrt von der Ostsee nach der Nordsee verschob, wurde das Hildelied weitergetragen und im N o r d s e e r a u m lokalisiert, bei den Nordgermanen ihrer Blickrichtung entsprechend statt auf Hiddensee auf den Orkneyar-Inseln (so die Snorra Edda), bei den Südgermanen an der Scheldemündung auf der Insel Wulpen (Lamprechts Alexander v. 1321 *„ûf Wulpinwerder"*), wobei der an „Hedensö" anklingende Scheldearm *Hiddeneze* den Anlaß gegeben haben wird. Der Namensschatz der Kudrun zeigt vorwiegend Nordseenamen [15]: Holzsaezen (= Holstein), Diethmers (= Diethmarschen), Stürmen (= Stormarn/Holstein), Hegelingen (= Hettlingen bei Wedel an der Elbe/Holstein), Friesen (= Friesland), Nordland (= Nordigau mit Norden/Ostfriesland), Seeland (= Zeeland/Holland), Marcelanes (= roman. Mazlinas-Mecheln), Normandie, Galais (= Calais), Polan (288,3) oder Baljân (= Bolonja, 7. Jh. = Bologne). Gustrate (= Gousterte < Gholsterte, engl. Vorgebirge Start Point). Daß das alte Ostseeheldenlied als N o r d s e e d i c h t u n g Erweiterungen erfuhr, auch eine Abschwächung seiner Tragik, lag im Zuge der Zeit (man denke an

---

[13] Ernst Schwarz, German. Stammeskunde, 1956, S. 80—82.
[14] Eine sehr interessante Herleitung aus dem Mythisch-Kultischen versuchte Fr. R. Schröder: Die Sage von Hetel und Hilde, Dt. Vierteljahrschr. 32 (1958) S. 38—70. Die auf deutschem Gebiet durchaus gängige Namenssippe von Wadomar und Herirand spricht jedoch nicht für mythische Deutung, so daß auch die historische Deutung von Wolfgang Regeniter (Zusammenfließen von Arminiussage und Hildesage) zu erwägen ist (noch nicht abgeschlossene Münchner Dissertation).
[15] Vgl. Wolfg. Jungandreas, Die Gudrunsage, 1948, S. 91; C. Martinius, Das Land der Hegelingen, 1880.

das jüngere Hildebrandlied, bzw. seine mutmaßliche Vorstufe). Wie beim Nibelungenlied wurden selbstverständlich auch Helden anderer Heldendichtungen als Mitkämpfer und Vasallen eingegliedert. Das betrifft vor allem Wate, der die Rolle Hagens im Nibelungenlied spielt und keineswegs, wie man immer wieder lesen kann, ein Wasserriese ist [16], sondern einen guten altgermanischen Personennamen trägt [17] und im Widsith als Herrscher der Haelsinger (Dänemark/Südschweden) belegt ist. Der Wortlaut in Lamprechts Alexander *„volcwîg, der ûf Wulpinwerder gescach, dâr Hilden vater tôt lag inzwischen Hagenen und Waten"* (Straßburger Text 1830 ff.) zeigt bereits Wate in den Kampf verflochten, aber nach wie vor Hilde, nicht Gudrun als die Umkämpfte. Das Heldenlied war wohl schon zu einem Kleinepos angewachsen und des tragischen Schlusses beraubt.

Aus dieser Hildedichtung ist unsere Kudrun durch Entfaltung erwachsen. Aus Name und Gestalt des „wilden Hagene, vâlant aller künege" wurde eine Vorgeschichte märchenhafter Art ausgesponnen, dem Brautraub mit Einverständnis der Braut bei der nächsten Generation ein Brautraub wider Willen entgegengestellt. Dieser 3. Teil ist aber keineswegs nur eine Variation der alten Hildedichtung mit Häufung der Motive. Vielmehr werden die tragischen Elemente (Raub in Abwesenheit des Vaters und Kampf auf dem Wülpensande mit Tod des Vaters) aus der Hildedichtung in den Gudrunteil übertragen. An ihrer Stelle wird in den Hildeteil die Entführungsmethode des „König Rother" eingefügt, sowohl Rothers List, als durch den nicht genehmen Freier Vertriebener beim Brautvater zu erscheinen und dadurch Mitgefühl zu erregen, als auch die List der Rückentführung (ein verkleideter Kaufmann lockt die Braut zur Warenschau auf das Entführungsschiff). Die Doppelung der Entführungslisten und ihre Koppelung mit dem Motiv der gewaltsamen Entführung (im Schiff ist eine größere Kriegsmannschaft verborgen, die bei der Abfahrt in Aktion tritt) muß den Eindruck schwächen. Solche vorsorgliche Häufung der Motive finden wir aber auch sonst in der Kudrun, z. B. in dem Nebeneinander der Vorankündigung der Befreiung durch einen Engelboten wie auch durch Späher: sie gehört zu den Eigenarten des Kudrundichters und ist Kennzeichen seines Manierismus [18].

---

[16] So noch Schneider, a.a.O. S. 368 ff.; Th. Frings, PBrBeiträge 54 (1930) S. 409 f.; Jungandreas, a.a.O. S. 147.
[17] Ernst Förstemann, Altdt. Namenbuch 1 (²1900) Sp. 1492, verzeichnet zahlreiche Personennamen dieses Stammes wie Wadefrid, Wadeger, Wadhari, Wadegoz, Wadomar, Wadulf, Wadil, die ich von *wadja „Vertrag" ableiten möchte.
[18] Kuhn, a.a.O. S. 137 ff.

Die Kudrun: Nordseedichtung oder Donaudichtung?

Die Frage ist nun, wann und wo diese Entfaltung der Hildedichtung zur dreiteiligen Kudrundichtung erfolgt ist? Bei der Diskussion hierüber spielt die äußere Form der Kudrun eine Rolle. Unter den 1705 Strophen sind 406, wenn man Assonanzen mitzählt, sogar 650 Strophen, die Zäsurreim zeigen. Jungandreas schließt aus dieser Tatsache, daß ursprünglich eine Kudrundichtung mit regelmäßiger Durchführung des Zäsurreimes vorgelegen haben müsse. Aus den Assonanzen, die er für ursprünglich reine Reime nimmt, erschließt er ein Brabanter Zäsurreimepos des 11. Jahrhunderts [19]. Aber sind die Zäsurreime wirklich alt? Der Nibelungenliedtext B weist neben zufällig sich ergebenden Assonanzen auch eine Anzahl Zäsurreime auf, aber nur in der ersten Strophenhälfte. Dagegen hat die Nibelungenliedfassung C die Zahl der Zäsurreime in der ersten Strophenhälfte vermehrt und gegen alle anderen Überlieferungsstränge Zäsurreime auch in der zweiten Strophenhälfte hergestellt [20]. Der Zäsurreim entspricht also einer jüngeren Stiltendenz und gehört zu den Dingen, die der Kudrundichter von dem als Vorbild und Gegenbild dienenden Nibelungenlied übernahm. Mit der stärkeren Anwendung des Zäsurreimes hat der Kudrundichter sein Vorbild übersteigert [21], so wie auch die Kudrunstrophe selbst als Übertrumpfung der Nibelungenstrophe verstanden werden kann [22], während er doch in vielen Fällen (106 Strophen) in die Form seines Vorbildes, in die Nibelungenstrophe zurückgefallen zu sein scheint. Die Betrachtung der Form spricht also für die Abfassung der dreiteiligen Kudrun in den ersten Jahrzehnten des 13. Jahrhunderts. Zu dieser Datierung stimmen andere chronologische Anhaltspunkte. Verschiedene Bemerkungen in der Kudrun zeigen, daß der Dichter an die berühmte Kreuzfahrt der Niederländer und Friesen im Jahre 1217 durch Nordsee und Mittelmeer nach Palästina dachte. Ihre Kreuzfahrt führte bekanntlich am Berge Givello (Ätna) vorbei wie die Fahrt der Hegelingen, die bei ihrer Ankunft für Kreuzfahrer gehalten werden (Str. 1364), am Berge Givers (Str. 1128). Die Be-

---

[19] Jungandreas, a.a.O. S. 58 ff., 67 f.

[20] Friedr. Panzer, Das Nibelungenlied, 1955, S. 110.

[21] Bruno Boesch (Kudrun, Alt. Textbibl. Nr. 5, ³1954, S. XV ff.) lehnt Jungandreas' Zäsurreimthese ab, rechnet aber mit einem „Zäsurreimer", der nachträglich alle Zäsurreime hineingebracht habe. B.'s, von Symon übernommenes Musterbeispiel, Str. 843, kann das keineswegs stützen: das für Pilger höchst unangebrachte „und fluochten" ist offensichtlich nachträglich und ohne Sinn für das Metrum eingefügt, ursprünglich dürfte das *klageten : sageten* sein. Die noch von Fr. Panzer (Hilde-Gudrun, 1901, S. 16 ff.) befürwortete Sucht von B. Symons (PBrBeiträge 9, 1884, S. 34—51), die Zäsurreime als nachträglich hergestellt zu erweisen, wird durch das vorgeführte Material keineswegs wahrscheinlich; daß Assonanzen als ursprünglich reine Reime genommen und daraus die Heimat des Zäsurreimers erschlossen wird, ist ein circulus vitiosus, den Jungandreas übernahm.

[22] Ähnlich E. Schröder, Göttinger Gelehrte Nachr. 1929, S. 267.

zeichnung der Fürsten als „Landesherren" (Str. 295, 567) setzt
Kaiser Friedrichs II. Fürstenprivileg von 1231 voraus, das in
Str. 295/96 geschilderte alleinige Geleitsrecht der Landesfürsten die
Verbriefung dieses Rechtes beim Hoftag von Cividale Mai 1232 [23].
Hier können auch, wenn auch mit Vorsicht, Äußerungen in Str. 1192
und 1217 verwertet werden. Der Dichter verlegt den Palmsonntag,
der z. B. 1204 erst auf den 18. April fiel, in den März, da er von
„märzischen Winden" spricht. In den Jahren 1204—1215 und
1216—1227 überwogen die in den April fallenden Palmsonntage
mit 7 : 5. Von 1228—1239 aber überwogen umgekehrt die in den
März fallenden Palmsonntage (1228, 1230, 1231, 1233, 1236, 1238,
1239) ebenfalls mit 7 : 5. Es besteht demgemäß eine gewisse
Wahrscheinlichkeit, daß der Dichter, der Str. 295/96 das im Mai
1232 verbriefte Geleitrecht der Landesfürsten erwähnte, Str. 1192/
1217 in Erinnerung an den Palmsonntag von 1233 dichtete.

3. Wäscherinszene — kein Nordseemilieu!

Zur Lösung der Frage, wo die Hildedichtung zur dreiteiligen
Kudrun entfaltet wurde oder wo der Dichter unserer Kudrun zu
Hause war, dürfen wir uns fragen, ob es eine Szene gibt, die kon-
stitutiv für die Kudrun, insbesondere für den Gudrunteil, ist. Es
gibt keine Szene in der Kudrun, die das mittelalterliche Publikum
und auch die Nachwelt mehr und inniger berührt hat, als die, wo
die Königstochter, geknechtet und entwürdigt, die Wäsche ihrer
Feinde am Meeresstrand wäscht und bei dieser erniedrigenden
Arbeit von ihren königlichen Anverwandten überrascht wird. Diese
Szene erweist den Kudrundichter trotz seiner Schwächen und seines
Manierismus als echten Dichter und dürfte den Kern der neuen
Kudrundichtung ausmachen, ja vielleicht den Anlaß zur Konzeption
der Umdichtung der Hildedichtung zur Kudrundichtung gegeben
haben. Ist diese Szene nicht so fest im Meermilieu verwurzelt, daß
sie einen Nordseedichter als Gestalter der Kudrun erweist?

Das Gegenteil ist richtig! Nie wäre ein mit der Nordsee Vertrauter
auf den Gedanken gekommen, eine Wäschesczene am Meer zu erfinden! Der Wechsel von Ebbe und Flut und die an- und abrollenden Meereswogen machen es schon rein äußerlich unmöglich, am
Strand der Nordsee Wäsche zu waschen. Entscheidend aber ist,
daß der starke Salzgehalt des Meerwassers das Lösen des Schmutzes
verhindert und Waschen im Meer gänzlich zwecklos und unmöglich
macht. Kein Meeranwohner früherer Zeiten hätte also diese für die
Kudrundichtung konstitutive Wäscherinszene erfinden können oder
auch nur weitererzählen dürfen. Deshalb haben nur Binnenländer
diese Wäscherinszene weitererzählt, so z. B. in den Balladen von

---

[23] Karl Droege, Zur Geschichte der Kudrun, KfdA. 54 (1913) S. 121—167.

der schönen Meererin, die in der bairischen Sprachinsel Gottschee südlich Laibach aufgezeichnet wurden und in verschiedenen Fassungen von der schönen Jungfrau erzählen, welche die schneeweiße Leinwand am breiten Meere wäscht [24]. Die dänischen, schwedischen und isländischen Fassungen dieser sog. Südeli-Ballade haben das für alle Meeresanwohner unsinnige Bild korrigiert. Die eine schwedische Fassung läßt die Jungfrau zwar zum Seestrand gehen, aber von Waschen ist keine Rede mehr [25]. Eine andere schwedische Fassung spricht zwar vom Waschen des Garnes, aber nicht am Meer, sondern im Haine oder Rosengehölz, also im Süßwasser, und das, obwohl die Seelandschaft auch hier insofern festgehalten wurde, als der Ritter auf die Frage der Jungfrau, wie sie das angebotene Goldband vor ihrer Mutter rechtfertigen solle, seinerseits vorschlägt zu sagen, sie habe das Goldband am Meeresstrand im weißen Sand gefunden [26]. Dieselbe Ausrede wird auch in der altdänischen Fassung der Ballade vorgeschlagen, die vorher die Jungfrau „im Bächlein am Hügel grün" waschen läßt [27]. Auch die beiden isländischen Fassungen sprechen vom Gehen zum Brunnen, um Linnen zu bleichen; bei der vom Ritter vorgeschlagenen Ausrede ist jetzt an die Stelle des Meeresstrandes der Hain getreten [28].

An der Nordsee hat man also überall die in der Kudrundichtung vorgefundene Meeresszenerie der Wäscherinszene mit Selbstverständlichkeit korrigiert, da sie Nordseeanwohnern nicht zuzumuten war. Binnenländische Dichter aber konnten die Wäscheszene am Meer beibehalten, waren sie es doch gewohnt, die Frauen am Binnensee oder am Fluß die Wäsche waschen zu sehen, wie dies ja auch heute noch oft genug geschieht [29]. Daß dem Kudrundichter diese binnenländische Szenerie vorschwebte, zeigt deutlich genug der Ausdruck „*Der sê allenthalben mit dem îse vlôz* (Str. 1219), was eben nur von einem Treibeis führenden Binnengewässer gesagt werden kann. Auch wenn Gudrun ihre Wäschestücke nach der Begegnung mit Bruder und Bräutigam in die Flut wirft, *daz si vrîliche vliezen hinnen* (Str. 1271), so entspricht dies allein einer

---

[24] Martha Kübel, Das Fortleben des Kudrunepos (Von dt. Poeterei 5), 1929, S. 54—65.
[25] Gustav Gejer / Arvid Aug. Azelius, Svenska Folkvisor fran forntiden 1 (1814) S. 43—45, Nr. 8 „Jungfrun hon gick till sjöastrand".
[26] Ebda. S. 46—48.
[27] Svend Grundtvig, Danmarks gamle Folkviser, 1856, Nr. 381; Übersetzung bei Wilh. Grimm, Altdän. Heldenlieder, Balladen u. Märchen, 1811, S. 117 ff., Nr. 5.
[28] Svend Grundtvig / Jon Sigurdsson, Izlenzk fornkvaedi 2 (1885) S. 223.
[29] Kürzlich sah ich es selbst sowohl in Spanien wie in einer nordafrikanischen Wüstenoase. Auch Nausikaa (Odyssee 6, 37—91) fährt mit ihren Mägden zum Waschen an den „lieblichen Fluß", der freilich in der Nähe ins Meer mündet, so daß der schiffbrüchige Odysseus ihr auf dem Wege landeinwärts begegnen kann.

Flußszenerie, wo ein unachtsam der Hand entglittenes Wäschestück sofort vom Wasserstrom davongetragen wird. In der Schwanksammlung Philipp Frankfurters „Pfaff von Kalenberg" (1473) haben wir eine solche Waschszene am Fluß literarisch festgehalten. Hier ist es der Pfarrer selbst, der in der Donau seine Wäsche wäscht und in dieser despektierlichen und mangels *niderwâtes* fast obszönen Situation durch die österreichische Herzogin vom Schiff aus beobachtet wird (v. 944—970). Solche ihm vertraute Wäscheszenen hat der Kudrundichter unbedenklich auf die ihm völlig unbekannte Nordsee übertragen. Daß er an der Nordsee nicht zu Hause war, zeigt nicht nur der „Namenswirrwarr"[30], den er unter den aus der Hildedichtung überkommenen Nordseeländernamen anrichtete, sondern vor allem auch seine gänzliche Unkenntnis in Meeresdingen, sei es, daß er durchlöcherte oder leck gewordene Schiffe nicht wie üblich ausbessern, sondern stattdessen in der phantastisch kurzen Zeit von 6 Tagen ganz neue Schiffe bauen läßt (454), sei es, daß er Anker werfen läßt, wo die See unergründlich ist (1127).

Wenn die Kernszene des Gudrunteils und der gesamten Kudrundichtung nicht im Nordseemilieu verwurzelt ist, besteht kein Anlaß, für die Kudrundichtung über die Hildedichtung hinaus eine Nordseevorlage anzunehmen. Der Dichter, der die eindrucksvolle Wäscherinszene konzipiert hat, dürfte auch derjenige sein, der aus der Hildedichtung die dreiteilige Kudrundichtung entfaltet hat und der im Wettstreit mit der Nibelungendichtung um 1233 die uns vorliegende Kudrundichtung schuf.

Haben wir Anhaltspunkte, um die Wäscherinszene in einer anderen deutschen Landschaft zu beheimaten? Wäscherinnen am Fluß kannte wahrscheinlich das gesamte deutsche Binnenland. Daß Ende März zum Palmsonntag tiefer Schnee fällt, wie der Dichter es so anschaulich schildert, ist auch an der Nordsee nichts Außergewöhnliches, wenn das auch in Süddeutschland bei weitem häufiger ist [31]. Allerdings erweckt der Dichter den Eindruck, als sei der Schneefall jäh in eine Vorfrühlingswitterung eingebrochen, wenn er sagt:

> 1217: Ez was in den zîten,   do der winter sich zerlie,
> und daz in widerstrîte   die vogele wolten hie
> singen aber ir wîse   nâch des merzen stunden
>
> 1196: Dô ez êrste tagete,   an ein venster gie...
> Hildeburc diu edele   von Galitzenlande.
> Dô was ein snê gevallen: daz was den armen leit und vil ande.

---
[30] Kuhn, a.a.O. S. 143.
[31] Nach frdl. Auskunft von R. Reider (Seewetteramt Hamburg) wiesen 1891—1930 die Tage des letzten Märzdrittels in Husum zu 10 %, in München zu 15 % Schneefälle auf.

Die Kudrun: Nordseedichtung oder Donaudichtung?

Solche jähen Wetterumschläge mit dauerhaftem, tiefem Schnee nach frühlingshaft milden Tagen sind ein besonderes Kennzeichen der bayerischen Hochebene, die ja am Alpenrand 700 m, bei München 500 m hoch ist und sich zur Donau bis auf 400 m, nur im äußersten Norden und im Westen bis auf 300 m senkt. Es scheint demnach nicht unwahrscheinlich, daß der Dichter hier einen solchen Wetterumschlag auf der bayerischen Hochebene wiederzugeben sucht. Daß er tatsächlich in der Reichweite der Alpen zu Hause war, erweist eindeutig sein Vergleich dichter Speerwürfe mit Schneegestöber:

> 861: Nâch winden von den alben   sach man nie snê gân
> sô dicke, sô dâ draeten   die schüzze von den henden.

Das Wort *albe* „Bergweide" (*alben* > *Alm*) ist ein alamannisch-bairisches Alpenwort und steht für das im deutschen Mittelalter ungeläufige keltisch-lateinische „Alpen" wie auch im oberdeutschen Servatius (v. 1075), der im bairischen Kloster Indersdorf ca. 1190 gedichtet wurde. Daß Südwinde von den Alpen her im Alpenvorland zu Witterungsstörungen (Regen und Schnee) führen, ist eine meteorologische Beobachtung so exakter Art, daß sie wahrhaftig nur ein im Bereich der Alpen Beheimateter machen konnte! Nicht umsonst ist auch die Formulierung so, das der Charakter einer persönlichen Beobachtung angedeutet ist. Diese Erwägungen sprechen für einen bairischen Dichter. Daß es nicht Einschübe eines letzten Bearbeiters sind, sondern Äußerungen des eigentlichen Kudrundichters, kann freilich erst zur Gewißheit werden, wenn sich weitere Spuren bairischen Lokalkolorits und bairischer Sprache finden lassen.

4. Bairische Sprache und Stammesbewußtheit

Zwar nennt sich der Kudrundichter weder wie Wolfram (Parzival 121,7) *Baier* noch schilt er wie der im bischöflichen Passau beheimatete Nibelungenlieddichter auf die Baiern (Str. 1302). Das ist angesichts des Fehlens persönlicher Bemerkungen in der Kudrun nicht weiter verwunderlich. Trotzdem ist der absprechenden Äußerung gegen die „wilden Sahsen" (1503) und gegen die „wilden Sahsen oder Franken" (366) zu entnehmen, daß er weder Sachse noch Franke war; wir denken dabei an die Frankenfeindlichkeit, die seit der Unterjochung der Baiern durch die Franken die ganze bairische Geschichte und Literatur durchzieht. Aber auch von den Schwaben setzt sich der Dichter ab, wenn er die Freigiebigkeit König Ludwigs (der wohl nicht zufällig den Namen des 1231 verstorbenen ersten bairischen Herzogs dieses Namens trägt) Str. 744 gegen die Kargheit der Schwaben abhebt (wie man in dieser

Strophe ein Lob der Freigiebigkeit der Schwaben sehen konnte, ist mir unverständlich!). Die Baiern haben bekanntlich die Schwaben allmählich von der Isar bis fast zum Lech zurückgedrängt. Baiern und Schwaben stehen sich seitdem reserviert gegenüber (bei Ascholding an der Isar dient das Wort „Schwab" noch heute als Schimpfwort gegen die auf der westlichen Seite der Isar Wohnenden!). So dürfen wir wohl aus den absprechenden Äußerungen gegen Sachsen, Franken und Schwaben entnehmen, daß der Kudrundichter sich zu den Baiern zählte. Auch die Sprache der Reime weist ihn ziemlich eindeutig als Baiern aus.

Bairisch ist die frühe Diphthongierung, die im Reim *kûme : soume* (1603) zum Ausdruck kommt sowie in den zahlreichen Reimen *getrûwen : vrouwen* (165, 198, 215, 269, 326, 363, 411, 423, 491, 499, 620, 654, 992, 1044, 1161, 1305, 1436, 1527, 1541, 1647, 1687) *getrûwen : schouwen* (51, 537, 1363, 1387) *geruwen : houwen* (717, 738, 1457). Im allgemeinen werden ja die neuen und alten Diphthonge nicht aufeinander gereimt, weil sie lautlich verschieden waren, jedoch scheinen vor den Labialen *m* und *w* die beiden Diphthonge zusammengeflossen zu sein. Spezifisch bairisch scheint *smiel* st. m. (: *kiel*) 843 zu sein, da es sonst nur bei Oswald von Wolkenstein vorkommt, auch *touwen* ohne Umlaut (: *frouwen*) 806 und *marc* (: *stark*) 65 für *marh* „Pferd". Bairisch-österreichisch ist die Bewahrung der alten Länge von -*lîch,* wie sie die zahlreichen Reime -*lich : rîch* erweisen (z. B. in 5, 8, 39, 41, 42, 54, 101, 139, 141, 168, 173, 193, 275 u. ö,); *hiet* für *haete* in *hieten : rieten* (443, 1015) ist nicht nur österreichisch, da so auch der Münchner Ulrich Füetrer schreibt. Als bairisch gelten können auch *vianden* (: *anden*) 846, 1451; -*nne*: -*nge* in *künniginne : bringe* (225, 635, 692, 906, 1646), in *gewinnen : misselingen* (877), *gewinnen : gedingen* (945), *mannen : ergangen* (1516), vgl. Weinholds Mhd. Grammatik ²1883; § 216; ferner *dô : fruo* (827) und *har* (: *dar*) „Flachs" (1006).

5. Bayerische Wappenbezüge und andere historische Reminiszenzen

Beim Aufmarsch der Gudrunbefreier vor Hartmuots Burg werden von Hartmuot vier Wappenfahnen beschrieben, deren Zeichen aufschlußreich für uns sind. Während ca. 10 Jahre später Konrad von Mure in seinem "Clipearius teutonicorum" (1242/49) unter 73 Wappen 40 Wappen mit heraldischen Tieren wie Löwe, Adler, Panther, Fisch usw. aufführt und 12 mit geläufigen Wappenfiguren wie Rose, Lilie, Kreuz, Stern, Rad usw., finden wir unter den vier Wappen in der Kudrun kein einziges Tierwappen und auch kein einziges mit einer dieser geläufigen Wappenfiguren. Der Dichter griff also nicht auf geläufige und einfach zu beschreibende Wappen zurück, er hat also, so müssen wir folgern, nicht irgend welche Phantasiewappen geben wollen, sondern ganz bestimmte individuelle Wappen vor Augen gehabt. Dies gilt insbesondere von der

Fahne, die der abgewiesene Freier der Gudrun Sîfrît (in der Nordseedichtung wohl eine Wiederspiegelung des Wikingerfürsten Siegfried von Elsloe) Str. 1368 führt: „*darinne swebet ein houbet, daz ist von rôtem golde*". Jeder Zeitgenosse mußte dabei an das einzigartige Haupt-Wappen der Pappenheimer denken, einen Cäsarenkopf mit Kaiserbinde, offensichtlich einer antiken Kaisermünze oder Gemme entnommen,[32] das die Pappenheimer aus Italien mitgebracht zu haben scheinen und das ihnen den dreisprachig vorkommenden Beinamen *Testa, Caput, Haupt* einbrachte, der sich bei ihnen als Vornamen vererbte. Die Marschälle von Pappenheim nennen sich aber auch „*von Kallendin, Calandin, Kalatin*" nach der Burg, die ursprünglich **Kalolandinnjô*[33], später Kalden hieß. Der Kudrundichter wandelt diesen Namen spielerisch zu *Karadîne* (731, 733, 833, 1534) ab, und wie er zu *Garadine 144*, 610 (aus *Kardigan* in Wales) die Variationen *Garadie* (116, 117, 136, 150, 158) und *Garadê* (108, 110, 126, 130) bringt, so zu *Karadîne* die Variationen *Karadie* (: *ergie* 1120; 702, 1139, 1589, 1651, 1654, 1663 und *Karadê* (: *wê* 1368; : *Alzabê* 719; 1643, 1695). Die Pappenheimer waren nördlich und südlich der Donau die Nachbarn des herzoglichen Baiern. Die Zeitgenossen wußten natürlich, was in allen Chroniken steht, daß Heinrich von Kaladin 1208 zusammen mit Ludwig von Baiern in Ausführung der Reichsacht die Besitzungen des Königsmörders Ottos von Wittelsbach verwüstete (wobei auch die Burg Wittelsbach, 40 km westlich Freising, zerstört wurde) und daß er es war, der März 1209 bei Oberndorf unweit Regensburg den flüchtigen Otto überraschte, ihm den Kopf abhieb und in die Donau warf[34]. Auf diesen auch bei Barbarossas Kreuzfahrt als Sieger von Ikonium berühmt gewordenen Reichsmarschall spielt der Kudrundichter also mit dem Haupt-Wappen und dem Namen *Karadîne* an. Sîfrît von Karadîne ist ihm aber auch „*künec von Moeren*" (so 1369, 1534, 1634 gegen das vielleicht sekundäre „*künec von den Moeren*" in 721, 722, 1121, 1369, 1398, 1588, 1644), veranlaßt wohl dadurch, daß die Burg *Moeren* nur 15 km von Pappenheim entfernt ist und der Bach *Moeren*, nach dem die Burg heißt (vordeutsch °*Marina*) 5 km westlich von Pap-

---

[32] Haupt Graf zu Pappenheim, Die frühen Pappenheimer Marschälle vom 12. bis 16. Jh. 2 (1927) S. 622 ff.
[33] Adolf Bach, Dt. Namenkunde 2,1 (1953) S. 212.
[34] Konrad von Scheyern, der es als unmittelbarer Nachbar der Pappenheimschen Güter südlich der Donau wissen muß, nennt als Töter Ottos „*marscalcus de Pappenheim*", der Fortsetzer der Regensburger Kaiserchronik (ca. 1260) sagt: „*Ein maschalck von Pappenheim, von Kalendin was er genannt, der rach den künec mit siner hant*" (MGH., Dt. Chron. V, 397). Die Identitätsfrage, von Pappenheim a.a.O. und von Karl Bosl, Reichsministerialität der Salier und Staufer 2, 1951, S. 484 noch offen gelassen, dürfte mit Wilh. Kraft, Das Urbar der Reichsmarschälle von Pappenheim, 1929, S. 20 ff., positiv beantwortet sein.

penheim in die Altmühl mündet. Mit *Moeren* verband der Dichter volksetymologisch die Vorstellung von Mohren, mhd. *môre*, d. h. von *salwen rittern* (Str. 1663), und macht deshalb Sîfrît auch zum *künec von Môrlant* (668, 832, 835, 947, 1589), betont aber bei der Hochzeit, daß Sîfrît selbst blond und christenfarbig sei (Str. 1664). Dieselbe volksetymologische Deutung von Moeren war wahrscheinlich im Spiel, als die Pappenheimer, als sie 1293 die Burg Moeren wirklich erwarben [35], ihren Cäsarenkopf zum Mohrenkopf wandelten (sie führen diesen später nur noch als Helmkleinod). Dem Kudrundichter von 1233 konnten die Pappenheimer um so leichter mit dem Wikinger Sîfrît zusammenfließen, als die Pappenheimer gerade in den Wirren nach der Ermordung Ludwigs von Baiern 1231 sich die ihnen 1226/27 von Ludwig geraubten Besitzungen südlich der Donau wieder zurückeroberten. Wenn Str. 674, 676, 683, 1654 Sîfrîts Raub- und Brandzüge in Herwigs Landen so stark hervorgekehrt werden, so schwingt da vielleicht die Erinnerung an die Plünderzüge von 1208 gegen den unweit Scheyern gelegenen Allodialbesitz Ottos von Wittelsbach nach.

Wie Sîfrît von Karadîne so wird auch Ortwîn von Ortland einer Wappenbeschreibung gewürdigt (Str. 1371). Die neueste Kudrunausgabe hat leider die verschiedenen Namensformen für Ortwîns Land in der Ambraser Handschrift (*Ortland, Hortlandt, Hortrich, Norlant, Nordlant*) in Formen mit N umgewandelt [36]. Sicher zu unrecht, denn der Silbenanklang von *Ortwîn* und *Ortland* (so 204, 207, 273, 565, 716, 920) war sicher beabsichtigt und die Formen mit H sind wie bei vielen Namen auf *Ort-* in den Urkunden rein orthographische Schreibvariationen für *Ortland* und *Ortrîch*. An das *Ort-* von Ortwîns Personen- und Ländernamen knüpft das „redende" Wappen seiner Fahne an:

> Noch sihe ich ir einen   mit liehten sparren rôt,
> dâ stânt örter inne,   des koment helde in nôt:
> der ist Ortwînes   dâ her von Ortrîche,
> dem wir den vater sluogen,   der enkumt uns niht ze vriuntlîche.

Die neuere heraldische Fachsprache bezeichnet mit „*Sparren*" einen Spitzwinkel. Voraussetzung dafür ist, daß das mittelalterliche Pfettendach mit First- und Pfettenbalken als den tragenden Teilen des Daches durch das sog. Sparrendach abgelöst wurde. Die giebelartig zusammengefügten, in einem Grundbalken verankerten Sparrenbalken tragen das Dach und sind für diese Bauweise so charakteristisch, daß die Heroldsfigur des Winkels jetzt als Wiedergabe eines giebelartig zusammengefügten Sparrenpaares erscheint. Das

---

[35] Friedr. v. Boller, Notizen über die Burg Möhren, 1834, S. 6.
[36] Boesch, a.a.O. S. 35 zu 204,4.

Mittelalter kennt diese Bedeutung von *sparren* nicht, hier ist *sparren* lediglich „Balken, Querbalken". Ein Balken mit Spitzen (*örtern*) ist also ein „eckig" gezogener Querbalken" bzw. „Zickzackbalken" (lat. *fascia tortuosa angulis acutis*) [37]. Der rote Zickzackbalken in Weiß ist bekanntlich das alte Wappen der Wittelsbacher als Grafen von Scheyern und wird noch von Wigaleus Hundt 1585 als „*rot Sparren in weißem Felde*" beschrieben [38]. Auch als Herzöge führten die Wittelsbacher dies Wappen bis 1224, nahmen dann aber den Löwen der ihnen 1214 anheimgefallenen Rheinpfalz an und dazu seit 1242 die Rauten der ihnen zugefallenen Grafschaft Bogen [39]. Der Wittelsbacher Zickzackbalken verblieb dem in der alten Burg Scheyern angesiedelten Benediktinerkloster Scheyern (die Burg Wittelsbach wurde erst anläßlich dieser Schenkung 1119 gebaut) sowie den andern beiden Wittelsbacher Klöstern Indersdorf und Endersdorf, die zur Unterscheidung untereinander die Farben abwandelten [40]. Der Dichter hat den roten Zickzackbalken als Wappen für Ortwin gewählt, weil er ihm so gut bekannt war (vielleicht stand er zum Kloster Scheyern in Beziehung), und weil er ihm als „redendes" Wappen eines „*Ortwin von Ortriche*" gut zu passen schien. Die Namen *Ortwin, Ortland, Ortrich* sind aber keineswegs völlig willkürlich gewählt, wie die Kudrunforschung bisher annahm, sondern in bewußtem Anklang an die mächtigsten damaligen Konkurrenten der Wittelsbacher im Donauraum, an die Grafen von *Ortenburg* (auch: *Hortenburg, Ortenberg*), die seit 1209 auch die bairische Pfalzgrafenwürde inne hatten und deshalb in Kaiserurkunden gelegentlich fälschlich „Pfalzgrafen von *Witilingesbach*" genannt wurden (1212, 1217, 1219) [41]. Sie waren vom Chiemsee bis zur Donau (Vilshofen) Grenznachbarn der Wittelsbacher und besaßen auch die Grafschaft Murach im Nordgau nördlich Regensburg (Oberpfalz) [42], so daß Nebenformen *Nordlant* neben *Ortlant* vom Kudrundichter selbst gebraucht sein können. Als sagenhafter Urahn gilt *Ortlieb, Graf von Ortenburg*, der 740 im Kampf mit

---

[37] Joh. Wolfg. Trier, Einleitung z. Wappenkunst, 1714, S. 130; Phil. Jac. Spener, Historia insignium illustrium 1 (1680) S. 749.
[38] Wig. Hundt, Bayerisch Stammbuch, 1585, S. 137, und Wappentaf. 17,8.
[39] Eine exakte Abhandlung darüber wird nach frdl. Auskunft von Archivdirektor Dr. Klemens Stadler (München) vorbereitet. Bis dahin vgl. Herm. Scholliner, Histor.-herald. Abhandlung von den Wappen der nachm. Herzöge in Bayern, 1776; ders.: Beweis, daß das Geschlechtswappen der nachm. Herzöge in Bayern die sog. Sparren gewesen, 1779.
[40] E. Zimmermann, Bayer. Kloster-Heraldik, 1930, S. 70 f.; 92 f.; 146 f.
[41] Eberh. Graf zu Ortenburg-Tambach, Geschichte des Gesamthauses Ortenburg 2 (1934) S. 53.
[42] Fr. Tyroller, Ortenburgs Größe und Niedergang, Ostbair. Grenzmarken 13 (1924) S. 1—9, 37—44.

Karl Martell im Feilenforst gefallen sein soll [43], und jedenfalls hat der Name *Ortenburg* nicht unmittelbar mit *ort* zu tun, sondern ist die „Burg eines Orto", eines Mannes, dessen ungekürzter Name *Ortlieb, Ortger, Ortnit, Ortwin* oder dgl. war. Das Ortenburger Wappen (silberner rechter Schrägbalken, doppelseitig gezinnt, in Rot, lat. *in scuto rubeo baltheus diagonalis dexter utrimque alternatim pinnatus*) [44], war dem Kudrundichter offenbar nicht bekannt oder er nahm an, daß die Ortenburger als Pfalzgrafen, da sie ja auch „Pfalzgrafen von *Witilingisbach*" genannt wurden, auch das Wittelsbacher Wappen mit dem roten Zickzackbalken führten, das so gut zu Ortwin von Ortrîche zu passen schien als „redendes" Wappen.

Auch die *sêbleter* (d. i. mhd. Ausdruck für die Blätter der *sêbluome*, d. h. der Seerose), die Herwig von Sêlant in seiner Fahne trägt (St. 1373), sind ein „redendes" Wappen. Bei „Seeland" (in der Hildedichtung sicher das niederländische *Zeeland*) dachte der Kudrundichter offensichtlich an die einheimischen Seen, für die die Seerosen so charakteristisch waren. Als die Klöster statt der üblichen Siegel mit dem thronenden Abt sich Wappenzeichen zulegten, nahm Kloster Seeon ein Seerosenblatt als Wappen, Kloster Tegernsee aber zwei verschlungene Seerosenblätter mit Wellenlinien darunter [45]. Wahrscheinlich dienten diese Seerosenblätter vor der offiziellen Annahme als Wappenbild schon als Besitzzeichen in Art redender Wappen, so daß der Kudrundichter wohl ein Hauszeichen des Klosters Tegernsee im Auge hatte, als er Herwic von Sêlant das Wappen mit den Seeblättern gab. Tegernsee liegt ca. 90 km südöstlich von Scheyern und Wittelsbach, Pappenheim ca. 60 km nordwestlich von Scheyern und Wittelsbach: so wäre mit diesen drei Wappen gewissermaßen der Horizont des Kudrundichters von 1233 festgelegt, vom Alpenrand zur Donau und Altmühl. Wir werden gleich sehen, daß sein Horizont selbstverständlich auch die alte bairische Hauptstadt Regensburg (75 km nördöstlich von Scheyern) einschloß, dagegen, nach der Unkenntnis des wirklichen Ortenburger Wappens zu urteilen, möglicherweise Ortenburg (130 km östlich von Scheyern, 20 km westlich von Passau) nicht.

Die meisten Personennamen der Kudrundichtung sind durch Stabreim gebunden wie *Hagen, Hetel, Hartmuot, Hilde, Hôrant, Hergart* oder stammen mehr oder weniger abgewandelt aus anderen epischen Zusammenhängen. Der einzige unverfälschte politische Gegenwartsname ist *Ludwîc*. Jeder Zeitgenosse, der damals die

---

[43] Joh. Ferd. Huschberg, Geschichte des Gesamthauses Ortenburg, 1928, S. 3 f.; Hans Schellnhuber, Schloß Ortenburg, 1924, S. 7.
[44] Trier, a.a.O. S. 527; Spener, a.a.O. 1, S. 749.
[45] Zimmermann, a.a.O. S. 156.

Kudrundichtung hörte oder las, mußte sich bei diesem Namen sofort an den kürzlich (1231) ermordeten Baiernherzog Ludwig erinnern, und das war offensichtlich vom Dichter beabsichtigt. Nennt er doch Ludwigs Burg Str. 1535, 1541, 1543, 1692 „Kassiâne". Das war jedem süddeutschen Zeitgenossen eine deutliche Anspielung auf die alte bairische Hauptstadt Regensburg. Regensburg war die einzige deutsche Stadt, die eine dem hl. Kassian geweihte Kirche besaß, eine der ältesten Kirchen Regensburgs [46], die einzige Stadt, wo das Fest des hl. Kassian nicht mit dem des hl. Hippolyt zusammen begangen wurde, sondern getrennt und sub ritu duplice [47]. Diese Heraushebung des hl. Kassian in Regensburg geschah, weil dieser (der Legende nach ca. 305 zur Zeit Diokletians gemarterte) Heilige und Bischof von Säben-Brixen als einer der ersten Missionare Baierns galt und gilt, um viele Jahrhunderte älter also als der 715 verstorbene und in Regensburg begrabene hl. Emmeran.

Auch mit *Frideschotten* (bisher völlig ungedeutet!) als Sitz Ludwigs (Str. 611) wird offensichtlich auf Regensburg angespielt. Das berühmte Schottenkloster in Regensburg erhielt wenige Jahre vor Abfassung der Kudrun, nämlich 2. 7. 1225, von König Heinrich in Gegenwart Herzog Ludwigs von Baiern ein Friedensprivileg für Flüchtlinge: „Statuimus quoque, ut reus fugiens pacem habebit in locis eiodem." [47a] Damit wurden dem Dichter die *Schotten* zu *Frideschotten* und dieses Wort zum geeigneten Tarnnamen für Regensburg. Die Lehensverhältnisse des Ludwigs der Dichtung und seine Verfeindung mit *des küniges Otten bruoder*, wie sie Str. 610/611 schildern, spielen deutlich auf die Belehnung Herzog Ludwigs von Baiern mit der Rheinischen Pfalz 1214 durch Kaiser Friedrich II. an, die Ludwig für seinen Übertritt zur Stauferpartei belohnte. Pfalzgraf Heinrich I. († 1227), der Bruder des Gegenkaisers Otto IV., hatte 1212 zugunsten seines staufisch gesinnten Sohnes auf die Rheinpfalz verzichtet, um sie seinem Hause zu erhalten, und mußte dem Baiernherzog gram sein, der nach dem Tode Pfalzgraf Heinrichs II. († 1214) die Rheinpfalz vom erfolgreichen Gegner seines Bruders erhielt. Der Dichter hat hier also, verführt durch die Namengleichheit seines Helden mit dem Baiernherzog, eine zeitgeschichtliche Reminiszenz eingeführt, die an dieser Stelle der Dichtung nur verwirrend wirken konnte und deshalb auch bisher gar nicht verstanden wurde.

Selbstverständlich war es nicht der Sinn dieser Anspielungen auf Herzog Ludwig den Kelheimer und Regensburg, ein historisches Porträt zu geben, sondern ein Erinnerungsmal für den jäh Ermor-

---

[46] Bayer. Kunstdenkmäler 22,2 (1933) S. 161.
[47] Joh. Evang. Stadler / Fr. J. Heim, Vollst. Heiligenlexikon 1 (1858) S. 573.
[47a] Hans Meier, Verhandlungen d. hist. Ver. f. Oberpfalz 62 (1909) S. 72—75.

deten, so wie der Dichter des Nibelungenliedes in Pilgrim von
Passau dem späten Nachfolger Pilgrims, dem Zeitgenossen Wolfger
von Passau ein literarisches Denkmal setzte. Daß Herzog Ludwig
1226—1229 Vormund des 15jährigen Kaisersohnes war und sein
Mündel nicht von der Seite ließ, aber (wegen seiner veränderten
politischen Haltung zum Kaiser) schließlich unter Verwüstung und
Brandschatzung im eignen Land überfallen wurde und einige Zeit
später (wie man allgemein annahm: im Auftrage des Kaisers) 1231
vor seiner Burg Kelheim ermordet wurde [48], weist mit der Gefangenschaft Gudruns und ihrer Befreiung unter Verwüstung des
Landes und Tötung Ludwigs nur ganz vage Ähnlichkeit auf, aber
immerhin doch so viel, daß die Zeitgenossen angesichts der Namen
Ludwig und Kassiâne und des Lobes über Ludwigs Freigiebigkeit
gegenüber der Kargheit der Schwaben nicht die Anspielung auf
Herzog Ludwig von Baiern († 1231) haben übersehen können.
Wenn der Name „*Ortwîn von Ortrîche*" Assoziationen an die Grafen
von Ortenburg erweckte, mußte dann nicht Ortwîns Heirat mit
Ludwigs Tochter (Str. 1648/49) daran erinnern, daß Ludwig von
Baiern 1208 zwar nicht seine Tochter, aber seine Schwester Mathilde
(† 1231!) dem Grafen Rapoto von Ortenburg († 1231!) zur Gemahlin gegeben hatte? Wenn Str. 207 von Hetels Herrschaft ze
Heglingen sagt „*nâhen bî Ortlande*", mußten die Hörer sich dann
nicht erinnern, daß unweit des Ortenburgischen Gebietes am Chiemsee und Alz (30 km westlich) *Hegilinga* lag [49], der Sitz der Edlen
von Hegling? In der Hildedichtung hieß der Sitz Hetels gewiß
noch sinnvoll Hetelingen, und ein Hettlingen gibt es ja am Unterlauf der Elbe, das heute noch in Norddeutschland mit der Kudrun
in Verbindung gebracht wird. Zur Anknüpfung an Bekanntes und
in der Nachbarschaft des Ortenburgischen Besitzes Gelegenen
scheint der Kudrundichter an Stelle des ihm und seinen Lesern
unbekannten Hetelingen den kleinen Edelsitz Hegling eingesetzt
zu haben, zumal dort die Sage geht, bei Hegling habe einst eine
große Stadt (Römerstadt?) gelegen. Wenn der Kudrundichter, wie
wir auf Grund des Tegernseer Wappens in Str. 1373 vermuteten,
Beziehungen zum Kloster Tegernsee gehabt hat, so mußte ihm

---

[48] Sigm. Riezler, Geschichte Baierns 2 (1880) S. 54 ff.
[49] Th. Wiedemann, Geschichte der Pfarrei Hegling, Beiträge z. Gesch., Topographie u. Statistik des Erzbistums München und Freysing 2 (1851) S. 295—396.
Da die Edlen von Hegling Ministerialen der Grafen von Falkenstein-Neuburg
waren und Ministerialen oft das Wappen ihrer Herren führen, hat der Kudrundichter bei der Fahne der Heglingen Str. 1372 (*guldiniu bilde* in Weiß) wohl an
das Wappen der Falkensteiner (goldener Falke auf goldnem Dreiberg in Blau)
gedacht. Gold in Weiß (= Silber) ist nach heraldischen Gesetzen unmöglich, wie
es auch das Str. 1368 angegebene „braun" in der Heraldik nicht gibt.

Hegling um so bekannter sein, da Kloster Tegernsee seit alters Besitzungen in Hegling hatte. Umgekehrt den Ortsnamen Hegling, der bereits 804 belegt ist, als Reflex einer Kudrundichtung nehmen zu wollen, wäre völlig absurd.

Das nötigt uns die Frage auf, wie weit urkundliche Namenbelege als vorliterarische Zeugnisse für die Verbreitung einer Dichtung dienen können. Seit 100 Jahren gilt es als ausgemacht, daß die Personennamen *Hôrant* in bairischen Urkunden des 12. Jahrhunderts eine Bekanntschaft der Kudrundichtung im Baiern des 11. Jahrhunderts bezeugen. Nach den Zeugnissen für die frühe Hildedichtung hieß die betreffende Gestalt der Hildedichtung *Herrand* < *Harirand* [49a]. Das ist ein weit verbreiteter guter altdeutscher Personenname, der niemals in die Lautung *Hôrand* übergehen konnte. *Hôrand* entstand vielmehr aus *Hôch-rand* mit frühem Verklingen des spirantischen Reibelautes wie in bair. *Gasteig* aus *gachsteig* und *Hômotimgen* (1091) aus *Hôchmotingen* und steht in e i n e r Namensippe mit *Hôbrecht, Hôfrid, Hômuot*. Während Boppe, Weinschwelg, Wartburgkrieg, Dukus Hôrand und Salman und Morolf den Namen der Kudrundichtung von 1233 entnahmen, ist *Hôrand* als lebendiger Personenname vorher nirgends belegt als nur im Bereich des Klosters Tegernsee, und zwar in zahlreichen Belegen 1102—1155 bei Adelsfamilien, dann auch in niedrigerer Schicht bis 1217. Die einzig plausible Erklärung ist, daß der Kudrundichter den in der Hildedichtung vorgefundenen Namen *Herrant*, der auch im mittelalterlichen Baiern üblich und ungemein häufig ist, bewußt in den nur im Tegernseer Bereich üblichen Namen *Hôrant* umänderte, wohl in Anspielung auf eine ihm bekannte Persönlichkeit dieses Namens.

Ein ähnliches Bild gewinnen wir auch von anderen Namen der Kudrun. *Sigebant* (Str. 1) ist nirgends belegt als nur im Bereich des Klosters Tegernsee (das Grundwort *bando „vexillum"* ist langobardisch). Der Name *Gêr (:hêr)* statt *Gêro* zeigt bereits bairische Apokope der schwachen Deklinationsendung wie der Name *Gêr* in einer Regensburger Urkunde von 1110 und zahlreiche *Sigibot* statt *Sigiboto* im 12. Jahrhundert. Der Name *Ortrûn* ist als Personenname nirgends belegt als allein in Regensburg und Passau. *Ortwin*, sonst nur im 8. Jahrhundert (in Lorsch) bezeugt, tritt in den Traditionen von Tegernsee, Regensburg, Freising und Passau im

---

[49a] Da noch das ganze Mittelalter über *Herirand* als Nebenform von *Herrant* überliefert ist, ist die Etymologie eindeutig. Fr. R. Schröder, Dt. Vjschr. 32 (1958) S. 67 ff. betrachtet das an. *Hjarrandi* isoliert und deutet es als Wodansname aus *herran, mhd. *hurren* „sich schnell bewegen", während Jan de Vries, Altnord. etymol. Wörterbuch (1961) *Hjarrandi* eher als Ableitung aus dem westgerm *Harirand* ansehen möchte.

12. Jahrhundert ungemein häufig auf [49b]. Auch die Namen *Gerlind, Hartmuot, Herwig, Hildburg, Hergart* sind im mittelalterlichen Baiern geläufig, auch gerade in Kreisen der Leibeigenen, so daß sich schon deshalb die Annahme einer literarischen Herkunft verbietet. Vielmehr wird deutlich, daß der Kudrundichter von 1233 auf die lebendige Namenwelt seiner bairischen Heimat zurückgriff. Die Gegenprobe ergibt, daß andrerseits der Name *Cûtrûn, Chûtrûn* in Baiern überhaupt nicht als Personenname bezeugt ist, *Cundrûn* nur bei einer Freisinger Leibeigenen von 855, *Gudrûn* (vielleicht unter Nichtbeachtung des Nasalstriches verlesen aus *Gundrûn*?) nur bei einer Leibeigenen des Klosters Obermünster in Regensburg 1177 und 1130/40 in Passau. Die *Chûtrûn, Chautraun* der Kudrundichtung ist also in Baiern nicht bodenständig und muß auf literarischem Wege hierher gekommen sein (auf welche Weise, soll später erörtert werden).

6. Verflechtung mit der bäuerlichen Welt

Wie dem Kudrundichter beim Ausspinnen der Nordseemäre zum Gegenbild des Kriemhildeepos Wappen, Namen und Ereignisse seiner bairischen Heimat in den Sinn kamen, so mischten sich ihm auch die Bilder der höfischen Welt mit den Szenen seiner bäuerlichen Umwelt. Wir sahen es bereits bei der Wäscherinszene, der Zentralszene der ganzen Dichtung. Als es galt, den normannischen Königshof als patriarchalisch und rückständig von der höfischen Haltung der Hegelingen anzuheben, zeichnete der Dichter nicht etwa einen jener der Fehde und der Jagd ergebenen Fürstenhöfe vorhöfischer Prägung. Trotz der vieltürmigen Burg ist der normannische Königshof wie ein bairischer Bauernhof geschildert, die Königin Gerlind wie eine Großbäuerin, die das Heft im Hause fest in der Hand hält, das Gesinde täglich zur Arbeit einteilt, Arbeitszeit und Arbeitsleistung genau überwacht, sparsam Kleider und Schuhe in der Truhe verschließt, das Gesinde mit eigener Hand körperlich züchtigt und aus Sparsamkeit und Grausamkeit zwingt, auch bei schlechter Witterung barfuß zur Arbeit zu gehen. Wo hätte im hohen Mittelalter sich jemals eine Fürstin im einzelnen um Arbeit und Arbeitszeit, Gewand und Schuhbekleidung des Gesindes und um das Waschen der Wäsche gekümmert, wo doch selbst der kleinste Hof das Amt des *kammeraere* hatte? Wo hätte das Gesinde

---

[49b] Vgl. Th. Bitterauf, Die Traditionen des Hochstifts Freising (1905; Max Heuwieser, Die Traditionen des Hochstifts Passau (1930); Jos. Widemann, Die Traditionen des Hochstifts Regensburg und des Klosters St. Emmeram (1913); Schenkungsbuch des Stiftes Obermünster zu Regensburg, Quellen z. bayer. u. dt. Gesch. 1 (1856) S. 147 ff.; Peter Acht, Die Traditionen des Klosters Tegernsee (1952; Ernst Förstemann, Altd. Namenbuch 1 (²1900); K. Müllenhoff, ZdA. 12 (1865) S. 315.

morgens die königlichen Ehegatten aus dem Schlaf stören müssen, um die Herausgabe von Schuhwerk zum Arbeitsgang zu erbitten? Es ist die bäuerliche Welt, die hier wie sonst fast nie vom Scheinwerfer der Dichtung beleuchtet wird. Oswald von Wolkenstein hat mit köstlicher Lebendigkeit und beißender Satire in seinem Gedichte „Stand auf, Maredel" (46) solch eine keifende und arbeitsanweisende Bäuerin am Morgen inmitten ihres noch schlaftrunkenen und arbeitsunlustigen Gesindes geschildert. Im bairisch-österreichischen „Meier Helmbrecht" klingt im Vorbeigehn die Frage an, ob man dem Bauernknecht Schuhe geben soll (v. 1086 f.). Zeitlich und sachlich noch näher stehen die Gedichte des Neidhard von Reuenthal, wenn sie auch die bäuerliche Welt vom Standpunkt des tanzlustigen Ritters aus sehen, in der Konzentrierung auf den Maientanz und auf das Verhältnis von Mutter und Tochter eingeengt. Die Szene, wie die Königin Gêrlind Gudrun des Verlustes der Wäsche wegen nackt ausziehen und an eine Bettstatt binden läßt, um sie mit eigener Hand und Dornenbesen gründlich zu züchtigen, vergleichen sich etwa die Szenen bei Neidhart, wo die Tochter der verweigerten Tanzkleider wegen die verschlossene Kleidertruhe aufbricht und von der erzürnten Mutter deswegen mit einem großen Spinnrocken verprügelt wird: „*Si begund ir tohter bliuwen unde stôzen*" (H 25,9), wo die Mutter der Tochter, die zum Tanze weglaufen will, Schläge androht (H 18,25) oder wo die Mutter die Bitte um die Festkleider und ihre Trotzrede mit dem Griff zum Rechen beantwortet, um sie zu verprügeln (H 8,36). Immer wieder kreisen diese Lieder um die von der Bäuerin im Kasten verschlossenen Kleider der Tochter, (z. B. „*von wât vil wol versperret was in einem kasten grôzen* HMs 3,235 a) genau wie auch Gêrlind Kleider und Schuhe der Gudrun verschlossen hat. Dem fruchtlosen Bitten Gudruns um Herausgabe der Schuhe (Str. 1202) entsprechen unmittelbar die Szenen bei Neidhart, wo die Mutter der Tochter die Kleider zum Tanz ausdrücklich verweigert (z. B. H 24,32) und einmal werden dabei auch gerade die S c h u h e verweigert und die Mutter sagt: „*Der schuoh und der kleider springest âne beider*" (H 22,28). Das Verhältnis des „*armen ingesindes*" (Str. 1194) zu der grausamen Gêrlind entstammt also der bäuerlichen Welt. Damit wird es nicht weniger ergreifend im allgemeinen menschlichen Sinne, aber es dürfte von den Kreisen, die an die höfischen und nachhöfischen Epen gewohnt waren, schwerlich als stilgemäß empfunden sein!

7. Wie kam der Name Gudrun in die Kudrun?

Die Hildedichtung, die dem Kudrundichter den Anlaß zur Weiterdichtung gab, ist, dem Schwergewicht der Nordseenamen nach zu urteilen, eine brabantische Dichtung gewesen. Die erste Kunde von ihr brachte der Moselfranke Lamprecht mit seinem möglicherweise erst in Regensburg gedichteten „Alexander" (V v. 1321 bis 1338) nach Baiern. Ob damals über diese Andeutung hinaus auch schon der volle Text nach Baiern kam [50], mag dahingestellt bleiben. Eher möchten wir in der Gattin des ersten Wittelsbacher Baiernherzogs Otto, der Mutter Ludwig des Kelheimers, die Vermittlerin sehen. Ludwigs Mutter Agnes war die Tochter des Grafen Ludwig von Looz (im Limburgischen zwischen Maastricht und Löwen, nicht weit von der brabantischen Grenze) und nannte den Sohn nach ihrem eignen Vater. Sie hat einen spezifisch Maastricher Heiligen (Servatius) in Baiern eingebürgert und sein Leben nach aus Maastricht bezogenen Quellen im Wittelsbacher Kloster Indersdorf in bairische Sprache umsetzen lassen [51]. Ebenso gut konnte sie eine brabantische Hildedichtung nach Baiern vermitteln. Daß man das Brabantische in Baiern verstehen konnte, zeigen die brabantischen Brocken, die im Meier Helmbrecht dem Raubritterhandwerk treibenden Bauernsohn in den Mund gelegt werden (v. 717 f.; 764 ff.). Die Beziehungen zur Heimat der Mutter werden am Hofe Herzog Ludwigs nicht ganz abgerissen sein. Im Jahre 1214 beteiligt er sich an einem Heereszuge gegen den Herzog von Brabant. Er geriet dabei in die Gefangenschaft der Grafen von Limburg und Jülich, die er auf Burg Nideck, ca. 65 km östlich von Lüttich, also in Reichweite Brabants und Limburgs, verbringen mußte. Im Jahre 1219 führte Herzog Ludwig in Vertretung des Kaisers das unglückliche Kreuzzugsunternehmen von Damiette in Ägypten, an dem vornehmlich zur See gekommene Niederländer und Friesen teilnahmen. Wenn der Kudrundichter seine Hegelingen auf der Fahrt zur Befreiung Gudruns am Berge Givers vorbeischiffen läßt (Str. 1126—1136), so muß das letzthin auf Erzählungen dieser Kreuzfahrer von ihrer Fahrt am Ätna vorbei (*Mons Gyber* bei Caesarius von Heisterbach XII, 12. 13, sonst *Monte Gibello*) zurückgehen [52], die durch Herzog Ludwigs Gefolge nach Baiern vermittelt sein mögen.

Der Name *Chûtrûn* < *Gundrûn* (*Chautraun* in der Ambraser Hs.) weist mit seinem wahrscheinlich ein spirantisch gesprochenes g wiedergebenden anlautendem *Ch* und mit dem Nasalverlust auf eine brabantische Vorlage. Der Nasalverlust für Spirans erstreckt sich bei *fîf* < *fünf* und *süd* < *sünþ*, vielleicht auch bei *swîd* < *swinþ*

---

[50] So Herm. Menhardt, Zur Herkunft des „Dukus Horant", Mitteilungen aus dem Arbeitskreis für Jiddistik 2 (1961) S. 33—36; ders., Regensburg ein Mittelpunkt der Epik, Verhandlungen d. hist. Ver. f. Oberpfalz 100 (1960/61) S. 193—202.
[51] Friedr. Wilhelm, Sankt Servatius, 1910, S. LV ff.
[52] Vgl. Friedr. Wilken, Geschichte der Kreuzzüge 6 (1830), S. 162 ff.; 177; S. Riezler, Jerusalempilger und Kreuzfahrer aus Baiern, Forschungen z. dt. Gesch. 18 (1878) S. 550—558.

Die Kudrun: Nordseedichtung oder Donaudichtung?

auf das gesamte niederfränkische Gebiet (mit nasalen Nebenformen), nicht nur auf das „ingwäonische" Küstengebiet wie bei *ûs* < *uns* [53]. Mit einer brabantischen Dichtung konnte also auch diese Namensform nach Baiern kommen. Jedoch gehört der Name *Gundrûn* durchaus nicht in den Zusammenhang der Hildedichtung, da er weder mit dem Namen der Eltern Hetel und Hilde, noch mit dem der Großeltern Hagen und Hilde noch mit dem der anderen Hauptbeteiligten wie Herrand, Herwig, Hartmuot stabt.

Der Name *Gundrûn* gehört vielmehr von Haus aus zur Burgundersippe bzw. zu *Gunther* von Worms. Zweifellos gab es neben den Liedern, die, im Anschluß an die historische Attilabraut Hildico, Gunther von Worms eine Grîmhilde als Schwester gaben, Parallellieder, die *Gunther* eine *Gundrûn* beigesellten. Sie sind ja in den Gudrunliedern der Edda bezeugt. Das schadenfrohe Lachen Brynhilds über Sigurds Tod zum Entsetzen der Gudrun im alten Sigurdlied (Brot 10) und im jüngeren Sigurdlied der Edda (Sigurdarkvida en skamma 30) klingt in dem schadenfrohen Lachen Gudruns in Kudrun Str. 1318—1321 deutlich wieder [54], ohne das unser deutsches Nibelungenlied dafür irgendeine Parallele böte. Der Kudrundichter hat hier offensichtlich in seiner manieristischen Arbeitsweise ein ihm eindrücklich erscheinendes Motiv eines niederfränkischen Siegfriedliedes übernommen, obwohl es zu seiner Heldin recht wenig paßte. Er kannte also neben der brabantischen Hildedichtung auch ein brabantisches Siegfriedlied, das den Eddaliedern in dieser Hinsicht entsprach. Er hat, als er der Männerverderberin Krîmhild des Nibelungenliedes eine Gegengestalt versöhnender Art entgegensetzen wollte, diesem Parallellied den Namen seiner Anti-Krîmhild entnommen, und dies mit um so mehr Recht, als ja dieses mutmaßliche Siegfried-Brünhild-Gudrunlied die Schwester Gunthers noch nicht als Rächerin, sondern nur als Liebende darstellte. Der Name *Chûtrûn* unter den süddeutschen Personennamen des 12. Jahrhunderts kann also höchstens eine Kenntnis jenes Siegfried-Brünhild-Gudrun-Liedes beweisen, keineswegs aber, daß es damals schon

---

[53] Vgl. Th. Frings, Grundlegung einer Geschichte d. dt. Sprache, 1948, S. 44, Karte 46; Joh. Franck, Mndl. Grammatik, ²1910, § 115,4; Max Schönfeld, Historicse Grammatike von het Nederlands, ²1924, S. 32, Nr. 29, Opm. 1; G. G. Kloeke, Zum Ingwäonismenproblem, Niederdt. Studien für Conr. Borchling, 1932, S. 338 bis 366.
[54] So auch Hugo Kuhn, a.a.O. S. 138. Anders Friedr. Panzer, Hilde-Gudrun, 1901, S. 384, der hier das Erkennungslächeln der Königstochter „König Rother" v. 3883 ff. nachgebildet sieht. Möglicherweise hat der Kudrundichter in seiner manieristischen Art das Erkennungslächeln aus dem Rother mit dem gellenden Lachen Brünhilds vereint: ein Erkennungslächeln würde man weder durch die ganze Burg bis ins Königsgemach hören (so Kudrun Str. 1320), noch könnte man es „zuchtlos" nennen.

eine die Hildedichtung fortsetzende Kudrundichtung in unserem Sinne gab.

8. Das Nachleben der Kudrun und die Südeli-Ballade

Panzer hat vor 60 Jahren als unmittelbare Quelle für Gudruns Knechtschaft und Wäscherinszene das „Lied von der wiedergefundenen Schwester" (Südeli-Ballade) postuliert [55], obwohl die erhaltenen Lieder recht jungen Datums sind und nur ein einziges wenigstens bis ins 16. Jahrhundert zurückgeht. Daß diese Lieder eine Ballade des frühen Mittelalters fortsetzen, ist gänzlich unwahrscheinlich, schon deshalb, weil der Typ der Ballade überhaupt jüngeren Ursprunges ist als die Kudrundichtung. Diese Ballade läßt sich auch nicht durch Hinweis auf Gudrunarkvida I, 6—10 wahrscheinlich machen. Die Klagen der kriegsgefangenen Königinwitwe Herborg über den Verlust aller ihrer Angehörigen und Kinder und über harte Behandlung durch eine eifersüchtige Herrin haben nicht die geringste Ähnlichkeit mit dem Südelityp von der jungfräulichen wiedergefundenen Schwester und mit der jungfräulichen Wäscherin Gudrun. Das Verhältnis der Südeli-Lieder zur Kudrundichtung muß vielmehr ein Umgekehrtes sein: sie sind Abkömmlinge der Kudrundichtung [56].

Daß epische Lieder oder Epen zu Quellen für Volksballaden wurden, ist auch anderwärts erwiesen. Das „Jüngere Hildebrandlied" wird ja auf ein auch durch die Thidrekssaga bezeugtes episches Lied zurückgeführt [57], und die Volksballade „Der Jäger aus Griechenland" gibt eindeutig eine Episode des Wolfdietrichepos wieder [58]. Die Gottscheer, die im 14. Jahrhundert aus bairischem Sprachgebiet nach Krain auswanderten, haben eine Brautwerbungsballade bewahrt, in der ein Grafensohn nach dreimaligem vergeblichen Freien eine Königstochter als Krämer verkleidet entführt: hier ist der Hildeteil der Kudrundichtung von 1233 auf einfachste Formel gebracht [59]. Ebenso muß die Gottscheer Ballade von der „schönen Meererin" auf den Gudrunteil der Kudrundichtung zurückgehen: das Waschen am Meer, das Landen eines Schiffleins mit zwei

---

[55] Panzer, a.a.O. S. 399—411.
[56] R. Menéndez Pidal, Das Fortleben des Kudrungedichtes, Jahrbuch f. Volksliedforschung 5 (1936) S. 85—122; Bruno Bösch, Kudrunepos und Ursprung der dt. Ballade, Germ.-roman. Mschr. 28 (1940) S. 259—269; Martha Kübel, Das Fortleben des Kudrunepos, 1929.
[57] H. de Boor, Die nord. u. d. dt. Hildebrandssage, Z. f. d. Ph. 49 (1923) S. 149 ff.; L. Wolff, Dts j. Hildebrandlied und seine Vorstufe, Hess. Bll. f. Volkskde. 39 (1941) S. 54—64.
[58] John Meier, Balladen I (Dt. Lit. in Entwicklungsreihen, R. Volkslied 1, 1935) S. 48 s. Nr. 3.
[59] Kübel S. 63 f.; John Meier S. 50 ff. Nr. 4 (Meier denkt an Reflex der lebendigen Hildesage, obwohl die Hildesage die Krämerlist überhaupt noch nicht kannte!).

Die Kudrun: Nordseedichtung oder Donaudichtung?

Herren, das Bieten eines goldnen Ringes als Erkennungszeichen und die Rückführung der Geraubten spiegeln ja die Kudrundichtung bis in Einzelheiten genau wieder [60]. Offenbar wurde das Lied aus dem Pustertal nach der Gottschee mitgenommen und dort so wenig verändert, wie dies wohl nur in einer Sprachinsel möglich ist. Andere Fassungen dieser Südeli-Balladen sangen sich die Szene immer handgreiflicher zurecht: die in früher Jugend Entführte oder Verwaiste, bei fremden Leuten als Magd Dienende wird von einem Ritter mit einem Goldreif um eine Liebesnacht angegangen, aber beide erkennen sich noch rechtzeitig als Bruder und Schwester, und oft verheißt der Bruder am Schluß der Schwester eine standesgemäße Heirat. Eine meines Wissens noch unveröffentlichte Volksballade des 19./20. Jahrhunderts, die ich 1940 von einem Hamburger Seemann hörte, zieht alle Register der Sentimentalität, indem sie die Szene der Wiedererkennung brutal in ein Hurenhaus verlegt. Daß der Ausgangspunkt dieser Balladen die Kudrundichtung ist (und nicht umgekehrt), zeigt sich auch darin, daß häufig zwei oder mehrere Ritter auftreten. Die Vereinfachung von Bruder und Bräutigam zu einer Gestalt liegt im Zuge liedhafter Vereinfachung. Wo zwei Gestalten auftreten, muß das Relikt der ursprünglichen Kudrundichtung sein. Wenn man demgegenüber eine Kudrundichtung postuliert, die den Bruder allein als Befreier zeigt [61], so legt man die Hand an den Kern der Dichtung, die doch auf der Treue zum Bräutigam aufgebaut ist und somit notwendig den Bräutigam als Befreier verlangt. Daß der Kudrundichter den Bruder bei der Befreiung mitwirken läßt (was dann zum Angelpunkt der Südeli-Balladen wird), liegt durchaus im Zuge der Motivhäufung, die die ganze Kudrundichtung durchzieht und Kennzeichen ihres „Manierismus" ist: der Dichter wollte auf die Konstellation der Hildedichtung (Kampf zwischen Brauträuber und Brautvater) nicht verzichten trotz der ganz anderen Situation (da der Vater auf dem Wülpensand gefallen ist, muß statt dessen ein Bruder eingeführt werden). Der Name des Bruders Ortwin ist ohne Stabung mit seiner Sippe, also jung, dagegen ist er auf Ortrûn abgestimmt, deutet also schon im voraus auf die Versöhnung des Schlusses.

Da sich außerhalb des Ambraser Heldenbuches keinerlei handschriftliche Spuren der Kudrun finden ließen, hat die Kudrundichtung mit ihrem Anspruch, einem höfischen oder doch ritterlichen Publikum ein versöhnliches Gegenbild zum Nibelungenlied zu bieten, offensichtlich keinen wirklichen Erfolg gehabt. Nur der

---

[60] Kübel S. 54—61; John Meier S. 52—55, Nr. 5 (Meier will hier und Jb. f. Volksliedforschung 5, 1936, S. 85, Anm. 1 wiederum nicht das Epos, sondern die lebendige Volkssage als Quelle sehen).
[61] Vgl. Herm. Schneider, Heldendichtung, Geistlichendichtung, Ritterdichtung, ²1943, S. 395.

Biterolf (ca. 1260) zeigt deutliche Spuren der Kudrunlektüre, auch der Wartburgkrieg, die Rabenschlacht, Dietrichs Flucht, Rudolf von Ems, Wilhelm von Orleans und nicht zuletzt die 1382 in Regensburg gedichtete jiddische Kudrundichtung „Dukus Hôrant" mit spielmännischem Einschlag [62]. Erst das Zeitalter des Biedermeier fühlte die Wahlverwandtschaft und wußte die Kudrun zu schätzen, ja, über das Nibelungenlied zu erheben.

Genauso hat der Balladendichter des ausgehenden Mittelalters empfunden, als er die Wäscherinnenszene, die der heimatlichen und bäuerlichen Verbundenheit des bairischen Dichters entsprungen war, für ein bürgerliches und bäuerliches Publikum zur Ballade gestaltete. Wie bei jeder Volksdichtung wurde das Spezielle, Historische und Einmalige ins Typische und Allgemeinmenschliche umgebogen und der Erlebnissphäre und dem Erlebnishunger eines breiteren Publikums noch stärker angepaßt. So hat sich die Kudrundichtung, deren höhere Ansprüche und edleres Wollen sich mangels dichterischer Durchbildung, auch wegen des Wandels des Zeitideals und wohl auch wegen der dem Binnenlande fremden Meeresszenerie beim ritterlichen Publikum sich nicht durchsetzen konnten, Jahrhunderte lang, wenn auch bruchstückhaft, in d e r Welt lebendig gehalten, der sie die lebendigsten Farben verdankt!

Das spätere Wappen des Klosters Tegernsee.
Verschlungene Seerosenblätter

Der rote Zickzackbalken in Weiß, das Stammwappen der Wittelsbacher als Grafen von Scheyern

Das Wappen der Grafen von Falkenstein. Ein goldener Falke auf goldenem Dreiberg

Wappen der Pappenheimer (Cäsarenkopf) nach einer antiken Kaisermünze oder Gemme.

CHRISTUS MIT SEINEN JÜNGERN IM STURM AUF DEM SEE GENEZARET IN SEETÜCHTIGER HANDELSKARAVELLE DER ZEIT, HOLZSCHNITT ZU LUKAS 8

Die Brautwerbungs-, Meererin- und Südeli-Volksballaden und das Kudrun-Epos von 1233

Von HELLMUT ROSENFELD (München)

Vor 65 Jahren behauptete kein geringerer als Friedrich Panzer, das „Lied von der wiedergefundenen Schwester" („Südeli-Lied") sei Quelle für Gudruns Leiden im mhd. Kudrun-Epos, und er rechnete zu den Varianten dieses Liedes, und zwar als „nicht eben die besten", auch die Gottscheer Meererin-Lieder[1]. Auch Schneider[2] und Kübel[3] betrachteten die Südeli-Lieder als Quelle des Kudrun-Epikers, während Menéndez Pidal und andere die Südeli-Lieder vielmehr als Schößling des Kudrun-Epos ansahen, Volksliedforscher wie John Meier[4] und Erich Seemann[5] aber überhaupt einen Zusammenhang zwischen Südeli-Lied und Kudrun leugneten.

Zunächst mag es logischer und einleuchtender scheinen, daß so, wie epische Kurzlieder der germanischen Frühzeit im Hochmittelalter zu Epen erweitert werden[6], auch Volksballaden die Keimzelle und Quelle für epische Großdichtungen geworden sein könnten. Dagegen spricht jedoch schon das chronologische Verhältnis. Die Volksballade ist eine Gattung des Spätmittelalters, die frühestens Mitte des 13. Jahrhunderts zu entstehen beginnt[7], sie kommt deshalb kaum als Quelle der Epen aus der 1. Hälfte des 13. Jahrhunderts in Frage. Auch stellten Spezialforscher als das Gewöhnliche und Normale fest, daß Volksballaden epische Großerzählungen zu Tanzliedern verdichten oder einprägsame Szenen daraus zu Balladen

---

[1] Friedrich Panzer, *Hilde-Gudrun*, Halle 1901, S. 399 ff.
[2] Hermann Schneider, in: Vom Werden des deutschen Geistes, Festgabe für Gustav Ehrismann (1925) S. 118 ff., und: *Deutsche Heldensage*, Berlin 1930, S. 121 f.
[3] Marta Kübel, *Das Fortleben des Kudrunepos*, Leipzig 1929.
[4] *Das deutsche Volkslied* (Dt. Literatur in Entwicklungsreihen) hrsg. von John Meier Bd. 2 (1936, ²1964) S. 22.
[5] *Deutsche Volkslieder mit ihren Melodien* Bd. 4, hrsg. von Erich Seemann und Walter Wiora, Berlin 1959, S. 20.
[6] Vgl. Andreas Heusler, *Lied und Epos in german. Sagendichtung*, Dortmund 1905.
[7] Bruno Boesch, *Kudrun und Ursprung der deutschen Ballade*, in: Germ.-roman. Monatsschrift 28 (1940) S. 259—269. — Unkenntnis und Leichtsinn paaren sich, wenn Roswitha Wisniewski, *Kudrun*, Stuttgart 1963, S. 26—28, auf Grund des in der Fassung von 1750/80 vorkommenden Wortes Südeli „sudelnde, unordentliche Person", das aber nach ihr der Name der Heldin aller Balladen dieses Typus sein soll, die Südeli-Ballade ins 4./5. Jahrhundert datiert! Vgl. dazu H. Rosenfeld, Zeitschr. f. dt. Philol. 84 (1965) S. 287—290.

verselbständigen. Menéndez Pidal hat das an spanischem Material überzeugend dargetan[8]. Auch Erich Seemann kommt zu dem Ergebnis:

„An der Umsetzung von Episoden epischer Werke zu kurzen Tanzliedern, wie wir dies vom Spätmittelalter an bei etlichen Völkern Europas beobachten können, hat auch Deutschland teilgenommen, allerdings lange nicht in dem Umfange, wie dies anderswo geschah[9]."

Als gesichert sieht Erich Seemann die Herkunft dreier deutscher Volksballaden aus dem Wolfdietrich-Epos des 13. Jahrhunderts an: das Lied vom „Verkleideten Markgrafensohn", vom „Jäger aus Griechenland" und von der „Geburt im Walde"[10]. John Meier zählte zu den gesicherten Fällen auch die Gottscheer Ballade „Tod zweier Liebenden", die den Schluß des Tristan-Epos des Eilhart von Oberg und ihm folgend des Ulrich von Türheim wiedergibt. J. Meier spricht allerdings von Herkunft aus der Tristan-Sage, als ob es unabhängig von den aus dem Französischen schöpfenden Tristanepen eine deutsche Fassung der französischen Tristansage gegeben habe[11]. Er sieht die Gottscheer Ballade sogar als Dokument dafür an, daß „außerhalb der auf uns gekommenen Dichtung in mündlicher Überlieferung die Tristansage in Deutschland weiterlebe"[12]. Es besteht aber keinerlei Grund dazu, die Volksballade nicht aus dem Tristan-Epos abzuleiten.

Offensichtlich hat John Meier ein Vorurteil gegen Ableitung von Volksballaden aus Epen. Denn auch bei der Gottscheer B r a u t w e r b u n g s b a l l a d e urteilt er ähnlich. Statt diese Ballade vom Markgrafensohn, der die begehrte Braut durch einen Krämer zur Besichtigung der Waren auf sein Schiff einladen und entführen läßt, auf die bekannte Entführung der Königstochter Hilde durch die als Krämer getarnten Recken Wate und Horant im Kudrunepos von 1233 zurückzuführen, denkt John Meier an Entlehnung aus der dem Kudrun-Epos vorangehenden Hilde-Sage[13]. Das war ein Irrtum, kennt doch die Hilde-Sage die Entführung durch Krämerlist beauftragter Brautwerber überhaupt nicht. Bekanntlich hat sie erst der Kudrundichter von 1233 in seine Hilde-Erzählung eingeführt, um andrerseits den der Hilde-Sage eigenen Schluß, die tragisch, d. h. mit dem Tod des verfolgenden Brautvaters, endende Brautentführung durch den Bräutigam selbst in den Gudrunteil seines Epos hinübernehmen zu können.

Erich Seemann hat schon 1941 John Meiers Ergebnis von 1935, bei dem er mitgewirkt hatte, widerrufen. Er kommt jetzt zu einem völlig anderen Ergebnis. Die Entführung durch Krämerlist sei ein so stark verbreiteter Erzählstoff und müsse deshalb unabhängig von einander in der Urform der Gottscheer Brautwerbungsballade und im Kudrun-Epos dichterisch geformt sein, man wisse nicht, aus welcher

---

[8] R. Menéndez Pidal, *Das Fortleben des Kudrungedichtes*, in: Jahrbuch für Volksliedforschung 5 (1936) S. 85—122 bzw. 88 ff.
[9] Erich Seemann, *Ballade und Epos*, in: Schweizerisches Archiv für Volkskunde 51 (1955) S. 147—183.
[10] Erich Seemann, *Wolfdietrichepos und Volksballade*, in: Archiv für Lit. und Volksdichtung 1 (1949) S. 119—176; ders., *Ballade und Epos* (s. Anm. 9).
[11] *Das deutsche Volkslied* Bd. 1 (1935, ²1964) S. 55—58.
[12] *Deutsche Volkslieder mit ihren Melodien* Bd. 1, hrsg. von John Meier (1935) S. 84.
[13] *Das deutsche Volkslied* Bd. 1 (1935, ²1964) S. 50—52.

Quelle[14]. Seemann vergißt dabei, daß wir die Quelle des Kudrun-Epikers von 1233 sehr genau kennen, den „König Rother"! Der Kudrun-Epiker vereinigte erstmals zwei im „König Rother" noch getrennte Motive, einerseits die Brautentführung mit Einwilligung der Braut (sie erfolgt durch Rother, den Bräutigam, selbst), anderseits die Entführung durch einen Beauftragten mittels Krämerlist (es handelt sich um Rothers Gattin, und sie erfolgt durch einen Beauftragten des Vaters der Gattin): daraus macht erst der Kudrun-Dichter die Brautentführung unter Einwilligung der Braut, aber durch Beauftragte und mittels Krämerlist! Da die Gottscheer Brautwerbungsballade diese erst durch den Kudrun-Dichter von 1233 geschaffene Kombination aufweist, besteht keinerlei Zweifel, daß auch diese Gottscheer Ballade auf das Kudrun-Epos von 1233 zurückgeht, und das stimmt ja auch zu den allgemeinen Erwägungen, daß Herkunft der Volksballade aus Epen das Gewöhnlichere ist.

Selbstverständlich sind aus epischem Zusammenhang gelöste Motive im Laufe der jahrhundertelangen mündlichen Weitergabe der Volksballaden der Zerrüttung und Entstellung anheimgegeben. Sie kommt bei der Gottscheer Brautwerbungsballade besonders deutlich zum Ausdruck dadurch, daß e i n e Fassung nicht den Krämer die Braut für den Markgrafensohn, sondern vielmehr den Markgrafensohn für den Krämer entführen läßt. So wird auch die mehrmalige vergebliche Werbung des Markgrafensohnes verderbt sein aus der mehrfachen Abweisung und Tötung anderer Werber, die in dem Kudrun-Epos von 1233 den Grund bietet dafür, eine Brautentführung mittels Krämerlist zu planen. Das Motiv des tyrannischen, alle Werber abweisenden Brautvaters ist durch die mehrfache, aber beharrliche Werbung des Markgrafensohnes ersetzt, das Motiv des Einverständnisses der Braut mit der Entführung ist rudimentär noch erhalten, aber bereits verdunkelt. Wenn aber e i n e Fassung berichtet, der Markgrafensohn habe die mühsam entführte Braut mit der Krücke die Stiegen hinuntergejagt aus Rache für die frühere Abweisung seiner Werbungen, so zeigt das ein Umdichten des Ursprünglichen vom Standpunkt des kleinen Mannes der Spätzeit. Das Motiv ist aus der Höhe und Weite königlicher Brautwerbung in die borniertе Enge eines „Kraches im Hinterhaus" hinabgeglitten. Das mahnt uns, bei diesen erst im 19. Jahrhundert aufgezeichneten Volksballaden eine weitgehende Zersetzung des Motives durch die Loslösung aus dem epischen Zusammenhange in Rechnung zu stellen. Unter diesem Gesichtspunkt werden die noch vorhandenen Übereinstimmungen mit dem Kudrun-Epos von 1233 anderseits beweisend für die Herkunft der Ballade aus der Kudrun, umsomehr, da ja auch in den Meererin-Balladen die Herkunft aus der Kudrun zu erweisen ist.

Daß die Gottscheer M e e r e r i n - B a l l a d e ein Schößling des Kudrun-Epos ist, nahmen mit Ausnahme von Friedrich Panzer[15] nahezu alle Kudrun-Forscher

---

[14] Erich Seemann, *Die Zekulo-Ballade und die Ballade von der Brautwerbung*, in: Jahrbuch f. Volksliedforschung 7 (1941) S. 40—70; vgl. auch E. Seemann, Rhein. Jahrbuch f. Volkskde. 12 (1961) S. 79.
[15] Vgl. Anm. 1.

an, vor allem aber Kübel[16] und Menéndez Pidal[17]. John Meier hat bei seinem Vorurteil gegen Herkunft der Volksballaden aus Epen statt des Kudrunepos wieder einmal die lebendige Sage, die Gudrunsage, als Quelle angenommen[18], wobei er vergaß, daß eine Gudrunsage vor der Kudrun von 1233 noch von niemandem nachgewiesen oder auch nur wahrscheinlich gemacht werden konnte. Alles spricht vielmehr dafür, daß der Gudrunteil des Kudrunepos von 1233 aus der Hildesage entfaltet wurde. Der Kudrundichter hat ja im Wettstreit mit dem Nibelungenlied und als Gegenbild zu Kriemhild, die aus Treue zu ihrem Gatten zu aktiver Rache schreitet und zur Teufelin und Mörderin wird, seine leidende und sich zur Versöhnung durchringende Heldin gestaltet, wobei er Teile der Hildesage in den Gudrunteil aufnahm und das Epos mit einer Fülle spezifisch bairischer Elemente füllte, angefangen von den Alben (Bergweiden) und der Erscheinung des Föhns, historischen Anspielungen, insbesondere auf Regensburg und Wappen des bairischen Raumes, darunter die genaue Wiedergabe des Wittelbachschen Wappens in genauer Farbgebung[19].

Freilich hat Erich Seemann im Zusammenhang mit der Kate-Ballade für die Meererin und andere Volksballaden jeden Zusammenhang mit dem Kudrun-Epos geleugnet, obwohl dies ganz zu seiner eignen Feststellung passen würde, daß Volksballaden vielfach Umsetzung von Episoden epischer Werke sind[20]. Seemann möchte hinter der Meererin lediglich die weit verbreitete Geschichte von der listigen Entführung einer Mutter durch Seeräuber sehen, ohne zu erkennen[21], daß damit die Eigenheiten der Meererin überhaupt nicht erfaßt werden und daß überdies Menschenraub an den Mittelmeerküsten durch Mauren bis ins 19. Jahrhundert belegt ist, daß es aber nur einer List bedarf, wenn man eine bestimmte hervorragende Persönlichkeit entführen will.

Zunächst ist eindeutig, daß ein Bauernvolk in tief eingeschnittenen, von Bergen bis 1253 Meter Höhe umgebenen Tälern nicht von sich aus die Meerszenerie der Meererin erdichten konnte: das Waschen am Meer, die Ankunft eines Schiffes, die Entführung mit dem Schiff. Die Gottscheer müssen die Urfassung dieses Liedes mitgebracht oder von anderen übernommen haben. Haben sie das Lied von der istrischen Küste um Triest oder von den Kroaten um Fiume übernommen? Der Hafen von Fiume liegt der Luftlinie nach nur ca. 50 km, der von Triest ca. 90 km entfernt, aber unwegsames Gebirge trennt die Täler der Gottschee von den Küstenlandschaften, während die Flußläufe und Wege zum Binnenland nach Krain (Laibach) führen und von hier über die Karawankenpässe nach Kärnten, also über-

---

[16] Vgl. Anm. 3.
[17] Vgl. Anm. 8.
[18] *Das deutsche Volkslied*, hrsg. v. John Meier Bd. 1 (1935, ²1964) S. 55; *Deutsche Volkslieder mit ihren Melodien* Bd. 1, hrsg. von John Meier (1935) S. 43.
[19] Vgl. H. Rosenfeld, *Die Kudrun: Nordseedichtung oder Donaudichtung?*, in: Zeitschr. f. dt. Philol. 81 (1962) S. 289—314.
[20] Vgl. Anm. 9.
[21] Erich Seemann, *Die Gottscheer „Kate"-Ballade. Ein Beitrag zu den Liedern von der „Meererin"*, in: Rhein. Jahrbuch f. Volkskde 12 (1961) S. 63—79.

all zum Binnenland. Die Anschauungen dieser Meererin- und Kate-Balladen sind durchaus binnenländisch bis hin zu der kuriosen Vorstellung, man könne am Meeresstrand Blumen pflücken und Schiffe damit beladen. Weisen die geographischen Verbindungen aus der Gottschee nach Kärnten, so erinnern wir uns, daß die Gottscheer im 14. Jahrhundert von oder über Kärnten kamen. Sie wurden angesiedelt von den Grafen von Ortenburg, die nicht nur in Krain, sondern auch in Baiern zuhause sind und die überdies im Kudrunepos von 1233 in durchsichtiger Verschleierung in Ortwin von Ortland verherrlicht werden und, weil sie die bairische Pfalzgrafschaft Ottos von Wittelsbach erbten, mit dem Wittelsbachischen Hauswappen versehen wurden. So muß zunächst einmal geprüft werden, welche Argumente für die Verbindung der Meererin-Balladen mit dem bairischen Kudrun-Epos von 1233 sprechen, ehe vage Zusammenhänge anderer Art wichtig genommen werden.

Wenn die Meererin früh morgens am Meer die Wäsche wäscht, dabei von zwei mit einem Schifflein kommenden jungen Herren überrascht, mit einem Goldring begabt, über Meer entführt und bei der Landung gehalst und geküßt wird, so stimmt das mit dem Kudrunepos überein, wo Gudrun morgens beim Waschen von Bruder und Bräutigam, die mit einer Barke landen, überrascht, durch einen Goldring von der Identität des Bräutigams überzeugt und dann (allerdings erst nach Eroberung der feindlichen Burg) zu Schiff zur Mutter geführt und von ihr freudig geküßt wird. Kann diese Übereinstimmung Zufall sein?

Die von Bräutigam und Bruder bei der für eine Königstochter erniedrigenden Arbeit des Wäschewaschens im Meer Überraschte ist für die Kudrundichtung konstitutiv und hat seit jeher die Herzen gepackt. Es wäre also nicht seltsam, wenn sie alsbald zu einer bairischen Volksballade verarbeitet worden wäre, die in der Meererinballade nachlebt. Man hat bisher verkannt, daß das Motiv der ihre Keuschheit bewahrenden und statt dessen erniedrigende Arbeiten auf sich nehmenden Königstochter die Gudrundichtung in hochhöfische Zeit datiert. In wikingischer und vorhöfischer Zeit hätte der Brauträuber die geraubte Königstochter einfach zur Ehe gezwungen, nicht aber ihre Weigerung respektiert. Nicht Gewalt, sondern erniedrigende Arbeiten sollen Gudruns Trotz brechen. Ohne hochhöfische Respektierung des freien Willens der Frau gäbe es keine Waschszene am Meer, aber in der Schilderung des als rückständig angeprangerten Normannenhofes und der grausamen Königin Gerlind hat der Dichter die Farben dem Bauernhaus seiner bairischen Heimat entnommen. Das gilt sowohl vom Barfußgehen, vom Wegschließen der besseren Kleider vom Schlagen bei Unbotmäßigkeit[22] wie auch vom Waschen selbst. Die Situation der zu erniedrigender Arbeit gezwungenen Königstochter ist in den Meererinliedern nicht mehr festgehalten, bildet aber die innere Voraussetzung: für ein Mädchen aus dem Volk wäre ja Waschen keine entwürdigende Tätigkeit, von der es befreit werden muß, sondern eine alltägliche Situation, die nicht der Erwähnung und nicht der Verklärung im Lied wert wäre!

---

[22] Vgl. H. Rosenfeld (s. Anm. 19) S. 308 ff.

Man hat bisher die Szene mit der im Meer waschenden Königstochter wie selbstverständlich auf Nordseeszenerie zurückgeführt und als Hinweis auf eine alte Nordsee-Gudrunsage angesehen. Das ist aber völlig absurd. Am Strande der See kann man der auf- und abrollenden Wogen und der wechselnden Gezeiten wegen nicht waschen, und es wäre völlig zwecklos, denn der Salzgehalt des Meeres verhindert ein Lösen des Schmutzes (dieser letztere und Hauptgrund gilt in erhöhtem Maße für das noch viel salzhaltigere Mittelmeer)[23]. Der bairische Kudrundichter von 1233 hat vielmehr die Wäscherinnen an den Flüssen seiner Heimat gekannt und, da er Gudrun zur Tochter der Hilde, von der die Nordsee-Hildesage handelt, machte, dieses Waschen widersinnigerweise auf die Nordsee übertragen. Die Nordseedichtung mag aber dem Dichter zugänglich geworden sein durch die Mutter des auch in der Kudrun als Herr von Regensburg verhüllt verherrlichten Baiernherzogs Ludwig, die eine niederländische Gräfin (Agnes von Looz) war, den Wittelsbachern den Namen ihres Vaters Ludwig zubrachte und auch die niederländische Servatiuslegende und den Servatiuskult nach Baiern verpflanzte. Sie lebte noch bei Abfassung des Kudrunepos.

Die Kombination von echter Nordseeszenerie, wie sie dem Dichter durch die Hildesage zukam, und dem aus dem Waschen im Fluß widersinnigerweise auf die Nordseeszenerie übertragenen Waschen im breiten Meer ist Eigentum des Kudrundichters von 1233, und gerade diese einmalige Kombination ist in den Meererin-Liedern festgehalten mit einem Konservatismus, wie er Sprachinseln vielfach eigen ist. Die Meererin-Lieder können also nur aus dem Kudrunepos von 1233 geflossen sein. Wo das Lied von der im Meer waschenden Königstochter zu Seeanwohnern und mit den Seeverhältnissen vertrauten Völkern kam, wurde die unmögliche Vorstellung des Waschens im Meer korrigiert. Die eine schwedische Fassung der mit den Meererinliedern verwandten skandinavischen Balladen läßt die Jungfrau zwar zum Seestrand gehen, aber vom Waschen ist keine Rede mehr[24]. Eine andere schwedische Fassung spricht zwar vom Waschen des Garnes, aber nicht am Meer, sondern im Haine oder Rosengehölz, also im Süßwasser, und das, obwohl die Seelandschaft auch hier insofern festgehalten ist, als der Ritter auf die Frage der Jungfrau, wie sie das angebotene Goldband vor der Mutter rechtfertigen solle, seinerseits vorschlägt zu sagen, sie habe das Goldband am Meeresstrand im weißen Sand gefunden[25]. Dieselbe Ausrede wird auch in der altdänischen Fassung der Ballade vorgeschlagen, die ihrerseits vorher die Jungfrau „im Bächlein am Hügel grün" waschen läßt[26]. Auch die beiden isländischen Fassungen sprechen vom Gehen zum Brunnen, um Linnen zu bleichen; bei der vom Ritter vorgeschlagenen

---

[23] Vgl. H. Rosenfeld (s. Anm. 19) S. 296 ff.
[24] E. G. Geijer / A. A. Afzelius, *Svenska Folk-Visor* Bd. 1, Stockholm 1814, S. 43—45, Nr. 8 „Jungfrau hon gick till sjöastrand".
[25] Geijer-Afzelius a. a. O. S. 46—48.
[26] Svend Grundtvig, *Danmarks gamle Folkviser*, Bd. 6, 1856, Nr. 381; Übersetzung bei Wilh. Grimm, *Altdän. Heldenlieder, Balladen und Märchen*, 1811, S. 127 ff., Nr. 5.

Ausrede tritt jetzt aber an die Stelle des Meeresstrandes der Hain[27]. Auch die spanische Romanze von der Schwester Don Buesco's in der Fassung der Juden in Marokko läßt die gefangene Königstochter im Fluß, die Fassung aus dem Nordosten Spaniens in der kalten Quelle dicht am Meer Wäsche waschen, nicht aber im Meer selbst[28].

Lassen wir die skandinavischen und spanischen Parallelen vorerst beiseite und fragen wir uns nach der Eigenart der Meererin-Balladen. Sie bewahren in der Meeresszenerie, im Waschen im Meer, in der Ankunft der beiden Befreier im Schifflein und in der Entführung im Schiff die Haupteigentümlichkeiten der Kudrunszene, sind aber im übrigen stark zersungen, was ja angesichts der sechshundertjährigen mündlichen Tradition nicht weiter verwunderlich ist. Warum das Mädchen am Meer wäscht, wird nicht erläutert, aber die Bezeichnung als „Meererin", einem sonst nicht belegten Nomen agentis zu Meer, soll wohl die „Wäscherin am Meer" bedeuten[29] und diese Handlung als ungewöhnlich oder merkwürdig hervorheben: einer Magd, die neben anderen Hausarbeiten auch die Wäsche besorgt, hätte man schwerlich solch eine Sonderbezeichnung gegeben! Die Bezeichnung ist in den vorliegenden Fassungen aber nicht mehr verstanden, sondern teils zum Ehrennamen der „schönen jungen Meererin" geworden, teils zu dem Eigennamen Marei, d. h. Maria, entstellt. Wenn die Mare-Fassungen das Mädchen zur Mutter eines jungen Sohnes machen, die zu Hause einen bösen Mann hat, so ist das eine Vermischung mit anderen Motiven. Damit hängt auch zusammen, wenn diese Frau erklärt, sie sei nicht die Meererin, sondern die Windelwascherin. Die slowenischen Lieder von der schönen Vida, die die Windeln ihres Sohnes im Meer wäscht, bauen das aus; unnötig zu sagen, daß das Waschen der Windeln im Meer, das gegen jede Realität ist, aus der Kudrun über die Meererinballade ins Slowenische geflossen sein muß und nicht umgekehrt.

Aus dem Vorweisen des Goldringes, an dem Gudrun den Bräutigam erkennt, wird in der Meererinballade das Angebot eines Goldringes. Weshalb dieses Angebot erfolgt, wird nicht angegeben, ebensowenig, ob es Befreiung oder Entführung ist, wenn die beiden jungen Herrn die Meererin ins Schiff nehmen. Nur wenn sie sie am Ende dieser Schiffahrt halsen und küssen, so zeigt das, wie gesagt, ein Nachleben der Wiedersehensszene mit der Mutter. Die Gudrunszene ist also im Laufe der Jahrhunderte in einigen Punkten bis zur Unkenntlichkeit entstellt, eine typische Zersingeerscheinung volksliedhafter Überlieferung.

Insbesondere bleibt in der Meererinballade unklar, warum z w e i junge Herren als Befreier oder Entführer auftreten. Da die erwähnten skandinavischen Balladen nur den Bruder als Befreier kennen, hat man sogar eine Kudrun-Urfassung postu-

---

[27] Svend Grundtvig-Jón Sigurðsson, Íslenzk Fornkvæði 2 (Kopenhagen 1885) S. 223 ff., Nr. 59.
[28] Vgl. Menéndez Pidal (s. Anm. 8).
[29] Die Behauptung von M. Kübel (s. Anm. 3) S. 73, Anm. 4, „Meererin" sei Übersetzung des slawischen *Primoici* (?) „Meeranwohner", das die Bewohner der adriatischen Küste bezeichne, ist abzulehnen: man übersetzt keine Völkernamen. Auch der Völkername Pommer bedeutet „Meeranwohner" und blieb selbstverständlich unübersetzt.

liert, in der der Bruder allein der Retter war. Dabei wurde verkannt, daß die unerschütterliche Treue der Braut zum Bräutigam unbedingt den Bräutigam als Befreier erfordert. Wenn der Kudrundichter von 1233 gleichwohl einen Verwandten als Begleiter gibt, so zeigt sich darin sein aus der späthöfischen Zeitsituation resultierender Manierismus[30], der ihn auch sonst zu Motivhäufungen veranlaßt. Der Versuch der Rückholung der geraubten Braut durch den Bräutigam Gudruns ist ja eine Variation des Versuches der Rückholung der geraubten Braut durch den Brautvater, den der Hildeteil bei Gudruns Mutter Hilde bringt und der im Gudrunteil sich zunächst mit tragischem Ausgang wiederholt: der Brautvater Hetel fällt auf dem Wülpensand. Bei der Wiederholung des Rückführungsversuches, jetzt mit glücklichem Ausgang, will der Dichter die Ähnlichkeit mit den früheren Rückführungsversuchen betonen, muß aber an die Stelle des gefallenen Vaters einen anderen Verwandten setzen, den Bruder. Die Beifügung des Bruders zu dem Bräutigam als eigentlichem Befreier entspringt also der individuellen, eigenwilligen Gestaltung des Kudrunepos von 1233. Sie bot aber, wurde diese Szene aus dem Zusammenhang gerissen, Ansatzpunkte zum Umbiegen des Motives. Die Meererin-Balladen haben diesen Ansatzpunkt noch nicht wahrgenommen, sondern lediglich aus Bruder und Bräutigam, wie sie sicher die bairische Urfassung der Meererinballade boten, die neutrale Zweiheit „zweier junger Herren" gemacht.

Es ist nicht ausgeschlossen, daß die K a t e b a l l a d e n von jenen älteren Meererinfassung mit Bruder und Bräutigam abgezweigt sind und sich dann stark vom Ursprünglichen entfernt haben. In den Kateballaden treffen „zwei Helden, zwei Soldaten" das Mädchen auf dem Acker beim Jäten der Hirse, und sie verrät ihnen, daß Bruder und Bräutigam sie vor 7 Jahren verlassen haben. Nun fragt der nicht erkannte Bruder das Mädchen, wer ihr lieber sei, Bruder oder Bräutigam. Als sie meint, der Bruder sei ihr dreimal lieber als der Bräutigam, weil man einen Geliebten noch einmal haben könne, einen Bruder nur einmal, wird der Bräutigam ärgerlich, und in e i n e r Fassung erschlägt er die wiedergefundene Braut. Ich finde nicht, daß diese Wendung sehr überzeugt, weil sie anachronistisch ist. In alter Zeit, in der die Ehen reine Verträge der beiderseitigen Sippen ohne Befragen der Braut um ihre Meinung waren, konnte im Ernst die Entscheidung zwischen Bruder und Bräutigam so fallen. Im Mittelalter hat im großen gesehen überall die Auffassung, daß die Liebe entscheiden solle, sich durchgesetzt, und aus der Kriemhild, die ihre Brüder an ihrem Gatten (und den eigenen Kindern mit ihm) rächt, ist in unserem Nibelungenlied die Kriemhild geworden, die den ermordeten Gatten Siegfried an den eignen Brüdern rächt. In diesem Augenblicke mußte das alte Motiv, daß der Bruder näher steht als der Bräutigam, zu einem nicht mehr ernst genommenen Neckmotiv werden. Aus Neckreimen scheint das Motiv nachträglich und gegen die allgemeine Entwicklung, die die Liebe der Geschlechter zueinander in den Mittelpunkt erhebt, hier in den Kateballaden noch einmal und widersinniger Weise ins Ernste gewandt zu sein, vielleicht auch aus der Sicht bäuer-

---

[30] Vgl. Hugo Kuhn, *Kudrun*, in: Münchner Universitätswoche an der Sorbonne zu Paris, München 1956, S. 135—143.

licher Heiratspolitik, die immer wieder Ehen in Rücksicht auf Besitz verlangt. Jedenfalls scheint mir diese Wendung des Bruder-Bräutigams-Nebeneinander sekundär.

Es lag aber nahe, die Zweiheit von Bruder und Bräutigam bei Loslösung aus dem epischen Zusammenhang zu vereinfachen, und sie mußte bei der Umdeutung des Goldringes einsetzen. In der Kudrun dient, wie gesagt, der Goldring als Erkennungszeichen. Als Geschenk mißdeutet, konnte er nur eine Aufforderung zur Liebeshingabe sein, und diesen Schritt taten die erwähnten skandinavischen Balladen, die sonst weitgehend die Meererin-Situation festhalten. Nun wird die Zweiheit von Bräutigam und Bruder durch den Bruder allein ersetzt, der unbekannt die Schwester mit dem Goldband um Liebeshingabe wirbt. Bei der Weigerung des Mädchens ergibt sich, daß es sich um die entführte Schwester handelt. Der Ritter bringt sie nach Hause. Wenn ausdrücklich gesagt wird, daß er sie standesgemäß verheiratet, so schwingt, wie mir scheint, noch rudimentär das dreifache Hochzeitsfest am Schluß des Kudrunepos nach. Durch die Reduzierung der beiden Befreier auf einen, die Wandlung des Erkennungsringes zum Liebeslohn und die als geschlechtliches Begehren mißverstandene Geschwistersympathie bekommen diese Volksballaden, die wie Hartmanns „Gregorius" an das Motiv der Blutschande unter Geschwistern rühren, einen neuen balladesken Inhalt und Sinn, aber im Waschmotiv, im goldnen Schmuckstück, in der Meerszenerie und in der standesgemäßen Verheiratung schimmert, wie ich meine, deutlich genug die aus dem Kudrunepos von 1233 unmittelbar emporgeschossene Urfassung der Meererinballade durch.

Die von Menéndez Pidal herangezogenen s p a n i s c h e n R o m a n z e n gleichen weitgehend den skandinavischen, nur bekommen sie ein nationalhistorisches Kolorit dadurch, daß die Königstochter durch die Mauren entführt wurde[31]. Das Waschen am Meer oder in Meeresnähe bleibt erhalten, wird aber (statt wie in der Kudrun) durch Eifersucht der Maurenkönigin auf die Schönheit der Gefangenen begründet; daß aber die Königin die Gefangene zu diesem entwürdigenden Waschen anhält, ist eine geringfügige Variation der Tat Gerlinds in der Kudrun von 1233 und sollte nicht übersehen werden. Wie in der Kudrun, in den Meererinliedern und den skandinavischen Balladen wird die Waschende vom Bruder überrascht, aber es paßt wenig zu der maurischen Lokalisierung, daß der christliche Königssohn ausgerechnet am maurischen Meeresstrande auf der Suche nach einer Liebsten ist. Wie in den skandinavischen Balladen ist der Bruder, der am Meeresstrande nach Liebe sucht, eine durchsichtige und noch nicht sinnvoll gewandelte Variation der Kudrunszene mit den als Spähern landenden Bruder und Bräutigam. Lassen die skandinavischen Balladen das Erkennen von Bruder und Schwester gleich bei der Weigerung der Liebeshingabe erfolgen, so verlangt hier spanischer Stolz, daß der Königssohn die als Christin erkannte Jungfrau ohne Antasten ihrer Jungfräulichkeit heimführt. Erst bei der Landung erkennt die als Kind Entführte die Heimat

---

[31] Vgl. Anm. 8.

und daß der Befreier ihr Bruder ist. Ein besonderer Einzelzug zeigt noch das Kudrunepos als Vorbild: die Königstochter wirft die Wäsche ins Wasser. Bei Gudrun im Kudrunepos ist das sinnvoll, eine Geste des Triumpfes, weil sie ihre Anerkennung als Königin nahe weiß. In der spanischen Romanze weiß ja die als Kind entführte Königstochter weder ihre Herkunft noch, was der Befreier mit ihr anfangen wird. Die Geste des Triumpfes, die im Fortwerfen der Wäsche liegt und die bei Gudrun sinnvoll ist, wirkt hier nicht so überzeugend — wenn man sie eben nicht als Relikt der Kudrunszene sieht! Es scheint mir eindeutig, daß die spanischen Romanzen Ableger jener aus der Kudrun abgezweigten bairischen Ur-Meererin-Ballade sind, die möglicherweise bei Pilgerreisen nach Spanien übertragen wurden; war doch die Wallfahrt nach Santiago de Compostella im ausgehenden Mittelalter in Deutschland so häufig, daß die Pilger eigene Bruderschaften bildeten und eine eigene Lied- und Legendendichtung hervorbrachten. Jedenfalls sind trotz der nationalspanischen Einkleidung die Parallelen der spanischen Romanzen zur Kudrundichtung, wie schon Menéndez Pidal feststellte, so überzeugend, daß ich nicht verstehe, wie man den Zusammenhang leugnen kann.

Wenden wir uns nun der viel diskutierten **Südeli-Ballade von der wiedergefundenen Schwester**[32] zu, die mit dem Kudrunepos, den skandinavischen Balladen und spanischen Romanzen das Wiederfinden der unbekannten Schwester bei entwürdigender Arbeit gemeinsam hat. Panzer und Kübel wollten sie, wie gesagt, zur Quelle für den Kudrunepiker stempeln. Dagegen spricht schon, daß das Kudrunepos völlig in epische Tradition verflochten ist, insbesondere in die Auseinandersetzung mit dem Nibelungenlied[33] und variierende Entfaltung der in der Hildesage liegenden Möglichkeiten zu einer das Schicksal der Mutter Hilde weit übersteigenden Schicksalsverkettung Gudruns[34]. Für balladeske Einflüsse bleibt da kein Raum. Dagegen spricht auch, daß es Volksballaden dieser Art im 13. Jahrhundert noch gar nicht gab und insbesondere, daß die Südeli-Ballade, wie wir sehen werden, hinsichtlich ihrer kulturgeschichtlichen und seelischen Grundlage relativ sehr jung ist und auch deshalb als Quelle der noch höfischen Kudrundichtung nicht in Frage kommt. Menéndez Pidal[35] hat mit größerem Recht die Südeli-Ballade vielmehr als Schößling des Kudrunepos von 1233 angesehen, jedoch hat John Meier das schroff zurückgewiesen und jeden Zusammenhang zwischen Südeli-Ballade und Gudrunstoff geleugnet[36]. Wenn er dabei ausgerechnet das genrehafte Ausmalen von Einzelheiten insbesondere in der Wirtshausszene für das 13. Jahrhundert in Anspruch nimmt, so war das ein Fehlurteil, da es doch im 13. Jahrhundert noch gar keine Gasthäuser gab und somit jede Grundlage für solche Wirtshausszenen fehlt. Trotz-

---

[32] *Das deutsche Volkslied*, hrsg. von John Meier Bd. 2 (1936, ²1964) Nr. 46, S. 16—24; *Deutsche Volkslieder mit ihren Melodien* Bd. 4, hrsg. von Erich Seemann und Walter Wiora (1959) Nr. 72, S. 1—38; Ludwig Uhland, *Alte hoch- und niederdeutsche Volkslieder* Bd. 1 (²1881) Nr. 121, S. 208—210.
[33] Vgl. Kuhn (s. Anm. 30).
[34] Vgl. Rosenfeld (s. Anm. 19).
[35] Vgl. Anm. 8.
[36] Vgl. Anm. 32.

dem hat auch Erich Seemann unter dem Eindruck der von ihm nachgewiesenen weiten Verbreitung der Ballade und ihrer Varianten sich soweit John Meier angeschlossen, daß er die Südeli-Ballade für eine mittelalterliche, aber selbständige „ganz bewußte Schöpfung eines seine Mittel beherrschenden Künstlers" erklärt, die Berührungen mit der Kudrun aber „auf der gemeinsamen Ebene typischer Spielmannsmotive" sucht[37], was mir beides nicht stichhaltig erscheint.

Der Bruder in der Südeli-Ballade, der Geschwistersympathie für sexuelles Begehren hält und Goldeswert für eine Liebesnacht mit der Hausmagd im Gasthaus, seiner unbekannten Schwester, bietet, aber bei ihrer Weigerung ihre Herkunft erfährt, gleicht zu sehr dem Bruder der skandinavischen Balladen und spanischen Romanzen, der die unbekannte Schwester beim Waschen überrascht und ein Goldband für ihre Liebeshingabe bietet, als daß es Zufall sein könnte. Andrerseits sind diese Balladen durch Meeresszenerie und Waschmotiv aufs engste mit dem Kudrunepos verknüpft, während in der Südeli-Ballade von einem konsequenten Binnenländer die Seeszenerie durch eine Gasthausszene ersetzt wurde. Erst im späten Mittelalter kommt neben der privaten und kirchlichen Gastfreundschaft das professionelle Gasthausgewerbe „der offen wirt", auf. Wann ist aber die Emanzipation der Frau so weit gediehen, daß statt des Herrn Wirtes eine Frau Wirtin allein das Gasthaus beherrschen kann, wie das die Südeli-Ballade voraussetzt? Bisher findet sich der älteste Beleg für „Wirtin" als Herbergswirtin für die Witwe eines Wirtes in Valentin Schumann's Nachtbüchlein (1559).

Im Mittelalter bedeutet *wirt* und *wirtin* „Hausherr" und „Hausherrin". Ist die Südeli-Ballade mittelalterlich, dann muß sie ursprünglich statt der Herbergswirtin eine andere Gestalt gehabt haben, und da die Heldin der Südeli-Ballade noch in den Fassungen des 18./19. Jahrhunderts ein Fürstenkind ist, wird eben auch eine Fürstin die Entführte beherbergt haben. Im Kudrunepos wird zwar nicht die Königin Gerlind selbst *wirtin*, aber ihr Gatte bei der Ankunft der entführten Gudrun im Normannenland *der wirt* genannt (987,2), und dieser Ausdruck konnte aus der Kudrun in eine daraus abgeleitete Ballade gelangen und dann in einer Zeit gewerblicher Beherbungsbetriebe Anlaß zu Irrtum oder Wandlung geben. Da in einigen Fassungen der Südeli-Ballade der Herbergswirtin beim Wegreiten der Geschwister vom Bruder völlig unmotiviert „in den Kopf" geschlagen wird, bestätigt sich, daß hinter der Herbergswirtin, die das entführte Fürstenkind zu Magddiensten benutzt, tatsächlich die Königin Gerlind aus dem Kudrunepos steht; denn dieser wird, und zwar mit guter Begründung, im Kudrunepos bei Eroberung der Burg von dem wütenden Recken Wate der Kopf abgeschlagen (1523, 4)! So weisen wie bei der Meererin auch bei der Südeli-Ballade entscheidende Züge auf das Kudrunepos zurück. Das Gasthausmilieu und das keusche Beilager von Bruder und Schwester sind dann ein junger Versuch, Entführung und Magddienste der Fürstentochter in einer bürgerlichen Welt zu erklären und das Treffen von Bruder und Schwester aus bürgerlichem Milieu zu rechtfertigen. Die letzte Konsequenz solcher Einbettung in

---

[37] Seemann (s. Anm. 32) S. 20.

kleinbürgerliches Milieu zog dann die Schauerballade, die ich 1940 einen Hamburger Seemann vortragen hörte: hier treffen Bruder und Schwester im Hurenhaus zusammen.

Seemann rühmt der Südeli-Ballade neben gutem Aufbau und Wohlabgewogenheit vor allem Wirklichkeitsnähe (S. 29), „ewiges Menschentum und warme Lebensnähe" (S. 18) nach. Ist es Wirklichkeitsnähe, wenn ein spielendes Fürstenkind von einem Krämer oder Fuhrmann geraubt wird, ohne daß dies in Absicht der Erpressung geschieht oder, wie bei Caspar Hauser, sich um Auftrag zur Beseitigung eines unerwünschten Thronmiterben oder aber um die sadistische Tat eines abnorm Veranlagten handelt? Ist es Wirklichkeitsnähe, wenn ein Krämer in seinem Tragkorb drei Jahre lang ein Kleinkind mit sich herumträgt? Was sind das für Zeiten und Räume, in denen man ein Kleinkind an eine Herbergswirtin verkaufen (!) konnte, um, wie Seemann S. 18 sagt, „sich dafür einen guten Tag zu machen"? Und wo steht das im Text? Offensichtlich hat Seemann den Vers „*Er trug mich vor einer Frau Wirtin Haus und gab mich für nen Banket aus*" mißverstanden als „er gab mich in Zahlung für ein Bankett", während es natürlich heißt „er behauptete, ich sei ein Bankert, d. h. ein uneheliches Findelkind aus". Damit wird aber gänzlich unklar, warum der Krämer das Kind entführte und so lange bei sich behielt. Die Entführungsgeschichte ist in dieser Form ein Gruselmärchen, das kindlichen Angstträumen entsprang. Ungereimt ist auch, daß das Fürstenkind, das später dem unbekannten Bruder seine königliche Abstammung entdeckt, nicht längst der Wirtin das Gleiche mitgeteilt hat. Auch entbehrt es jeder Lebensnähe und weiblicher Psychologie, daß eine Frau, die wie die Wirtin sieben Jahre selbstlos das Kleinkind großgezogen hat, diese Pflegetochter gegen Geld mitleidlos verkuppelt und dann auch noch als Hure beschimpft. Die Südeli-Ballade ist also voller Ungereimtheiten, die sich nur beheben, wenn man das Ganze in die höfische Sphäre der Gudrun des Kudrunepos transponiert. Beim Singen der Volksballade treten diese Ungereimtheiten nicht zutage, weil die gesungene Volksballade eine von Strophe zu Strophe sich vollziehende Handlung ist, bei der es auf die Nachempfindbarkeit der Einzelstrophe ankommt, nicht aber wie bei einer literarischen Dichtung auf die in sich geschlossene Gesamthandlung.

Alle diese Volksballaden sind wie eine Kette sich mehr und mehr vom Ursprung entfernender Lieder, die aber einzelne Urmotive noch getreu bewahren. Sie führen in direkter Ahnenreihe auf das Kudrunepos von 1233 zurück, dessen Waschmotiv, Zweiheit der Befreier, Goldschmuck als Erkennungszeichen, Entführung über See und Heimführung durch den Bruder sie z. T. getreu bewahren. Wie wenig diese Binnenländer vom Meer verstanden, zeigt nicht nur das aus dem Kudrunepos übernommene Waschen im Meer, sondern auch, wenn die Kate-Ballade die über Meer entführte Mutter ihren jungen Sohn als Hirten am andern Ufer des Meeres erblicken und herüberholen läßt: Flußlandschaft ist einfach für Meerszenerie ausgegeben!

Wohlüberlegter Bau ist wohl das letzte, was man diesen auf verschiedene Weise zersungenen und zerrütteten Volksballaden nachrühmen könnte. Aber bei lebendiger Singtradition kam es auch darauf gar nicht an, sondern auf eine Kettung menschlich nahegehender Motive und Gefühle in den Einzelstrophen, nicht aber auf eine in sich geschlossene Gesamthandlung. Ihren ursprünglichen Sinn erhalten alle diese Volksballaden wieder zurück, wenn man sie als Nachkömmlinge einer Volksballade ansieht, die dem Kudrunepos von 1233 entsprang. Damit reihen sie sich der großen Zahl aus epischen Szenen gestalteter Balladen wieder sinngemäß ein und zeigen sich chronologisch richtig als Niederschlag letzter hochhöfischer Epen im Bereiche spätmittelalterlicher aufs Wesentliche konzentrierter balladesker Kunst.

HELDENBUCH (Straßburg 1483)

HELLMUT ROSENFELD

DIE NAMEN DER HELDENDICHTUNG, INSBESONDERE NIBELUNG, HAGEN, WATE, HETEL, HORAND, GUDRUN

I.

Die frühen Erforscher der Heldensage von den Brüdern Grimm an sahen die Personennamen der Heldendichtung in romantischem Glanz. Sie ahnten hinter den Vorzeitdichtungen verklungene Mythen und erklärten deshalb die Heldennamen im Hinblick auf eine Mythenträchtigkeit, so etwa *Nibelung* als 'Nebelsohn' und Abkömmling finsterer Mächte[1], *Giuki*, bzw. *Gibbich* als Wodan-Namen 'Geber des Sieges'[2], *Wittich*, abgeleitet von *witu* 'Holz', als 'Waldgott'[3], *Wate* als riesenhaften Water durchs Wasser, 'weil er, ein anderer Christophorus, sein Kind auf der Schulter, über den Groenasund watet'[4]. Diese Deutung des Namens *Wate* ist auch heute noch im Umlauf[5]; die grundsätzlichen methodischen Erwägungen vom Standpunkte der Namenforschung gegen solche Art von Etymologisierung kommen also nicht zu spät. Auch der verdienstvolle Erforscher der Heldensage, F. R. Schröder, hat im Jahre 1958 *Hagen* etymologisch als 'den Einhegenden', mithin als Totendämon gefaßt und als Odinsnamen gedeutet, *Wate* etymologisch und sachlich mit *Wodan-Odin* identifiziert und endlich auch *Horand* von einem hypothetischen *herren 'sich schnell bewegen' abgeleitet und als Beinamen Odins erklärt, mithin Vater, Entführer und Entführungshelfer Hildes, alle drei als Verkörperungen Odins angesetzt[6]. Hier steht nicht F.R. Schröders These von der Hildesage als einem heroisierten Mythos zur Debatte, sondern vielmehr die Grundsatzfrage, ob Heldennamen ohne Blick auf die Fülle

---

[1] C. Müllenhoff, ZDA. 12 (1865) S. 289.
[2] J. Grimm, ZDA. 1 (1841) S. 573.
[3] Ebd., S. 312.
[4] Ebd., S. 312.
[5] Kudrun, hg. v. B. Boesch, 1954, S. XXXIII, Anm. 11; Dukus Horant, hg. v. P. F. Ganz, F. Norman, W. Schwarz, Altdeutsche Textbibliothek. Ergänzungs-Reihe 2, 1964; Kudrun, hg. v. K. Bartsch, 5. A. von K. Stackmann, 1965, S. LXXI.
[6] F. R. Schröder, DVLG. (= Deutsche Vierteljahrsschrift für Literaturwissenschaft und Geistesgeschichte) 32 (1958) S. 38–70.

der identischen oder verwandten historischen Namen isoliert im Hinblick
auf einen bestimmten Mythos und eine Einzeldichtung etymologisiert
werden dürfen. Ursächlich hängt mit dieser Neigung zur mythischen Deutung von
Heldennamen die methodische Faustregel zusammen, urkundlich belegte
Personennamen, die mit Heldennamen übereinstimmen, als Zeugnisse
für Bekanntschaft mit der betreffenden Heldendichtung zu werten. Diese
Faustregel wurde auch von Forschern, die wie K. Müllenhoff der mythischen Deutung skeptischer gegenüberstehen, durchaus akzeptiert und ist
auch heute noch mehr oder weniger in voller Geltung. K. Müllenhoff[7]
schließt unter anderem aus dem Vorkommen des Namens *Gudrun* bei
dörflichen Leibeigenen, die dem Regensburger Stift Obermünster mit
dem betreffenden Landgut übereignet wurden, daß die Hilde-Gudrunsage
im 11. Jahrhundert in Oberdeutschland bekannt gewesen sei. Er glaubt
also, daß dörfliche Leibeigene die Hilde-Gudrun-Dichtung kannten und
so von ihr beeindruckt waren, daß sie ihre Kinder nach der Heldin nannten: ein recht absurder Gedanke. Gleichermaßen schloß ein anderer
Forscher[8] aus dem Vorkommen der Namen *Walther* und *Hiltigunt* bei
Admonter Leibeigenen und *Walther* und *Hiltha* bei Klosterneuburger
Leibeigenen auf die Bekanntschaft des Walthari-Liedes im Österreich des
12. Jahrhunderts, ohne zu bedenken, welche literarischen Kenntnisse er damit weltabgeschiedenen Leibeigenen zutraute. Wer wollte aus dem Namen *Tristan* von a. 807 bei einem Hörigen in Langenargen am Bodensee
Bekanntschaft mit Gottfrieds um das Jahr 1210 gedichtetem Tristan
oder seiner französischen Vorlage und aus dem im 8. Jahrhundert belegten Namen *Iwein* eine Bekanntschaft mit Hartmanns um das Jahr 1210
gedichtetem Iwein oder seiner französischen Quelle folgern? Offensichtlich sind diese Namen durch die iroschottische Mission lange vor den
Dichtungen als lebendige Personennamen nach Deutschland verpflanzt
worden.

Daß in neuerer Zeit sich Eltern durch Mode-Romane in der Namengebung ihrer Kinder beeinflussen ließen, ist bekannt. Es darf hier an
E. Schröders Aufsatz 'Rousseau als unser Taufpate'[9] erinnert werden.
Darf man diese Verhältnisse auf das frühe oder hohe Mittelalter übertragen, und darf man, wenn man dem ritterlichen literarischen Publikum
gelegentliche Übernahme von Heldennamen in die Personennamengebung
zutrauen darf, dies auch ländlichen Leibeigenen zutrauen? Hier wird

---

[7] ZDA. 12 (1865) S. 315–317.; vgl. Widtmann, Quellen zur Bayerischen und
deutschen Geschichte 1, 1856, S. 211, Nr. 118.

[8] R. Müller, ZDA. 31 (1887) S. 85.

[9] E. Schröder, Deutsche Namenkunde, 2. A. 1944, S. 121–131.

für eine in ländlicher Einsamkeit und Isolierung lebende Bevölkerungsschicht eine Durchdringung mit Literatur und Dichtung stillschweigend vorausgesetzt, die erst einmal bewiesen werden müßte. Ich habe diesen Beweis für ein schwäbisches Dorf für das Jahr 1481 bis zu einem gewissen Grade erbracht, wobei aber eine Dorfschule und die Lehensherrschaft eines geistig interessierten Bürgers der nächsten Stadt die Voraussetzung für den Anschluß an das städtische Bildungsgut schuf[10]. Ich bezweifle aber, daß derartiges für das frühe und hohe Mittelalter erweisbar ist.

Schon J. Grimm[11] hatte mit dem Vorkommen der Namen *Hetin* und *Wolfhetin* in Urkunden die Bekanntschaft der Hilde-Gudrunsage in althochdeutscher Zeit auf hochdeutschem Gebiet erweisen wollen. Der bekannte Tiroler Literaturhistoriker J. Schatz[12] hat dies im Jahre 1908 wieder in Erinnerung gerufen und zur weiteren Erhärtung Ortsnamen herangezogen. *Hötting* bei Innsbruck, entstanden aus *Hetining, und der Name des nahegelegenen Berges *Frau Hitt*, angeblich entstanden aus *Frau Hiltia*, bezeugen ihm schon für das 7. Jahrhundert die bairische Bekanntschaft mit der Hilde-Gudrunsage, und er hat sogar die Kühnheit, den Namen *Hagen*, wie der Sohn der Frau *Hitt* in einem a. 1854(!) veröffentlichten Mundartgedicht des C. v. Lutterotti genannt wird, auf alte Volkstradition zurückzuführen und als drittes Beweisstück den beiden Ortsnamen beizufügen. Natürlich besagt das Vorkommen so geläufiger Personennamen wie *Hetan* und *Hilde* nicht das Geringste für die Kenntnis der Hilde-Gudrunsage, und zumal *Hilde* ist bei der Schilderung von Attilas Tod in der Jordanes Gotengeschichte[12a] in der Form *Ildico* als geläufiger historischer germanischer Mädchenname bezeugt. Außerdem wird der Berg *Frau Hitt* im Jagdbuch Kaiser Maximilians *pirg Frauwhuet* genannt und dürfte weit eher von einer einem Frauenkloster gehörenden Bergweide auf den darüber gelegenen Berggipfel übertragen sein als, wie J. Schatz will, von einer Walkürengestalt des Ostseebereiches auf eine als Unwetterbringerin verschrieene Bergspitze.

Sowohl die Neigung zu mythischer Etymologisierung von Heldennamen wie die Heranziehung urkundlicher Personennamen als Zeugnisse für Sagenkenntnis sind methodisch falsch, soweit es sich um geläufige Personennamen handelt. Heldensage und Heldendichtung sind ja verklärte Geschichte und alle Neugestalter der Heldendichtungen im Mittel-

---

[10] H. Rosenfeld, Ein Volkslied vom Liebesabschied und das Dietrichepos Sigenot im Dinkelsbühler Land um 1480, Alt-Dinkelsbühl 46 (1966) S. 17–24.
[11] ZDA. 2 (1842) S. 2f.
[12] Ein Zeugnis zur Hildesage, ZDA. 50 (1908) S. 341–345.
[12a] Iordanis De origine actibusque Getarum, cap. 254, rec. Th. Mommsen, MGH. Auctores antiquissimi V, 1, 1882, S. 123.

alter blieben anonym, weil sie sich nur als Weitergeber von Vorzeitgeschichte fühlten[13]. Das bedeutet aber, daß die vorkommenden Heldennamen größtenteils historische Vorzeitnamen sind, die meist auch noch als Gegenwartsnamen umliefen, und daß bei Ausweitung der Vorzeitgedichte zu größeren Epen neue Gegenwartsnamen den überkommenen Heldennamen zugefügt werden. Die Artus-Dichtungen, die in einer unwirklichen Ideallandschaft spielen, mochten für ihre Gestalten und Ortsbezeichnungen phantastische Namen erfinden. Der Heldendichter aber fühlt sich der Wirklichkeit verhaftet und der wirklichen Geschichte und wirklichen Landschaft verbunden. So lebt in den Dietrich-Epen der historische *Theoderich-Dietrich* und auch in der historischen italienischen Landschaft mit *Berne-Verona* und *Raben-Ravenna*, und das Nibelungenlied zeigt den historischen Burgunderkönig *Gunther* in seiner wirklichen Hauptstadt Worms und führt ihn, dem Zuwachs der Sage gemäß, in die Gegenwartslandschaft der bairisch-österreichischen Neudichter der Nibelungensage nach *Bechlaren*, *Melk*, *Mautern*, *Passau* und *Wien*. Historische Vorzeitnamen und Gegenwartsnamen: Das ist es, was wir in der Heldendichtung nebeneinander erwarten müssen. Ein Abweichen von dieser Regel wäre zu erweisen, nicht das Gegenteil.

Die Erhaltung aller alten Heldennamen war bei Koppelung verschiedener Heldensagen zu einem größeren Komplex nicht möglich, da die Dichter bei dieser Koppelung Widersprüche ausgleichen und Namen austauschen mußten. Wir beobachten dies deutlich im Nibelungenlied. Neben die historischen Vorzeitnamen *Gibiche*, *Giselher*, *Gunther* tritt, noch durch Stabreim gebunden, *Gernot*. Aber die neben *Gunther* stehende Schwester *Gundrun*, die uns noch in den Eddaliedern unter dem ihr zukommenden Namen *Gudrun* erhalten ist, trägt im Nibelungenlied den Namen *Kriemhild*, weil sie bei der Sagenkoppelung mit der Sage von *Attilas* Tod die Gattin und (was die letzte Fassung erst beseitigt hat) auch die Mörderin *Etzels* wird und nunmehr den Namen der letzten Buhlerin *Attilas* und seiner mutmaßlichen Mörderin, *Hilde* (*Ildico* bei Jordanes) erhalten muß. Das historische merovingische Königspaar *Sigibert* und *Brunichildis* lebt in *Sifrit* und *Brünhild* des Nibelungenliedes nach, aber wegen der Koppelung der Merovingersage von der Ermordung *Sigiberts* und *Brunichildis* Rache dafür mit der Sage vom Burgundenuntergang muß *Brünhild* ihre historische Gattinnenrolle an *Gunthers* Schwester abtreten und stattdessen *Gunthers* Gattin werden, bleibt aber die aus der Ferne durch Stellvertreter Geworbene wie die historische Westgoten-

---

[13] O. Höfler, Die Anonymität des Nibelungenliedes, DVLG. 29 (1955) S. 167–213; auch in: Zur germanisch-deutschen Heldensage, Wege der Forschung 14, 1961, S. 330–392.

prinzessin. Ihre einstige Rolle als *Sigibert*gattin lebt in schattenhaften Andeutungen ihrer Vorverlobung mit *Sigurd* nach. Ihre Rolle als Rächerin des ermordeten Gatten *Sigibert* nahm der Dichter der letzten Nibelungenliedfassung wohl aus noch umlaufenden älteren Liedern für *Kriemhilde* in Anspruch, die vordem auf Grund der Attilasage Rächerin der beim Burgunderuntergang getöteten Brüder am Gatten *Attila* war.

Auch der ursprüngliche Vorzeitname *Sigibert* wandelt sich. Im Nordischen sollte *Sigibert* zu *Sigibjart* werden, ist aber mit *Sigiward* zusammen geflossen und somit zu *Sigurd* geworden. Die deutsche Überlieferung hat stattdessen *Sigifrid* eingesetzt. Das war nach Meinung von O. Höfler[14] der historische germanische Name von Arminius, dessen Sieg über die Römer in der Dichtung überhöht unter dem Bilde des siegreichen Drachenkampfes gesehen wurde. Dann hätte hier die unorganische Koppelung mit der Drachenkampfsage, die nur zu deutlich ist, zur Umfärbung des eigentlichen Vorzeitnamens geführt. Die Sagenkoppelung wäre aber durch den Anklang der Heldennamen der beiden ganz verschiedenen Sagen begünstigt. Mag der historische Name des Arminius nun *Sigifrid* oder auch *Sigismund* – wie andere Drachenkampfüberlieferungen den Drachensieger nennen – oder ganz anders gelautet haben, es ist ein guter germanischer Königsname, der da auf den halbmythischen Drachenkampf übertragen wurde, kein Göttername. Daß aber der Drachenkämpfer *Sigifrid-Sigurd* und der königliche Werber *Sigibert-Sigifrid* verschiedener Herkunft sind, zeigt sich in der Unfähigkeit der Dichter, beides organisch zu verbinden.

Daß das Auftreten *Siegfrieds* als Freier am Burgunderhofe neben der merovingisch-burgundischen Sagenkoppelung auch noch eine historische Wurzel haben kann, schloß H. de Boor[15] in einer methodisch wegweisenden Abhandlung aus dem Aufkommen der merovingisch-ribuarischen *Sigi*-Namen in der savoyischen Burgunderkönigsippe inmitten der alten Burgundernamen mit *Gund*- und anderen *G*-Stabungen. Er setzte diese Heirat eines ribuarischen Prinzen mit einer Burgunderprinzessin jedoch fälschlich noch in die Wormser Zeit vor der tödlichen Burgunderniederlage vom Jahre 436, da er in den vielleicht schon vor der Niederlage geborenen Burgunderkönigen der savoyischen Zeit *Gundwech* und *Chilperich* bereits den Einfluß merovingischer Namengebung wirksam glaubte. Das ist ein Irrtum. Die Namensform *Gundowech* mit dem merovingischen -*wech* als Grundwort bringt nur Gregor von Tours, während der burgundische Name in Wirklichkeit *Gundioch* < *Gundijuks* lautete, und der

---
[14] Siegfried Arminius und die Symbolik, 1961.
[15] Hat Siegfried gelebt?, PBB. 63 (1939) S. 250–271; auch in: Zur germanisch-deutschen Heldensage, S. 31–51.

Burgunderkönig *Chilperich* († 480) lebte hundert Jahre früher als der Merovingerkönig *Chilperich* († 584): Mithin hat der Merovinger seinen Namen aus der Burgundersippe ererbt und nicht umgekehrt. Auch übersah H. de Boor, daß die von ihm nur hypothetisch erschlossene Einheirat eines ribuarischen *Sigi*-Prinzen in die Burgundersippe von der Geschichtsschreibung ausführlich berichtet wird, aber erst für ca. a. 475, also in der savoyischen Zeit. Apollonius Sidonius[16] beschreibt den pomphaften feierlichen Einzug des Freiers *Sigimerus*, der also auch kein Landflüchtiger war, wie H. de Boor voraussetzte, in die burgundische Hauptstadt Lyon. Er heiratet die Tochter des erwähnten Burgunderkönigs *Chilperich*, und dieser Heirat zufolge wird der bald darauf geborene Enkel Gundiochs *Sigismund* genannt. Ob dieser *Sigismerus* früh starb oder sogar ermordet wurde und damit ein dem Merovingerkönig *Sigibert* I. († 575) ähnliches Schicksal erlitt, wissen wir nicht, da sein und seiner Gattin nicht mehr Erwähnung getan wird. Sein Vater war *Sigibert* der Lahme, der im Jahre 508 starb und indirekt der Namenspate des Merovingerkönigs *Sigibert*, des Gemahls der Brünhilde, sein muß. Die Heirat des Ribuariers *Sigismer* mit der Burgunderprinzessin ist jedenfalls das äußere Zeichen des immer stärker werdenden fränkischen Einflusses auf die Burgunder, der später zum Zusammenfließen der *Sigibert-Brünhild*-Geschichte mit der Burgundenuntergangsage führte und schließlich zum Vergessen des Burgundernamens: Bekanntlich ist für den Waltharius-Dichter im 10. Jahrhundert *Gunther* ein in Worms residierender Frankenkönig. In Worms hatte sich auch die historische Frankenkönigin *Brunichildis* († 613) kurz vor ihrer Ermordung durch Chlotar mit ihren und Sigiberts I. Urenkeln aufgehalten und nach einer Chronikdarstellung auch residiert. Zum fränkischen Reiche gehörte das Wormser Gebiet ja schon seit Chlodowechs Zurückdrängung der hieher vorgestoßenen Alemannen (a. 496/506), wodurch in der fränkischen Überlieferung, Dichtung und Sage Gunther von Worms zwangsläufig zum Frankenkönig werden mußte. Auch in der dem Nibelungenlied angeschlossenen 'Klage', die Gunthers Land und Leute wie das Nibelungenlied selbst vorwiegend *Burgónde*, aber auch *Nibelunge* nennt, ist V. 152 von *den stolzen Rinvranken* die Rede, ein Zeichen, wie sehr trotz der anderen Benennung der Wormser Burgunden die Zugehörigkeit zum fränkischen Reich und Stamm die Vorstellung beherrschte.

Es hat der Forschung Kopfzerbrechen verursacht, daß in unserem Nibelungenlied die Sippe Gunthers in Worms gegenüber dem Waltharius-

---

[16] G. S. Apollinaris Sidonii Epistolae et carmina, ed. Ch. Luetjohann, MGH. Auctores antiquissimi VIII, 1887, Ep. IV, 20; vgl. auch L. Schmidt, Die Ostgermanen, 1934, S. 138–146.

Lied wiederum den Burgundennamen trägt, und zwar bis Strophe 1522. Von Strophe 1523 an, d. h. von der Vorbereitung der Fahrt zu König Etzel bis zum Untergang, heißen sie *Nibelungen*. Der im ersten Teil des Liedes gebrauchte Burgundennamen hat jedoch niemals die historische Lautung, sondern heißt stets ohne Ausnahme *Burgónden*; darin folgt auch das Walther-Hildegund-Fragment des 13. Jahrhunderts. E. Schröder[17] hat überzeugend dargetan, daß hier der Dichter des Nibelungenliedes auf Grund seiner Kenntnis französischer Historiker sekundär und historisierend den Burgundennamen wieder eingesetzt hat, aber in der bei den französischen Historikern abgewandelten Form. Daß der Dichter aber ab Strophe 1523 den Namen *Nibelungen* gebraucht, hängt wohl kaum mit den bisher dafür ins Treffen geführten Gründen zusammen. Mir scheint ein ganz anderer sehr natürlicher Grund vorhanden. Offensichtlich liefen zu jener Zeit noch Einzellieder vom Burgundenuntergang um, mit deren Konkurrenz der Nibelungenlieddichter zu rechnen hatte. Er mußte deshalb die Burgunden bei ihrer Fahrt zu König Etzel und bei ihrem Untergang so nennen wie die Einzellieder auch, und das war offensichtlich *Nibelungen*. Diese Tatsache ist nämlich gewissermaßen urkundlich festgehalten in der stabreimenden Formel in Strophe 2379 *Daz ist der Nibelunge Not*, die nicht erst unser Nibelungenlieddichter geformt haben kann: Sie muß aus einem älteren Einzellied vom Burgundenuntergang stammen.

II.

Nachdem die Durchflechtung des Nibelungenliedes mit historischen Namen an einigen Beispielen dargetan ist, wäre es seltsam, wenn im Nibelungennamen ein Stück mythische Welt zur Geltung käme. Der Aberglaube an die mythische Etymologie jedoch ist so stark, daß in der Forschung auch heute noch die mythische Etymologie bevorzugt wird. Dabei wird auf den Schatz der Könige *Niblunc* und *Schilbunc* als mythisches Element hingewiesen, ohne dabei die durchsichtige volksätiologische Herkunft dieser Schatzsage zu berücksichtigen[18]. Bekanntlich wurde besonders am Rhein, schon seit alters Gold gefunden und bis ins 18. Jahrhundert in Goldwäschereien an vielen Orten zwischen Basel und Mainz darunter auch in Worms industriell gewonnen[19]. Am Oberrhein ist das

---

[17] Deutsche Namenkunde, S. 102–108.
[18] S. Gutenbrunner, Über einige Namen in der Nibelungendichtung, ZDA. 85 (1954) S. 44–64. In *Franci nebulones* soll *niewol* 'unterirdisch' und das Ganze Nieder-Franken heißen. Das ist unmöglich, denn die gelehrten St. Galler Mönche wußten selbstverständlich, daß die Kaiserstadt Worms in Rheinfranken und nicht in Niederfranken lag.
[19] J. Hoops, Reallexikon der germanischen Altertumskunde, 1913/15, S. 266; L.

a. 778 urkundlich bezeugt, und sogar Otfrid von Weißenburg (ca. a. 870) rühmt in seiner Evangelienharmonie I, 1, 72, [19a], daß die Franken *lesent thar in lante gold in iro sante*, wie denn Theophilos presbyter[20] (ca. a. 1000) das Verfahren der Goldgewinnung aus dem Rheinsand genau schildert. Das Gewinnen des Goldes aus dem Rhein war weithin bekannt, denn selbst das Wielandlied der Edda weiß, daß man an den Felsen des Rheins Gold gewinnt. Schon im Mittelalter beschäftigte man sich mit der geologischen Frage, woher das Rheingold komme. Die Sage beantwortete diese Frage auf ihre Weise: Gold werde hier gefunden, weil ein Goldschatz versenkt sei. Ehe die Burgunden der Einladung des goldgierigen Hunnenkönigs Etzel folgten, bei der sie den Tod fanden, versenkten sie ihren Goldschatz, *der Nibelunge hort*, in den Rhein. Wie die eddischen Atli-Lieder zeigen, war ja Etzel der Hortgierige, der um dieses Schatzes wegen den Untergang der Burgunder herbeiführte, Gunthers Schwester Gundrun aber die Rächerin der Brüder. Erst als dem Burgunderuntergang als erster Teil die Geschichte von Siegfrieds Werbung und Ermordung vorangestellt wurde, wurde der Nibelungenschatz zum Eigentum Siegfrieds, seine Wiederbeschaffung ein Teil der Rache Kriemhilds, die um dessentwillen ihre Brüder vernichtet.

Inzwischen hatte der nicht mehr verstandene Name des Schatzes Anlaß zu weiterer Sagenbildung gegeben. Wie die Dietrichsage Dietrichs Helm *Hildegrim*, d.h. 'Kampfmaske', ätiologisch deutete als den Helm, den Dietrich einem Riesengeschwisterpaar *Hilde* und *Grim* abgewonnen habe (so im Eckenlied und Sigenot), so deutete man *der Nibelunge hort* als den Schatz eines Zwergenkönigs *Nibelunc*, den Siegfried Nibeluncs Söhnen *Nibelunc* und *Schilbunc* abgewonnen habe, wie denn der wunderstarke Siegfried der einzige schien, dem solche Schatzerwerbung zuzutrauen war. Da aber die Sage und Dichtung vom Burgunderuntergang verlangte, daß der Schatz in Worms vor dem Zug der Burgunden in den Rhein geworfen werde, mußte Siegfrieds Witwe diesen Schatz nach Siegfrieds Tod nach Worms schaffen lassen, damit er in den Besitz der Burgundersippe kam, der er ja von Haus aus gehörte. Diese volksetymologischen Fabeleien, die der letzte Nibelungenlieddichter nur psychologisch

---

Thurneisser, Von kalten, warmen, minerischen und metallischen Wassern, Straßburg 1612, lib. 6, c. 1; F. L. Treitlinger, De aurilegio praecipue in Rheno, Diss. Straßburg 1776; J.G. Meusel, Vom Rheingold, Der Geschichtsforscher 6 (1778) S. 246–256.

[19a] Otfrids Evangelienbuch, hg. v. O. Erdmann, 4. A. v. L. Wolff, Altdeutsche Textbibliothek 49, 1962.

[20] Theophilus presbyter, Schedulia diversarum artium, lib. 3, c. 49, hg. v. A. Ilg, 1874, S. 222f.; c. 49 auch bei L. Thurneisser, a.a.O., S. 60–62.

vertiefen, aber wegen der umlaufenden Einzellieder nicht weglassen konnte, sind zweifellos sekundär und ermangeln jeglicher Mythenechtheit. Der Aberglaube der Forschung an Personennamen als Niederschlag der Heldendichtung herrscht bis zum heutigen Tage, so daß man noch heute behaupten kann, der Name *Nibelung* komme nur in der Heldendichtung vor, denn die geschichtlichen Träger des Namens *Nibelung* hätten ihn durch Nachbenennung erhalten[21], und dies, obwohl die ältesten Namensträger des Namens *Nibelung* im 8. Jahrhundert bekundet sind. Die Könige *Niblunc* und *Schilbunc* im Nibelungenlied aber gehören zu den blassesten Gestalten, die man sich denken kann; sie werden in Strophe 91 nur erwähnt, weil Siegfried sie bei Teilung des Hortes erschlägt. Wie sollte ein Elternpaar auf den Gedanken kommen, sein Kind statt nach wirklichen Helden wie *Siegfried* und *Hagen* nach diesem unrühmlich erschlagenen *Niblunc* zu benennen? Oder benannten sie es nach dem Niblungen-Volk? Man nennt sein Kind nicht mit einem Volksnamen, etwa *Baier* oder *Sachse*, vielmehr werden nur Sklaven sekundär mit ihrem Stammesnamen benannt, oder auch Personen, die als Fremdlinge sich von ihrer Umgebung abheben[22]; so wurde Theoderichs Tochter Ariagne als Gattin des Burgunderkönigs Sigismund von Burgund schlechthin *Ostrogotho* 'die Ostgotin' genannt, vermutlich, weil sie ihre ostgotischen Abstammung dauernd betonte. Aber anzunehmen, über fünfzig Mal hätten Eltern verschiedenster Volksschichten von Westfranken bis Mainfranken und Baiern ihren Kindern solch einen Völkernamen der Dichtung als Vornamen gegeben, wäre absurd angesichts der Tatsache, daß die historischen Träger des Namens *Nibelung* seit a. 752 in ununterbrochener Folge im fränkischen Reiche und seinen Einflußbereichen belegt sind. Dagegen kennen wir den Sippennamen oder Völkernamen in der Dichtung erst aus unserem Nibelungenlied von ca. a. 1200, aus der ca. a. 1250 zusammengestellten Thidrekssaga und aus der a. 1270 aufgezeichneten Saemundar-Edda. Hier kommt der Name *Niflungar* vor im Grönländischen Atli-Lied vom Niflungar-Untergang und in dem Alten Sigurdlied an der Stelle (16,9), wo eben auf diesen Nibelungenuntergang Bezug genommen wird: Das bestätigt aufs neue, daß der Name mit dem Burgundenuntergang, mit *der Nibelunge nôt*, engstens verbunden war. Wann wurde in die Lieder vom Burgunderuntergang der Name *Nibelungen* eingefügt? Das lateinische Waltharius-Lied nennt Gunthers Volk in Worms zwanzig mal *Franci*, gibt dabei einmal zu *Franci* das Beiwort

---

[21] Vgl. Anm. 18.
[22] H. Rosenfeld, Völkernamen in Orts- und Personennamen und ihre geschichtliche Auswertung, 6. Internationaler Kongreß für Namenforschung 1958, Studia Onomastica Monacensia 4, 1961, S. 649–655.

Nebulones (V. 555, in der Handschrift *Nivilones*),[23] was schon J. Grimm[24] als lateinische Wiedergabe des Namens *Nibelungen* 'nibelungische Franken' auffaßte. Dann wäre diese Waltharius-Stelle des 10. Jahrhunderts der erste Beleg dafür, daß die Burgunder in der Dichtung neben dem Namen *Franken* und vielleicht anstelle des Namens *Gibichungen* auch den Namen *Nibelungen* trugen. Das ist aber 200 Jahre, nachdem ein Zweig des aufstrebenden Fürstengeschlechtes der Pippiniden-Karolinger in sechs Generationen den Namen *Nibelung* (Nibelung I.–VI.) führte.[25] Da oft die Namen von Fürsten Einfluß auf die Namengebung anderer Volksschichten haben, könnte das siegreiche Vordringen des Namens *Nibelung* mit diesen Fürsten *Nibelung* a. 750–a. 870 zu tun haben. Daß aber ein Fürstengeschlecht die Paten seiner Sprößlinge in Zwergnamen oder Völkernamen einer volksläufigen Dichtung sucht, scheint zu unwahrscheinlich, um Glauben zu finden.

W. Krogmann[26] machte sich um diese so früh belegten Pippiniden-Namen keine Gedanken, als er noch einmal versuchte, zwar der mythischen Etymologie des Nibelungennamens auszuweichen, aber der Wertung von Personennamen als Niederschlag der Heldendichtung gerecht zu werden. Weil in Gudruns Sterbelied V. 12 Atlis und Gudruns Söhne, im Jüngeren Lied von Helgi dem Hundingstöter aber die versammelten Krieger *hniflungar* genannt werden, schließt Krogmann unzulässigerweise, daß *hniflungr* 'König' bedeutete und daß – ein noch unzulässigerer Schluß – in der älteren burgundischen Dichtung vom Nibelungenhort dieser Schatz **hnibilungis huzd* 'Hort des Königs' geheißen habe; aus dieser Formel habe sich sowohl der Völkername der *Nibelungen* wie alle Personennamen *Nibelung* entwickelt. Es gibt aber weder ein Wort *hniflungr* 'König' noch, wie Krogmann ebenfalls behauptet, ein *hnefi* 'König'. Vielmehr heißt *hnefi* 'die Faust'[27] und beim Brettspiel die faustähnliche Figur, der 24 kleinere Figuren entgegenstanden.[28] *Hniflungr* heißt konkret 'die kleine Faust', auch 'der kleine Nagel'. Im Mittelhochdeutschen findet es sich noch in der Formel *neve-mez* 'Faustmaß, Handvoll':[29]

---

[23] Waltharius, hg. v. K. Strecker, 1947, S. 155 und 160, wo auch betont wird, daß eine abschätzige Bedeutung von *nebulones* völlig ausgeschlossen sei.

[24] J. Grimm J.A. Schmeller, Lateinische Gedichte des 10. und 11. Jahrhunderts, 1832, S. 115.

[25] Vgl. M. Chaume, Les origines du duché de Bourgogne, I, Dijon 1925.

[26] Die Nibelungen, ein namenkundliches Problem der germanischen Heldensage, 6. Internationaler Kongreß für Namenforschung, 1958, Studia Onomastica Monacensia 4, 1961, S. 474–483.

[27] J. de Vries, Altnordisches etymologisches Wörterbuch, 2. A. Leiden 1962, S. 242.

[28] J. Hoops, Reallexikon der germanischen Altertumskunde I, 1911/13, S. 314.

[29] M. Lexer, Mittelhochdeutsches Handwörterbuch, II, 1876, Sp. 61f.

Mit 'König' hat das natürlich überhaupt nichts zu tun, und wie sollte neben *kuning* und *rîch* 'König' noch ein weiteres Wort für König ausgerechnet in einer Formel für den Königsschatz auftauchen ? Da aber die Kenningsprache der Edda *hnefi* 'Faust' auch für den Schwertgriff, den die Faust umspannt, und damit (pars pro toto) auch für das Schwert selbst gebrauchen konnte, konnte *hniflungr* die Bedeutung 'Schwertlinge', d.h. 'Krieger' bekommen. Diese künstliche Kenningsprache der Skalden kann nicht für die festländische Heldendichtung vorausgesetzt werden, geschweige denn die zahlreichen fränkischen Personennamen *Nibelung* erklären. Die Dichtungen vom Burgunderuntergang bezeugen, daß der Personenname *Nibelung* zugleich als Sippenname dienen konnte und als solcher für die ehemaligen Burgunderkönige verwandt wurde. Er ist in der stabreimenden Formel *der Nibelunge nôt* bezeugt; das ist nicht wegzudisputieren. Damit ist W. Krogmanns hypothetische Formel *hnibilungis huzd 'Schwertlings Hort' nicht vereinbar.

Es ist an der Zeit, die Personennamen *Nibelung* mit wissenschaftlicher Methodik und sine ira et studio zu untersuchen. Ich nenne zunächst die mir aus dem fränkischen Reich, Mainfranken und Baiern vom 8. bis 13. Jahrhundert bekanntgewordenen Namenvarianten mit dem Jahr der Beurkundung und zwar in der Reihenfolge, in der die Varianten auftauchen. Selbstverständlich war die Zahl der wirklichen Namenträger weit größer als die derjenigen, die zufälligerweise in Urkunden genannt werden.

Nibelung(us): a. 752, 762/68, 774, 1127/60, 1129, 1157, 1170, 1190, 1260, 1261, 1298; *Nivelong(us)*: a. 755, 805, 815, 843; *Nibulunc, Nipulunc*: a. 781, 791/802, 810, 815; *Nebulung(us)*: a. 812; *Nibilung(us)*:a. 815, 1186; *Neveling(us)*: a. 815, 1185, 1287; *Nebulunc*: a. 815; *Nebelong(us)*: a. 815; *Nibilunc* a. 815, 1131, 1139; *Nivilung(us)*: a. 853, 1148; *Nivelung(us)*: a. 864, 1157; *Nevolong(us)*: a. 867; *Nebelung(us)*: a. 993; *Nebelunch(us)*: a. 1106; *Nivulung*: a. 1148[30].

Wichtig scheint mir das durchgehende Schwanken zwischen *w* und *b* und der Wechsel zwischen *e* und *i* im Stammvokal. Der Übergang von *w* zu *b* ist eine geläufige lautliche Erscheinung, z.B. in *gelw* zu *gelb*. Unsicherheit in der Schreibung zeigt das Bairische noch im 15. Jahrhundert, wo 'Bibel' *wibel* geschrieben, aber *biwel* gesprochen wird[31]. Eine wichtigere

---

[30] Nach E. Förstemann, Altdeutsches namenbuch, I, 2. A. 1900, Sp. 1162ff.; F.J. Mone, Über die Heimat der Nibelungen, Quellen und Forschungen zur Geschichte der deutschen Literatur und Sprache 1, 1830, S. 1–100, bzw. S. 22–31; M. Chaume, Les origines du duché de Bourgogne, I–II, Dijon 1925–31.

[31] H. Rosenfeld, Der Name des Dichters Ulrich Fuetrer und die Orthographie insbesondere die Zwielaut- und Umlaut-Bezeichnung in bairischen Handschriften des 15. Jahrhunderts, Studia Neophilologica 37 (1965) S. 166–133.

Parallele ist der Übergang von *Verona* zu *Berne* und *Ravenna* zu *Raben*, weil auch sie aus romanisch-deutschem Mischgebiet stammen[31a]. W. Krogmanns Behauptung, *b* lasse sich nicht aus *w* herleiten, ist also irrig. Wir müssen vielmehr *Nivilung* als die sprachgeschichtlich ältere, *Nibilung* als jüngere Form ansetzen, auch wenn unsere Belege zufälligerweise mit der *b*-Form beginnen und *b*- und *w*-Formen Jahrhunderte lang nebeneinander stehen.

Vor jeder Namendeutung steht die Frage nach lautlich verwandten Namen. Entgegen S. Gutenbrunners Behauptung, es gebe keine vom gleichen Wortstamm gebildeten Personennamen, notieren wir *Nivo*, *Niwo* a. 662, *Nibo*, *Nebo* 8. Jh., *Nivalus*, *Nivolus*, *Niwilo* 9. Jh., *Nevelo* a. 1044 neben unserem *Nivilung*, *Nibilung*. Als Parallele zu dieser Reihe nenne ich *Bodo*, *Bodilo*, *Bodalung* als Kurzformen zu Vollnamen wie *Bodogast*, *Herio*, *Herilo*, *Herilunc* zu Namen wie *Haribrand*, *Gisal*, *Gisilo* (für *Gisalilo*), *Gisolung* zu Namen wie *Gisalbald*, *Maro*, *Merila*, *Merling* zu Namen wie *Marafrid*, *Sigo*, *Sigila*, *Sigilung* zu Namen wie *Sigibrand*, *Theuto*, *Theudila*, *Theudeling* zu Namen wie *Theudobald*, *Waldo*, *Waldilo*, *Waldeling* zu Namen wie *Waldhart*, *Walacho*, *Walachilo*, *Walaching* zu Namen wie *Walhfrid*[31b]. Daraus folgt, daß auch *Niwo*, *Niwilo*, *Niwilung* Kurz- und Patronymnamen zu einem Vollnamen sind. Vollnamen dieser Art sind belegt in *Nivirat*, *Niviard*, *Nivirich*, *Nivulf*; wie die aus Personennamen hervorgegangenen Familiennamen *Neubold*, *Neubert*, *Neufert*, *Neumann*, *Neuwald* und die zweifellos aus *Nivo*, *Niuwo* hervorgegangenen Familiennamen *Neie*, *Naue*, *Neu* bezeugen, waren diese Personennamen viel häufiger als die zufälligen urkundlichen Belege. Daß auf fränkischem Gebiet aus **nevio* statt ahd. *niuwi* sich ein *nivi* entwickelt, zeigt auch der Name der Stadt *Nivelles*, der nach E. Gamillscheg [32] aus *Niuwi-alha* 'beim neuen Heiligtum' entstand.

Diese Erwägungen und Parallelen zeigen eindeutig, daß *Nivilung-Nibilung* ein Personenname ist, der mit den zugehörigen Kurz- und Patronymformen auf Vollnamen mit *niuwi-* als erstem Glied zurückgeht. Da den mit *niuwi-* gebildeten Personennamen solche mit *alt-* gebildeten gegenüberstehen, der Charakter der germanischen Personennamen aber ein rühmender oder protreptischer ist, müssen wir bei diesen Namen *alt*

[31a] Zu der Entwicklung von *w* > *b* im Anlaut, insbesondere ihrem Auftreten in Namen des germanisch-romanischen Grenzgebietes, s. R. Schützeichel, BNF. 9 (1958) S. 270f. (mit weiteren Zeugnissen): ders. ZMF. 23 (1955) S. 201ff.; H. Knoch, RhVB. 30 (1965) S. 60ff.

[31b] E. Förstemann, Altdeutsches namenbuch, I, passim.

[32] Ausgewählte Aufsätze II, 1962, S. 287; vgl. M. Gysseling, Toponymisch Woordenboek, II, 1960, S. 743

als 'erfahren, verständig', *niuwi* als 'jugendlich stark, kräftig' verstehen. Die Personennamen *Nivilung, Nibilung* stehen also fest in der Tradition und im Gefüge der germanischen Personennamen und es besteht keinerlei Grund, nach mythischer Deutung zu suchen und Herkunft von einem erdichteten Namen der Heldendichtung ins Auge zu fassen. So wie der letzte Nibelungenlieddichter aus historischen Quellen den papierenen Namen *Burgónden* neu in die Dichtung einsetzte, so hat offensichtlich ein früherer Dichter anstelle des alten Sippennamens *Gibichungen* oder anstelle des Frankennamens, mit dem noch der Waltharius-Dichter Gunther und sein Volk begabte, ebenso willkürlich den mit dem Personennamen *Niblung* identischen Sippennamen eingesetzt.

Wann und wo das geschah, ist eine zweite Frage. Jedenfalls geschah es, wie die stabreimende Formel der *Nibelunge nôt* erweist, als man die Stabreimdichtung noch nicht vergessen hatte, mag nun die Dichtung selbst noch stabreimend oder schon endreimend gewesen sein. Wenn E. Gamillscheg[33] den a. 1253 als *Neublins*, a. 1189 als *Neblens* beurkundeten burgundischen Ort mit Recht auf *Niblings* zurückführt, hat es eine burgundische *Nibling*-Sippe gegeben, die möglicherweise nach dem Aussterben der Burgunderkönige a. 532 eine Verwandtschaft mit der Gunthersippe behauptet. Vielleicht war der Pippinide Childibrand I. († 752), der von seinem Bruder Karl Martell nach der Eroberung Burgunds zum Grafen von Perrecey gemacht und zu einer Art Vizekönig von Burgund eingesetzt wurde, mit dieser *Nibling*-Familie versippt und benannte deshalb seinen Sohn mit dem Namen *Nibilung*, um auf diese Weise den dynastischen Anspruch seiner Sippe auf ganz Burgund zu sichern? Childibrand I. war es ja, der die erste und zweite Fortsetzung der Frankenchronik Fredegars veranlaßte, die so trefflich die karolingischen Belange vertreten, und *Nibilung* I. wiederum veranlaßte die dritte Fortsetzung[34].

Diese pippinidische Seitenlinie hat in der großen Politik des karolingischen Frankenreiches eine so wichtige Rolle gespielt, darunter auch sechs Fürsten namens *Nibilung* (*Nibilung* I.–VI.), daß jedem Zeitgenossen, der den Namen *Nibelungen* im Rahmen der Dichtung vom Burgunderuntergang hörte, diesen Sippennamen auf diese pippinidischen Fürsten beziehen mußte. Vielleicht wurde der Nibelungen-Name in die Dichtung eingefügt, um dadurch diesem pippinidisch-burgundischen Fürstengeschlecht eine ehrwürdige Vergangenheit als Nachfahren der ruhmvollen Gunthersippe zu verschaffen? Daß man Dichtungen zur Beeinflußung der öffentlichen Meinung benutzte, ist kürzlich am Beispiel des sogenannten Spielmannsepos 'Herzog Ernst' erwiesen wurden: Es war be-

---
[33] Romania Germanica III, 1936, S. 86 u. 141.
[34] MGH. Scriptores rerum merovingicarum II, 1888, S. 182, 14–18.

stimmt, den Anspruch der Bischöfe von Würzburg auf die fränkische Herzogswürde pseudo-historisch zu begründen[35]. Wir sind bei dem Namen *Nibelungen* freilich auf bloße Vermutung angewiesen. Aber jedenfalls war dieser Name in der Dichtung vom Burgunderuntergang für das damalige Publikum ein zeithistorischer Gegenwartsname, und sowohl die starke Ausbreitung des Personennamens im fränkischen Reich wie auch die Einsetzung dieses Namens als Sippenname in der Dichtung hängen zweifellos mit dem Aufschwung dieser pippinidischen Linie eng zusammen.

III.

Wo Heldendichtung in jüngerer Zeit umgedichtet und erweitert wird, findet man neue Orts- und Personennamen, die der Dichter der Auffassung der Heldendichtung als geschichtliche Wirklichkeit gemäß aus seiner Zeit und Umwelt nahm. Der historische Burgunderuntergang fand in der Nähe von Worms am Mittelrhein statt[36]. Die Sage machte aus dem Gegner, dem römischen Feldherrn *Aetius*, wegen der Namensähnlichkeit und weil Hunnen entscheidend beteiligt waren, den großen Hunnenkönig *Attila*. Erst als die Sage vom Burgunderuntergang mit der von Attilas Tod verbunden wurde, verlegte man den Burgunderuntergang nach Ungarn (Gran). Zunächst mag die Sage den Burgunderzug von Worms nach Ungarn summarisch behandelt haben. Erst ein ausmalender Epiker legte ihn in seiner geographischen Bedingtheit fest. Er dichtete nach dem Jahre 1146, denn er setzte die erst a. 1146 fertiggestellte Regensburger Donaubrücke voraus und läßt deshalb die Nibelungen von Worms die nördliche Straße über Ostfranken (Miltenberg) benutzen[37]. Er muß sie freilich dann doch, weil die umlaufenden Einzellieder das Fergenabenteuer Hagens enthielten, das auch er deshalb nicht verschweigen konnte, widersinnigerweise statt nach Regensburg zum älteren Donauübergang nach *Vergen=Pföring* (Strophe 1211) bzw. *Mehring* (Strophe 1591) leiten und gleich nach *Passau* (Strophe 1629), *Bechelâren* (Strophe 1642) und an der Donau zu Etzel führen. Genauer gibt er diese Route bei Kriemhilts Zug zu Etzel an: *Vergen* (Strophe 1291), *Peyerlant* (Strophe 1295), *Passau* (Strophe 1296), *Everdingen* (Strophe 1302), *Traun* und *Enns* (Strophe 1304), *Treisen* (Strophe 1331), *Zeisenmûre* (Strophe 1334), *Tuln* (Strophe 1341), *Wien* (Strophe 1361) und endlich *Etzelenburg =*

---

[35] H.F. Rosenfeld, Herzog Ernst und die deutsche Kaiserkrone, Societas Scientiarum Fennica, Arsbok 39 B, No. 9, 1961 (1964).
[36] K.F. Stroheker, Studien zu der historisch-geographischen Grundlage der Nibelungendichtung, DVLG. 32 (1958) S. 193–206.
[37] K. Weller, Nibelungenstraße, ZDA. 70 (1933) S. 49–66.

Gran (Strophe 1379). Die Donau-Namen sind wohl als Gegenwartslandschaft von dem in Passau beheimateten Dichter in die alte Dichtung eingefügt worden.

Schockierender präsentiert sich die Gegenwartslandschaft in der a. 1233 gedichteten Kudrundichtung. Die zugrundeliegende Hildedichtung war zuerst in *Hiddensee* ('Hedins Insel') bei Rügen in der Ostsee lokalisiert, war dann aber in die Nordsee verpflanzt und an der Scheldemündung und den benachbarten Küsten beheimatet worden (*Holzsaezen* = Holstein, *Diethmers* = Dietmarschen, *Stürmen* = Stomarn, *Nordland* = Nordgau/Ostfriesland, *Seelant* = Zeeland/Holland, *Marcelanes* = Mecheln, *Normandie*, *Galais* = Calais, *Polan* = Bologne). Der bairische Dichter, der a. 1233 die Hildedichtung umdichtete und um den Gudrunteil erweiterte[38], behielt zwar die Nordsee-Szenerie bei, hat aber im Grunde die vertraute bairische Hochebene im Auge, wenn er vom Föhn und den Almen spricht (Strophe 861) und im Meer Wäsche waschen läßt, wie es nur in Flüssen möglich ist. Er macht die Pappenheimische Burg *Moeren* zum Ländernamen (Strophe 721 u. ö.), verwandelt die Pappenheimische Burg *Kalatin* spielerisch in *Karadine* und gibt dem Landesherren *Sifrit* von *Moeren* und *Karadine*, damit jeder die Anspielung versteht, das Pappenheimische alte Wappen mit dem Haupt (Strophe 1368). Er verewigt die mächtigsten Konkurrenten der Wittelsbacher, die Grafen von Ortenburg, durchsichtig, als *Ortwin von Ortland* und *Ortriche* und gibt ihm, da die Ortenburger in Nachfolge von Otto von Wittelsbach das bairische Pfalzgrafenamt innehatten, das alte Wittelsbacher Wappen, den roten Zickzackbalken, als Wappen (Strophe 1371). Er beheimatet Herwig von Seeland durch das Seerosenwappen (Strophe 1373), das dem Kloster Tegernsee eignet, am heimatlichen Tegernsee, und er identifiert die Seeburg, in der Gudrun gefangen gehalten wird, mit Regensburg an der Donau, indem er der Burg den Namen *Kassiane* gibt. Jedem Baiern war bekannt, daß Regensburg die einzige deutsche Kassianskirche besaß und den Hl. Kassian als ersten Missionar Baierns feierte. Zudem nennt er das Königreich, dessen Hauptstadt *Kassiane* ist, *Frideschotten*: Das war wieder für alle Zeitgenossen verständlich, eine Anspielung auf Regensburg, dessen weithin bekanntes Schottenkloster zwei Jahre zuvor a. 1231 vom deutschen König ein Friedensprivileg für Flüchtlinge bekommen hatte[39].

Der Kudrundichter hat Regensburg nur verschlüsselt eingefügt, da die unverschlüsselte Nennung im Widerspruch zu der Nordseeszenerie ge-

---

[38] H. Rosenfeld, Die Kudrun: Nordseedichtung oder Donaudichtung? ZDPh. 81 (1962) S. 289–314.
[39] Ebd.

standen hätte, während der Nibelungenepiker die süddeutschen Ortsnamen nennen konnte, da sie wirklich auf dem Wege zwischen Worms und Ungarn lagen. Aber auch der Nibelungenepiker, und zwar offensichtlich der letzte in Passau dichtende, hat einen Gegenwartsnamen verschlüsselt: Seinen mutmaßlichen Dienstherren und Mäzen Bischof Wolfger von Passau führte er unter dem Namen seines heilig gesprochenen Vorgängers *Pilgrim* in die Dichtung ein, weil bei unverschlüsselter Nennung die zeitliche Diskrepanz zu deutlich gewesen wäre. Was aber veranlaßte den Kudrundichter von a. 1233, aus den durch das nordische *Hjadningawig* belegten Mannen Hedins Strophe 1231 ein Land *Hegelinge* zu machen, das weit eher zu Hedins Gegner Hagen zu passen scheint? In Norddeutschland gilt jetzt das holsteinische Dorf *Hetlingen* an der unteren Elbe 30 km nordwestlich von Altona als Sitz König Hetels. H. Schröder[40] hat nun behauptet, *tl* wandle sich lautgerecht zu *gl* und mithin das *Hetelingen* der Urdichtung zum *Hegelingen* der Kudrun von a. 1233. Die Wandlung von *tl* zu *gl* geht aber nur bei wenigen viel gebrauchten Wörtern vor sich, aber, wie *Hetlingen* in Holstein und *Hettlingen* in der Schweiz und in Bayern beweisen, nicht in Ortsnamen, umso weniger, weil in den Ortsnamen ja gar kein *tl* vorliegt, sondern ein durch Dissimilierung aus *Heteningen* entstandenes *tel*, das erst später zu *tl* wurde. Mit so mechanischer Erklärung kann man also die Wandlung von *Heteningen* zu *Hegelingen* nicht erklären. Wohl aber ist anzunehmen, daß der Kudrundichter von a. 1233 in seiner Vorlage *Hetin* oder *Hetan* vorfand, aber bereits das durch Dissimilierung entstandene *Hetelingen* und infolgedessen den Zusammenhang des Könignamens mit dem seiner Untertanen nicht mehr erkannte. So setzte er denn unbekümmert *Hegelinge nâhen bî Ortlande* (Strophe 207) ein, weil er von der Ortssage wußte, bei Hegeling habe einst eine große Stadt gelegen[41], wohl eine Römersiedlung, die der Kudrundichter aber auf *Hetans* Residenz bezog. Von Hegling wußte er, weil das Kloster Tegernsee, dem er nahestand, dort Besitzungen hatte. Es liegt in der Tat *nâhen bî Ortlande*, d. h. 30 km westlich des Ortenburger Gebietes. Der Dichter wußte auch, daß die Edlen von Hegeling Ministerialen der Grafen von Falkenstein-Neuburg waren und gab deshalb Hetan (Strophe 1372) eine an das Falkensteinerwappen (goldner Falke auf goldenem Dreiberg) erinnernde Fahne mit *guldiniu bilde*. Mit anderen Worten: Er fügte einen seinen Landsleuten geläufigen Gegenwarts-Ortsnamen ein, um der fremden Nordseeszenerie eine größere Lebendig-

---

[40] Altn. Hjadningar, mhd. Hetelinge, ZDPh. 54 (1929) S. 181–187.
[41] Th. Wiedemann, Geschichte der Pfarrei Hegling, Beiträge zur Geschichte, Topographie und Statistik des Erzbistums München und Freising 2 (1851) S. 295–396.

keit und gewissermaßen ein Lokalkolorit zu geben. Den Ortsnamen *Hegeling*, seit a. 804 urkundlich belegt, im Gegenteil als Reflex einer Kudrundichtung, die bereits das *Heteningen* durch *Hegelingen* ersetzt hatte, zu nehmen, wäre dagegen völlig absurd.

Bei Umdichtung und Erweiterung von Heldendichtung wird meist der Personenkreis erweitert und dabei werden unbedenklich neue moderne Personennamen eingefügt, die sich von den traditionellen, vielfach noch miteinander stabenden Heldennamen als jüngere Namenschicht abheben. Für die Dichtung vom Burgunderuntergang gehört, wie dargetan, der Nibelungenname (statt des auf Gunther, Gernot, Giselher stabenden Gibichungennamens) bereits zu einer solchen jüngeren Namenschicht. Das Nibelungenepos vereinte dann eine ganze Anzahl ursprünglich selbständiger Dichtungen und hatte deshalb nur verhältnismäßig wenig neues Personal nötig. Jedenfalls gehört nicht etwa *Rüdiger* (lat. *Rogerius*) dazu, wie man doch so fest behauptet hat[42]. Er gehört seit dem 'Heldenlied von Frau Helchen Söhnen', der Urdichtung von Dietrichs Flucht, zu Dietrich von Bern als dessen Freund und Berater am Etzelhof[43] und wurde deshalb mit ihm und Hildebrand in den am Etzelhof lokalisierten Burgunderuntergang verflochten. Der letzte Nibelungendichter hat nur seine Rolle ausgebaut und ihm (wie einst dem Hagen des Waltharliedes) den Konflikt zwischen Freundestreue und Mannenpflicht aufgebürdet. Er ist eine historische Persönlichkeit, da er mit dem Gautenkönig *Rodwulf* identisch ist, der nach des Jordanes Gotengeschichte[43a] aus Skandinavien zu Theoderich kam. Nur wurde der Name unter dem Eindruck des Ruhms der normannischen Sizilienkönige Roger I. (a. 1085– a. 1101) und Roger II. (a. 1101– a. 1154) abgewandelt. Schon der ca. a. 1150 dichtende Tegernseer Mönchsdichter Metellus (Wernher Mertail von Aufhofen[44]) spricht vom *comes Rogerius* und beheimatet ihn zusammen mit Dietrich am Flusse Erlaf[45]. Da die Erlaf bei Pöchlarn in die Donau mündet, galt also Beche-

---

[42] H. Schneider, Germanische Heldensage, I, 1938, S. 190: 'Für Rüdiger fehlt der literarische und geschichtliche Anhalt, aus der Dietrichsage stammt er nicht.'

[43] H. Rosenfeld, Wielandlied, Lied von Frau Helchen Söhnen und Hunnenschlachtlied, PBB. 77 (1955) S. 204–248.

[43a] A.o.O., cap. 24, S. 60.

[44] R. Bauerreiß, Zur Glaubwürdigkeit des Dichters Metellus von Tegernsee, Studien und Mitteilungen zur Geschichte des Benediktiner-Ordens 71 (1960) S. 35–38.

[45] Metellus, Quirinalia XXX, 9, ed. P. Peters, 1913, S. 101: *orientalis regio, flumine nobilis Erlafia, carmine Teutonicis celebri, inclita Rogerii comitis, robore seu Tetrici veteris*. Aus der Lautform *Tetricus* für *Dietrich* darf man nicht mit Deutsche Philologie im Aufriß III, 1957, Sp. 1493, auf niederdeutsche Dietrichlieder als Quelle schließen; es handelt sich um Anschluß an des Benediktiners Walahfrid Strabo a. 808– a. 846) Gedicht *De imagine Tetrici*.

lâren, die Hauptstadt der Ostmark zur Zeit Burkhards (a. 956– a. 975), als Exilreich Dietrichs und Rüdegers unter Etzel, was im 10. Jahrhundert in die Dietrichsage eingegangen sein muß, also längst ehe Rüdiger in die Nibelungensage verflochten wurde.

Dagegen dürfte *Volker von Alzeye* (Strophe 9,4), der kühne Mitkämpfer und ebenbürtige Freund Hagens, der *videlœre*, zur zeitgenössischen Namenschicht des rheinischen Nibelungenepos um a. 1150 zu zählen sein. Der aus *Volk-gêr* oder *Volk-hari* entstandene Namen war im 12. Jahrhundert weit verbreitet[45a]. Nur für uns späte Nachfahren verbindet sich mit dem Namen sofort die Erinnerung an das Nibelungenlied. Der *Folkir joculator*, der a. 1130 als Inhaber eines kleinen, dem flandrischen Kloster Oudenburg gehörigen Grundstückes genannt wird[46], ist natürlich weder das Urbild Volkers, noch besteht irgend eine Ähnlichkeit zwischen dem ritterlichen Bannerträger der Burgunder im Nibelungenlied und diesem Spaßmacher: Entweder war er berufsmäßiger und damit rechtloser Spaßmacher, der hier seine Altersversorgung fand, oder es war ein lokaler bäuerlicher Vortragskünstler, der *joculator* als Übernamen trug. *Volker* aber wird im Nibelungenlied Strophe 1477 ausdrücklich *edel herre* genannt. Daß der Epiker einen fahrenden Spielmann 'buchstäblich geadelt hätte'[47], weil er selbst ein *joculator* war und damit einen eigenen Wunschtraum erfüllte, entbehrt jeder Glaubwürdigkeit: Heute glaubt niemand mehr an eine Personengleichheit von *joculator* und Ependichter. Volkers Bezeichnung als *videlœre* und *spilman* sieht eher wie der Übername eines adligen, für Musik begeisterten Herren aus. Seltsame, selbst despektierliche Beinamen sind für diese Zeit nichts Ungewöhnliches; führte doch Wîmar von Schärding, der Gönner des Dichters Pleier im 13. Jahrhundert, sogar den Beinamen *frumesel*, bzw. *probus asinus*. Von den Troubadouren wissen wir, daß sie sich bei ihren Minnegesängen auf der Fiedel begleiteten, die damals noch nicht am Hals, sondern am Oberkörper angesetzt wurde. In Gottfrieds 'Tristan und Isolde' V. 3730 wer-

---

[45a] Zahlreiche *Volker*-Belege bei E. Förstemann, Altdeutsches namenbuch, I, Sp. 547ff., 551ff., 571ff.

[46] H. Bresslau, Volker als Spielmann, ADA. 34 (1910) S. 120–122; in derselben Urkunde taucht ein *Rumold filius Siberti* auf, außerdem wird von 21 Denaren gesprochen *qui pertinebant ad piper comitis*: heißt das 'gräflicher Pfeffer' und nicht vielmehr 'gräflicher Pfeifer', also das Gehalt für einen anderen kleinen Hofbediensteten? H. Hempel Nibelungenstudien, I, 1926, S. 19, betont, daß Volker nur in Strophe 9 'von Alzei' genannt werde, diese Strophe aber aus Fassung C in B nachträglich übernommen sei: Aber ist dem Passauer Dichter zuzutrauen, daß er diesen mit Worms verbundenen Namen aus eigner Erfindung in die Dichtung einfügte? Gewiß nicht!

[47] A. Heusler, Nibelungensage und Nibelungenlied, 5. A. 1955, S. 95.

den *harphen, videlen, singen* als die höfischen Abendbetätigungen genannt. Die Truchsessen von Alzei bei Worms führten im 13. Jahrhundert eine Fiedel in Siegel und Wappen[48]. Einer der ihren im 12. Jahrhundert wird *Volker* geheißen und als Liebhaber der Fiedel den Beinamen *videlære* und *spilman* getragen haben und als Gönner der Dichtkunst im Wormser Nibelungenlied (im älteren Nôt-Epos) verherrlicht sein.

Auch der Name des Küchenmeisters *Rumold* im Nibelungenlied ist im 12. Jahrhundert ganz geläufig. Konnte man in Worms und Speyer das ältere Nibelungenepos (Mitte des 12. Jahrhunderts hören, ohne bei dem Küchenmeister *Rumold* an den Kämmerer des Bischofs von Speyer *Rumold* zu denken, der a. 1150 in einer Speyerer Königsurkunde vorkommt[49] oder an die gräflich hennebergischen Ministerialen *Rumold* von Breitbach und Strauff? Mag der Dichter nun eine bestimmte Persönlichkeit in seine Dichtung verwoben haben oder nicht, entscheidend ist, daß er seine Namen der lebendigen Namengebung seiner Zeit entnahm, nicht aber umgekehrt die Dichtung als Namenpate und Vorbild für die Namengebung diente. Das trifft auch auf die anderen Namen zu, z. B. auf die bairischen Markgrafen *Else* und *Gelfrat* (Strophe 1545/46), die dem Nibelungenheer nach dem Donauübergang bei Mehring und Pföring Schwierigkeiten bereiten: Gleichnamige Zeitgenossen sind als Ritter von Kollbach, 40 km südlich von Möhring, a. 1150 bis a. 1180 urkundlich belegt[50].

Wie in der Nibelungensage die stabenden Namen *Gunther, Gundrun, Giselher, Gibichung* zu dem ältesten Bestand gehören, so in der Hildesage *Hilde, Hagen, Herirand, Hedin*. In der Kudrun von a. 1233 wurde der Hildesage der Gudrunteil zugefügt und als Vorgeschichte Hagens Jugendabenteuer vorangestellt, was eine Fülle neuer Personennamen erforderte. Ein Teil der neu hinzugekommenen Namen stabt sogar auf die alten Namen, z. B. *Hartmuot, Herwig, Hildeburg*. Es handelt sich aber um im mittelalterlichen Baiern ganz geläufige Namen, nicht nur bei *Hildeburg*. *Hartmuot* und *Herwig* begegnen in den Traditionen von Freising, Tegernsee, Passau und Regensburg im 11.–13. Jahrhundert so häufig, daß es

---

[48] W. Grimm, Die deutsche Heldensage, 2. A. 1867, S. 334 (323) u. 363 (355); C. Müllenhoff, Zeugnisse und Excurse zur deutschen Heldensage, ZDA. 12 (1865) S. 359, wo betont wird, Siegel und Wappen mit der Fiedel müßten älter sein als die Gestalt des *videlaere* im Nibelungenlied.

[49] J. R. Dietrich, Der Dichter des Nibelungenliedes, 1923, S. 76 ff. – Da das Hofamt des Küchenmeisters erst a. 1202 neu geschaffen wurde (M. J. Ficker, Die Reichshofbeamten der staufischen Periode, Wien 1863, S. 39), kann Rumold erst nach a. 1202 als 'Küchenmeister' bezeichnet sein; in früheren Fassungen dürfte er Kämmerer oder Truchseß gewesen sein.

[50] Ebd., S. 63.

sich nicht lohnt, Einzelbelege zu geben[50a]. Der Name der schlimmen Königin *Gerlind* kommt in den Tegernseer, Regensburger, Freisinger und Passauer Traditionen des 11.–13. Jahrhunderts so oft als Name von Leibeigenen vor, daß es vollkommen eindeutig ist, daß der Dichter hier einen Allerweltsnamen seiner bairischen Heimat aufgriff. Der Name *Gêr* (:*hêr*) für den Großvater Hagens ist hinsichtlich der Apokope der Endung (statt *Gero*) typisch bairisch, und der Name *Ortrûn*, soweit mir bekannt, überhaupt nur im Bereich von Regensburg und Passau belegt, während der anklingende *Ortwin* in den Traditionen von Tegernsee, Regensburg, Freising und Passau ungemein häufig ist, was mit dem Ansehen der Grafen von Ortenburg zusammenhängen mag, den mächtigsten Konkurrenten der Wittelsbacher.

Dagegen trägt Hagens Vater, *Sigebant* einen Namen mit dem langobardischen Sonderwort *bando* 'vexillum' als Grundwort. Der Name ist nur im Einflußbereich der Langobarden belegt. In Tirol (Brixen und Landeck) ist er im 13. Jahrhundert bereits zu *Sibant* kontrahiert[50b]. Nördlicher und neben *Sibant* auch als *Sigebant* ist er sonst nur im Admonter Totenbuch (60 km östlich vom Hallstätter See) belegt und vor allem im Bereich des Klosters Tegernsee, zu dem, wie bereits erwähnt, der Kudrundichter von a. 1233 auch sonst Beziehungen aufweist. Kurzum: Der Kudrundichter schöpfte die Namen der neu eingefügten Personen seiner Dichtung aus dem lebendigen Namenschatz seiner engeren bairischen Heimat.

Daß dem Kudrundichter die alte Bindung von Eltern und Kindern durch gleiche Namenglieder oder Stabreim nicht mehr bekannt war, zeigt sich darin, daß er stattdessen *Ortrûn* und *Ortwin*, die am Schluß der Dichtung heiraten, durch das gleiche Bestimmungswort im Namen aneinanderband, während die Namen der Eltern und Kinder in *Ludwig, Gerlind, Hartmuot, Ortrûn* kunterbunt zusammengewürfelt sind, mithin anderen Rücksichten folgen. *Ludwig* ist eigentlich mehr ein fränkischer Name, wenn wir an *Chlodwech* den Merovinger und die zahlreichen Karolinger na-

---

[50a] P. Acht, Die Traditionen des Klosters Tegernsee, 1952; J. Widemann, Die Traditionen des Hochstifts Regensburg und des Klosters St. Emmeram, 1913; Schenkungsbuch des Stiftes Obermünster zu Regensburg, Quellen zur bayerischen und deutschen Geschichte, I, 1856, S. 147ff.; Th. Bitterauf, Die Traditionen des Hochstifts Freising, 1905; M. Heuberger, Die Tradition des Hochstifts Passau, 1930; zu diesen und anderen Gegenwartsnamen vgl. auch A. Weissthanner, Die Traditionen des Klosters Schäftlarn, 1953; ders., Urkunden und Urbare des Klosters Schäftlarn, 1957; O. Redlich, Die Traditionsbücher des Hochstifts Brixen, 1886; W. Hauthaler–F. Martin, Salzburger Urkundenbuch, 1910–1918.

[50b] R. Müller, ZDA. 31 (1882) S. 90.

mens *Ludwig* denken. Der Name war bis dahin in Baiern selten[51]. So mußte jeder, der den Namen *Ludwig* in der Dichtung von a. 1233 hörte, an den ersten *Ludwig* in der Reihe der Wittelsbacher denken, an den a. 1231 ermordeten Ludwig den Kelheimer (a. 1183 – a. 1231), der seinen Namen seinem Großvater mütterlicherseits, dem niederländischen Grafen Ludwig von Looz verdankt. Daß bei dem *Ludwig* der Dichtung an Herzog Ludwig I. von Baiern zu denken ist, wird nicht nur durch die in *Kassiane* und *Frideschotten* liegende verschlüsselte Bezeichnung Regensburgs als seiner Residenz deutlich, sondern auch durch die in den Strophen 610/611 erwähnte Verfeindung mit *künec Otten bruoder* wegen eines Lehens. Es handelt sich um die Belehnung Ludwigs des Kelheimers mit der Rheinpfalz a. 1214, die vordem Pfalzgraf Heinrich I. († 1227), der Bruder des Königs Otto IV., besessen hatte und die nun den Wittelsbachern als Lohn für den Übertritt zu den Staufen zufiel. So ist der Name *Ludwig* im Kudrunlied eine Art Ehrengedächtnis für den ermordeten Ludwig I., dessen Freigiebigkeit gegenüber der Kargheit der Schwaben in den Strophen 743/744 durchsichtig gefeiert wird, vielleicht nicht ohne den Hintergedanken, seinem Sohn und Nachfolger das Gleiche nahezulegen. Jedenfalls mußten die Zeitgenossen, wenn in der Dichtung Ludwigs Tochter den einstigen Gegner *Ortwin von Ortriche* heiratet, sich daran erinnern, daß zwar nicht Ludwigs I. Tochter, aber seine Schwester Mechthild († 1231) den mächtigsten Konkurrenten der Wittelsbacher, den Grafen von *Ortenburg* Rapoto († 1231) geheiratet hatte. So wie der Nibelungenepiker in der Gestalt des Bischofs Pilgrim seinem Nachfolger Wolfger von Passau gehuldigt hatte, so der Kudrundichter von a. 1233 durch die Anspielung auf die a. 1231 verstorbenen Fürstlichkeiten der Wittelsbacher Sippe dem gerade zur Herrschaft gekommenen Otto II. von Baiern.

IV.

Angesichts solcher gegenwartsbezogener Namen scheint es ein weiter Weg zu den Urnamen der Hildesage, zu *Hagen, Wate, Herirand, Hedin*, die die Forschung nach wie vor in mythischem Lichte sieht. *Wate* als watender Wasserriese oder als Wodansverkörperung: Dürfen wir das glauben, wenn doch der angelsächsische Widsiþ (6. Jahrhundert) unabhängig von der Hildesage einen sagenhaften Helsingerkönig *Wada* (*Wada weold Hælsingun*) nennt? Es geht gegen jede gewissenhafte Methodik der

---

[51] Der Karolinger Ludwig der Deutsche (a. 817 – a. 876), der in Regensburg residierte, nannte sich zunächst 'Ludwig von Baiern'; trotz der sagenhaften Geburt Karls des Großen in Gauting in Oberbayern haben jedoch die Baiern alles Fränkische stets als aufgezwungene Fremdherrschaft empfunden.

Namenforscher, wenn der Name *Wate* in der Hildesage isoliert betrachtet und mittels allerlei Manipulationen zum mythischen Namen 'emporgemendelt' wird. *Wada, Wato* kann nicht getrennt werden von den Namen gleichen Stammes wie *Wadefrid, Wadepert, Wadeger, Wadegis, Wadrad, Wadhari, Wadomar, Wadirin, Wadarat, Wadwart, Wadulf*, neben denen die üblichen Kurzformen in Form von *Wado, Wadilo, Wadiko, Wadin, Wading* regelgemäß häufig genug auftreten[51a]. Auch dieser Name war ein Gegenwartsname, als er in die Heldensage einging, der nichts mit Mythen zu tun hatte. Vermutlicherweise ist es eine Zusammensetzung mit dem in *wetten* erhaltenen *wadja 'Vertrag' als Bestimmungswort und erinnert an die Aufgabe des germanischen Fürsten als Wahrer von Gesetz und Vertrag. Gleichermaßen ist es unmöglich, an eine mythische Wurzel des Namens *Hagene* in der Hildesage zu glauben, wenn wir doch neben der regelmäßigen Kurzform *Hagano* und den entsprechenden Patronymformen *Hagilo* und *Hagining* Vollnamen wie *Haganolf, Haganrich, Hagabald, Hagabert, Hagihari* und die zugehörigen Kontraktionsformen *Heimbert, Heimprecht, Heinhard, Heinrich, Heinold, Heindio* haben, Namen, von denen die Annalen und Urkunden des Mittelalters voll sind. Wir haben hier einen alten Königsnamen, der den König als mächtigsten Herrn im gehegten Thing ausweist, aber keine göttliche Gestalt. Dazu stimmt, daß der Widsiþ *Hagana* als König der Holmrugier (Insel Rügen) und somit als historischen, wenn auch sagenhaften König nennt. Zweifellos handelte es sich beim Eingehen dieses Namens in die Heldensage wie bei den anderen um einen Gegenwartsnamen, was auch ganz der Aufgabe der Heldendichtung als verklärter Geschichte entspricht.

Auch den dritten Namen der alten Hildesage, nord. *Hjarrandi*, ae. *Heorrenda* hat man, weil er gelegentlich als Beiname Oldins vorkommt, mit den merkwürdigsten Etymologien ('der Schnarrer', 'der Plektrumspieler') zum ursprünglichen Wodansnamen erheben wollen und dann eine lautgesetzliche Entwicklung vom nordischen *Hjarrandi* zum *Hôrant* der Kudrundichtung gesucht. Selbstverständlich darf *Hari-rand* weder von den Namen mit *hari-* als Bestimmungs- und Grundwort noch von den entsprechenden Namen mit *-rand* getrennt werden. Das sind einerseits Namen wie *Haribrand, Haribord* (*Herbort*), *Hariger, Diet-hari*, andererseits Namen wie *Randhart, Randulf, Rando, Randilo, Bert-rand* usw. und endlich *Randhar*, eine einfache Umkehrung von *Harirand*[51b]. Das sind gute alte germanische Kriegernamen, zusammengesetzt aus *hari* 'Krieg' und *rant* 'Schild'; sie entsprechen der Freude der Germanen, im

---

[51a] E. Förstemann, Altdeutsches namenbuch, I, Sp. 1482.
[51b] E. Förstemann, a.a.O., Sp. 760ff., 1246ff.

Namen kriegerische Eigenschaften zu verherrlichen. *Hari-rand* 'Schutz im Kriege' ist genauso wie die anderen Namen ein kriegerischer Gegenwartsname gewesen, der in die Hildesage einging, ein Name aber, den man auch den Kriegergott Odin sekundär als sprechenden Namen beilegen konnte. Der Name *Harirand* hat in der germanischen Welt die Zeiten überdauert und gehört im mittelalterlichen Baiern in der Form von *Herirand* und *Herrand* zu den häufigsten Namen des Alltags[51c]. Warum hat der Kudrundichter von a. 1233 diesen so geläufigen Namen, den er in seiner Vorlage vorfand, durch *Hôrant* ersetzt? *Hôrand* gehört wie *herirand* zu den Namen auf *-rand*, eigentlich *Hôchrand*, mit dem frühen Verklingen des spirantischen Reibelautes vor Konsonant wie *gasteig* für *gach-steig*, *Hôbrecht*, *Hôfrid*, *Hômuot* für *Hôch-brecht*, *Hôch-frid*, *Hôch-muot* und *Hômotingen* (a. 1091) für *Hôch-motingem*[51d]. Den Namen *Hôrand* gibt es nur im bairischen Raum, wo er ca. a. 1140 im Salbuch von Klosterneuburg (*Hôrand* von Porz, *Hôrand* zu Rietenburg, Vater und Sohn), ca. a. 1150 in einer Chiemseer Urkunde vorkommt und besonders häufig als Name der *von Puosenheim, de Porterhus, de Osterminne* in den Traditionen des Klosters Tegernsee im 12. und 13. Jahrhundert[51e]. Das letztere ist wichtig, da mindestens der Bruder des einen dieser *Hôrande*, wie aus den Tegernseer Traditionen ca. a. 1217/1242 zu ersehen ist, als Mönch (Küchenmeister) dem Kloster Tegernsee angehörte. Da der Kudrundichter von a. 1233, wie wir bereits sahen, in Beziehungen zum Kloster Tegernsee stand, wo er vielleicht sein Schulbildung genossen hat, so hat er, als er das *Harirand* seiner Quelle zu *Hôrand* wandelte, einen sangeskundigen *Hôrand* der mit dem Kloster Tegernsee verbundenen Adelsgeschlechter im Auge. Wie *Volker der videlære* im Nibelungenlied dürfte auch der sangesgewaltige *recke Hôrant* (Strophe 311) eine zeitgenössische Anspielung auf einen bestimmten gleichnamigen Musikfreund aus dem Bereiche der Umwelt des Kudrundichters sein. Da auch sonst in der Kudrun von a. 1233 mit zeitgenössischen Anspielungen nicht gespart wird[52], hat das viel für sich. In jedem Falle handelt es sich um einen spezifisch bairisch-tegernseeischen Gegenwartsnamen, der erstmals vom bairischen Kudrundichter von a. 1233 in die Dichtung eingeführt wurde. Aus der Kudrun übernahmen ihn andere Dichtungen, vor allem der 'Wartburgkrieg' (ca. a. 1260) und der in Abschrift aus dem Jahr 1382 erhaltene 'Dukus Horant', in dem in zum Teil wörtlichem Anschluß an die

---

[51c] Vgl. die in Anm. 50a genannten Quellen.
[51d] E. Förstemann, a.a.O., Sp. 800ff.
[51e] K. Müllenhoff, ZDA. 12 (1865) S. 312ff.; R. Müller, ZDA. 31 (1887) S. 86ff.; P. Acht, Die Traditionen des Klosters Tegernsee, 1952.
[52] Vgl. H. Rosenfeld, ZDPh. 81 (1962) S. 289ff.

Kudrun von a. 1233 *Hôrant* als Brautwerber auftritt. Der Herausgeber des 'Dukus Horant' freilich leitet die Dichtung gegen meinen rechtzeitigen Einspruch nicht aus der bairischen Kudrun ab, sondern aus einem mittelrheinischen Heldenlied des 12. Jahrhunderts und damit aus einer Landschaft, in der der Name *Hôrant* nicht bekannt war[53]. Dann müßte der Dichter des 12. Jahrhundert den Namen *Hôrant* erfunden und zum Taufpaten der nur in bairischen Landen nachgewiesenen Trägern des Namens Hôrants geworden sein. Dieser Gedanke ist absurd. Sprachliche und sachliche Kriterien weisen daraufhin, daß der 'Dukus Horant' in Umbildung des Hildeteiles der Kudrun von a. 1233 in der 2. Hälfte des 14. Jahrhunderts von einem Regensburger Juden verfaßt wurde[54].

In den nordischen Fassungen der Hildesage ist *Hjarrandi* der Vater des Haupthelden *Hedinn*. F. Panzer hat nicht ohne Grund darauf hingewiesen, daß *Hjarrandi* und *Hedinn* ursprünglich identisch gewesen sein müssen[55]. Die nachfolgende Forschung hat dann *Hedinn* als Kurzform für *Ulf-hedinn* 'Wolfshäuter' und ähnliche Namen genommen und damit die Gesetze der Namengebung ignoriert. Es heißt ja *Hedines oy* (*Hiddensee* bei Rügen als die älteste Stätte der Hildesage). Mithin wird *Hedin* stark flektiert, und ein stark flektiertes *Hedin* weisen auch die deutschen Ortsnamen *Hedenesheim* (8. Jahrhundert), *Hetenesbach* (a. 823), *Hetinesriocht* (a. 858), *Hedenssol* (a. 900), *Hedenestorp* (a. 962), *Hedenesburnan* (a. 10. Jahrhundert), *Hetnishusa* (a. 1060), *Hetinishoven* (11. Jahrhundert) und *Hetenswilere* auf[56]. Kurzformen zweiteiliger Vollnamen werden bekanntlich stets schwach flektiert. Mithin kann dieses *Hedin*, ahd. *Hetan* keine Kurzform von *Ulf-hedin* sein, sondern vielmehr einer der wenigen germanischen Personennamen, die aus Beinamen entstanden sind, wie *Karl* 'Mann' und *Ernust* 'Kampf'. *Hedinn* bedeutet den mit Kapuze versehenden Pelzmantel. Wie jemand den Beinamen 'Pelzmantel' erhalten kann, das schildert die Saga von König Harald Graumantel (c. 7): König Harald hatte sich aus bestimmten Gründen einen Pelzmantel schenken lassen und erhielt deshalb diesen Beinamen *gráfeldr*. *Gráfeldr* aber ist ein profaner Pelzmantel ohne Kapuze, während die mit *hedinn* verknüpfte Bedeutung als Pelzmantel mit Kapuze auf eine kultische Vermummungstracht weist. Jemand, der in dieser kultischen Vermummung eine besondere Rolle gespielt hatte, konnte offensichtlich den Beinamen *hedinn-hetan* erhalten, und dieser Beiname konnte dann wie *Karl* und *Ernust* in der jüngeren Generation zu einem gewöhn-

---

[53] Dukus Horant, S. 129 u. ö.
[54] H. Rosenfeld, DLZ. 87 (1966) Sp. 126–129.
[55] F. Panzer, Hilde-Gudrun, 1901, S. 307ff.
[56] E. Förstemann, Altdeutsches namenbuch, II, 1, 2. A. 1913, Sp. 1292ff., 1327ff.

lichen Personennamen werden. Der Held der Nordsee-Hildesage dürfte *Hedinn-Hetan* noch als Beiname getragen haben, weil er als Führer einer in kultische Pelzröcke gekleideten Schar zum Mittelpunkt eines in der Erinnerung haftenden Geschehens wurde. Die Gefolgschaft Hedinns hieß *Hjadningar*; aber dies *Hjadningar* ist eine Weiterbildung des ursprünglichen *Hjadnar* < *Hedinōz*[57]: Die Gefolgschaft des Helden der Hildesage hieß also einfach 'die Pelzröcke'. Was kann hinter diesem Namen liegen? Die Germanen kannten neben anderen Eheformen die Raubehe[58], die offenbar nach bestimmten kultischen Formen durch in Pelzröcke Vermummte vorgenommen wurde und nach bestimmten Regeln verlief. Die Hilde-Sage entstand aber, weil in grauer Vorzeit einmal dieses Brautraubspiel zu blutigem Ernst wurde und tragisch endete, nämlich mit dem Tod des verfolgenden Brautvaters. Deshalb wohl haftete an *Harirand-Hjarrandi* für alle Zeiten der Beiname *Hedinn-Hetan* 'Pelzrock', während die jüngeren, durch die erwähnten Ortsnamen belegten Namensträger den Eingang des ursprünglich den Maskenträgern anhaftenden Beinamen in die Personennamengebung belegen, nicht etwa die Bekanntschaft mit der Hilde-Sage: Die Personennamen sind völlig unabhängig von der Hildesage aufgekommen. Die Ortsnamen vom Typ *Heteninga, Hetning, Hetling* lassen offen, ob ein stark flektierter Name *Hetan* 'Pelzrock' zugrundeliegt oder ein schwach flektierter Name *Hetano* als Kurzform zu *Wulf-Hetan* und ähnlichen Namen. In jedem Falle erweisen die von *Hetan* und *Hetano* abgeleiteten Ortsnamen, daß diese Namen in der lebendigen Namengebung zuhause waren, nicht aber, daß die Nordsee-Hilde-Sage diese Namengebung veranlaßt hat. Es wird ja wohl auch niemand behaupten, daß erst der Name des großen Karolinger *Karl Martell* den Namen *Karl* in die Namengebung eingeführt habe. Die germanischen Personennamen sind natürlich älter als die uns bekannten germanischen Dichtungen und die uns aus der Geschichte bekannten hervorragenden Namenträger.

Hans Ried, der im Ambraser Heldenbuch a. 1502/1516 die einzige Abschrift der Kudrun von a. 1233 lieferte, schreibt den Namen, den die wissenschaftlichen Textausgaben mit *Hetele* wiedergeben, im Nominativ *Hettel*, im Dativ und Akkusativ *Hettelein* (Strophe 206) und *Hettelen* (Strophe 426). Wenn F.J. Mone, J. Schatz und F. Wilhelm[59] diesen Namen in

---

[57] J. de Vries, Altnordisches etymologisches Wörterbuch, 2. A. Leiden 1962, S. 229f.

[58] S. Rietschel: Raubehe, in: J. Hoops, Reallexikon der germanischen Altertumskunde, III, 1915/16, S. 460–462.

[59] F.J. Mone, Untersuchungen zur Geschichte der teutschen Heldensage, 1836, S. 84; J. Schatz, Ein Zeugnis zur Hildesage, ZDA. 50 (1908) S. 341–345; F. Wilhelm,

Urkunden vom 8. bis 12. Jahrhundert nachweisen und damit eine frühe Kenntnis der Hilde-Hetel-Sage in Süddeutschland begründen wollen, so verfielen sie einem Irrtum. Die von ihnen nachgewiesenen Namen beweisen keineswegs eine von *Hedinn-Hetan* abgeleitete Sonderform *Hetel*, also eine Auswechslung von *n* und *l*-Suffix. Vielmehr handelt es sich bei allen diesen als 'wichtige Zeugnisse für die Hildesage' deklarierten Namenbeispielen um einen ganz anderen Namen, nämlich um Patronymformen *Hattilo* von *Hatto*, dem Kurznamen von Vollnamen wie *Hadubrand*, *Hadumar* usw. Einen dem Namen *Hedinn-Hetan* 'Pelzrock' entsprechenden Namen *Hetel* hat es in Deutschland sowenig wie anderwärts gegeben; aber es gab in Deutschland das Wort *hetele* 'Ziege'[60]. Man wird es keinem Heldendichter zutrauen, daß er einen überkommenen Vorzeitnamen durch einen die Ziege bedeutenden Namen ersetzt hätte!

Daß die Kudrun von a. 1233 noch nicht *Hetel(e)* an allen Stellen schrieb, wo Hans Ried nach a. 1500 dann sein *Hettel* einsetzt, dafür haben wir einen indirekten, aber recht schlüssigen Beweis[61]. Der in Abschrift aus dem Jahre 1382 erhaltene 'Dukus Horant', der den Hildeteil der Kudrun von a. 1233 mit zahlreichen Wortanklängen zu einem kleinen Brautwerbungsepos ausbaut, schreibt den Königsnamen stets *Etane*, muß also *Hetane* in seiner Kudrunvorlage vorgefunden haben (über den Ausfall des anlautenden *h* werden wir später sprechen). Hans Ried aber lebte in einer Zeit, die automatisch nach kurzem Vokal den Konsonant verdoppelte. Er hat höchstwahrscheinlich das ihm ungeläufige *Hettane* durch den geläufigen Namen *Hettele* (< *Hattilo*) ersetzt.

Man muß sich fragen, warum der judendeutsche Regensburger Autor des 'Dukus Horant' im 13. Jahrhundert das *h* in allen anderen Namen der Kudrun wie *Hilde* und *Hagen* beibehielt, aber den König *Hetane* in allen 16 Fällen *Etane* schreibt (die von den Herausgebern im Jahre 1964[62] eingesetzte Transkription *Etene* ist nicht vertretbar)? Nun wird sowohl in der Kudrun von a. 1233 wie auch im 'Dukus Horant' der König von dem sangeskundigen Horant als der hervorragendere Sänger gerühmt. In der Kudrun (Strophe 406) heißt es von *Hetan*: *doch singt aller beste*

Ein wichtiges Regensburger Zeugnis zur Hildesage im 12. Jahrhundert, PBB. 33 (1908) S. 570–572.

[60] H. Rosenfeld, Die Kosenamen und Lockrufe unserer Haustiere und die Leitrufe unserer Zugtiere, Rheinisches Jahrbuch für Volkskunde 6, 1956, S. 50–90.

[61] Darauf wurde schon hingewiesen von H. Rosenfeld, Der Dukus Horant und die Kudrun von a. 1233, Mitteilungen aus dem Arbeitskreis für Jiddistik 2, Nr. 19 (1964) S. 129–134, was sowohl F. Norman (s. Anm. 62) wie auch K. Stackmann, Kudrun, hg. v. K. Bartsch, 5. A. 1965, S. LXXVI, Anm. 139, verschweigen.

[62] Dukus Horant, hg. v. P.F. Ganz, F. Norman, W. Schwarz, 1964. Vgl. dazu H. Rosenfeld, DLZ. 87 (1966) Sp. 126–129.

min herre, im 'Dukus Horant' Strophe 192 (193,2) aber von *Etane, dem lieben herren min*: *er singet vil bass, denne ich habe getân*.

Der jüdische Dukus-Horant-Dichter[63] mußte sich bei dem Namen dieses so sangeskundigen König *Hetan* in der Kudrun erinnert fühlen an die jüdischen Dichter und Sänger namens *Ethan* im Alten Testament: an den für seine Weisheit berühmten *Ethan*, der als Dichter des 89. Psalmes genannt wird, und an *Ethan*, den Musikmeister, Zimbelspieler und Sänger Davids, die möglicherweise im mittelalterlichen Judentum für ein und dieselbe Person gehalten wurden[64]. Wenn der Dukus-Horant-Dichter nun den König *Hetan* der Kudrun, dessen Name ihm aus der lebendigen Namengebung nicht mehr geläufig war, durch den Namen des alttestamentlichen Sängers *Ethan* ersetzte, so hat er zugleich damit wohl sicherlich einen Vorzeitnamen durch einen Gegenwartsnamen ersetzt; denn es ist anzunehmen, daß der alttestamentliche Name zur lebendigen jüdischen Namengebung diente.

V.

Konnten bisher Vorzeitnamen und neuere Namenschichten in der Heldendichtung mit ziemlicher Gewißheit geschieden werden, so ändert sich das Bild bei dem Namen *Gudrun*, der Heldin des dritten Teiles der Kudrun-Dichtung von a. 1233. Hier liegt weder ein Gegenwartsname noch ein mit der Hildesage verflochtener Vorzeitname zugrunde; denn keine Quelle der Hildesage nennt diesen oder einen ähnlichen Namen. Das Problem wird dadurch noch schwieriger, daß die Ambraser Handschrift von a. 1502/1516 weder *Gudrun* schreibt wie die neuhochdeutschen Übersetzungen noch *Kûdrûn*, wie die wissenschaftlichen Textausgaben, sondern *Chautrun, Chautrumb, Chutrun, Chutrum, Chudrun*. Die Dipthongierung des langen *û* ist also nur in einem Teil der Belege durchgeführt. Vielleicht hat Hans Rieds Vorlage also noch undiphthongierte Formen, was auf eine Vorlage aus dem 13. Jahrhundert schließen ließe. Erwarten

---

[63] F. Norman (s. Anm. 62) leugnet die jüdische Verfasserschaft; sie wurde aber erwiesen durch S. Colditz, Das jiddische Fragment vom Herzog Horand in seinem Verhältnis zum Gudrunepos und dem König Rother, Mitteilungen aus dem Arbeitskreis für Jiddistik 2, Nr. 12 (1960) S. 17–24; H. Menhardt, Die Herkunft des Dukus Horant, ebd. 2, Nr. 13 (1961) S. 33–36; H. Rosenfeld, ebd. 1964 (s. Anm. 61) und DLZ. 87 (1966) Sp. 126–129, wo darauf hingewiesen wird, daß die sprachlichen Kriterien für Regensburg sprechen. Vgl. neuerdings S. Colditz, Das hebräisch-mittelhochdeutsche Fragment vom „Dukus Horant", FF. 40 (1966) S. 302–306.

[64] Die neuesten Bibellexika sind in dieser Frage nicht ganz einig, vgl. Bibellexikon, hrsg. H. Haag, 1951, S. 443; Calwer Bibellexikon, 5. A.) 1959, Sp. 294f.; F. Rieneck, Lexikon zur Bibel, 1960, Sp. 381.

sollte man auf der oberdeutschem Boden eigentlich *Gundrun*, und in dieser Form ist der Name, wenn auch spärlich, im frühmittelalterlichen Süddeutschland auch belegt, z. B. in einem Füssener Codex des 9. Jahrhunderts, im Salzburger Necrolog St. Petri (11. Jahrhundert) und im Necrolog des bairischen Klosters Seeon[65].

Die *n*-lose Form *Gudrun* gehört eigentlich dem ingwäonischen Raum an der Nordsee an, wo *n* vor Spirans unter Ersatzdehnung des Vokales ausfiel. Freilich behielt der Parallelname *Gund-hari* sein *n*, weil hier das Thorn von *gunþ* über die Silbenscheide gezogen und mit dem *h* des Grundwortes verschmolzen wurde, während bei *Gunþrûn* kein Anlass zu solcher Verlegung der Silbenscheide bestand. Gleichwohl haben wir auch in Baiern, und zwar in Passauer und Regensburger Traditionen des 11. Jahrhunderts, den Namen *Gudrun* überliefert[66]. Da es sich dabei um dörfliche Leibeigene handelt, wäre es völlig sinnlos, hier den Einfluß einer niederfränkischen Kudrundichtung auf die Namengebung anzunehmen. Wahrscheinlich liegt vielmehr Schwunddissimilation des ersten *n* (ohne Vokaldehnung) vor dem *n* der zweiten Silbe vor; mithin handelt es sich wohl um eine rein phonetisch begründete Aussprecheerleichterung. Anders ist es, wenn in einem Augsburger Nekrolog des 12. Jahrhunderts zum 23. Januar der Eintrag *Chutrun sanctimonialis inclusa obiit* auftaucht und entsprechend im Salzburger Nekrolog von St. Rudbert zum 28. August *Chuterun*[67]. Da es sich dabei um adlige Damen handeln muß, kann man mittelfränkische Herkunft und Aussprache der Namen annehmen: Es wird sich um Verpflanzung der Namen durch Einheirat im Kreise des Adels handeln. Die urkundlichen Namenbelege helfen uns also in keiner Weise bei der Enträtselung des Kudrun-Namens in der Kudrun von a. 1233.

Es läßt sich jedoch sagen, daß der Name *Gundrun* in der Sage vom Burgunderuntergang als Schwester *Gundharis* zuhause ist. Die Geschwi-

---

[65] Zum Füssner Codex in der Dombibliothek Augsburg vgl. K. Hofmann, ZDA. 27 (1883) S. 312; Necrologe von St. Peter und Seeon, in: MGH. Necrologia Germaniae II, 1904, S. 56, 40, 39 und 219, 5. Febr.

[66] Traditionen des Hochstifts Passau, hg. v. M. Heuwieser, 1930, Nr. 377; Schenkungsbuch des Stiftes Obermünster zu Regensburg, hg. v. Wittmann, Quellen zur Bayerischen und deutschen Geschichte 1, 1856, S. 211 Nr. 118. – Oberarchivrat Dr. Weissthanner hatte die Freundlichkeit, die Schreibung *Gudrun* im Original zu vergleichen; er verwies als Parallele für Nasalausfall auf *Cudmunt* für *Cundmund* in den Freisinger Traditionen.

[67] Beda-Martyrologium der Dombibliothek Augsburg (hinter Abt Alberich von St. Mang in Füssen, 12. Jahrhundert, vgl. K. Hofmann, ZDA. 27 (1883) S. 312; Necrolog von St. Rudbert, in: MGH. Necrologia Germaniae II, 1904, S. 163, 28/8C.

ster sind nach altem Brauch durch das gleiche Namenbestimmungswort aneinandergekoppelt. Die Eddalieder haben bekanntlich den Namen *Gudrun* als Schwester *Gunnars* bewahrt, während im Nibelungenepos wegen der Koppelung mit der Sage von Attilas Tod der historische Name der letzten Attilagattin *Hildico* in der Form von *Kriemhilde* zum Namen der Schwester Gunthers geworden ist. Die Eddalieder mit *Gudrun* und *Gunnar* haben selbstverständlich Vorgänger auf dem Festland; und sie werden auch noch umgelaufen sein, nachdem der Nibelungenepiker das Nibelungenlied verfaßt hatte, nennt doch z. B. der Marner ca. a. 1250 solche Einzellieder aus der Siegfried- und Nibelungensage als Repertoire eines Fahrenden, und manche Widersprüche im Nibelungenlied sind nur verständlich, weil der Epiker bestimmte Situationen (wie z. B. Hagen als Ferge der Nibelungen an der Donau) bringen mußte, obwohl sie in seinen epischen Zusammenhang nicht paßten, weil das Publikum sie aus Einzelliedern kannte und nicht missen wollte. Der Kudrundichter von a. 1233 macht die leidende und sich zur Versöhnung durchringende Heldin seines 3. Teiles zum Gegenbild der zu Rächerin und *valandinne* werdenden Kriemhild des Nibelungenepos[68]. Was lag deshalb näher, als dieser seiner leidenden Gegenheldin einen Gegennamen zu geben, d. h. den Namen aus einem Guntherlied, wo Gunthers Schwester noch die unschuldig leidende, noch nicht die Gattenrächerin war? Daß der Kudrundichter von a. 1233 solch ein Gunther-Gundrunlied kannte, wird erwiesen durch das Motiv des die ganze Burg durchdringenden Lachens *Gudruns* in Strophe 1318/1321, das das Nibelungenepos nicht kennt, das aber genau übereinstimmt mit dem Lachen Brünhilds in den Eddaliedern (Brot Strophe 10; Sigurdakvida en skamma Strophe 30).[69] Der Kudrundichter von a. 1233 hat offensichtlich entsprechende niederfränkische Gunther-Gudrunlieder gehört. Bekanntlich war der vom Kudrundichter verherrlichte Baiernherzog Ludwig († 1231) Sohn einer niederfränkischen Grafentochter und hat zeitlebens seine Politik und Feldzüge, wenn auch glücklos, auf den niederfränkisch-niedersächsischen Raum gerichtet. Wie der Kudrundichter sich bemühte, den Gudrunnamen niederfränkischer Guntherlieder lautgerecht mit *Chûtrûn* wiederzugeben, so hat wenig später der niederbairische Dichter Wernher der gartenære in seinen 'Meier Helmbrecht' V. 764–768 lautgerechte niederfränkische Sätze eingefügt. Der Name *Chûtrûn* in der Kudrun von a. 1233 wurde also wohl aus literarischer Absicht, und um die Aufmerksamkeit des Publikums auf die leidende Siegfriedwitwe der Gunther-Gudrun-Lieder zu wenden, gebraucht, so

---

[68] Hugo Kuhn, Kudrun, in: Münchner Universitätswoche an der Sorbonne zu Paris, 1956, S. 135–143.
[69] H. Rosenfeld, ZDPh. 81 (1962) S. 311.

wie der Dukus-Horant-Dichter seinen sangeskundigen König durch die Benennung nach dem alttestamentlichen Dichter und Sänger *Ethan* für sein jüdisches Publikum stimmungsgemäß festlegte, ohne ihn in irgendeiner Weise mit dem altjüdischen Sänger identifizieren zu wollen. Solche Namen mit literarischem Akzent sind also auch nachzuweisen, nur werden sie weit geringer an Zahl sein als die echten Vorzeitnamen und die notorischen Gegenwartsnamen und für uns späte Nachfahren nur in Einzelfällen nachzuweisen.

VI.

Ich habe mich bei diesen Betrachtungen auf Beispiele aus der Nibelungensage und der Kudrun beschränkt, aber das weite Feld der Dietrichepen außer Betracht gelassen, um nicht ins Uferlose zu geraten. Ich hoffe, daß auch so meine Darlegungen zur grundsätzlichen Revision der immer noch herrschenden wissenschaftlichen Methode führen können. Vielleicht darf ich die Ergebnisse, die ich hoffe erzielt zu haben, noch einmal herausstellen.

a) Es scheint mir einhellig und deutlich, daß die Namen der Heldendichtung Gegenwartsnamen sind, die dann zu Vorzeitnamen werden, aber bei Um- und Neudichtung durch neue Gegenwartsnamen ergänzt werden. Nicht der Heldendichter erfindet Personennamen, die dann in die lebendige Personennamengebung eingehen, sondern umgekehrt, der Heldendichter schöpft, umso mehr, da er sich als Weitergeber historischer Wirklichkeiten fühlt, unbedenklich die Namen seiner Helden aus der lebendigen Namengebung seiner Zeit und manchmal auch seiner engeren Heimat.

b) Daraus folgt, daß Personennamen aus dem Bereich der Heldendichtung in den Urkunden nicht das Geringste für die Verbreitung dieser Heldendichtung aussagen können. Auch wenn Namen, die uns späten Nachfahren sofort die Erinnerung an bestimmte Dichtungen wachrufen, gehäuft auftreten, so erweist das nur die Lebendigkeit dieser altdeutschen Namen in der Personennamengebung. Das wird besonders deutlich, wo diese Namen in Kreisen bäuerlicher Leibeigenen auftreten, denen man ja keineswegs eine intime Bekanntschaft mit den großen epischen Dichtungen zutrauen kann. Damit werden meines Erachtens alle bisherigen Nachweise, aus den beurkundeten Personennamen Daten für die Vorformen der Heldendichtungen zu gewinnen, hinfällig und gegenstandslos.

c) Man wird sagen können, daß die Namengebung in der Regel den Namen der Ahnen, Paten, Tagesheiligen und der Bibel folgte, dann wohl auch den Namen ausgezeichneter Zeitgenossen wie etwa der Landesherren.

Erst mit dem Zunehmen der Verbreitung der Literatur und der Ausbreitung des literarischen Publikums, mit anderen Worten im ausgehenden Mittelalter und in der Renaissance, werden literarische Personennamen öfters Eingang finden, insbesondere auch aus dem Bereich der antiken Welt.

d) Da ein gut Teil der Familiennamen aus Übernamen entsteht, ist es nicht seltsam, wenn in den Familiennamen auch Namen der Heldendichtung auftauchen. Es ist ja etwas grundsätzlich anderes, ob man den Individualnamen statt dem Bereich körperlicher oder geistiger Verwandtschaft einer Dichtung entnimmt, oder ob man einem Menschen einen Scherznamen gibt. Ich habe ja darauf hingewiesen, mit welcher Freiheit man im hohen Mittelalter seltsame und sogar despektierliche Übernamen akzeptierte. Zu diesen Übernamen konnte man auch Gestalten der Heldensage heranziehen, wie das z. B. vorliegt bei *Heinricus dictus Wieland* (13. Jahrhundert), *Heinricus cognomento Vasolf, Heinricus dictus Biterolf* (14. Jahrhundert)[70]: Die Häufigkeit des Personennamens *Heinrich* zwang zu unterscheidenden Übernamen, die dann zu Familiennamen werden konnten.

e) Ganz abwegig erscheint es, Personennamen der Heldendichtung unabhängig von ihrem Namenzusammenhang, d.h. von der Fülle von Namen mit gleichen Namensilben getrennt, aus dem engeren Sagenbereich allein einer mythischen Deutung zu unterziehen. Diese mythische Etymologie ad hoc ist ein Erbe der Romantik und sollte endgültig aufgegeben werden. Bei dem Namen *Wate* etwa gehört sie aber noch bis zum heutigen Tage zu den Selbstverständlichkeiten, und bis zum Überdruß wird betont, daß wenn *Wate* nachgerühmt wird, er kenne die Wasserstraßen, d.h. die Schiffahrtswege, so zeige sich darin seine Herkunft als mythischer 'Water'. Daß es etwas völlig verschiedenes ist, Schiffahrtsstraßen zu kennen oder aber Furten in Flüssen oder Meeresarmen zu wissen, wird dabei nicht beachtet. Die Durchwatbarkeit sonst nicht passierbarer Flüsse an bestimmten Stellen haben die Anlage der großen mittelalterlichen Heer- und Handelsstraßen bestimmt und dann zu großen Siedlungen an diesen Furten wie *Frankfurt, Haßfurt, Schweinfurt* und *Salzwedel* geführt. Das Durchwaten gehört also zu den Alltäglichkeiten, und ich verstehe nicht, wie man daran etwas Mythisches finden will. Wenn die Sage aus *Wate*, dem Vater Wielands, einen Riesen, der eine Meerenge durchwatet, macht, so ist das ganz durchsichtige Volksetymologie.

---

[70] M. Gottschald, Deutsche Namenkunde, 1932, S. 51; F. Panzer, Personennamen aus dem höfischen Epos in Baiern, in: Philologische Studien. Festgabe für E. Sievers, 1896, S. 205–220; E. Schröder, Deutsche Namenkunde, S. 93–98.

Es ist zu hoffen, daß diese mythischen Etymologien von Heldennamen aussterben. Dagegen wird die Meinung, daß die Personennamengebung in größerem Maße (nicht nur in Ausnahmefällen) von den Helden der Dichtung beeinflußt ist, wohl nicht so leicht schwinden. Wenn das richtig wäre, so müßte man bei der Beliebtheit von Wolframs 'Parzival', bewiesen durch so zahlreiche Handschriften, erwarten, daß die Namen so vorbildlicher Gestalten wie *Parzival, Gawan* und *Sigune* ganze Scharen so benannter Namenträger hervorgerufen hätte. Man braucht nur die Urkundensammlungen zu durchblättern, um festzustellen, daß dies nicht der Fall ist. Das sollte auch skeptisch machen in den Fällen, wo lebendige Namengebung mit traditionellen Sagenheldennamen übereinstimmt wie bei *Dietrich, Siegfried, Hagen* und *Walther*. Man vergißt allzu leicht, daß dem Mittelalter, das in der bildenden Kunst biblische und historische Gestalten in das Gewand der eigenen Zeit kleidete, auch selbstverständlich war, daß Helden der Dichtung Gegenwartsnamen trugen, somit den Namen *Dietrich* etwa nicht in dem historischen Glanze sahen wie wir späten Nachfahren, die wir durch ein Zeitalter des Historismus von der mittelalterlichen Welt getrennt sind.

Register*

Aetius 244
Attila, Etzel 234f., 244
Baier 239
Bech(e)laren 234, 244
Berne, Verona 234, 242
Bertrand 252
Biterolf 261
Bodalung 242
Bodilo 242
Bodo 242
Bodogast 242
Brünhild, Brunichildis 234, 236
Burgónden 236f., 243
Chautrumb, Chautrun s. Kudrun
Chilperich 235f.
Chlodwech s. Ludwig
Chudrun, Chuterun, Chutrum, Chutrun s. Kudrun
Diethari 252
Diethmers 245

Dietrich, Theoderich 234, 262
Else 249
Enns 244
Ernust 254
Etane, Etene s. Hetan
Ethan (vgl. auch Hetan) 257, 260
Etzel s. Attila
Etzelenburg 244
Everdingen 244
Folkir joculator s. Volker der videlære
Franken, Franci 237, 239f.
Frankfurt 261
Frauwhuet, Frau Hitt, Frau Hiltia 233
Frideschotten 245, 251
frumesel 248
Galais 245
Gawan 262
Gelfrat 249
Ger 250
Gerlind 250

* Das folgende Register, das von Fräulein cand. phil. Marie-Luise Balan angefertigt wurde, verzeichnet die in dem Aufsatz behandelten Namen. Die Zahlen beziehen sich auf die Seiten.

Gernot 234
Gero 250
Gibbich, Gibiche 231, 234
Gibichungen 240, 243, 249
Gisal 242
Gisalbald 242
Gisalilo, Gisilo 242
Giselher 234, 249
Gisilo s. Gisalilo
Gisolung 242
Giuki 231
Gráfeldr 254
Gran 245
Gudrun s. Kudrun
Gund- 235, 258
Gundhari s. Gunther
Gundioch, Gundijuks 235
Gundowech s. Gundwech
Gundrun s. Kudrun
Gundwech, Gundowech 235
Gunther, Gundhari, Gunnar 234, 236, 249, 258f.
Gunþrun s. Kudrun
Hadubrand 256
Hadumar 256
Hagabald 252
Hagabert 252
Hagana, Hagano s. Hagen
Haganolf 252
Haganrich s. Heinrich
Hagen, Hagene, Hagano, Hagana 231, 233, 239, 249, 251f., 256, 262
Hagihari 252
Hagilo 252
Hagining 252
Haribord, Herbort 252
Haribrand 242, 252
Hariger 252
Harirand s. Herrand
Hartmuot 249f.
Haßfurt 261
Hattilo s. Hetel
Hatto 256
Hedenesburnan 254
Hedenesheim 254
Hedenestorp 254
Hedenssol 254
Hedin s. Hetan
Hedines oy s. Hiddensee

Hedinn s. Hetan
*Hedinöz s. Hjadnar
Hegeling, Hegelinge(n) 246f.
Heimbert, Heimprecht 252
Heindio 252
Heinhard 252
Heinold 252
Heinrich, Haganrich 252, 261
Heinricus dictus Biterolf 261
Heinricus cognomento Vasolf 261
Heinricus dictus Wieland 261
Heorrenda s. Herrand
Herbort s. Haribord
Herilo 242
Herilunc 242
Herio 242
Herrand, Herirand, Harirand, Hjarrandi, Heorrenda 249, 251-255
Herwig 249
Hetan, Hetane, Hetano, Hetin, Hettane, Hedin, Hedinn, Etane, Etene 254-257
Hetel, Hetele, Hettel, Hettele, Hattilo 255f.
Hetelingen, Hetlingen, Hettlingen, Heteningen 246f.
Hetenesbach 254
Heteninga 255
Heteningen s. Hetelingen
Hetenswilere 254
Hetin s. Hetan
Hetinesriocht 254
*Hetining s. Hötting
Hetinishoven 254
Hetling 255
Hetlingen s. Hetelingen
Hetning 255
Hetnishusa 254
Hettane s. Hetan
Hettel(e) s. Hetel
Hettlingen s. Hetelingen
Hiddensee, Hedines oy 245, 254
Hilde, Hiltha (vgl. auch Frauwhuet) 232-234, 238, 249, 256
Hildeburg 249
Hildegrim 238
Hildico, Ildico 233f., 259
Hiltha s. Hilde
Hiltigunt 232

Hjadnar, *Hedinōz 255
Hjadningar 246, 255
Hjadningawig 246
Hjarrandi s. Herrand
hniflungr (vgl. auch Nibelung) 240f.
Hochbrecht, Hobrecht 253
Hochfrid, Hofrid 253
Hochmotingem, Homotingen 253
Hochmuot, Homuot 253
Hochrand s. Horand
Hötting, *Hetining 233
Hofrid s. Hochfrid
Holzsaezen 245
Homotingen s. Hochmotingem
Homuot s. Hochmuot
Horand, Horant, Hochrand 231, 252–254
Ildico s. Hildico
Iwein 232
Kalatin 245
Karadine 245
Karl 254f.
Karl Martell 255
Kassiane 245, 251
Kriemhild, Kriemhilde 234f., 259
Kudrun, Chautrumb, Chautrun, Chudrun, Chuterun, Chutrum, Chutrun, Gudrun, Gundrun, Gunþrun 232, 234, 249, 257–259
Ludwig, Chlodwech 250f.
Mautern 234
Marafrid 242
Marcelanes 245
Maro 242
Mehring 244
Melk 234
Merila 242
Merling 242
Moeren 245
Naue 242
Nebelong(us), Nebelunch(us), Nebelung(us) s. Nibelung
Neblens s. Niblings
Nebo s. Nivo
Nebulones, Nivilones 237, 240
Nebelung(us), Nebulunc s. Nibelung
Neie 242
Neu 242
Neubert 242
Neublins s. Niblings

Neubold 242
Neufert 242
Neumann 242
Neuwald 242
Neveling(us) s. Nibelung
Nevelo, Niwilo 242
Nevolong(us) s. Nibelung
Nibelung, Nibelunc, Nibelungus, Nibelunge, Nibelungen, Nibelung(us), Nibilunc, Nibling, Niblung, Niblunc, Nibulunc, Nipulunc, Nebelong(us), Nebelung(us), Nebelunch(us), Nebulung(us), Nebulunc, Nivelong(us), Nivelung(us), Nivilung(us), Niflungar, Nivulung, Niwilung, Neveling(us), Nevolong(us) (vgl. auch hniflungr) 231, 236–244
Niblings, Neblens, Neublins 243
Niblung, Niblunc s. Nibelung
Nibo s. Nivo
Nibulunc, Niflungar, Nipulunc s. Nibelung
Niuwi-alha s. Nivelles
Niuwo 242
Nivalus, Nivolus 242
Nivelles, Niuwi-alha 242
Nivelong(us), Nivelung(us) s. Nibelung
Niviard 242
Nivilones s. Nebulones
Nivilung(us) s. Nibelung
Nivirat 242
Nivirich 242
Nivo, Niwo, Nibo, Nebo 242
Nivolus s. Nivalus
Nivulf 242
Nivulung s. Nibelung
Niwilo s. Nevelo
Niwilung s. Nibelung
Niwo s. Nivo
Nordland 245
Normandie 245
Odin s. Wodan
Ortenburg 251
Ortland 245f.
Ortrich 245, 251
Ortrun 250
Ortwin 245, 250f.
Osterminne 253
Ostrogotho 239

Parzival 262
Passau 234, 244
Peyerlant 244
Pföring 244
Pilgrim 246
Polan 245
Porterhus 253
Puosenheim 253
Raben, Ravenna 234, 242
-rand 252f.
Randhar 252
Randhart 252
Randilo 252
Rando 252
Randulf 252
Ravenna s. Raben
Rinvranken 236
Rodwulf 247
Rogerius 247
Rüdiger 247
Rumold 248f.
Sachse 239
Salzwedel 261
Schilbunc 237–239
Schweinfurt 261
Seelant 245
Sibant s. Sigebant
Siegfried, Sigifrid, Sifrit 234f., 239, 245, 262
Sigebant, Sibant 250
Sigi- 235f.
Sigibert, Sigibjart 234–236
Sigibrand 242
Sigifrid s. Siegfried
Sigila 242
Sigilung 242
Sigimerus, Sigismer, Sigismerus 236
Sigismund 235f.
Sigiward s. Sigurd
Sigo 242
Sigune 262
Sigurd, Sigiward 235
Stürmen 245
Theoderich s. Dietrich
Theudeling 242
Theudila 242
Theudobald 242
Theuto 242
Traun 244

Treisen 244
Tristan 232
Tuln 244
Ulfhedin(n) s. Wolfhetin
Vasolf 261
Vergen 244
Verona s. Berne
Volker, Folkir 248f.
Volker von Alzeye 248
Volker der videlære, Folkır joculator 248f., 253
Volkger 248
Volkhari 248
Wada s. Wate
Wadarat, Wadrad 252
Wadefrid 252
Wadeger 252
Wadegis 252
Wadepert 252
Wadhari 252
Wadiko 252
Wadilo 252
Wadin 252
Wading 252
Wadirin 252
Wado s. Wate
Wadomar 252
Wadrad s. Wadarat
Wadulf 252
Wadwart 252
Walachilo 242
Walaching 242
Walacho 242
Waldeling 242
Waldhart 242
Waldilo 242
Waldo 242
Walhfrid 242
Walther 232, 262
Wate, Wato, Wada, Wado 231, 251f., 261
-wech 235
Wieland 261
Wien 234, 244
Wittich 231
Wodan, Odin 231
Wolfhetin, Wulfhetan, Ulfhedin, Ulfhedinn 233, 254f.
Zeisenmure 244

STEIN VON MÖJBRO (um 350)

HELLMUT ROSENFELD

DER NAME WIELAND

Der Sagenheld Wieland wird auf deutschem Boden *Wēland, Wealand, Wieland* genannt[1] und gilt hier und bei den Angelsachsen als Meisterschmied. Im Waltharius-Epos wird das Panzerhemd des Titelhelden v. 965 als 'Wielands Werk' bezeichnet; die Handschriften K S V schreiben *Uuelendia fabrica*, die Handschriften B P E *Vuielandia fabrica*[2]. Dem entspricht im angelsächsischen Beowulf v. 455 *Wēlandes geweorc*[3], im angelsächsischen Waldere-Fragment *Wélandes worc* und *Wélandes bearn*[4], in der angelsächsischen Deors Klage v. 1 *Wēlund*[5], in einer Urkunde von a. 955, die die Wielandhöhle von Berkshire erwähnt, *Wēlandes smidde*[6], in Gottfrieds von Monmouth 'Vita Merlini' (12. Jahrhundert) *Guielandus*, als Hersteller kunstreicher Pokale, in der aus niederdeutschen Quellen gespeisten Thidrekssaga *Vēlent*[7]. König Alfred († a. 899) ersetzte in seinen 'Metra des Boetius' den Namen des bei Boetius genannten römischen Politikers Fabricius (*Ubi nunc fidelis ossa Fabricii jacent?*) wegen des Anklangs von *Fabricius* und *faber* durch den des germanischen Meisterschmiedes, *Þæs wisan Welandes, Þæs goldsmiÞes, Þe wæs geo mærost*[8].

Die meisten Forscher von J. Grimm[9], W. Golther[10], R. Much[11], B.

---

[1] E. Förstemann, Altdeutsches namenbuch I, 2. A. 1900, Sp. 1553–1554.
[2] Waltharius, hg. v. K. Strecker, 1947, S. 161.
[3] Beowulf, hg. v. F. Holthausen, 8. A. 1948, S. 15.
[4] F. Holthausen, Die altenglischen Walderebruchstücke, Göteborg 1899, S. 14.
[5] Beowulf, hg. v. F. Holthausen, S. 118.
[6] A. Heusler, Wieland, Reallexikon der germanischen Altertumskunde IV, 1918/19, S. 529.
[7] W. Grimm, Die deutsche Heldensage, 2. A. 1867, S. 42, Nr. 26.
[8] W. Grimm, a.a.O., S. 29, Nr. 14. – G. Baesecke, Vor- und Frühgeschichte des deutschen Schrifttums I, 1940, S. 299, glaubt, daß Alfred, der *Fabricius* mit *faber* zusammenbrachte, auch den Namen *Wieland* als 'der Schmiedende' aufgefaßt haben müsse. Das ist unwahrscheinlich.
[9] J. Grimm, Deutsche Mythologie, 1844, S. 351f., 4. A. 1875, S. 313; Deutsche Grammatik II, 1878, S. 352.
[10] W. Golther, Die Wielandsage und die Wanderung der fränkischen Heldensage, Germania 33 (1888) S. 449–480.
[11] R. Much, Der germanische Himmelsgott. Festgabe für R. Heinzel, 1898, S. 237,

Symons[12] und E. Förstemann[13] an bis auf G. Baesecke und A. Bach fassen den Namen als Partizipium Praesentis wie *hēliand* und *wigand* und leiten ihn von an. *vēla* 'betrügen' ab. Zu *vēla* 'betrügen' gehört *vēl* 'Betrug, List, Ränke' und *vēlendi* 'List, Streich'. *Wēland* wäre dann also der Betrüger oder Listenreiche. Stattdessen hat schon J. Grimm bequemerweise *vēl* mit dem Dreiklang 'τέχνη, ars, List' wiedergegeben und dann *Wēland* kühn mit 'kunstfertiger Schmied' übersetzt, was weder etymologisch noch morphologisch berechtigt war. Ihm folgt, ohne ihn zu nennen, G. Baesecke, indem er *vēl* zwischen Kunstwerk und Trug schillern läßt und somit zu einem sogen. sprechenden Namen 'der Schmiedende' umfälscht[14]. So ist denn auch für O.L. Jiriczek *Wēland* 'der kunstvoll Wirkende' und an. *Vǫlundr* Entstellung des älteren *Wēland*[15], und selbst für A. Bach ist *Wieland* (noch dazu in unzulässiger Gleichsetzung mit an. *Vǫlundr*) Partizip zu *vēla*, das einfacherweise gleich mit 'artificiose fabricare, fabrefacere' glossiert wird[16]. So kann es nicht verwundern, daß in der sonst gut durchgearbeiteten Neuauflage von E. Wasserziehers Vornamenbuch *Wieland* mit ahd. *Waland* gleichgesetzt und als 'der Kunstfertige, zugleich Listige' gedeutet wird[17]. Daß es sich wirklich um einen 'sprechenden' Namen handle, sieht G. Baesecke überdies gestützt dadurch, daß auch Wielands Gegner König *Nidhad* einen sprechenden Namen führe, da er aus 'Feindschaft' und 'Kampf' zusammengesetzt sei[18].

Leider hat G. Baesecke diese letztere Aussage gemacht, ohne sich über diesen Namen genauer zu informieren. Denn *Nidhad* ist bestimmt nicht als sprechender Name für Wielands Gegner erfunden, ist er doch z.B. a. 779 in St. Gallen als Personenname belegt, auch gibt es viele andere Namen mit *nid* 'Kampfeseifer' und *hadu* 'Kampf'[19]. *Nid* hat im Germanischen keinerlei pejorative Bedeutung. Deshalb ist auch *Nidhad* ein guter germanischer Name, der keinerlei Hinweis auf die Rolle von Wielands königlichem Gegner aufweist. Somit ist G. Baeseckes Annahme, *Nidhad* sei als sprechender Name für das Wielandlied erfunden, hinfällig.

Für die Ableitung des Namens *Wieland* von *vēla* 'betrügen' ist abträg-

---

[12] B. Symons, Heldensage, in: H. Paul, Grundriß der germanischen Philologie III, 2. A. 1906, S. 722f.; bereits ebd. IIa, 1889, S. 61 erkannte B. Symons, daß *Wēland* nicht aus an. *vēla* > *wihla* abgeleitet werden kann.
[13] Vgl. Anm. 1.
[14] G. Baesecke, a.a.O., S. 299.
[15] O.L. Jiriczek, Die deutsche Heldensage, 2. A., 2. Neudruck (Sammlung Göschen) S. 33.
[16] A. Bach, Deutsche Namenkunde I, 2. A. 1952, S. 81, § 73.
[17] E. Wasserzieher, Hans und Grete, 16. neubearb. A. v. P. Melchers, 1964, S. 66.
[18] G. Baesecke, a.a.O., S. 303.
[19] F. Förstemann, a.a.O., I, Sp. 1157–1159 bzw. 788–800.

lich und peinlich, daß dieses Wort nur im Nordischen belegt ist, nicht aber in den anderen germanischen Sprachen, also nordisches Eigengut darstellt. Die dem Eddagedicht als Vorlage dienende Wielanddichtung entstand, wie deutsche Lehnworte im altnordischen Text (z. B. *flygill* < mhd. *vlügel*) und die Erwähnung des Rheingoldes (man hat noch im Mittelalter aus dem Rheinsand Gold herausgewaschen) und Chlodwigs beweisen, auf deutschem Boden und ist nicht zu trennen von dem Rugierkönigspaar Feletheus Fewa und Giso an der mittleren Donau. Diese hielten wirklich Goldschmiede gefangen und ließen sie erst frei, als die Verzweifelten den kleinen Sohn des Königspaares Friedrich, der nachmals mit den letzten Rugiern zu Theoderich nach Italien kam, mit dem Tode bedrohten, etwa a. 480 n. Chr.[20]. An dieses historische Ereignis haben Dichtung und Sage Elemente der griechischen Dädalussage geknüpft. Man kann also den deutschen Sagenhelden *Wēland* nicht aus an. *véla* ableiten, um so weniger, als Wieland gerade im Nordischen nicht *Vélandr*, sondern vielmehr *Vǫlundr* heißt, was bekanntlich aus *Waland* mit kurzem *a* hervorgegangen sein muß. Erst der Verfasser der Thidrekssaga hat (statt *Vǫlundr*) *Vélent* angesetzt und dabei vielleicht wirklich an *véla* gedacht, da er entgegen der Tradition seinen Helden eine Statue anfertigen läßt, die so realistisch ist, daß man sie für lebendig hält.

Die Ableitung von *Wēland* aus *véla* läßt sich auch nicht dadurch stützen, daß man ein westgermanisches, später untergegangenes *wēlan* ansetzt. Das an. *véla* geht ja bekanntlich auf ein älteres *vihla* zurück, erhalten im finnischen Lehnwort *vihlata* 'betören, verleiten, verführen' und gehört somit zu dem Stamm, der in ahd. *wîh* 'heilig' und ae. *wih* 'Tempel', got. *weihs* 'heilig' erhalten ist. Einem ahd. *wēlan* 'betrügen' fehlt somit jede etymologische und sprachliche Grundlage. Der Name *Wēland* kann deshalb mit *véla* nicht das Geringste zu tun haben.

Das Problem wird noch komplizierter dadurch, daß das altnordische Wielandlied, das durch deutsche Lehnwörter u. a. seine deutsche Herkunft zur Schau trägt, nicht die deutsche Namenform *Wēland* aufweist, sondern *Vǫlundr*. *Vǫlundr* läßt sich nicht nur nicht auf deutsche *Wēland* zurückführen: es kann auch keine Entstellung sein, denn die zugrundeliegende Form *Waland* ist ebenso gut bezeugt wie *Wēland*. *Waland* ist bei den Normannen und in Frankreich als Personenname belegt[21]. Mit diesem Personennamen ist *Wēland* zusammengeworfen. In der 'Historia pontificum et

---

[20] H. Rosenfeld, Wielandlied, Verfasserlexikon der deutschen Literatur des Mittelalters V, 1955, Sp. 1124–1132; ders., Wielandlied, Lied von Frau Helchen Söhnen und Hunnenschlachtlied, PBB. 77 (Tübingen 1955) S. 204–248, und Festschrift für J. Rosenfeld, 1955.
[21] F. Förstemann, a. a. O., I, Sp. 1516.

comitum Engolismensium' (um a. 1159) wird ein von *Walandus faber* gefertigter Schild erwähnt. Auch Johannes monachus (Mitte des 12. Jahrhunderts) nennt einen *Galannus fabrum superlativus*, und der afrz. Ogier nennt sein Schwert *de la forge Galant* und an andrer Stelle *Galans* als Schwertschmied in Damaskus und Persien. Im 'Chevalier au cisne' wird ebenfalls *Galans* als Fertiger von Schwertern genannt und ähnlich *Galant* im 'Fierebras'[22]. Wenn die späte Waltharius-Handschrift T (Papierhandschrift des 15. Jahrhunderts) in v. 965 statt des *Welandia* oder *Wielandia fabrica* der älteren Handschriften ein *Walendia fabrica* einsetzt, so ist das kaum ein Schreibfehler, sondern eine bewußte Anlehnung an die normannisch-französische Namenvariante. Die beiden Namenformen *Wēland* und *Waland* sind mit linguistischen Mitteln nicht zusammenzubringen. Das aber wäre notwendig, wenn man die Namen aus der Wielanddichtung oder Wielandsage als sprechenden Namen erklären wollte. Da beide Namen nicht nur in der Sage, sondern auch als lebendige Vornamen des Alltags vorkommen, muß der Blick sich vom Spezifischen der Wielandsage weg vielmehr auf die Frage richten, wie diese Namen als germanische Personennamen erklärt werden können.

Nachdem die Forschung 120 Jahre lang die weder etymologisch noch linguistisch haltbare Deutung des Namens Wieland als Partizipium Praesentis vertreten hat, wird es an der Zeit, den schwierigen Namen neu zu überdenken. Es gibt meines Wissens für die ältere Zeit, geschweige denn für die Germanenzeit, überhaupt kein Beispiel für die Einfügung erfundener sprechender Namen in die Dichtung. Sage und Dichtung bedienen sich historischer Namen oder der lebendigen Personennamen der Gegenwart[23]. Dieser Grundsatz ist auch bei der Betrachtung des Namens Wielands und seiner Sippe in Betracht zu ziehen. Es ist unwahrscheinlich, daß der Dichter des ältesten Wielandliedes dem Helden einen bis dahin ganz unbekannten oder gar ad hoc erfundenen Namen gab. Es ist erst recht unwahrscheinlich, daß ein etwa für das Wielandlied erfundener sprechender Name alsbald in die Personennamengebung aufgenommen sein sollte. Es war im frühen und hohen Mittelalter durchaus noch nicht üblich, Gestalten der Sage und Dichtung zu Namenspaten zu nehmen, wie sich denn sogar die aus der Bibel entnommenen Namen und die Heiligennamen erst im ausgehenden Mittelalter durchsetzen. Demnach muß man damit rechnen, daß die Namen *Wēland, Wieland, Waland* vor und neben der Wielanddichtung existierten, auch wenn man dies wegen der Zufälligkeit früher Namenbezeugungen nicht nachweisen kann.

---

[22] W. Grimm, a.a.O., S. 43–45.
[23] H. Rosenfeld, Die Namen der Heldendichtung, insbesondere Nibelung, Hagen, Wate, Hetel, Horand, Gudrun, BNF. NF. 1 (1966) S. 231–265.

Das Wielandlied geht, so sagten wir, wahrscheinlich auf das historische Ereignis bei den Rugiern um a. 480 zurück. Da im Prosavorspruch des Eddaliedes *Hlodvé konungr*, d. h. der Frankenkönig Chlodwig als Vater von Wielands Gattin genannt wird, kommt G. Baesecke für das Eddalied auf eine Zeit lang nach dem Tode des großen Frankenkönigs (a. 511), da die Erinnerung an seine profilierte historische Persönlichkeit schon sehr verblaßt sein mußte, ehe man ihn zum Vater einer Schwanjungfrau machen konnte. Das deutsche Wielandlied, das wir als Quelle des Eddaliedes annehmen dürfen, kann am Anfang des 6. Jahrhunderts entstanden sein, jedenfalls aber erst nach Verblassen der Erinnerung an das im Jahre 487 ermordete rugische Königspaar[24] und an ihren Sohn Friedrich, der ja nicht, wie die Wielandsage will, als Kind starb, sondern bei den Goten Theoderichs als Rugierkönig eine Rolle gespielt hat, durch Aufstände gegen seinen Vetter Theoderich von sich reden machte und erst a. 492 starb[25]. Den Goten Italiens, in denen die letzten Rugier aufgingen, wird man am ehesten die Erinnerung an jene Goldschmiede bei den Rugiern, die ihre Befreiung aus der Gefangenschaft durch Bedrohung des rugischen Königssohnes Friedrich erkauften, sowie die Vermengung dieser Erinnerung mit der Dädalus-Geschichte aus Servius' Vergilerklärung zutrauen dürfen. Von den Goten aus wird das Wielandlied wie das Hildebrandlied nach Norden gewandert sein.

Die erste Bezeugung des Personennamens *Wēland* liegt vor auf einem frühchristlichen Grabstein für die zwölfjährige *[Thiude]lindis, filia Velandu*(!) *et Thudelindi*(!). Diese im Jahre 1772 in Ebersheim bei Mainz aufgefundene Grabinschrift ist zwar verloren, aber in einer Nachzeichnung durch den Auffinder vom Jahre 1772 erhalten[26]. Von E. Förstemann[27] wurde sie dem 5. Jahrhundert zugeschrieben; nach paläographischen Kriterien gehört sie jedoch dem 7. Jahrhundert an[28]. Da bis ins hohe Mittelalter hinein, ja weitgehend bis zum Trienter Konzil die alten germanischen Namen sich weitervererbten, ist völlig ausgeschlossen, daß

---

[24] Die Ermordung Odoakars durch Theoderich war Blutrache für die von Odoakar ermordeten Giso und Feletheus; vgl. H. Rosenfeld, Theoderich und das Blutrachemotiv, in: H. Rosenfeld, Wielandlied, Lied von Frau Helchen Söhnen und Hunnenschlachtlied. Festschrift f. J. Rosenfeld, 1955, S. 248.
[25] Ludwig Schmidt, Die Ostgermanen, 1934, S. 123.
[26] CIL. XIII, 2, 1, 1907, S. 406, Nr. 7260, mit Faksimile der Zeichnung des Auffinders Fuchs vom Jahre 1772.
[27] A.a.O., I, Sp. 1553.
[28] Nach freundlicher brieflicher Auskunft von D. Ellmers, Römisch-Germanisches Zentralmuseum Mainz, vom 24. 1. 1968. Vgl. künftig W. Boppert, Untersuchung der frühchristlichen Grabinschriften vom Mittelrhein, Diss. Mainz 1967 (noch ungedruckt).

eine romanisierte christliche Familie des Rheinlandes einen unüblichen, bloß für ein Heldenlied erfundenen Namen aus einem mündlich verbreiteten Lied als Vornamen aufgenommen hat. Insofern darf diese frühchristliche Inschrift als Hinweis auf einen alten germanischen Namen *Wēland* genommen werden.

Der Personenname Wieland war dann wie viele altgermanische Namen im Mittelalter weit verbreitet, und weil es zahlreiche Personen mit diesem Vornamen gab, ist er wenigstens in Bayern, Schwaben und Franken früh auch zum Familiennamen geworden. Unter allen diesen Belegen hat E. Schröder nur die Aufführung eines *domus Welandi fabri* in Würzburg a. 1262 und eines *Wilandus faber* zu Bruchköbel a. 1259 als Zeugnis für eine Volksvorstellung von Wieland dem Schmied in Anspruch zu nehmen gewagt[29]; für Bruchköbel wenigstens ist durch eine *Hedwig Wilandi* von a. 1282 und weitere Glieder dieser Familie Wieland als Familienname, nicht etwa Personenname, bezeugt. Erst im 14. Jahrhundert macht sich in Adelskreisen ein gewisses Interesse geltend, Beinamen aus dem Bereiche der Dichtung zu nehmen, wie denn a. 1379 ein *Borchardus dictus Fasolt* sich auf die Dietrichsage bezieht. Gleicherweise kann in bürgerlichen Kreisen aus der Vorstellung von Wieland dem Schmied diese Bezeichnung als Neck- oder Schleifname aufgekommen sein. Für das Aufkommen der Namen *Wēland*, *Wieland* als Vornamen besagt diese Entwicklung nicht das geringste.

Da mit dem Namen *Wēland* in der Ebersheimer Inschrift des 7. Jahrhunderts bewiesen oder wenigstens höchst wahrscheinlich gemacht ist, daß *Wēland* ein vom Wielandlied unabhängiger alter germanischer Personenname ist, fragen wir uns, ob man diesen Namen und seine Sippe nach dem Gesetz aller germanischen Vollnamen als zweiteiligen Vollnamen erklären kann. Wer diese Namen erklären will, muß die sprachlich unvereinbaren verschiedenen Namensvarianten zusammensehen. Das sind die deutsche und angelsächsische Form *Wēland*, die nordische, normannische und französische Form *Waland* (mit kurzem *a*), die englische Form *Wayland* und die neuhochdeutsche Nebenform *Weiland*. Am wenigsten Kopfzerbrechen verursacht *Weiland*. Durch unorganische Monophthongierung von *Wieland* entstand, vielleicht in Anlehnung an *Wigand*, ein *Wiland*; denn *Weiland* und *Weigand* stehen parallel nebeneinander. Das englische *Wayland-Smith* steht im Rahmen einer Volkssage von Berkshire von einem unsichtbaren Schmied, der auf Bitten Reisenden durch Beschlagen der Pferde half[30]. Lautlich ist *Wayland* meines Wissens bisher

---

[29] E. Schröder, Wieland der Schmied. Ein Exkurs über Personennamen aus der Heldensage, in: E. Schröder, Deutsche Namenkunde, 2. A. 1944, S. 93–98.
[30] W. Grimm, a.a.O., S. 333f., Nr. 170.

unerklärt. Es könnte aus *Wegaland* entstanden sein mit volksetymologischer Anknüpfung an *way* 'Weg'; in Deutschland ist *Wegalantius* und *Wegalenzo* gut belegt und wahrscheinlich Eindeutschung des lat. *Vigilantius*[31]. Wahrscheinlicher ist aber eine weit einfachere Erklärung für *Wayland*. Man hat wohl mit zäher Konservativität die alte Aussprache des Sagennamens *Wēland* festgehalten und diese Aussprache graphisch mit *Wayland* wiedergegeben. Jedenfalls lassen sich weder *Weiland* noch *Wayland* für eine Etymologisierung des alten Namens verwerten.

Es bleiben somit die Parallelformen *Wēland* und *Waland* als auswertbar übrig. Da sie im Rahmen der Wielandsage ausgetauscht wurden, besteht die Möglichkeit, daß beide Namen inhaltlich verwandt waren und deshalb dieser Austausch unabsichtlich und spontan vor sich ging. Jedenfalls müssen beide Namen aus zweiteiligen germanischen Namen hervorgegangen sein. Da *Wēland* sich zu *Wialand* und *Wieland* wandelt, muß der *E*-Laut ein germanisches e^2 sein. Selbstverständlich kommt das Neutrum *land* nicht als Grundwort eines Männernamens in Frage; wir müssen deshalb die Silbenscheide nach dem *l* legen. Das Bestimmungswort wäre somit *wēl, wiel*. Die Namen mit *wēl, wiel* als Bestimmungswort sind reich belegt: *Wiel-pracht, Wialdrud, Wial-frid, Wial-gart, Wial-heri, Wieli-halm, Wiel-lind, Wiel-rat, Wiel-sind, Wiel-olf* und die Kurzformen *Wialo, Wiala*[32]. Wahrscheinlich sind hier auch einzureihen *Wela-perht, Weli-purc, Wela-trud, Wela-frid, Wela-grim, Wel-harius, Wela-ramnus, Weli-man, Wela-mut, Wela-munt, Wel-rih, Weli-sind* und die Kurzformen *Welo, Wela, Weliko, Weleka, Weling*[33] als die älteren, noch nicht diphthongierten Formen.

Diese Namen lassen sich gut aus germanischem Geiste deuten, wenn *wēla, wiela* 'Kampf' bedeutet. Dann wäre *Wiel-olf*: Kampf-Wolf, *Wiel-sind*: Kampfgänger, *Wela-ramnus*: Kampf-Rabe (d.h. Wodanskrieger), *Wial-drud* und *Wial-gert*: Zauberin für den Kampf. Das zugrundeliegende e^2 haben wir vor allem im Präteritum der ehemalig reduplizierenden Verba. Wir kommen damit auf eine Ableitung vom Präteritum des reduplizierenden Verbums *wallan* 'wogen'. *Wēla, wiala* heißt dann 'Gewoge' und kann im übertragenen Sinne das Kampfgewoge bedeuten, wie in der Dichtersprache und in Namen die konkreten Wörter *ort* 'Spitze' und *brand* 'Brand' für 'Schwert' stehen. Bisher ist man auf diese Interpretation von *wēla, wiala* noch nicht gekommen, da das Wort ausgestorben zu sein scheint. Es kommt jedoch noch bei Albrecht von Halberstadt in der

---

[31] So, freilich zweifelnd, E. Förstemann, a.a.O., I, Sp. 1551.
[32] F. Förstemann, a.a.O., I, Sp. 1552–1555, unter an. *véla* 'artificiose fabricare'.
[33] Ebd., I, Sp. 1552, irrtümlich unter ahd. *wēla* 'bene'.

konkreten Bedeutung 'Wassergewoge' vor, heißt es doch: *durch manic tief gevelle, durch siben wazzerwielen die ors drate vielen*[34]. Die parallele Sippe mit Bestimmungswort ahd. *wala* 'Kampfstätte, Kampf' ist bedeutungsgleich. Sie muß aus den Belegen für die Namen mit *walah* 'Welscher' ausgesondert werden. Es kommen in Betracht: *Walegundis, Wal-hart, Wal-had, Wala-helm, Wala-hild, Wala-ram, Wal-lindis, Wala-man, Wala-rad, Wale-rand, Wala-runa, Wale-sinda, Wala-danc* und die Kurzformen *Wallia* (Gotenkönig), *Wala, Walica*[35]. Auch hier kommen wir auf sinnvolle altgermanische Namen, z. B. *Wala-helm, Walerand*: Schützer im Kampf, *Wala-ram*: Kampf-Rabe (d. i. Wodanskrieger), *Wala-runa*: Zauberin für den Kampf.

Nachdem wir *Wēland, Wieland* und *Waland* in Namensippen mit *wēla* und *wala* als Bestimmungswort eingeordnet haben, steht einer Deutung als zweiteiliger germanischer Personenname nichts entgegen, wenn es gelingt, für das Grundwort eine befriedigende Erklärung und Verwandtschaft zu finden. Als Grundwort bieten sich an *-and* und, mit Schwunddissimilation, *-hand, -wand, -nand*. Als Bestimmungswort ist *And-* gut belegt in Namen vom Typ *Andobald* und *Andhelm*[36]. Die Etymologie ist unklar (weder ahd. *ando* 'zelus' noch an. *andi* 'Geist' ist einleuchtend, eher schon ein aus *anti* entwickeltes 'Gegner'). Es ist nicht einzusehen, weshalb dieses Wort nicht auch als Grundwort vorkommen sollte, jedoch lehnt dies E. Förstemann ab und setzt bei seinen 59 masculinen Namen auf *-and* Partizipium Praesentis an[37]. Da für *Wēland* und *Waland* kein Anlaß besteht, auf *-and* zurückzugreifen, lasse ich die Frage dahingestellt, ob *-and* als Grundwort vorkommt.

A. Heusler[38] nahm als Grundwort von *Wēland* und *Waland* ein *-hand(us)* an, ohne zu beachten, daß *hand* als Femininum nicht als Grundwort männlicher Namen in Frage kommt. Allerdings hat E. Förstemann als sicheren Beweis für *handu* als Grundwort den besonders bairischen Namen *Starchand* angeführt und weitere ihm selber zweifelhafte andere Namen beigefügt[39]. Die dafür gegebenen Belege sind unbrauchbar; denn *Starcand, Starcant, Starkand, Starchand* (vgl. *Starcfrid* und *Starchfrid*)[40] lassen durchaus nicht auf *-hand* als Grundwort schließen, sondern zeigen das

---

[34] Albrecht von Halberstadt, hg. v. K. Bartsch, 1861, 52c. Vgl. M. Lexer, Mittelhochdeutsches Handwörterbuch III, 1878, S. 877 und 716.
[35] E. Förstemann, a.a.O., I, Sp. 1513–1520.
[36] Ebd., I, Sp. 102–106.
[37] Ebd., I, Sp. 105f.
[38] A.a.O., S. 529.
[39] F. Förstemann, a.a.O., Sp. I, 747.
[40] Ebd., I, Sp. 361ff.

mehrdeutige -*and* als Grundwort, das aus -*wand* oder -*nand* entstanden sein kann.

Für -*wand* als Bestimmungswort gibt es zahlreiche Namen, deren Etymologie strittig ist[41]. Wo -*wand* Grundwort ist (in *Kaerwant, Kerwant, Kaerwantil, Gerwentil, Kerwentil, Gerwendil* usw.[42]), wird deutlich, daß -*wand* (< *wandjan* abgeleitet) und das verwandte -*wendil* den Speerwerfer bedeuten und somit in übertragenem Sinn den 'Krieger' schlechthin meinen könnten. Da Schwunddissimilation des anlautenden *w* im Grundwort eintreten müßte, könnte *Wēland* und *Waland* den 'Krieger im Kampf' bedeuten. Gegen -*wand* als Grundwort spricht jedoch, daß in den germanischen Namen das Staben von Bestimmungswort und Grundwort durchwegs vermieden wird.

Demnach verbleibt als wahrscheinlichste Lösung die Ableitung von -*and* als Schwunddissimilation von -*nand* 'kühn'. Sie liegt wahrscheinlich in zahlreichen Namen auf -*and* vor. Ich notiere: *Aigant* < *Aig-nand* 'kühn für sein Eigentum', vgl. *Aigo-bercht*; *Aliand* < *Ali-nand* 'kühn gegen Fremde', vgl. *Ali-ulf*; *Argant* < *Arg-nand* 'glänzend und kühn', vgl. *Argericus* 'glänzend und mächtig' (*Arg-* in Namen kann nicht identisch mit *arg* 'feig, nichtswürdig' sein, sondern wird mit griech. ἀργός 'glänzend' zusammenhängen); *Paldant* < *Bald-nand* 'tapfer und kühn', vgl. *Nanthart, Bald-hart, Nath-bold*; *Berdand* < *Brecht-nand* 'berühmt und kühn', vgl. die Umkehrung *Nand-brecht*; *Durand* < *Dur-nand* 'schnell und kühn', vgl. *Tur-bald, Dur-olf, Herman-duren, Turinger*; *Frummand* < *Frumnand* 'tüchtig und kühn', vgl. *Frumi-rich*; *Gepant* < *Geba-nand* 'freigiebig und kühn', vgl. *Gib-bold, Geba-hard*; *Ginand* < *Gen-nand*, vgl. *Gim-bold, Gen-bold*; *Heiland* < *Heil-nand* 'heilbringend und kühn', vgl. *Heil-bald*; *Hellant* < *Helin-nand*, erhalten auch als *Helinand*, vgl. auch *Helin-bald*; *Heriand* < *Heri-nand* 'kühn im Krieg', vgl. das überlieferte *Herinand* und *Hari-bald*; *Hadant* < *Hadu-nand*, vgl. *Hadu-bald*; *Helfant* < *Helf-nand*, vgl. *Helf-rat, Helf-rich*; *Hroadant* < *Hrod-nand*, vgl. *Hrot-bald*; *Morant* < *Mor-nand*, vgl. *Mor-bald* 'kühn unter den afrikanischen Vandalen'; *Ratant* < *Rat-nand*, vgl. *Rat-bald*; *Ridant* < *Rid-nand*, vgl. *Rit-pald*; *Rigand* < *Rig-nand*, vgl. die Umkehrung in *Nanthe-ricus* und *Rigo-bald*; *Runant* < *Run-nand*, vgl. *Run-frid*; *Throant* < *Thro-nand*, vgl. *Tro-olf*; *Starkant* < *Stark-nand* 'stark und kühn', vgl. *Stark-hard*; *Waldand* < *Wald-nand*, vgl. die Umkehrung in *Nand-olt*; *Weniant* < *Weni-nand*, vgl. *Wan-bald*; *Wariand, Weriand* < *Wari-nand*, vgl. *War-bald* 'kühn bei der Abwehr'; *Werdant* < *Werd-nand*, vgl. *Werde-hard*; *Wigand* < *Wig-nand*,

---

[41] Ebd., I, Sp. 1525ff.
[42] Ebd., I, Sp. 586.

erhalten in *Wig-nand, Wi-nand, Wich-nand* sowie *Wigi-bald; Wiliand* < *Wili-nand,* vgl. ostgot. *Willje-nanth* in Neapeler Urkunde; *Wisand* < *Wis-nand* vgl. *Wis-hard; Wizand* < *Wiz-nand,* vgl. *Wiz-mar.*

Das Gewicht dieser Parallelen spricht dafür, daß wir *Wēland* und *Waland* als *Wēl-nand* und *Wal-nand* 'kühn im Kampf' zu deuten haben[43]. Weil es sich um inhaltlich verwandte oder fast identische Namen handelt und man sich dessen noch bewußt war, konnten beide Namen bei der Weitergabe der Wielandsage ausgewechselt oder verwechselt werden. Sie wurden nicht für die Wielandsage erfunden, sondern es sind offensichtlich altgermanische Namen, die der Dichter des Wielandliedes vorfand und als lebendige Personennamen auf seinen Helden übertrug.

---

[43] So schon in: Heimerans Vornamenbuch, erweitert und bearb. von H. Rosenfeld, 1968, S. 128.

HELM VON NEGAU

NAME UND KULT DER ISTRIONEN (ISTWÄONEN), ZUGLEICH BEITRAG ZU WODANKULT UND GERMANENFRAGE

1. Ingwionen, Erminionen und Istrionen (Istwäonen)

Der germanische Weltanfangsmythos vom Urmenschen *Mannus*[1], dem Sohn des *Twisto*, wie er von Tacitus Germania c. 2 referiert wird, klingt an ähnliche Sagen und Namen anderer indogermanischer Völker an[2]. Er gilt deshalb als möglicherweise gemeinindogermanisch. Daß der Urmensch Mannus drei Söhne hat, von denen Ingwionen, Erminionen und Istrionen (Istwäonen) abstammen, müßte dann germanische Weiterbildung der alten indogermanischen Mythe sein. Da Tacitus von Völkern weiß, die diesen drei genannten Völkergruppen nicht einzugliedern seien (Marser, Gambriver, Sueben, Vandilier) und da auch Plinius, Naturalis historia IV, 99/100, von fünf *genera Germanorum* spricht (Vandilier, Ingwionen, Istrionen, Erminionen und Peuciner nebst Bastarner), so wird meist angenommen, eine alte Dreigliederung der Germanen habe sich infolge von Völkerverschiebungen damals bereits aufgelöst[3].

Welches Alter müssen wir diesen Berichten über die Dreigliederung der Germanen zuschreiben, deren Reflex wir bei Plinius und Tacitus finden? Tacitus hat Plinius benutzen können, er hat aber die Nachricht über den Weltanfangsmythos der Germanen möglicherweise in der nicht mehr erhaltenen Germanenbeschreibung des Livius vorgefunden. Livius seinerseits dürfte das ebenfalls verlorene Werk des Timagenes von Alexandria benutzt haben[4]. Mit Timagenes kommen wir etwa auf die Zeit von Christi

---

[1] *Mannus* ist Latinisierung von germ. **mann* und gehört zum gleichen Stamm wie *mensch* und *man*, das (wie *jemand, niemand* und Frauenworte wie engl. *woman*, an. *kvennmadr* erweisen) ebenfalls nicht den Mann als Geschlechtswesen, sondern den Menschen schlechthin bezeichnete. **mann* < germ. **manw* < *manuz* (sakraler *u*-Stamm wie **ansuz* 'Gott' neben got. *ans* 'Balken'), vgl. Fr. Kluge, Zschr. f. Wortforschg. 2 (1902) 43—45; Fr. Kluge/W. Mitzka, Etymol. Wörterbuch d. dt. Sprache. 17 1957, S. 459.

[2] F. Genzmer, German. Schöpfungssagen, Jena 1944 (Dt. Reihe Bd. 149); Fr. R. Schröder, German. Schöpfungsmythen, Germ.-Rom. Monatsschr. 19 (1931) 1—26; 89—99.

[3] Ed. Norden, Die germ. Urgeschichte in Tacitus' Germania, 1920, S. 430.

[4] K. Helm, Altgerm. Religionsgeschichte 1 (1913) S. 331; zur Datierung der germ. Lautverschiebung vgl. H. Rosenfeld, Die Inschrift des Helms von Negau, Zs. 86 (1955/56) 241—265.

Geburt. Während die Namen *Twisto* und *Mannus* nicht durch Stabreim verknüpft sind und somit durchaus vorgermanischen Mythen angehört haben können, staben die Namen *Ingwiones, Erminiones, Istriones* aufeinander (das Anfangs-*h* des überlieferten *Herminones* wird ja allgemein als römischer *h*-Vorschlag vor germanischem Anfangsvokal angesehen[1]). Die Zusammenstellung dieser drei Namen gehört also der Zeit des Stabreimes an. Stabreimende Dichtung konnte es aber erst nach Vollzug der germanischen Lautverschiebung, des Vernerschen Gesetzes und der Festlegung des Akzentes auf der ersten Silbe geben[2], das heißt also frühestens im 1. Jh. v. Chr., da die Inschrift des Helmes von Negau im 1. Jh. v. Chr. die Verschiebungserscheinungen noch im Flusse zeigt[3]. Es besteht also keine große Wahrscheinlichkeit, daß eine Einteilung der Germanen in Ingwionen, Erminionen und Istrionen sehr viel älter ist als die den Römern übermittelte Kunde davon[4]. Wenn die Zuweisung der Einzelstämme zu diesen drei Völkergruppen schon bei Plinius und Tacitus divergiert und beide überdies nicht einzuordnende Germanenstämme nennen, so wird man das nicht dem Verblassen einer alten Dreigliederung infolge Völkerverschiebungen zuzuschreiben haben, sondern vielmehr der Tatsache, daß diese Einteilung keine so eindeutige, feste kultisch-politische Gliederung war, wie man gemeinhin annimmt. Welche Kräfte und Mächte sollten es auch sein, die die mannigfachen germanischen Einzelstämme so früh schon zu einer so festen Zusammenfassung hätten zwingen können? Da unseres Wissens keine alle Germanenstämme zusammenfassende Organisation bestand, wäre es seltsam, wenn das weitläufige Germanengebiet überhaupt eine solche einheitliche Durchgliederung erfahren hätte, wie sie eine Einteilung in nur drei Kultverbände bedeuten würde.

Während der Name der dritten Gruppe (meist als Istwäonen angesetzt) die verschiedenartigsten Deutungen erfahren hat und letztlich als undeutbar gilt, besteht — trotz einiger anderweitiger Deutungsversuche — eine gewisse Einmütigkeit darüber, daß die Ingwionen den Namen des Fruchtbarkeitsgottes *Ingwaz*, die Erminionen das Wort *Erminaz*, wohl einen Kultnamen des auch durch die *irminsul* symbolisierten 'Irmingottes' *Tiuz*, im Namen tragen. Im Rahmen des durch Tacitus behaupteten mythischen Liedes von den drei Mannussöhnen bedeutet das, daß es Götter sind, von denen sich diese Völkergruppen ableiten. Dieser Teil des Liedes gibt also eine Ethnogonie, um den terminus technicus zu gebrauchen. Schon vor Jahrzehnten hat GOLTHER mit Recht betont, daß folglich mit der gemeinindogermanischen Kosmogonie (Twisto und Mannus, der Urmensch) un-

---

[1] Vgl. M. SCHÖNFELD, Wörterbuch d. altgerm. Personen- u. Völkernamen, 1911, S. 134.   [2] HELM a. a. O., S. 331.   [3] ROSENFELD a. a. O., S. 247ff.
[4] Ähnlich argumentiert HANS KUHN, Das Problem der Ingwäonen, in: Philologia Frisica anno 1956, Groningen 1957, S. 16.

organisch eine Theogonie und Ethnogonie verbunden wurde[1]. Die Abstammung von Göttern widerspricht der vorher gegebenen Abstammung vom Urmenschen. Damit, daß Götter zu Söhnen des Urmenschen gemacht werden, wurden zwei verschiedene Anschauungsformen miteinander verknüpft.

Spiegelt der ethnogonische Teil des mutmaßlichen Liedes eine in sich geschlossene Sage wieder? Wo wir Ethnogonien haben, da wird aus dem etymologisch nicht mehr verstandenen Völkernamen sekundär ein heros eponymos abgeleitet, aus dem Namen der Äoler ein mythischer Äolos, aus dem Namen der Hellenen ein mythischer Hellen, aus dem der Gauten ein mythisches Gaut, aus dem der Dänen ein mythischer Dan, aus dem der Angeln ein mythischer Angul. Läge auch in unserem Falle eine alte ethnogonische Vorstellung zugrunde, so müßte es sich um echte Völkernamen handeln, aus denen mythische Stammväter in mißverstandener Etymologie abgeleitet wurden. Ingwionen, Erminionen und Istrionen sind jedoch keine Völker- oder Stammesnamen, sondern lediglich als Bezeichnungen von Völkergruppen belegt und entbehren damit der Voraussetzung für ethnogonische Spekulationen. Anderseits handelt es sich wenigstens bei zwei dieser Namen nicht um so blutlose namengebende Heroen wie bei den angeführten Beispielen, sondern um reale kultische Namen von Göttern. Mindestens der Göttername *Ing* ist gut und reich belegt[2] und erweist, daß es sich hier nicht um eine ethnogonische Sage vom üblichen Typus handelt, sondern um kultische Namen, und es hat ja alle Wahrscheinlichkeit für sich, daß in Parallele zur Irminsul, der Himmelssäule, ein **Erminaz* als Kultname für den uralten Himmelsgott **Tiuz* existiert hat.

In der Endung *-ones* liegt sicher ein Reflex der *n*-Deklination vor. Da sich im Nebenton, wie der Name der Langobarden erweist, das alte *o* lange gehalten hat, konnte die alte germanische Pluralform auf *-ones* unmittelbar ins Lateinische übernommen werden. Statt des *Ingaevones* bei Tacitus und des *Inguaeones* bei Plinius nat. hist. IV, 96 und IV, 99 und im Anschluß an Plinius XXXVII, 35 (*Guionibus* < *Inguionibus* bei einer von Pytheas v. Massilia übernommenen Nachricht über die Insel Helgoland) und Namen wie *Inguimerus* (Oheim des Arminius)[3], an. *Ingimarr* haben wir *Inguiones* anzusetzen[4]. Das Verhältnis von **Ingwaz* zu *Inguiones* ist wie das von *guþ* zu *gudja(n)* zu sehen: jemand, der sich mit **Ingwaz* befaßt. Aus dem Namen

---

[1] WOLFG. GOLTHER, Handbuch d. germ. Mythologie, 1895, S. 503.
[2] WOLFG. KRAUSE, Ing, Nachr. d. Akad. d. Wiss. Göttingen, Phil.-hist. Kl. 1944, 10, S. 229–254. JOS. SCHNETZ, Ingvaeones, Zschr. f. Ortsnamenforschg. 11 (1935) S. 201–209; 12, S. 91–96; 13, S. 41 f. setzt fälschlich einen Meeresgott **Ingwaz* 'der Brüller' an.
[3] *Ingwiomerus* 'berühmt bei den Ingwionen' bezeichnet nicht etwa den betreffenden als Ingwionen, sondern zunächst, analog zu *Winidharius* ('Krieger gegen die Wenden') und *Vandalharius* ('Krieger gegen die Vandalen', got. Königsname) als Krieger und Sieger gegen die Ingwionen; vgl. H. ROSENFELD, Völkernamen in Orts- u. Personennamen u. ihre geschichtl. Aussage, 6. internat. Kongreß f. Namenforschg. 1958, Kongreßberichte Bd. 2, München 1961.
[4] GUST. KOSSINNA, Idg. Forschungen 7 (1897) S. 304 f.; KRAUSE a. a. O., S. 231 f.

geht keineswegs eine Abstammung hervor, sondern eine Beschäftigung mit *Ingwaz*, d. h. eine kultische Verehrung. Ebenso werden wir *Erminiones* ansetzen müssen, obwohl die Tacitushandschriften teils *Hermiones*, teils *Herminones*, die Pliniushandschriften bei IV, 99 und Pomponius Mela III, 32 *Hermiones* schreiben. Diese Schreibung der mittelalterlichen Handschriften dürfte auf ein gemeinsames *Herminiones* zurückgehen, das parallel zu *Inguiones* die 'Anhänger des *Erminaz*' bezeichnen muß. Hätte man ein patronymisches Verhältnis ausdrücken wollen, so wäre sicherlich nicht die Endung -*iones* benutzt, sondern, wie später bei *Amalunga* 'Nachkommen des Amala', *Gjukungar* 'Nachkommen des Gibich', *Aigilolfinga* 'Nachkommen des Agilwolf' und unzähligen anderen Beispielen, die Endung -*ungo*.

Die Morphologie der Namen Ingwionen und Erminionen spricht also gegen jede ethnogonische Verflechtung und für kultische Zusammenhänge. Die Hypothese, daß *Erminaz* ein Kultname ist, wird auch noch dadurch gestützt, daß die Personennamen *Ermedeo*, *Ermenteus*, *Irmintheo* sich neben dem *Wulpupewaz* der Thorsberger Zwinge und dem Personennamen *Ulitheus* 'Diener des Ullr' und neben *Ingadeus* 'Diener des Ingwaz' und *Ansedeus* 'Diener des Asen' nur als 'Diener des Gottes *Erminaz*' erklären lassen. Nichts nötigt aber, nun Ingwionen und Erminionen als feste Kultverbände anzusehen, in denen sich je ein Drittel der Germanenstämme zusammengefunden hätte. Der Name beinhaltet nur, daß es 'Anhänger von *Ingwaz*' bzw. 'Anhänger von *Erminaz*' waren.

Dürfen wir in 'Ingwionen und Erminionen' eine mit dem Stabreim aufgekommene Doppelformel sehen wie die späteren Rechtsformeln 'Haus und Hof', 'Kind und Kegel', 'Mann und Maus', 'mâge und man', so müßte darin ein religiöser Gegensatz liegen. Er würde den religiösen Gegensatz von Stämmen bezeichnen, die an der uralten, auf indogermanische Glaubensvorstellungen zurückgehenden Verehrung des Himmelsgottes festhielten, zu anderen Stämmen, die neben dem Himmelsgottglauben vornehmlich dem neu aufgekommenen Fruchtbarkeitskult anhingen, bei dem neben der Muttergöttin (Nerthus) ein männlicher Gott *Ingwaz* als Gatte und Befruchter eine Rolle spielte. Erminionen würde dann also die konservativeren Stämme bezeichnen, die wie die Sueben nach wie vor vornehmlich den Himmelsgott *Tiuz* verehrten, Ingwionen die Stämme, die unter Hintanstellung des Himmelsgottes ihr Heil dem Fruchtbarkeitsgott *Ingwaz* anheimstellten, wie es die skandinavischen Stämme taten. In 'Erminionen und Ingwionen' wäre dann der Gegensatz vorausgenommen, der in den eddischen Zeugnissen unter dem Stichwort 'Asen und Wanen' geht und nach dem sogenannten Wanenkrieg[1] mit einem Ausgleich endet, wonach nach Art friedenschließender Germanenstämme durch Ehe und Versippung der Friede besiegelt wird, der den gemeinsamen Empfang der Opfer garantiert. Bezeichnen Erminionen und Ingwionen nur religiöse Richtungen, so wird auch die Unsicherheit über die Zugehörigkeit der

---

[1] vgl. K. A. ECKHARDT, Der Wanenkrieg, 1940.

einzelnen Stämme zu dieser oder jener Gruppe verständlich. Zweifellos hat jeder Stamm neben dem Ingwazglauben auch am Tiuzglauben festgehalten, aber die Bedeutung, die diesem älteren Kult noch beigemessen wurde, war bei jedem Einzelstamm eine verschiedene, so daß es im einzelnen zweifelhaft sein konnte, ob ein Stamm im Sinne dieses Gegensatzes zu den Ingwionen zu zählen war oder nicht.

Es ist somit möglich und wahrscheinlich, daß 'Erminionen und Ingwionen' eine Formel war, die religiöse Gegensätze beinhaltete und bereits verbreitet war, ehe ein Dichter auf den Gedanken kam, diese Namen mit dem Weltanfangsmythos von Twisto und Mannus zu verbinden. Es kann aber kein Zufall sein, daß der dritte Name sich hartnäckig einer theophoren Etymologie und überhaupt jeder plausiblen Etymologie entzogen hat. Dieser Name ist offensichtlich nicht mit den anderen beiden zu vergleichen und ist erst durch unseren Dichter den anderen beiden Namen zugefügt. Durfte vorher gesagt werden, daß es unwahrscheinlich sei, daß das Germanengebiet in nur drei Kultgemeinschaften gegliedert gewesen sei, so darf hier betont werden, in welchen Bereichen die Dreizahl heimisch ist. Im Bereich des Alltags herrschte vornehmlich die Zweiteilung. Das Jahr gliederte sich in Sommer und Winter, der Sonnenumlauf in Tag und Nacht, und auch bei Teilung der Stämme scheint man, wie die gotischen Greutungen und Terwingen, Ost- und Westgoten, Ost- und Westfalen, Austrien und Neustrien (< Neu-Austrien)[1], Nordfolc und Südfolc, Nordgyrwas und Südgyrwas, Nordmierc und Südmierc wahrscheinlich machen, in erster Linie die Zweiteilung bevorzugt zu haben[2]. Die Dreizahl ist weniger eine sich aus dem realen Leben ergebende Gliederungsform als ein ausgesprochenes Desiderat stilisierender Lebensdeutung in Dichtung und Kult[3]. Als erste eigentliche Mengenzahl nach Einzahl und Dual hat die Zahl drei für Magie, Kult und Dichtung symbolische Bedeutung gewonnen. Drei Ackerfurchen kennt der Ackerbauritus, dreifaches Wergeld, dreifache Fristen, drei Schläge das alte Recht, drei Schwanjungfrauen, drei Nornen, drei helfende Schwestern, drei Stände die Volksdichtung, Volkssage und der Volkskult. Die Dichtung kennt die Dreizahl als Ersatz für eine unbegrenzte Zahl und anderseits zur Hervorhebung eines Dritten neben zwei anderen weniger Ausgezeichneten. Wir dürfen die Dreizahl der Söhne des Mannus demnach sicherlich dem Dichter des stabreimenden Liedes um die Zeitwende als Erfordernis der epischen Dichtersprache und Stilisierung zutrauen. Wir müssen umso mehr skeptisch sein dagegen, ob schon vor dieser

---

[1] vgl. P. KRETSCHMER, Austria u. Neustria, Glotta 26 (1938) S. 207—240.
[2] Die weitere Unterteilung zweier Teile in zwei Unterteile usw. wurde für das Merovingerreich in einem Aufsatz demonstriert, dessen Verfasser und Fundort mir leider nicht mehr erinnerlich ist.
[3] EUGEN MOGK, Dreizahl, in HOOPS' Reallexikon d. germ. Altertumskunde 1 (1911/15) S. 487 ff.; A. OLRIK, Epische Gesetze d. Volksdichtung, Zs. 51 (1909) 1—12.

Lieddichtung ein dritter Name neben Erminionen und Ingwionen stand. Mag neben dem dichterischen Erfordernis auch die Erkenntnis mitgespielt haben, daß die Stämme *proximi Rheno* weder als Erminionen noch als Ingwionen zu bezeichnen seien: die vorangegangenen Erwägungen entbinden uns von der Verpflichtung, den Namen Istuaeonen oder Istrionen in das Prokrustesbett zu spannen und nach dem Muster von Erminionen und Ingwionen zu erklären. Es mag ein Wort aufgegriffen sein, das mit den beiden anderen stabte, ohne daß es in der Bedeutung, Bildung und Herkunft mit den anderen beiden vergleichbar ist. Wir können diesen Namen also ohne theophore und ethnogonische Verflechtung sehen und ohne die Verpflichtung, in alter Art hier einen Kultverband herausdestillieren zu müssen.

2. Die Istrionen (Istwäonen) und der Wodankult

In der religionsgeschichtlichen und in der stammesgeschichtlichen Forschung ist der Name der Istwäonen verflochten mit der Frage des Wodankultes. Auch die Etymologie des Namens ist eng mit dieser Frage verknüpft. Es ist deshalb unumgänglich, die Gründe dafür zu prüfen. Es erscheint dabei zweckmäßig, die bisherigen Deutungen des Namens insgesamt chronologisch aufzuführen, wenn es auch nicht möglich ist, sie im einzelnen zu besprechen[1]. Auch die bloße Aufführung wirft Licht auf den bisherigen Forschungsweg. Das Suchen nach immer neuen Etymologien zeigt, daß hier ein Problem vorliegt. Der Leerlauf, der sich dabei zeigt, nötigt dazu, die zugrundeliegenden Prinzipien und Gesichtspunkte neu zu überprüfen.

Da die einzelnen Etymologien von verschiedenen Namensformen ausgehen, muß die Ausgangsform mitangegeben werden. 1837: Istaevones < Izdaevones < Azdingi = 'Hasdingi'[2]. 1877: Istvaeones = Verehrer des *Istwaz* 'Gott des Herdfeuers', von angeblich idg. *idh* 'brennen'[3]. 1879: Istvaeones = Anhänger des *istwaz* 'des zu Verehrenden', von angeblich idg. *is* 'erwünscht'[4]. 1892: Istuaeones = echte Nachkommen, von *es-* 'sein'[5]. 1893: Istuaeones = Söhne des echten Gottes, zu altbulg. *istu* 'echt'[6]. 1912: Istraeones = Anhänger des Regsamen, zu ai. *isirás* 'regsam'[7].

---

[1] Auf Wunsch des Herausgebers der Zeitschrift fällt zur Raumersparnis die ausführliche Referierung und Widerlegung dieser Etymologien fort.
[2] Kasp. Zeuss, Die Deutschen u. ihre Nachbarstämme, 1837, S. 73; zustimmend Jac. Grimm, Dt. Mythologie 1 (⁴1875) S. 290 f.
[3] Wilh. Scherer, Histor. Zeitschr. 37 (1877) S. 160.
[4] K. Müllenhoff, Zs. 23 (1879) S. 4 f. bzw. Dt. Altertumskde 4 (1920) S. 598.
[5] L. Laistner, Württemberg. Vierteljahrsschr. f. Landesgesch. NF. 1 (1892) S. 44; vorher soll dies schon Rich. Heintzel im Kolleg geäußert haben.
[6] Rud. Kögel, Anz. 19 (1893) S. 9; Grundriß d. germ. Philol. 2, 1 (1901/09) S. 38. Zustimmend G. Kossinna, Idg. Forschgen 7 (1897) S. 301; R. Much, Grundriß d. germ. Philol. 1898, S. 199; Schönfeld a. a. O., S. 148; K. Helm a. a. O., S. 33, Anm. 112 (einschränkend).
[7] R. Much, in: Hoops' Reallexikon d. germ. Altertumskunde 2 (1912/15) S. 179 f.; nochmals E. Wessén, Uppsala Universitets Årsskrift 1924, 2, S. 44 f.

1915: Istaevones = Anhänger des Angeschwollenen (*istvaz 'testiculo praeditus', zu idg. *oidstóm)[1]. 1923: Istaevones < Aist-aiw-ones 'die, bei denen das heilige Recht gilt', zu got. *aistan* 'sich scheuen' und *aiws* 'Gesetz'[2]. 1924: Istaevones 'Anhänger des Verehrten', zu idg. *istós* 'der verehrte'[3]. 1932: Istraeones 'Istraz-Anhänger' (Wodananhänger)[4]. 1934: Istvaeones = Aistii 'die Rassereinen' (zu altbulg. *istu* 'echt'), Völkername am Ostrand des Germanengebietes, was dem *proximi Rheno* des Plinius widerspricht[5]. 1937: Istaevones = Anhänger des *iste* 'dieser und jener' (d.h. Wodan)[6]. 1942: Istjaiwer 'Anhänger des *Istio* (unerklärbar)'[7]. 1956: Istvaeones 'Kultverband' (ein Gott *Istwaz* ist unbekannt)[8]. 1957: Istraeones = Anhänger des *Istraz*, zu *aist-* 'verehren' (mit *ro-*Suffix wie Donar, Rudra, Indra) Beiname Wodans[9]; s. auch S. GUTENBRUNNER, Zs. 88 (1957/58) 244f., 249.

Abgesehen davon, daß einige Etymologien durch andere Ansetzung der idg. Wurzeln überholt sind, wird meist nur Wert auf die Ansetzung einer diskutierbaren Wurzel gelegt, die Bedeutung aber (ohne Beachtung der Namenbildung im einzelnen) recht willkürlich angesetzt. Fast allen Etymologen gilt von vornherein gesichert, daß in diesem Namen ein unbekannter Kult- oder Göttername stecke, und überwiegend war der Wunsch und Wille, einen auf Wodan anwendbaren Namen zu finden, der Vater der Etymologie. Man glaubte zu wissen, daß im Rheingebiet der Wodankult seit alters oder zufrühst zu Hause sei, und suchte deshalb in dem angeblichen Kultverband, der die Stämme *proximi Rheno* einte, einen Wodansbund.

Dieses Vorurteil gründet sich einzig und allein auf die Gleichsetzung von Mercurius und Wodan. Bekanntlich wurden die etwa 100 n. Chr. bei den Römern in Gebrauch befindlichen Wochentage[10] im 4. Jh.n.Chr. von den Germanen übernommen und ins Germanische umgesetzt. Dabei wurde der *dies Mercurii* als *Wodanesdag* ins Germanische übersetzt (erster Beleg 376/78 n.Chr.). Daß Mercurius und Wodan identisch sind, bestätigt auch die Vita Columbani des Jonas Segusiensis von 642 mit ihrem *Wodano, quem Mercurium, ut alii aiunt, autumant* (I,27). Demnach lag es nahe,

---

[1] J. LÖWENTHAL, Arkiv for nordisk filologi 32(1915/16) S.26f.; variiert in PBB 45(1920/21) 254.
[2] HERM. GÜNTERT, Der ar. Weltkönig u. Heiland, Halle 1923, S.93; Der Ursprung d. Germanen, Heidelbg 1934, S.148. — Gab es auch unheiliges Recht?
[3] J. LÖWENTHAL, PBB 49(1924/25) 421.
[4] JAN DE VRIES, Tijdskrift vor Nederl. Taal- en Letterkunde 51(1932) S.277—304; ders.. Altgerman. Religionsgeschichte 1(1935) S.216.
[5] FR. R. SCHRÖDER, Germ.-Rom. Monatsschr. 22(1934) 201f.
[6] RUD. MUCH, Die Germania des Tacitus, 1937, S.26.
[7] TH. STECHE, Dt. Stammeskunde, 1942, S.53.
[8] E. SCHWARZ, Germ. Stammeskunde. 1956, S.38.
[9] JAN DE VRIES, Germ. Religionsgeschichte ²2(1957) S.35. Aus dieser Reihe 'gewalttätiger Götter' scheidet *Donar* als ursprüngliches Appellativ 'Donner', *Rudra* als aus *Rudla* 'der Bäuerische' entstanden (WALTHER WÜST, Rudra, 1958) aus; welche aktive Gewalttätigkeit im Sinne Indras soll aber aus dem passiven *aistan* 'verehren' abgeleitet worden sein?
[10] R. BAEHR, Zu den roman. Wochentagsnamen, in: Romanica, Festschr. f. G. Rohlfs, 1959, S.26—56 bzw. S.35.

Mercurius bei Plinius und Tacitus als interpretatio Romana für Wodan zu nehmen, und die Mercurius-Inschriften in Germania inferior und superior in den ersten nachchristlichen Jahrhunderten schienen zu beweisen, daß der Wodankult am Rheine zu Hause sei[1].

Das Gegenteil ist richtig. Die römischen Mercursteine sind völlig auszuscheiden, da sie dem römisch-keltischen Handelsgott Mercurius gelten. Der römische Gott *Mercurius*, der Gott der Kaufleute und der Diebe, war bei den romanisierten Galliern zu einem populären Gott geworden. Viele Inschriften geben Mercur den Beinamen *mercator, negotiator* oder *nundinator*, die nur auf den römischen Gott Mercurius mit dem Geldsack, nicht aber auf den germanischen reiterlichen Gott kriegerischer Gefolgschaften passen, und Beinamen dieses Mercurius wie *Arvernus, Arvernorix, Visucius* beweisen einhellig, daß es sich um einen Keltengott, nicht um einen Germanengott handelt. Die Stifter der Mercuriussteine des Rheinlandes sind durchwegs Kaufleute oder das, was man 'kleine Leute' nennt, und ihre Widmungen geschahen eben, um von Mercurius materielle Vorteile zu erhalten, ein Motiv, das dem Wodankult der Germanen völlig fremd ist. Man hat den Stein, der dem *Mercurius Cimbrius* gewidmet und auf dem Heiligenberg bei Heidelberg gefunden wurde, als Zeugnis für einen Wodan hier zurückgebliebener Kimbern genommen. Schon die Sprachform *Cimbrius* neben dem durch die germanische Lautverschiebung zu *ch* verschobenen *k* in *Cheruski* und *Chatti* zeigt, daß es sich nicht um Germanisch Sprechende gehandelt hat, und da der Stein mit einem anerkannt keltischen Mercuriusstein zusammen gefunden wurde, ist es methodisch völlig unerlaubt, diesen Stein als germanisch anzusehen. Wenn hier ein Kimbernsplitter hängen geblieben war, so war er jedenfalls völlig keltisiert bzw. romanisiert. Das gleiche gilt von dem Stein mit der Widmung an *Mercurius Cimbrianus*, der bei der römerzeitlichen Mercuriuskultstätte auf dem Greinberg bei Miltenberg gefunden wurde. Dicht dabei wurde auch der Toutonenstein gefunden[2], dessen Inschrift *inter Toutones*, wenn sie wirklich einen Splitter des germanischen Teutonenvolkes meinen sollte, in der keltischen Sprachform (mit *ou* statt *eu* und ohne Wirkung der germanischen Lautverschiebung) urkundlich zeigt, daß dieser Volksteil, wie nicht anders zu erwarten, völlig keltisiert bzw. romanisiert war und nicht Zeugnis für germanischen Götterglauben ablegen kann. Es liegt deshalb nicht der geringste Grund vor, die Mercuriussteine in Germania inferior und superior von den übrigen römisch-keltischen Mercuriussteinen zu trennen und auf Wodan zu beziehen. Diese Mercuriussteine können nur dem römisch-keltischen Mercurius gelten, der im gallischen Osten meist mit der Göttin

---

[1] J. DE VRIES, Germ. Religionsgesch. 1 (1935) S. 167 ff.
[2] E. NORDEN, Alt-Germanien, 1934, S. 191 ff.; FRANZ ALTHEIM/E. TRAUTMANN, Vom Ursprung d. Runen, 1939, S. 74 ff.

Rosmerta zusammen verehrt wurde und gewöhnlich einen Geldsack in Händen trägt[1]. Man wäre wohl nie auf den Gedanken gekommen, die römisch-keltischen Mercuriussteine mit dem Wodankult in Verbindung zu bringen, wenn nicht Tacitus an zwei Stellen den Germanen einen Gott Mercurius zugeschrieben hätte, den man — nach dem Vorbild der einige Jahrhunderte späteren Benennung des *dies Mercurii* mit *Wodanesdag* — mit Wodan identifizieren zu müssen glaubte. Tacitus (Germania c. 9) sagt von den Germanen *deorum maxime Mercurium colunt* und spricht anschließend von Hercules und Mars, die im Gegensatz zu Mercur nur Tieropfer empfingen. Damit erweist Tacitus jedoch, daß er hier mit Mars entweder nicht *Tiuz meint oder einer falschen Nachricht folgt, denn vom indogermanischen und germanischen Himmelsgott wissen wir recht gut, daß ihm Menschenopfer zustanden[2]. Das berichtet auch Tacitus selbst, wenn er vom nicht benannten Gotte des Semnonenhaines Germania c. 39 berichtet: *caeso publice homine celebrant barbari ritus horrenda primordia*. Daß der im Semnonenhain verehrte Gott, der *regnator omnium deus, cetera subjecta atque parentia*, nur der Himmelsgott *Tiuz sein kann[3], wäre auch offensichtlich, wenn nicht noch mit dem *tamquam inde initia gentis* die Bezeichnung des Himmelsgottes als Vater (vgl. Dyaus pitar, Ζεῦς πατήρ, Juppiter) durchschimmerte. Aber Tacitus straft sich auch selbst Lügen, da er in den Annalen 13, 57 beim Kampf der Hermunduren und Chatten um die Salzquellen berichtet, die Kämpfer hätten für den Fall des Sieges gelobt, die Gegner *Marti ac Mercurio* zu opfern, *quo voto equi, viri cuncta occidioni dantur*[4]. Das Gelübde, die Gegner und ihre Pferde dem Kriegsgott zu opfern, erinnert an den ganz ähnlichen Schwur der Kimbern und Teutonen vor der Schlacht bei Arausio 105 v. Chr., dem zufolge sie 'alles, was in ihre Hand gefallen war, vernichteten: die Gewänder wurden zerrissen und in den Kot getreten, das Gold und Silber in den Strom geworfen, die Panzer der Männer zerhauen, der Schmuck der Pferde vernichtet, die Pferde selbst in den Strudeln des Stromes ertränkt, die Menschen mit Stricken um den Hals an den Bäumen aufgehängt, so daß

---

[1] vgl. WOLFG. KRAUSE, Religion d. Kelten (Bilderatlas z. Religionsgesch. 17) 1933, § 17, Abb. 48f.; ders.: Die Kelten (Religionsgeschichtl. Lesebuch, 2. Aufl. H. 13) Tüb. 1929; JOH. ZWICKER, Fontes historiae religionis Celticae, 1934.

[2] vgl. z. B. für Zeus M. P. NILSSON, Geschichte d. griech. Religion 1 (1941) S. 371ff.

[3] K. HELM, Wodan, Ausbreitung u. Wanderung seines Kultes, 1946, S. 26–34; H. ROSENFELD, Alamann. Ziu-Kult u. SS. Ulrich- u. Afra-Verehrung in Augsburg, Arch. f. Kulturgesch. 37 (1955) 306ff.

[4] HELM, Relgesch. 1, S. 136f. sah in dieser Geschichte ein Zeugnis für die Annahme des Wodankultes durch die Hermunduren, später (Wodan S. 17–20) jedenfalls als Beweis für den Wodankult der Hermunduren 58 n. Chr. Ich kann dem nicht beipflichten, ebenso wenig darin, daß der in der Geschichte vom Göttertrug (Origo Langobardorum und Paulus Diaconus) erzählte Namenwechsel der Winiler/Langobarden auf einen Religionswechsel bzw. auf die Übernahme des Wodankultes im 1. Jh. n. Chr. zurückgehe: es gibt kein Beispiel für Namenwechsel eines Volkes bei Religionsübertritt.

der Sieger keinerlei Beute behielt, der Besiegte kein Erbarmen erfuhr'
(Orosius V, 16, 1—7 nach dem verlorenen Buch 67 des Livius). Genau derselbe Brauch steckt in der kürzeren Nachricht der Tacitusannalen, und wenn der Kriegsgott hier *Mars ac Mercurius* genannt wird, so wird er damit als Kriegsgott und oberster Gott bezeichnet (da ja Tacitus gemäß Germania c. 9 *Mercurius* für den obersten Gott gebraucht). Dient doch im Lateinischen *ac* bzw. *atque* dazu, zwei Substantiva zum Hendiadyoin zu verbinden, z. B. *fama atque invidia* 'gehässige öffentliche Meinung' (Sallust), *clamore atque assensu* 'mit beifälligem Zuruf' (Livius) und *animo atque virtute* 'mit tugendhafter Gesinnung' (Cicero).

Daß Tacitus auch in Germania c. 9 den Himmelsgott mit dem als *Mercurius* bezeichneten obersten Gott meint, geht aus dem beigefügten Nebensatz hervor *cui certiis diebus humanis quoque hostiis litare fas habent*, der unmittelbar mit der Aussage über das Opfer für den Himmelsgott im Semnonenhain in c. 39 *caeso publice homine celebrant barbari ritus horrenda primordia* zusammenklingt. Daß Tacitus aber den obersten Gott in c. 9 *Mercurius* nennt, ist völlig unwesentlich, denn er hat diesen Satz wörtlich aus Caesars De bello Gallico VI, 17, 1 übernommen, wo Caesar von den Galliern sagt *deum maxime Mercurium colunt*. Dies ist ein fester Topos, denn auch Caesar prägte ihn nicht, sondern übernahm ihn direkt oder indirekt von Herodot V, 7, wo von den Königen der Thraker gesagt wird: σέβονται Ἑρμένην μάλιστα θεῶν. Man kann diese Tacitusstelle also weder dafür heranziehen, daß Wodan damals bei den Rheingermanen oberster Gott war, noch dafür, daß damals überhaupt Wodan verehrt wäre: Mercurius steht hier für den obersten Gott, d. h. für *Tiuz. Dagegen spricht auch nicht die spätere Festlegung des Namens Mercurius auf Wodan: das geschah erst bei der Übersetzung des *dies Mercurii* durch *Wodanesdag* im 4. Jh. Auch damals wäre man schwerlich darauf gekommen, den römischen Gott des Handels mit Wodan, dem Gott der Toten, zu identifizieren, wenn nicht der Übersetzer noch gewußt hätte, daß der dem Wochentag zugrundeliegende *sidus Mercurii* lediglich interpretatio romana für ein griechisches ὁ ἀστήρ τοῦ Ἑρμοῦ war: der Totengeleiter Hermes, den ja die thrakischen Könige als Reiter verehrten, hatte als Totengeleiter und Reiter wirklich einige Ähnlichkeit mit dem Reiter Wodan, dem Herrn des wilden Totenheeres. Daß aber Tacitus den germanischen Himmelsgott im Zusammenhang mit dem feststehenden Topos als Mercurius bezeichnete, daran konnte damals niemand Anstoß nehmen, war doch die interpretatio romana der Götter von Barbarenvölkern willkürlich und außerordentlich schwankend. So wurde bald der gallische Gott Ogmios, bald der gallische Teutates als Mercurius bezeichnet, Teutates aber wiederum nicht nur Mercurius, sondern auch Mars. Der von Tacitus c. 9 genannte Germanengott Hercules gilt gemeinhin als Donar, obwohl doch 200 Jahre später Donar bei Übersetzung des Wochentagnamens *dies Jovis* mit *Donaresdag* für Juppiter eintritt. Der keltische Ogmios wiederum, sonst als Mercurius bezeichnet, wird von Lucian Heracles genannt. Es wäre also leichtsinnig, auf Grund des Wochentagnamens *Wodanesdag* schon zwei oder drei Jahrhunderte früher ein *Mercurius* auf Wodan zu beziehen, auch wenn nicht alle Begleitumstände und näheren Erklärungen bewiesen, daß Tacitus mit diesem *Mercurius* noch den germanischen Himmelsgott meint.

Faktisch haben wir vor Aufkommen des germanischen Wochentagnamens *Wodanesdag* kein Dokument für Wodanverehrung, und es fehlt jeder, aber auch jeder Anhaltspunkt, nun gerade die Istrionen als erste oder besondere Wodansverehrer zu sehen[1]. Deshalb war es ein völliger Irrweg, wenn die Forschung sich bei der Etymologie des Namens der Istrionen von dem Vorurteil leiten ließ, in diesem Namen müsse ein Hinweis auf den Wodankult liegen.

3. Istriones 'Leute im Heiligtum' und analoge Stammesnamen (Alamanni u. a.)

Die bisherigen Namendeutungen legten verschiedene Namenformen zugrunde. Voraussetzung für den Erfolg einer Etymologie ist jedoch das Ausgehen von der richtigen Namenform. Welche von den angegebenen Namenformen ist die richtige? Höchstwahrscheinlich keine von allen. Ich glaube mit guten Gründen wahrscheinlich machen zu können, daß nur die Form *Istriones* die richtige sein kann. Ich habe sie im vorangegangenen Text bereits benutzt und muß ihre Begründung nun nachholen.

Da, wie oben dargelegt, statt *Ingaevones* bei Tacitus und *Inguaeones* bei Plinius IV, 96 und 99 nur *Inguiones* richtig sein kann, so besteht eine gewisse Wahrscheinlichkeit, daß auch statt *Istaevones* eine Form mit -*iones* anzusetzen ist, und daß der stabende Anfang und der gleiche Ausklang es war, was den Dichter veranlaßte, diesen Namen an *Erminiones* und *Ingwiones* anzuschließen.

Jedenfalls sind die Formen *Istaevones* und *Istuaeones* vom philologischen Standpunkt aus völlig unhaltbar[2]. Alle Pliniushss. (mit Ausnahme des Cod. Flor. Ricc.) haben IV, 100 Formen mit *r*, wenn auch unterschiedlicher Art: *Istriones, Istriaones, Istriiaones, Istrioaones, Sthriaones, Straones, Thracones, Sthraeones*. Das Gewicht dieser Varianten spricht unbedingt für eine Form mit *r*. Die letzten vier Varianten würden sich auf eine Form *Istraeones* zurückführen lassen. Die fünf ersten Varianten zeigen jedoch alle nach dem *r* noch ein *i*, das man nicht übersehen darf. Weder eine Endung -*aeones* noch -*iaones* oder gar -*ioaones* findet im Bereich der westlichen indogermanischen Sprachen Parallelen. Ich glaube deshalb nicht fehlzugehen, wenn ich die von einer der ältesten Handschriften gebotene Variante *Istriones* als ursprüngliche Form ansehe, alle anderen als verderbte hybride Formen.

Aus alledem geht mit größter Wahrscheinlichkeit hervor, daß wir neben *Erminiones* und *Inguiones* als dritte Gruppe *Istriones* anzusetzen haben. Erlaubt dieses *Istriones* eine plausible Etymologie? Die Endung zeigt einen *n*-Stamm, aber alle Versuche, im ersten Bestandteil wie bei *Erminiones* und *Inguiones* einen Götternamen oder Kultnamen zu finden, blieben ohne Erfolg. Wir werden uns nach einem Wort umzusehen haben, das, wenn auch kein Göttername, doch im religiösen Bereich möglich ist. Da bietet sich uns zwanglos das Wort idg. *$isərós$, bezeugt durch gr. ἱερός 'heilig'

---

[1] Eher dürfte der Aufstieg Wodans zum Hochgott mit der Herausbildung eines auf reiterlicher Gefolgschaft beruhenden Fürstentums zusammenhängen, wie wir es in der seit dem 1. Jh. n. Chr. von Südosten nach Norden sich allmählich ausdehnenden Sitte prächtiger Fürstengräber erfassen, eine Sitte, von der das Gebiet zwischen Weser und Rhein nicht berührt wird.

[2] So schon Wessén und J. de Vries.

und illyr. *iser(os)* 'heilig, geweiht'[1], sei es nun Reduktionsstufe von idg. **eis-* 'heftig bewegen' und Bedeutungsvariante zu gleichlautendem **isərós*, gr. ἱερός 'kräftig'[2] oder Parallelbildung dazu und ursprünglich auf den kultischen Tanz geprägt oder aber Reduktionsstufe zu idg. **ais-* 'ehrfürchtig verehren'[3]. Wie das Neutrum von **sacer(os)* in lat. *sacrum* die Bedeutung von 'Heiligtum' erhalten konnte, so dürfte auch **isərón* 'Heiligtum' als möglich vorauszusetzen sein.

Bei einem Wort der kultischen Sphäre müssen wir mit altertümlicher Vorstellung und Wortbildung rechnen. Es ist relativ jung, wenn die sogen. Nennform (Nominativ) eines Wortes im Vordergrund steht. In der Frühzeit ging die Dingvorstellung gewiß nicht von solcher theoretischen Nennform aus, sondern man sah die Dinge zuerst in Funktion. Damit stand vor allem der Lokativ in der Vorstellung und auch bei ableitender Wortbildung im Vordergrund, worauf mich WALTHER WÜST hinwies.

Man dachte also nicht theoretisch 'der Himmel', 'das Wasser', 'das Herz', sondern funktionsgebunden 'im Himmel', 'im Wasser', 'im Herzen', und dementsprechend wurden von diesem im Vordergrund stehenden Lokativ auch weitere Wörter abgeleitet[4]. Es wurden z.B. abgeleitet von **uranei* > *urani* 'im Himmel' gr. οὐράνιος 'im Himmel befindlich', von **divei* > *divi* 'im Himmel' ein sanskr. *divya-*, von **ausei* > *ausi* 'in der Morgenröte' ein **ausios*, gr. ἦος und αὔριον, von **mei* 'bei mir' ein **meios* > *meus* 'mein'. Diese Ableitung vom Lokativ bleibt selbstverständlich nicht auf die o-Stämme beschränkt. Hingewiesen sei auf got. *jains* 'jener', abgeleitet vom idg. Lokativ **i̯oi̯*. Auch unter den Bildungen auf *-no* finden sich solche, die vom Lokativ abgeleitet sein können, z.B. *Portūnus* 'Herr im Hafen, Hafengott' vom loc. **portōu* > *portū*, *Loucina* 'Herrin im Hain = Juno' vom loc. **loucei* > *louci*, *Neptūnos* 'Herr im Nassen' vom Lok. **neptōu* > *neptū*, *Fortūna* 'Herrin im Zufall', 'Glücksgöttin' vom Lok. **fortōu* > *fortū*, *Tiberinus* 'Herr im Tiber, Gott des Tibers' vom Lok. **Tiberēi* > *Tiberi*, *Perkūnas* 'Herr in der Eiche, Donnergott' vom Lok. **perqōu* > *perqū*, *tribūnus* 'Herr im Tribus' vom Lok. *tribōu* > *tribū*, *Quirinus* 'Herr der Männerschar' vom Lok. **co-u̯iriāi*[5]. Ähnlich wurde vom Lok. **humēi* > *humi* 'auf der Erde' *humilis* 'auf der Erde befindlich' abgeleitet.

Es handelt sich, da außer dem Lokativ auch Adverbformen und andere Kasusformen den Ausgang bilden können, wie DEBRUNNER sagt, um 'Thematisierung von

---

[1] Überliefert in einer balkanillyrischen Inschrift, vgl. HANS KRAHE, Idg. Forschungen 46 (1928) 183–185.

[2] So wohl MAX POKORNY, Idg. etymol. Wörterbuch 1 (1959) 299.

[3] Für Trennung von ἱερός 'kräftig' und ἱερός 'heilig' auch P. PERSSON, Skrifter utg. af Kugl. human. Wetenskaps-Samfundet Uppsala 10 (1912) S. 189, Anm. 2.

[4] K. BRUGMANN. Grundriß d. vgl. Grammatik d. idg. Sprachen 2,1 (1906) S. 164; ders., Griech. Grammatik, 3. Aufl. (1900) S. 181; A. DEBRUNNER, Die Nominalsuffixe, in: JAC. WACKERNAGEL, Altind. Grammatik II, 2 (1954) S. 778. – W. WÜST und JAC. WACKERNAGEL haben diese Auffassung jahrelang im Kolleg vertreten. Skeptisch dazu WILH. SCHULZE, Zur Geschichte lat. Eigennamen, 1904, S. 435, Anm. 3 ('nur δῖος aus διϝjος mag in der Tat aus dem Lokativ *divi* stammen'); GUST. SANDJOE, Die Adjektiva auf αιος, 1918, S. 36ff. (gibt noch weitere Fälle als erwiesen zu, z.B. ἤέριος aus *ἤέρι); E. BENVENISTE, Origines de la formation des noms Indo-Européens, 1935, S. 72f.

[5] Anders interpretiert W. MEID, Zur Dehnung präsuffixaler Vokale in sekundären Nominalableitungen, Idg. Forschungen 62 (1956) 260–295; ders., Das Suffix *-no* in Götternamen, Beiträge z. Namenf. 8 (1957) 72–108, 113–126.

Formen', mittels der 'gewiß allgemeine Zugehörigkeit oder Beziehung' ausgedrückt werden soll. Daß neben den vom Lokativ abgeleiteten o-Stämmen auch entsprechende individualisierende n-Stämme möglich waren, zeigt ein Beispiel wie Οὐρανίωνες 'die im Himmel befindlichen' neben allgemeinem οὐράνιος 'im Himmel befindlich'. Bezüglich Akzent und Endung stimmen zu Οὐρανίωνες einige illyrische Völkernamen, die auf die gleiche Weise entstanden sein mögen: Γλινδιτίωνες (Plinius III, 143), Διτίωνες, Συλίονες, Βυλλίονες[1].

In analoger Weise konnte von *isərēi 'im Heiligtum' eine Bezeichnung für die im Heiligtum amtierenden Priester oder Hüter oder auch für die Feiernden gebildet werden als *isərēi-ones > *isərī-ones. Infolge der Akzentverlegung und Vielsilbigkeit mußte das Schwa der zweiten Silbe schwinden, so daß s und r zusammentraten. In solchen Fällen tritt bekanntlich ein t als Gleitlaut zwischen s und r wie z. B. *srauma > strauma 'Strom', *swesor, swesris > *swestrs 'Schwester', *sreidh > *strīd 'Streit' zeigen. Schwund des Schwa und Gleitlaut t zeigen auch die vom gleichen Wortstamm *eis- gebildeten Wörter gr. οἶστρος 'Wut' und lit. *aistrà* 'Leidenschaft' sowie *Ister* < *Istrós 'Donau' und *Istrós* neben *Isára* 'reißender Fluß'. Aus *isrēi-ones bzw. *isrī-ones mußte also regelgemäß *Istri-ones* werden und damit die Form, wie wir sie aus den Varianten der Pliniushandschriften als die ursprüngliche herauslesen zu können meinten.

Istriones würde dann also 'die Männer im Heiligtum' bedeuten. Das kann sich auf die unmittelbar an den heiligen Handlungen Beteiligten beziehen, konnte aber auch auf einen Stamm oder mehrere Stämme übertragen werden, für die solche Gebundenheit an Heiligtümer irgendwie besonders charakteristisch war. Als Parallele sei daran erinnert, daß die Sueben wahrscheinlich nach ihrem Zentralheiligtum im Semnonenhain, von dem Tacitus' Germania c. 39 berichtet, *alah-man* hießen 'Leute im Heiligtum'[2], und ebenso schimmert in den Inschriften am Niederrhein, die den *matronis Alaferhuibus* gewidmet waren, noch deutlich ein Stammesname *Alahferhwioz* 'Leute im Heiligtum' (zu an. *firur*, ae. *firas*, ahd. *mid firahim* 'unter den Leuten') durch. Da *alh*, wie got. *alhs* noch zeigt, ursprünglich konsonantischer Stamm war, dürfte der Lokativ *alah 'im Heiligtum' den Ausgangspunkt der Komposition gebildet haben. Daß die Römer bei ihrer graphischen Wiedergabe des Namens *Alamanni* den ihnen ungewohnten gutturalen Spirant vor folgendem Konsonant nicht bezeichneten, ist um so weniger verwunderlich, als dieser Laut in der Silbenscheide vor Konsonant schon sehr früh geschwächt und kaum gesprochen wurde.

Diese Schwächung des Spiranten zeigen z. B. *Walagothi* für *Walahgothi* 'Welschgoten, d. h. italienische Goten' in der Generatio regum et gentium von 520, *Valamēr* < *Walahmērs* 'berühmt bei den Welschen, d. h. Sieger über die Griechen', Name

---

[1] HANS KRAHE, Die alten balkanillyr. geogr. Namen, 1925, S. 48 f.; ders., Die Sprache der Illyrier 1 (1955) S. 111.
[2] Vgl. H. ROSENFELD, Arch. f. Kulturgesch. 37 (1955) 306.

von Theoderichs Oheim bei Jordanes, Anonymus Valesianus, Paulus Diaconus, neben korrekt geschriebenen Personennamen ahd. *Walahmar, Walahheri, Walahberaht, Walahgrim, Walhhart*, ags. *Wealheard*[1], ferner oberdeutsch *gásteig* < *gâh-stîg* 'jäh hinaufführender Steig'.

Wenn *Alamanni* aus **alah-man* und *Alaferhuioz* aus **alah-ferhwioz* entstanden sind, dann wahrscheinlich auch *Alateivia* vom Xantener Matronenstein aus *Alahteiwia* 'Göttin im Heiligtum'. Das wird auch gestützt durch den altgermanischen Personennamen *Alatheus* (Gotenkönig). Das zweite Glied kommt in Personennamen betont kultischer Herkunft vor: *Wulpu-þewaz, Ingadeus* < **Ingwa-þewaz, Ermenteus, Irmin-theo* < **Ermena-þewaz, Anse-deus* < **Ansu-þewaz* 'Ullr-Diener, Ingwaz-Diener, Ermenaz-Diener, Asen-Diener'. Daß *Alatheus* wirklich aus **Alah-þewaz* entstanden ist, zeigen noch die Formen *Elec-teus* < **Alah-þewaz* (neben *Elec-trudis* < **Alah-trudis* 'Zauberin im Heiligtum') in romanischen Handschriften des Polyptychon Irminionis[2].

Bei der üblichen Ableitung von *ala-* 'ganz' dürfte *alaman* jedenfalls nicht als 'alle Männer' interpretiert werden, wie das meist geschieht, da die anderen Komposita mit *ala* wie *ala-jung, ala-wâri, ala-hwît, ala-rehto, ala-sâlig* zeigen, daß *ala* lediglich verstärkende Bedeutung hat. Von dieser Regel bildet auch keine Ausnahme as. *fadar alathiodo* 'Vater der Urvölker' (Heliand 4746) und das nur scheinbar dem Namen der Alamannen nahekommende got. *in allaim alamanam* 'bei allen Menschen schlechthin' (Skeireins VII,11/12). Nicht um 'Menschen schlechthin' handelt es sich bei den Alamannen oder den erschlossenen **Alaferhwioz*, sondern um Stämme mit gemeinsamem Zentralheiligtum, und dafür paßt nur die Ableitung von *alah* 'Heiligtum'. Daß diese Namen vom Lokativ *alah* 'im Heiligtum' abgeleitet werden dürfen, dafür spricht auch die Beobachtung GAMILLSCHEGS, daß alle nordfranzösischen Siedlungsnamen mit *alah* 'Heiligtum' als Grundwort aus lautlichen Gründen nur von der Lokativform abzuleiten seien[3].

Alamanni < **Alah-man* und **Ala-ferhwioz* < **Alah-ferhwioz* bieten also unmittelbare Analogien zu der vorgeschlagenen Deutung von *Istriones*. Auch der Name **Alah-man* dürfte, da er nur zeitweilig oder nur partiell den eigentlichen Stammesnamen der Sueben verdrängte, eine Art Übername gewesen sein, der im Anschluß an die Feiern im Zentralheiligtum aufkam, ohne daß diese Bezeichnung an sich ausdrücklich auf ein zentrales Stammesheiligtum hinweisen müßte. Deshalb muß der Name *Istriones* nicht auf ein gemeinsames Zentralheiligtum dieser Stämme hinweisen, sondern nur darauf, daß Heiligtümer eine Rolle spielten, die diesen Namen irgendwie als einen charakterisierenden Übernamen erscheinen ließen. Die Inschriften für die *Matronae Alaferhuiae* im Jülicher Land sprechen gerade dafür, daß ein enger Bezirk von 'Leuten im Heiligtum' sprechen konnte.

Was aber **Alah-man* und **Alah-ferhwioz* von dem Namen *Istriones* trennt, ist die Tatsache, daß die beiden ersteren Namen einhellig aus

---

[1] FERD. WREDE, Über d. Sprache d. Ostgoten in Italien, 1891, S. 57 f.; WILH. BRUCKNER, Die Sprache d. Langobarden, 1895, S. 316 f.; GEORG WERLE, Die ältesten germ. Personennamen, Beiheft z. Zschr. f. Wortf. 12 (1910) S. 58; E. FÖRSTEMANN, Altdt. Namenbuch 1 (²1900) 51 ff.; 1458 f.; 1513 ff.

[2] R. HENNING, Zs. 37 (1893) 314.

[3] E. GAMILLSCHEG, Zschr. f. Ortsnamenf. 14 (1938) 13.

germanischem Wortgut gebildet wurden, während der Name *Istriones* auf
Wortgut beruht, daß nur noch im Illyrischen (und in anderer Lautform
im Griechischen) lebendig war. Der Ausdruck wurde also nicht von Germanen geprägt. Das ist ein Hinweis dafür, daß das Istrionengebiet ursprünglich nicht germanisch war. Man müßte aber diesem Hinweis mißtrauen, wenn er isoliert stände. Es sprechen jedoch zahllose andere sprachliche und archäologische Funde für die gleiche Tatsache. Das erlaubt uns
jetzt zu sagen, daß den germanischen Stämmen, die religiös gesehen
Erminionen oder Ingwionen waren, in den Istrionen Stämme an die Seite
gestellt wurden, deren vorgermanische Herkunft unter einer äußerlichen
Germanisierung noch deutlich durchschimmert.

4. Die politisch-religiöse Sonderstellung der Istrionen und die Germanenfrage

Sozialstruktur: Wenn mit Ingwionen die Germanen im Bereiche des
Meeres (Nordseeküste, Jütland, Skandinavien), mit Erminionen die *medii*,
d. h. die Binnen-Germanen im Bereich der Elbe und darüber hinaus, gemeint sind, so bleibt für die Istrionen nur das Gebiet zwischen Weser und
Rhein. Dazu stimmt, daß Plinius, Nat. hist. IV, 100, die Istrionen ausdrücklich *proximi Rheno* nennt. Das Istrionengebiet ist also ein Raum,
der den Römern am nächsten lag, ein Gebiet, das sie auf Grund dieser
Nachbarschaft, Beschreibung durch reisende Kaufleute oder Gesandte
und durch ihre Kriegszüge am besten kannten. Tacitus hat bei seiner
Schilderung der politischen, sozialen und wirtschaftlichen Verhältnisse
der Germanen offensichtlich ältere Nachrichten über dies Istrionengebiet
vor Augen gehabt. Wir wissen heute, daß die politischen, sozialen und
wirtschaftlichen Verhältnisse der Germanen des Hinterlandes völlig andere
waren[1]. Gegenüber der sozial wenig differenzierten Bauernkultur der Binnen-Germanen, wie sie durch die Ausgrabungen dokumentiert wird, schildert der Römer das Istrionengebiet als Land mit einer Vielzahl von Kleinadelsherrschaften. Arminius und Segestes sind wie viele andere Adlige
die Herren kriegerischer Gefolgschaften, die auf Edelsitzen oder Burgen
mit städtischer Wirtschaftsdifferenzierung hausen und nur Krieg, Jagd
und Müßiggang ihrer für würdig halten, während abhängige Bauern für

---

[1] R. HACHMANN, Zur Gesellschaftsordnung der Germanen in der Zeit um Christi
Geburt, Archaeologia geographica 5/6 (1956/57) 7—24; H. JANKUHN, Klima, Besiedlung u. Wirtschaft zur älteren Eisenzeit im westl. Ostseebecken, ebda 3 (1952) 23—35;
ders., Die wirtschaftl. u. soziale Entwicklung des Nordens seit Christi Geburt, in:
Haithabu, 3. Aufl. 1956, S. 39—56; ders.: Ackerfluren der Eisenzeit u. ihre Bedeutung
für die frühe Wirtschaftsgeschichte, Bericht d. röm.-germ. Kommission 37/38 (1958)
S. 148—206; H. ROSENFELD, Die Kultur der Germanen, in Oldenbourgs Abriß der
Weltgeschichte, Bd. Randkulturen der Antike, 1960, S. 17—38.

den Unterhalt dieser Kriegerkaste zu sorgen und nur in Notzeiten mit der Waffe in der Hand die Herrenburgen mit zu verteidigen hatten[1]. Dieses Taciteische Bild wird vom archäologischen Befund des Istrionengebietes und nur für dieses bestätigt. Im Istrionengebiet sind eine große Anzahl stadtähnlicher Burgen nachgewiesen und bezeugen damit zu unserer Überraschung eine völlig andere Sozialstruktur als im Gebiet der Binnengermanen an Elbe, Meer, auf Jütland und in Skandinavien, wo es keine Burgen gibt. Im Blick auf die Hinterlassenschaft der Binnen-Germanen würden die Archäologen niemals gewagt haben, das Istrionengebiet ebenfalls als germanisch zu bezeichnen, wenn nicht die antiken Schriftsteller es als germanisch bezeichnet hätten[2]. Erst um Christi Geburt beginnt sich der Unterschied zu verwischen, aber nicht völlig. So zeigt das Istrionengebiet merkwürdigerweise keine Berührung mit der Welle eines aufkommenden starken Fürstentums, die vom südöstlichen Donauraum her seit dem ersten nachchristlichen Jahrhundert sich allmählich nach Norden vorschiebt, dokumentiert in den reichen Fürstengräbern mit nicht lokal gebundenen, also gewissermaßen international-gleichförmigen reichen Metallarbeiten und reiterlicher Hinterlassenschaft. Diese Welle erreicht Skandinavien zwischen 300 und 400 und zeitigt hier die reichen Schiffsgräber, während das Gebiet zwischen Weser und Rhein keine Spuren dieser neu aufkommenden reichen Fürstengräber zeigt. Und das, obwohl die Verödung der Burgen des Istrionengebietes etwa um Christi Geburt zeigt, daß die Kleinadelsherrschaft, wohl im Zusammenhang mit einer Selbstzerfleischung des Adels untereinander und infolge des Vordringens germanischer Stämme, die die Herrschaft über die Vorbevölkerung an sich rissen.

Vorgermanische Namen: Die Sonderstellung des Istrionengebietes hinsichtlich der Sozialstruktur und archäologischen Hinterlassenschaft wird durch neue Beobachtungen der Namenkunde bestätigt. Die Personennamenforschung auf Grund der römerzeitlichen Inschriften des Rheinlandes hat, wie L. WEISGERBER feststellte, ergeben, daß die Zahl derjenigen Personennamen nach Norden zu immer mehr anwächst, die weder aus römischem noch keltischem noch germanischem Namengut zu erklären sind[3]. Dazu stimmen die wegweisenden Forschungen von HANS KUHN über die vorgermanischen Ortsnamen in Norddeutschland und den Niederlanden[4]. Es ergeben sich eine Fülle von Ortsnamen und Gewässernamen indogermanischer Herkunft, die keine Wirkung der germanischen Lautverschiebung erfahren haben und hinsichtlich der Wortstämme und Suffixe ein in der germanischen Nomenklatur nicht mehr produktives Sprachgut zeigen. Orts- und Flußnamen wie *Segeste, Enneste, Innerste, Ergste, Eckersten* zeigen die gleiche Bildungsweise wie besonders aus dem Veneto-Illyrischen bekannte Namen: *Bigeste, Ledeste, Tergeste, Praeneste, Arneste,*

---

[1] H. DANNENBAUER, Adel, Burg und Herrschaft bei den Germanen. Histor. Jahrb. d. Görresges. 61 (1941) 1—58; Neuaufl. in: Wege der Forschung 2 (1958) 66—134.
[2] HACHMANN a. a. O., S. 19; vgl. auch HEINZ BEHAGHEL, Die Eisenzeit im Raume des rechtsrhein. Schiefergebirges, 1943, S. 129ff.; HANS BECK, Zur vor- u. frühgeschichtl. Besiedlung Südwestfalens, Westfalen 29 (1951) 20ff.
[3] L. WEISGERBER, Die sprachl. Schichtung frührheinischer Personennamen, Vortrag auf d. 6. intern. Kongreß f. Namenforschung in München, 1958.
[4] HANS KUHN, Die vorgerm. Ortsnamen Nordwestdeutschlands, ebda 1958; ders., Vor- u. frühgerman. Ortsnamen in Norddeutschland u. den Niederlanden, Westfäl. Forschgen 12 (1959) 5—44.

Palaeste und dem Ortsnamen *Segeste* bei Hildesheim entsprechend drei gleichlautende Orte *Segeste* in Ligurien, Pannonien und auf Sizilien[1]. Damit nötigt sich der Schluß auf, daß das Gebiet zwischen Weser (Aller) und Rhein ursprünglich von Stämmen bewohnt wurde, die eine dem Venetischen, Illyrischen und Umbrischen eng verwandte Sprache redeten. Aber dieses Gebiet wurde von den vordrängenden Germanen umfaßt und dann allmählich sprachlich und politisch germanisiert. Die Namen teils germanischer Herkunft (Segimer, Inguimer) teils ungermanischer (Segestes, Thumelicus, Thusnelda) bei den Istrionen zur Zeit des Arminius zeigen, daß die Germanisierung damals noch im Flusse war. Da so viel Ortsnamen (wie *Peine* < *Pagina*) keine Wirkung der germanischen Lautverschiebung aufweisen, muß die Germanisierung nach Abschluß der germanischen Lautverschiebung vor sich gegangen sein, d. h. frühestens im letzten vorchristlichen Jahrhundert[2]. Die anlautenden p (= idg. p) schließen die keltische Sprache aus, da sie das alte anlautende p abwarf. Einen Abschluß der Germanisierung der herrschenden Schicht oder ihrer Verdrängung bezeichnet die Tatsache, daß mit Beginn der römischen Kaiserzeit die Burgen und befestigten Plätze des Istrionengebietes veröden, während bei der unteren Schicht vorgermanische Sprache und Volkstum sich länger erhalten haben können[3]. Selbstverständlich sind auch die meisten istrionischen Stammesnamen einschließlich von Cheruskern und Chatten vorgermanischer Herkunft[4].

Vorgermanischer Kult: Daß vorgermanische Ortsnamen in ungermanischer Lautung sich in so großer Zahl erhalten haben, zeigt die Weiterexistenz großer Teile der vorgermanischen Bevölkerung und ihre Beharrlichkeit auch unter germanischer Herrschaft und nach Übernahme germanischer Sprache. Wir dürfen dasselbe Fortbestehen auch im Religiösen erwarten. Das niederrheinische Gebiet weist in den ersten Jahrhunderten n. Chr. eine Fülle von Weihesteinen mit Widmungen an mütterliche Gottheiten (Matres) auf, deren Beinamen fast durchwegs aus germanischem Wortgut nicht befriedigend zu erklären sind, also vermutlich istrionischer Herkunft sein mögen. Beinamen wie *Mahalinehae, Fahineihiae, Axinginehae, Adrusteihiae, Vacallineihiae, Valabneihiae, Vallamaeihiae, Textumeihae, Chuchenehae, Seccanehae, Chandrumanehae, Rumanehae*[5]

---

[1] HANS KRAHE, Beiträge z. Namenforschung 10(1959) S. 13—16.
[2] H. ROSENFELD, Die Inschrift des Helms von Negau, Zs. 86(1955/56) 241—265; KUHN a.a.O., S. 38 hält sich noch an die veraltete Datierung im 2. Jh. HUGO MOSER, Annalen d. dt. Sprache 1960, S. 13 gibt veraltete Lesung, Datierung und Deutung.
[3] KUHN a.a.O., S. 40f. rechnet noch bis zur Völkerwanderungszeit mit Resten istrionischer Sprache, aber auch mit nicht-idg. Substrat, wie bereits H. ROSENFELD, Sagentradition, Kulttradition u. Völkerschichtung, Bayer. Jahrbuch f. Volkskde 1957, 144—150.   [4] KUHN, S. 36f.
[5] vgl. SIEGFR. GUTENBRUNNER, Die germ. Götternamen der antiken Inschriften, 1936.

weisen eine Endung auf, die im Germanischen keinerlei Parallelen hat, aber z. B. im Illyrischen noch produktiv war, wie *Adgeleius, Aquileia, Noreia, Celeia, Matreia, Ec-flodeia* und (ebenfalls mit eingeschobenem *h*) *Polaidehias* und *Laidehiabus* (Dat. plur.) zeigen [1]. Es korrespondieren damit Ortsnamen auf altem Istrionengebiet auf *ei* wie *Alzey* < *Altējà, Ardei, Aschei, Aspei, Espei, Barkei, Baukei* u. a. Gegenüber den allgemein und z. T. zentral verehrten germanischen Hochgöttern und auch gegenüber der mit dem Mutterkult verwandten Nerthusverehrung, die von einem zentralen Inselheiligtum ausging und mit einem Wagenumzug durch die angeschlossenen Landstriche verbunden war, zeigen diese istrionischen Mutterkulte eine dezentralisierte, rein ortsgebundene Verehrung lokal begrenzter Muttergottheiten. Der politischen Zersplitterung des Istrionengebietes in lauter Kleinadelsherrschaften entsprach also wohl (wenn wir in diesen Mutterkulten ein Nachleben der ursprünglichen Kulte sehen dürfen) eine gleichlaufende religiöse Zersplitterung. Dies mag der Anlaß gewesen sein für den Übernamen 'Istrionen' mit der Bedeutung, daß der Kult sich auf unzählige ortsgebundene Heiligtümer und Gottheiten ohne Eigennamen verteilte.

Von den nordfranzösischen Ortsnamen mit *alah* war früher die Rede: *alah* könnte germanische Wiedergabe solcher letztlich aus dem Istrionenkult stammenden ortsgebundenen Heiligtümer (**Īserón*) sein. Die Suche nach theophoren Ortsnamen in Niedersachsen war, wie zu erwarten, ergebnislos. Jedoch konnte WESCHE die Koppelung von Flurnamen, die auf *alah* zurückgehen, mit Quellennamen und mit Flurnamen 'Hölle' feststellen [2]. In welcher Beziehung ein urtümliches, noch nicht mit christlicher Vorstellung getränktes 'Hölle' zu religiösem Kult stehen könnte, zeigen livländische Gerichtsprotokolle von 1691 [3]. In diesem ländlichen und abgelegenen Gebiet gab es damals noch bei jeder Ortschaft eine 'Hölle', d.h. in der Wildnis gelegene und nur den Eingeweihten zugängliche unterirdische Räume, in denen Opfermahlzeiten gehalten und Korn, Kornblüten und Obstzweige von angeblichen Zauberern aufbewahrt wurden. Offensichtlich wurden hier in Art der volkstümlichen Barbarazweige Korn und Obstzweige zum vorzeitigen Knospen und Blühen gebracht, heißt es doch im Protokoll: 'Auf Weihnacht wäre schon vollkommen grün korn allerhand arth und baumgewächs ingleichen bei der höllen.' Ähnliche Funktionen wie die livländischen 'Höllen' von 1691 mögen die in den niedersächsischen Flurnamen nachlebenden Höllen gehabt haben. Sie würden gut zu dem Kult mütterlicher, ortsgebundener Gottheiten der Fruchtbarkeit passen. Daß solchermaßen gepflegte örtliche Kulte wie in Litauen einer Eingeweihtenschar bedurften, ist klar. In Litauen nannten sie sich mit sekundärer Vermischung der Vorstellungen 'Werwölfe', im Istrionengebiet mögen sie *Istriones* 'Männer im Heiligtum' genannt worden und dieser Namen dann als besonders charakteristisch auf das gesamte Gebiet übertragen sein.

[1] HANS KRAHE, Die Sprache der Illyrier l (1955) S. 50.
[2] H. WESCHE, Theophore Orts- u. Flurnamen in Niedersachsen, Vortrag auf dem 6. internat. Kongreß f. Namenforschg München 1958.
[3] hsg. von H. v. BRUNINGK, Mitteilungen aus d. livländ. Geschichte 22(1924/28) 163ff.; 203ff.; Neuabdruck (auszugsweise) in OTTO HÖFLER, Kult. Geheimbünde der Germanen l (1934) 345–351.

Der Name Germanen: Wenn das Istrionengebiet in Sozialstruktur, archäologischer Hinterlassenschaft, Sprache und Kult ursprünglich vorgermanisch und ungermanisch war, so erhebt sich die Frage, warum die Römer es als germanisch bezeichneten? Aber bezeichneten die Römer es als germanisch im heutigen Sinne? Der Stamm *Germani*, der nach den nicht ganz klaren Darlegungen in Germania c. 2 zuerst über den Rhein vorstieß und dessen Namen dann auf die Stämme jenseits des Rheins übertragen wurde, war sicherlich ein Istrionenstamm. Und es sind somit die Istrionen, die zunächst nach dem Vorbild des einen, zuerst über den Rhein gedrungenen Stammes 'Germani' genannt wurden. Später wurden offensichtlich alle Stämme des Hinterlandes, also auch Ingwionen und Erminionen, in diese Benennung einbezogen. Jedoch war es niemals ein ethnischer Begriff im heutigen Sinne. Die Goten wurden niemals Germanen genannt. Wer über Alamannen oder Franken siegte, konnte den Ehrennamen Germanicus erhalten, wer über Goten siegte, hieß Goticus. Weder in den ostgotischen noch in den westgotischen Inschriften Italiens, Frankreichs oder Spaniens nennen sich die Goten 'Germanen', und Jordanes sagt in seiner Gotengeschichte c. 3,24 von den Völkern Skandinaviens, sie seien 'größer als die Germanen', und c. 11,67 von den Goten, sie hätten die Länder der Germanen (d. h. Franken) verwüstet. Erst Paulus Diaconus und die Geographie Aelfreds gebrauchen den Namen Germania für das ganze Germanengebiet[1]. Ursprünglich galt der Name eben nur für die Istrionen und ihre Hintervölker. Anderseits ist ein Splitter der istrionischen *Germani* wahrscheinlich durch Nordgallien bis zum iberischen Spanien durchgedrungen, wo Plinius, Nat. hist. III, 25 *Oretani, qui et Germani cognominabantur* erwähnt. Das wird freilich von allen in Abrede gestellt, die den Namen Germani aus dem Keltischen oder Germanischen erklären wollen.

Unmöglich ist es, mit SCHNETZ Germani als keltische Übersetzung von *Ingwiones* zu nehmen und beide Namen als 'Brüller' zu etymologisieren[2]. Ungeeignet ist auch das altenglische Pflanzenwort *germanleaf* 'Malve' zur Erklärung des Germanennamens, da es schwerlich als (ungermanischer) *men*-Stamm[3], sondern eher als *s*-Stamm mit *no*-Suffix (wie got. *arhwasna* 'Pfeil' und *hlaiwasna* 'Grab') d.h. als *germazno* 'Hepfpflanze' aus dem im norw. *gurm* 'Hefe' vorliegenden Stamm zu erklären ist[4]. Daß das 769 im Bistum Freising belegte Germana keinesfalls ein altbairischer Siedlungsname sein kann (das wäre neben Orten wie *Pasing, Baierbrunn, Holthusir, Epar-aha* ohne jede Parallele), sondern nur ein vorgermanischer Name,

---

[1] vgl. SIEGM. FEIST, Germanen u. Kelten in d. antiken Überlieferung, 1927, S. 51—56.
[2] J. SCHNETZ, PBB 47 (1923) 470ff.; Arch. f. slav. Philol. 40 (1926) 70f.; Zschr. f. Ortsnamenforsch g 2 (1926) 226ff.; 11 (1935) 201ff.; 12, 91ff.; 13, 41f.; 18 (1942) 3ff. Der von SCHNETZ angesetzte kelt. Wortstamm *germ-* wird von J. POKORNY, Zschr. f. celt. Philol. 20 (1933/36) 461—475 und: Zur Urgeschichte der Kelten u. Illyrier, 1938, S. 121ff. bestritten.
[3] W. KROGMANN, Der Name der Germanen, 1933 u. ö.; zuletzt (mit grundlegender Variation) Beiträge z. Namenforschung 3 (1951/52) 139—153.
[4] S. GUTENBRUNNER, Der Malvenname *geormanleaf*, Zschr. f. Mundartforsch g 12 (1936) 40—42.

sei anderwärts dargetan. Die Identifizierung von *Germana* mit *Germansberg* ist völlig verkehrt, auch gab es und gibt es *Germansberg* nur auf dem Papier, aber nicht in Wirklichkeit. Eine kritische Überschau dieser und anderer Deutungen gab 1955 STEINHAUSER[1].

Bei der Verwandtschaft des Istrionischen mit dem Illyrischen rücken wie beim Namen der Istrionen illyrische Parallelen in den Bereich der Möglichkeit. Freilich muß man dabei berücksichtigen, daß das Illyrische neuerdings als Kentum-Sprache erwiesen ist und somit illyr. *germ-* nicht auf idg. **ghuerm-* 'heiß' zurückgehen kann.

Diese Tatsache konnte J. POKORNY, Zschr. f. celt. Philol. 20(1933/36) S. 461–475; 21, S. 103ff. (Idg. etymol. Wörterbuch 1 (1950/59) S. 494) noch nicht berücksichtigen, als er *Germani* als 'die Hitzigen' von idg. **ghuerm-* 'heiß' ableitete. STEINHAUSER hingegen erklärte die Germanen noch 1954 als protillyrische 'Heißquellenleute'[2], obwohl er aus der von ihm S. 10 zitierten Arbeit von HANS KRAHE: Das Venetische, 1950, S. 14 entnehmen mußte, daß idg. **ghuerm-* im Illyrischen zu **berm-* wurde. Alle seine Kombinationen fallen deshalb in sich zusammen, auch die Identifizierung von *Germana* 'Warmflußsiedlung' mit *Berg* am Würmsee. Weder ist *Würm* etymologisch 'die warme', noch ist sie besonders warm, noch ist der Würmsee mit der Würm identisch, noch liegt das alte Dorf Berg am Würmsee, sondern ca. 1 Straßenkilometer entfernt vom Seeufer auf dem 100 m hohen Höhenzug oberhalb des Sees.

Dürften wir die Siedlung *Germana* in einem vorgermanischen Siedlungsgebiet mit illyrischen Anklängen (z. B. *Partanus*, erhalten in *Partnach* und *Partenkirchen*, ist von den *Parthini* in Albanien nicht zu trennen) und die balkan-illyrischen Namen *Germanus, Germaniscus, Germullus, Germus*[3] zur Wortsippe des Völkernamens *Germani* zählen, so hätten wir einen engen Zusammenhang zwischen Siedlungsnamen, Personennamen und Völkernamen, der dem Germanischen völlig fremd ist, den illyrischen Sprachen jedoch geläufig. Dann könnte man angesichts der Verdeutschung von *Germana* durch *vel ad monte*, d. h. 'Berg', diese Namen wie gr. χαρμή 'obere Lanzenspitze' zu idg. **gher-* 'emporragen' stellen[4]. HANS KRAHE glaubt jedoch den Völkernamen als unerklärbar (und die Personennamen als zweifelhaft) absondern zu müssen und *Germana vel ad monte* zu den alteuropäischen Flußnamen auf *-mana* stellen zu sollen[5], obwohl eine reine

---

[1] W. STEINHAUSER, Der Namensatz im Cap. 2 der Germania des Tacitus, Rhein. Vierteljahrsblätter 20 (1955) 12–29.

[2] W. STEINHAUSER, Herkunft, Verwendung u. Bedeutung des Namens Germani, Festschrift für Dietrich Kralik, 1954, 9–25; kurz zusammengefaßt in Rhein. Vierteljahrsbl. 20 (1955) S. 12ff.

[3] DUJE RENDIĆ-MIOČEVIĆ, Neue epigraphische Belege für den Namen Germanus im illyr. Namengut Dalmatiens, Germania 34 (1956) 237–243; vgl. ED. NORDEN, Alt-Germanien, 1934, S. 259ff.; dazu ablehnend, aber nicht überzeugend J. SCHNETZ, Zschr. f. Ortsnamenforschung 11 (1935) 44–50, 186–189.

[4] Hier knüpfte bereits W. KROGMANN (Der Name der Germanen, 1933, S. 107) an.

[5] HANS KRAHE, Fluß- u. Ortsnamen auf *-mana -mina*, Beiträge z. Namenforschg 8 (1957) 1–27, besonders S. 15ff.; S. 12 zieht K. auch das wegen seiner heißen Quellen berühmte *Germania* heran, das bisher aus thrak. **germ-* < idg**ghuerm-* 'heiß' erklärt wurde, und trennt es damit von den ostidg. Zusammenhängen: dann wäre das Zusammentreffen mit den heißen Quellen in Germania Zufall ? Die Flußnamen auf *-mana* auf deutschem Gebiet dürften alle vorgermanischer Herkunft sein.

Flußsiedlung schlecht zu dem Namen 'Berg' kommen konnte und obwohl vorgermanische Flußnamen in Süddeutschland alle erhalten und im Bereich des Bistums Freising kein größeres Gewässer ohne vorgermanischen Namen ist. Damit bliebe nicht nur der Völkername, sondern auch der nur morphologisch erklärte Fluß- und Siedlungsname *Germana* weiterhin etymologisch unerklärbar. Es spricht jedoch viel dafür, daß *Germana* 'Bergsiedlung' heißt. Dementsprechend muß *Germani* 'Bergsiedler' bedeuten. Im Gegensatz zu der rein dörflichen Siedlungsweise der frühen Germanen östlich der Weser ist für die Istrionen die Siedlung in stadtähnlichen, auf Anhöhen gelegenen festen Plätzen charakteristisch. Die Bezeichnung 'Bergsiedler' für einen aus diesem Gebiet kommenden Stamm wäre also durchaus sinnvoll.

Bleibt damit die Etymologie des Germanennamens weiterhin umstritten, so läßt sich doch in jedem Falle der Name *Germani* morphologisch in keiner Weise mit germanischen Stammesnamen wie *Gauti*, *Gutones*, *Terwingi*, *Greutungi*, *Suebi*, *Alamanni* usw. vergleichen, wohl aber mit illyrischen Ethnika wie *Albani*, *Selepitani*, *Andrevani*, *Foretani*, *Derbani*, *Ladestani*, *Melcumani*, *Himani*, *Dardani*. Das entspricht den Parallelen zwischen *Segeste* bei Hildesheim und südlichen Orten *Segeste* und zahlreichen anderen Wortgutparallelen wie auch der des Namens der Istrionen selbst zu dem balkanillyrischen *iser* 'heilig'. Daß sich die Namen *Germani* und *Istriones* als nichtgermanischer Herkunft erweisen, stimmt aber durchaus zusammen zu den Beobachtungen, daß Sozialstruktur, archäologisches Gut, religiöser Kult, Lautform und Namengebung das Istrionengebiet zwischen Weser und Rhein grundlegend und einschneidend vom eigentlichen Germanengebiet absondern und als eine eigne Volks- und Kulturprovinz erweisen, die erst in historischer Zeit allmählich dem Germanentum gewonnen wurde.

ODIN, HELM VON WENDEL/UPPL

(205)

Heidelberger Druck von 1485.

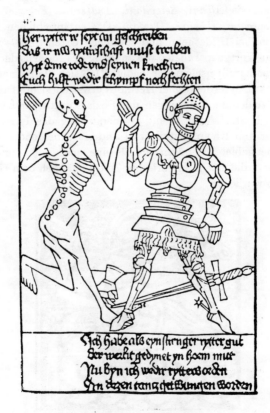

Heidelberger Blockbuch (1465).

HEURES D'USAGE DU MANS (PARIS 1500)

Der Totentanz als europäisches Phänomen

von Hellmut Rosenfeld

Die Erinnerung an den 1440 gemalten und 1805 zerstörten Totentanz auf der Friedhofsmauer des Dominikanerklosters zu Groß-Basel erhielt sich in einem Volkslied. Natürlich entstand dieses Volkslied in der Schweiz, hat sich aber weithin über das hochdeutsche Sprachgebiet ausgebreitet. Die wichtigsten Strophen seien hier zitiert:

1. Als ich ein jung Geselle war
   nahm ich ein steinalt Weib.
   Ich hatt' sie kaum drei Tage,
   da hat's mich schon gereut.

2. Da ging ich auf den Kirchhoff
   und bat den lieben Tod:
   „Ach lieber Tod zu Basel,
   hol mir mein Alte fort!"

3. Und als ich wieder nach hause kam,
   mein Alte war schon tot.
   Ich spannt die Ross an'n Wagen
   und fuhr mein Alte fort.

7. Das junge Weibel, das ich nahm,
   das schlug mich alle Tag:
   „Ach lieber Tod von Basel,
   hätt ich mein Alte noch!"

Dieses Volkslied druckte zuerst Friedrich Nicolai 1777, und zwar in seinem gegen Johann Gottfried Herder's Volksliedbegeisterung gerichteten Buch „Eyn kleyner feyner Almanach" 1 (1777) S. 147. Das Lied wurde dann auch in anderen deutschen Landschaften, in Hessen, Thüringen, Franken, Steiermark und im Harz aufgefunden und aufgezeichnet[1], ein Beweis, wie weit sich einst die Kunde vom Baseler Totentanz verbreitete. Allerdings war im Lauf der Jahrhunderte begreiflicherweise die Vorstellung vom Basler Totentanz verblaßt. Das singende Volk setzte z. T. an die Stelle des „lieben Todes zu Basel" andere Worte ein. In Hessen und Franken trat an seine Stelle einfach der „liebe Gott" selbst. Jedoch beließ man es in Hessen in dem aufgezeichneten Text trotz dieser Bitte an den lieben Gott bei dem Gang zum Kirchhof, und der Stoßseufzer der letzten Strophe beginnt sogar mit „Ach lieber Tod von Basel"[2]: das „Zersingen" der alten Formel war auf halbem Wege stehen geblieben! Die fränkische, ebenfalls 1855 veröffentlichte Fassung

---

[1] Vgl. Ludwig Erk — Fr. Böhme, Deutscher Liederhort 2 (1893) Nr. 914 „Der Tod von Basel", wo aber merkwürdigerweise Merians Stiche von 1657 als Quelle für den „Tod von Basel" genannt werden.
[2] Franz Ludw. Mittler, Deutsche Volkslieder (Marburg 1855) Nr. 179.

hat diese Formel dagegen zu einem „Ach lieber Gott von Sachsen" entstellt[3]. Eine im gleichen Jahr gedruckte Harzer Fassung verlegt die Bitte um das Sterben des Eheweibes aus dem Kirchhof in die Kirche selbst und setzt an die Stelle des Todes den „Herrn Pastor"[4].

Diese Zersinge-Erscheinungen können nicht darüber hinwegtäuschen, daß die Kunde vom Tod zu Basel einst mindestens über das ganze hochdeutsche Sprachgebiet dahinwanderte, während auf niederdeutschem Gebiet in Redensarten wie „*he süht ut as de Dood van Ypern, as de Dood vun Lübeck*"[5] Totentänzen des niederfränkischen und niedersächsischen Gebietes eine ähnliche Popularität sicherten. Kurz vor Zerstörung des Großbaseler Totentanzes 1805 hat noch Johann Peter Hebel in seinen „Alemannischen Gedichten ([1]1803) aus eigener Anschauung dem Basler Totentanz ein Denkmal gesetzt, wenn er in „Die Vergänglichkeit" einen Bub zu seinem Ätti vom alten Röttler Schloß bei Basel sagen läßt:

> „Stoht's denn nit dört so schuderig wie der Tod
> im Basler Todtetanz? Es gruset mer,
> wie länger assi's beschau."

Daß für Hebel als gebürtigen Baseler der Baseler Totentanz eine jederzeit präsente Erscheinung war, ist nicht weiter verwunderlich. Aber auch der Dichter August Graf Platen-Hallermünde setzte noch 1826 die Vorstellung des „Todes von Basel" als bekannt voraus. Er war bekanntlich aus altem Hannoverschem Adel, wurde 1796 zu Ansbach geboren und verbrachte Jugend- und Jünglingsjahre in München, Würzburg und Erlangen, hatte also keinerlei Beziehung zu Basel, wo der Totentanz ja auch inzwischen (1805) zerstört war. Gleichwohl läßt er den Helden seines Lustspieles „Die verhängnisvolle Gabel" v. 869/70 von der Bedrohung durch „alle Schauder der Natur und den Tod von Basel" sprechen, konnte also bei seinem Publikum noch ein Wissen um den Baseler Totentanz voraussetzen.

Trotz der zahlreichen jüngeren Totentanzgemälde auf deutschsprachigem Boden muß der älteste monumentale Totentanz des deutschen Sprachgebietes, der Groß-Baseler Totentanz, eine gewisse paradigmatische Bedeutung und einen bis ins 19. Jahrhundert reichenden Ruf als

---

[3] Fr. Wilh. v. Ditfurth, Fränkische Volkslieder 2 (1855) Nr. 199.
[4] Heinr. Pröhle, Weltl. u. geistl. Volkslieder und Volksschauspiele (Aschersleben 1855) Nr. 90.
[5] Otto Mensing, Schlesw.-holst. Wörterbuch 1 (1927) Sp. 747. — Jedoch hat, wie mir bekannt wird, eine aus Westpreußen stammende, jetzt achtzigjährige Frau Kobert ihr Leben lang bei Gelegenheit den Ausdruck „sieht aus wie der Tod von Basel" gebraucht, während ihre Kinder den wohlbekannten Ausdruck nicht mehr selber benutzen.

Darstellung des Todes bekommen und sich erhalten haben. Dabei ist eines höchst interessant: trotz der Vielzahl der individuell gestalteten, teils männlichen, teils weiblichen Totengestalten, die halbverwest, mit Fetzen von Kleidern am Leibe und z. T. mit Musikinstrumenten in Händen die einzelnen menschlichen Standesvertreter zum Tanze zwingen, sprechen die Zeugnisse, die ich erwähnte, in der Einzahl von „d e m Tod zu Basel"! Man sah in der Vielzahl individuell gestalteter Figuren nur die Vielgestaltigkeit des Todes an sich. Die einzelnen Todesgestalten wurden dem auf Typisierung und Allegorisierung drängenden Blick der Nachwelt zur Gestalt des einen, mächtigen „Todes zu Basel". Es ist also unberechtigt, zwischen Totentanz und Todestanz sondern und für Dichtungen, in denen nicht die Toten die Lebenden abholen, sondern der Tod selbst, eine besondere Quelle fordern zu wollen, wie dies eine neue Publikation tut[6]. Dem europäischen Denken konnten diese Toten, die im Totentanz nach den Lebenden greifen, jederzeit nicht nur zu Boten des Todes, sondern auch zu Repräsentanten des Todes werden.

Das Volkslied vom Tod zu Basel zeigt aber auch, daß man Totentanzgemälde nicht als ästhetisch zu bewertende Kunstwerke nahm und auch nicht als Widerspiegelung eines einmaligen Vorganges. Wie die Heiligenbilder in den Kirchen den Gläubigen zur Folie einer göttlichen Helfergestalt werden, an die man sich betend wenden kann, zu einer lokal gebundenen und doch himmlischen Helfergestalt wie etwa dem heiligen Jakob von Compostela, dem heiligen Antonius von Padua oder der lieben Mutter Gottes zu Einsiedeln, so wurde aus den Totengestalten des Baseler Totentanzes „der liebe Tod zu Basel". An ihn konnte man sich, wie das Volkslied zeigt, genauso bittend wenden wie an einen Heiligen, und er konnte die Bitten genauso erhören wie ein Wallfahrts-Heiliger! Natürlich ist zwischen dem Glauben an den „lieben Tod zu Basel" und dem an einen Heiligen ein Gradunterschied, da der „Tod zu Basel" ja nicht durch Kirche, Kult und Tradition sanktioniert war. Was bei einem Heiligen ein Mirakel wäre, die Gebetserhörung, dient dem Volkslied vom Tod zu Basel deshalb nicht wie christliche Mirakelgeschichten dazu, den Glauben an die Macht des Angebeteten zu stärken[7], sondern vielmehr in Art einer Parabel dazu, die Torheit des menschlichen Wünschens zu entlarven. Nur so ist es zu verstehen, daß beim Zersingen des Volks-

---

[6] C o s a c c h i (s. Anm. 8) scheidet in wunderlicher Terminologie Todes-Tänze, Toten-Tänze und Toten-Todes-Tänze = Todtentanz (!).
[7] Vgl. H. R o s e n f e l d, Legende, in: Reallexikon d. dt. Literaturgesch. 2 (1965) S. 13 f.; d e r s., Legende (Sammlung Metzler. 2. Aufl. Stuttgart 1964) S. 24 f.

liedes an die Stelle des „lieben Todes zu Basel" der „liebe Gott" selbst treten konnte.

Noch ein Drittes ist an dem Volkslied vom Tod zu Basel bemerkenswert: die Interpretation des mittelalterlichen Baseler Totentanzgemäldes ist nicht mittelalterlich, sondern modern. Es ist die gleiche Interpretation, die der geniale Maler Hans Holbein zu Basel vornahm, als die Gebrüder Trechsel in Lyon von ihm als einem in der Stadt des Baseler Totentanzes ansässigen Maler Holzschnitte für eine Totentanzausgabe bestellten. Holbein bemerkte in dem Baseler Totentanzgemälde den erbarmungslosen Griff, mit dem die Totengestalten die einzelnen menschlichen Standespersonen zum Tanze zerrten. Er sah darin den erbarmungslosen Griff des Todes schlechthin nach dem Leben widergespiegelt und er nahm deshalb diesen Tanz der Toten mit den Standesvertretern lediglich als eine Allegorie für das Sterben. So formte er denn, diesen Gedanken verdeutlichend, seine Szenen, in denen der Tod den Menschen mitten im Leben bei seiner Arbeit oder seinem Vergnügen überrascht und zum Mitgehen zwingt. Holbeins Totentanzbilder sind Bilder des Sterbens und zugleich Mahnung, an die Möglichkeit eines jähen, plötzlichen Todes zu denken. Genauso holt im Volkslied der Tod von Basel auf die Bitte des jungen Gesellen seine Ehefrau mitten aus dem Leben.

Nach dem Vorbild des Baseler Totentanzgemäldes hat auch Holbein seinen Totentanzbildern das Beinhaus mit den zum Leben erwachenden Toten und einem mit Pfeifen, Trompeten und Trommeln zum Tanze aufspielenden Totenorchester vorangestellt. Bei Holbein ist das zu einem „blinden" Motiv geworden, denn seine Toten und Standesvertreter tanzen ja nicht mehr. Im Baseler Totentanz aber war es noch so, daß eben die Tanzmelodie dieses Totenorchesters die Toten aus den Gräbern lockt und zwingt, und sie ergreifen nun gleich die menschlichen Standesvertreter vom Papst und Kaiser bis zum Bettelmann zu einem wilden Tanze. Was der Renaissancewelt zur Allegorie des Sterbens wurde und von Holbein zu einer Szene des Sterbens umgewandelt wurde, der Tanz der halbverwesten Toten mit je einem Standesvertreter: für das Mittelalter war es zweifellos nicht Allegorie, sondern grausige Wirklichkeit. Der nächtliche Tanz der Toten über den Gräbern und die Ahnung von diesem Tanz über den Gräbern als grausige Wirklichkeit reicht noch bis in Goethes Totentanzballade hinein. Über der geistreichen Umdeutung des Tanzmotivs durch Holbein und seine Nachfolger darf man diese makabre grausige Realität des nächtlichen Tanzes auf dem Friedhof nicht vergessen. Jede Deutung des mittelalterlichen Totentanzes und seines Ursprunges muß in erster Linie dieses seltsame Motiv erklären, wenn sie Anspruch auf Glauben erheben will.

Das neueste Buch über den mittelalterlichen Totentanz von Stephan
Cosacchi holt viel weiter aus, vielleicht allzu weit[8]. Es will in der
„esoterisch-musikalischen Weltanschauung des Mittelalters" (S.
IX und 412) die Quelle des Totentanzes sehen und als „grundlegenden Gedanken der mittelalterlichen Weltanschauung" die angebliche „Nachahmung
des Teufels", die auch „Grundgedanke der meisten Mysterien- und Passionsspiele" sei (S. 294): eine Behauptung, die der Erforscher des mittelalterlichen Dramas unbedingt zurückweisen muß.

An die Spitze seines Buches und als Vorläufer des spätmittelalterlichen
Totentanzes werden die Ritzungen des Grabes von Kivik in Schweden
gestellt, die 1400 vor Chr. datiert sind! C. weiß sogar, daß Lanze, Axt,
Menhir und Bahre dieser Ritzung „Gott, Weisheit, Wille und Gefühl"
bedeuten und daß die Vogelkopfgestalten der Kivikritzung identisch sind
mit den Harlekinumzügen des Wilden Heeres im hohen und ausgehenden Mittelalter, und daß sie den Kirchhofstanz bereits für das alte Germanien bezeugen (Abb. 1 und S. IX, XVIII, 301, 303). Die von C. als
erstes Bild auf Abb. 1 gegebene Kivikplatte 1 ist längst verschollen, die
von C. abgebildete Nachzeichnung von 1780 (!) falsch[9]; in Wirklichkeit
ist, wie die bessere Zeichnung von 1764 erweist, C.'s Tragbahre ein
Schiff, seine angeblichen Lanzen sind in Wirklichkeit Stützen der Kultbeile, der angebliche Menhir wird als Wiedergabe eines ägyptischen
Obelisken angesprochen, wie denn nach Feststellung der Forschung, die
C. nicht zu Rate gezogen hat, die Grabplatten von Kivik ihre genaue
Parallele im kretischen Sarkophag von Hagia Triada (1600 v. Chr.)
haben[10], dessen Bilder auf Metallarbeiten nach dem Norden gekommen
sein werden. Jedenfalls tut man gut, die Bilder des Kivikgrabes, von
denen man nicht einmal weiß, ob sie germanischen Ursprungs sind, nicht
so leichthin wie C. für christlich-mittelalterliche Vorstellungen als Beleg
zu nehmen.

Wirklich intensive Kenntnisse und ein jahrzehntelanges Handschriftenstudium kann C. auf dem Gebiete der mittelalterlichen Todes- und
Vergänglichkeitsdichtungen aufweisen. Leider sieht er diese verschiedenen Ausprägungen der mittelalterlichen Auseinandersetzung mit Tod,

---

[8] Stephan Cosacchi, Makabertanz. Der Totentanz in Kunst, Poesie und
Brauchtum des Mittelalters (Hain, Meisenheim 1965, XXII, 822 S., 33 Taf.)
Ln 105.— DM — Eine frühere Publikation des gleichen Verfassers „Geschichte
der Totentänze" (1, Budapest 1936; 2, Einleitung, 1941; 3, 1941) erfolgte unter
dem Namen P. Stephan Kozáky e Sch. P. (d. i. Pater im Piaristen-Schulorden).
[9] Carl-Axel Althin, Studien zu den bronzezeitlichen Felszeichnungen von
Skane 1 (Lund 1945) S. 66—71 und Abb. 27/28.
[10] Oscar Almgren, Nordische Felszeichnungen als religiöse Urkunde (Frankfurt 1934) S. 176—186 und Abb. 111—119.

Vergänglichkeit und Jenseits von vornherein als Vorformen der Totentanztexte an. Dabei fließen also Verse an den Tod, Streitgedichte zwischen Leben und Tod, das Gespräch der 3 Lebenden und 3 Toten, Glücksrad, Lebensrad, Spiegelbuch, Jedermann, Vadomori und manches andere ineinander. Alle diese Tod- und Vergänglichkeitsdichtungen des Mittelalters sind für C. unmittelbare Vorläufer der Totentanztexte, als ob alle diese Dichtungen nur darauf ausgerichtet wären, den Totentanztext vorzubereiten und zu erzeugen. Das gibt dem Totentanz, der e i n e Vergänglichkeitsdichtung unter vielen anderen ist, zuviel Ehre und Gewicht.

Aus dem Nebeneinander verschiedener dieser genannten Vergänglichkeitsdichtungen in mittelalterlichen Handschriften rekonstruiert C. eine „Gesamtlegende" als Vorform des Totentanztextes. Als Piaristenpater sollte C. wissen, daß „Legende" dichterisch geformte Heiligenvita ist [11] und daß man füglich nicht von einer „Todeslegende" oder „Totenlegende" und „Gesamtlegende" der Todesdichtungen reden kann. Für C. aber ist (S. 4) das Ziel, den angeblichen „legendarischen Grundcharakter des Totentanzes" zu erweisen: „daß sich schon Jahrhunderte vor dem Totentanz eine Legende entwickelte, die alle formgebundenen Elemente textlich und bildlich absorbierte, welche zum Totentanz ganz von selber hinführten" (S. 4). Mit elegischer, dialogischer oder lehrhafter Vergänglichkeitsdichtung befinden wir uns jedoch nicht im Bereich der Legende, sondern der lehrhaften Dichtung verschiedener Prägung, und die Totentanztexte sind auch nicht Ziel und Gipfel dieser mittelalterlichen Vergänglichkeitsdichtung, sondern eine einzige Ausprägung unter vielen.

Bei diesen Ausführungen wertet C. die Vadomori-Gedichte als reine Ständegedichte, die die Ständerevue der Totentänze vorwegnahmen. In Wirklichkeit ist der Charakter der Vadomori ein elegischer, und die Mehrzahl der Vadomori-Verse spricht nicht von den menschlichen Ständen, sondern von menschlichen Zuständen (arm, sinnlich, schön, weise, töricht, betrunken, hoffend, freudig, nachdenklich usw.), so daß durchaus nicht der Eindruck einer Ständerevue entsteht, sondern der einer Abmessung des gesamten Lebensraumes der Menschen. Weiterhin behauptet C. sogar, die Vadomori seien gesungen worden und seien lediglich verchristlichte Zauberlieder (!). Dem widerspricht schon der elegische Charakter der Vadomori. Zauberlieder sehen ganz anders aus, aber darüber

---

[11] Vgl. H. R o s e n f e l d, Legende (Sammlung Metzler, 2. Aufl. Stuttgart 1964); d e r s., Legende, in: Reallexikon d. dt. Litgesch. 2 (1965) S. 13—31.

hat sich C. leider nicht informiert[12]. Für seine Zauberliedtheorie führt C. (S. 57) nur Strophe 2 der „Vers de la mort" des Helinand († 1229) an, wo gesagt wird, man solle nicht Liebeslieder, sondern Todeslieder singen. Das ist für C. der „textliche Beweis", daß seine eigne These, die Vadomori seien Zauberlieder, stimmt. Es braucht kaum gesagt zu werden, daß Helinand hier völlig mißdeutet ist. Der Mönch Helinand fordert von seinem asketischen Standpunkt aus Lieder, die sich nicht mit der menschlichen Liebe, sondern mit der menschlichen Vergänglichkeit beschäftigen.

Solche Fehlinterpretationen oder Mißverständnisse des Textes finden wir in C.'s Buch leider auf Schritt und Tritt. Helinands Aussage in Str. 25, der Stachel des Todes sei schmerzhafter als der Biß der Tarantelspinne, bedeutet für C. (S. 25), der Tod sei ein ins Unendliche gesteigerter Taranteltanz. Die Bemerkungen der Sterbenden im spanischen Totentanztext, dieser Tanz falle ihnen schwer, bedeutet natürlich, daß ihnen das Sterben schwer wird, und nicht, wie C. S. 626 behauptet, daß sie hier einen besonders kunstvollen Sprungtanz tanzen müßten! Die Floskel „faire la danse macabre" wird von C. auf derselben Seite (S. 401) beim einen Beleg (Nachricht über das Pariser Totentanzgemälde von 1424) auf die Anfertigung des Gemäldes bezogen, beim anderen Beleg (Jean LeFèvre's „Respit de la mort", 1376) aber mit „eine Krankheit durchmachen und ein sündhaftes Leben führen" übersetzt, wobei geflissentlich verschwiegen wird, daß Gaston Paris[13] und viele andere Forscher dieses „Je fis de macabre la danse" auf die Anfertigung eines Totentanzgedichtes bezogen haben („den Makaber-Tanz tanzen" würde damals mit „danser la danse macabre" ausgedrückt sein). Man kann nicht, noch dazu ohne Begründung, dieselbe Vokabel in verschiedenen Belegen völlig verschieden übersetzen. Für die Übersetzung C.'s im Falle LeFèvre findet sich in der sehr umfangreichen, von C. nicht beachteten Macabre-Literatur keinerlei Anhaltspunkt[14]. Man hat wohl erwogen, ob „faire la danse macabre" vielleicht „sterben" heißen könne, jedoch wurde geltend gemacht, daß jemand, der nur eine Krankheit durchmacht, nicht sagen kann „ich bin gestorben".

Die eifernde Bemerkung eines mittelalterlichen Predigers, der höfische Kreisreigentanz verleite zur Unkeuschheit und habe den Teufel zum Mittelpunkt, ist für C. (S. 291) unbegreiflicherweise der Beweis, daß es

---

[12] Vgl. Eugen F e h r l e, Zauber und Segen (Jena 1926): Gerhard E i s, Altdeutsche Zaubersprüche (Berlin 1964), dazu H. R o s e n f e l d, Bayer. Jahrbuch f. Volkskunde 1964/65 (1965) S. 117.
[13] Gaston P a r i s, La danse macabré de Jean Le Fèvre, Romania 24 (1895) S. 588 ff.
[14] Robert E i s l e r, Traditio 6 (New York 1948) S. 187—225; Felix L e c o y, Romania 71 (Paris 1950) S. 408—412; Leo S p i t z e r, Mélanges de linguistique offerte à A. Dauzat (Paris 1952) S. 317 ff.; Hans S p e r b e r, Studia philologica et litteraria in honorem L. Spitzer (Bern 1958) S. 391—401; Edelgard E. Du Bruck, Romania 79 (1958) S. 536—543; F. Lecoy Romania 79 (1958) S. 544; Armand M a c h a b e y, Romania 80 (1959) S. 118—129.

im Mittelalter einen Tanz auf dem Kirchhof in Teufelsmaske um die
Gestalt des Teufels gegeben habe. Diesem angeblichen Tanz um den
Teufel habe die Geistlichkeit im Totentanz einen Tanz in der Kirche
um den Prediger entgegengesetzt zur Verdrängung der unkeuschen Teufelstänze (S. 293). Die Teilnehmer dieser angeblichen Tänze in der Kirche hätten sich die frevlerischen Totenmasken, die mit Teufelsmasken
identisch seien, angelegt, „damit es dem Teufel nicht einfalle, den Teilnehmern dieses heiligen Tanzes, dieser wahren Bußübung der Bekehrten,
einen Schaden zuzufügen" (S. 294). Das sind phantastische Vermutungen,
die aus der mißverstandenen Äußerung jenes mittelalterlichen Predigers,
der höfische Tanz sei unkeusch, herausgesponnen wurden. Gestützt wird
das S. 744 durch die Behauptung, nach dem ältesten lateinischen Totentanztext seien die Teilnehmer an diesem frommen Tanz zwar zum höllischen Tanze „eingeladen" gewesen, hätten sich aber aus dem Zauberbann
des höllischen Reigens befreien können. Bei dieser Behauptung liegt ein
Übersetzungsfehler vor: C. verstand das *inviti* des lateinischen Totentanztextes als *invitati;* in Wirklichkeit aber steht da im lateinischen Totentanz, daß die Pfeife des Todes die Menschen in einer Tanzschar vereine, in der wider Willen die Klugen wie Narren tanzen (*Fistula tartarea vos jungit in una chorea, qua licet inviti saliunt ut stulti periti*).
Damit fallen alle diese phantastischen Deduktionen C.'s haltlos in sich
zusammen.

Bei der Ableitung des Totentanzes aus dem angeblichen Tanz um den Teufel
wird von C. der Teufelstanz identifiziert mit dem Harlekinbrauchtum im mittelalterlichen Frankreich und mit den Sagen von Wodans Wilder Jagd. Dabei
wird das Buch von Otto Driesen über den Harlekin aus dem Jahre 1904 benutzt und S. 363 ff. weitgehend exzerpiert, aber die neueren Bücher zu diesem
Thema, z. B. von O. Höfler 1934, K. Meisen 1935, H. M. Flasdiek 1937, sind
nicht berücksichtigt. In diesem Zusammenhange lobt C. (S. 37) die von Helinand
in „De cognitione sui" gegebene Ableitung des Wortes Harlekin von *militia
Karli quinti*, sieht aber nicht, daß dieser Passus gar nicht von dem 1227 verstorbenen Helinand stammen kann, da Karl V. von Frankreich erst 1364—1380
regierte, wie C. selbst in anderem Zusammenhang S. 402 mitteilt.

Große Verwirrung herrscht bei C. hinsichtlich des mittelrheinischen Totentanzes. Er spricht S. 728 zunächst von „zwei Münchner Drucken mit der Jahreszahl 1459 und 1470", und zwar unter Berufung auf einen Artikel vom Jahr
1841 (!), wobei er freilich verschweigt, daß diese Jahreszahlen handschriftlich
nachgetragen sind. Sie sind unmöglich, da das erste Buch Münchens im Jahr
1482 gedruckt wurde. Auf der gleichen Seite werden die angeblichen Münchner
Drucke von „C. denn auch als „vielleicht aus Pfisters Werkstatt zu Bamberg"
bzw. als „im Kugelhaus zu Mergenthal verfertigt" bezeichnet; daß diese aus
Publikationen von 1871/74 entnommenen Vermutungen der anfänglichen Angabe
widersprechen, geht C. nicht auf. Die neuesten Forschungsergebnisse, die den
angeblichen Druck von 1459 Meydenbach in Mainz und dem Jahr 1492, den

angeblichen Druck von 1470 aber Knoblochtzer in Heidelberg und dem Jahr 1485 zuweisen, werden ignoriert. Dafür nennt C. als weitere Ausgaben eine in Mainz gedruckte, ohne zu erkennen, daß es sich eben um den von ihm in München 1459 angesetzten Druck handelt. Er bringt auch Abbildungsproben (Taf. 25, Abb. 9) aus dem von ihm München 1470 angesetzten Druck, aber nun mit der Angabe, daß es ein Ulmer Druck von 1490 sei, bezeichnet aber die Vorlage einer Faksimileausgabe des gleichen Druckes S. 729 als Druck aus Heidelberg 1480! Er hat also Lesefrüchte registriert und nicht erkannt, daß es sich jeweils um dieselben beiden Drucke, nur mit einer neuen Datierung und Lokalisierung handelt. Diese unkritische und unwissenschaftliche Lesefrucht-Methode wendet C. oft an, z. B. auch S. 751 bei Zurückweisung einer historischen Nachricht über das Verbrennen von Spielkarten im Jahre 1429 mit dem Vermerk, daß nach Peignot (1826!) die Spielkarten damals noch nicht erfunden gewesen seien. Es kommt C. gar nicht der Gedanke, nach neueren Forschungsergebnissen zu suchen. Bekanntlich hat W. L. Schreiber diese bereits 1937 vorgelegt [15] und auch ich habe im letzten Jahrzehnt in einer ganzen Reihe von Veröffentlichungen das hohe Alter der Spielkarten dargetan [16].

Umwälzend für die Geschichte der Totentänze ist Cosacchi's These, daß der altspanische Totentanz nicht (wie bisher) Mitte des 15. Jahrhunderts zu datieren sei, sondern zwischen 1350 und 1382 und an der Spitze der gesamten Totentanztradition stehe, also sämtliche Totentanztexte und Totentanzbilder Europas hervorgerufen habe. Diese „Danca general de la muerte" sei, genauer gesagt, „der erste Todestanz" (S. 616 ff.) und um 50 Jahre älter als die ältesten Totentänze (S. 595). Wie kommt C. zu dieser Frühdatierung des nur in einer einzigen Handschrift vom Jahre 1480 [17] überlieferten Textes? In der Escorial-Handschrift von 1480 folgte auf die „Danca general" eine spanische Fassung des Streits zwischen Seele und Körper, und hier werde in Vers 3 das Jahr 1382 genannt. Damit wird nach C. (S. 618) auch die „Danca general" „auf alle Fälle pünktlich datiert", da beide Texte vom gleichen Schreiber geschrieben seien und mithin aus der gleichen Urhandschrift abgeschrieben sein müßten. Diese Argumentierung ist so wenig stichhaltig, daß sie nicht widerlegt zu werden braucht; ihre Unrichtigkeit läßt sich bei

---

[15] W. L. Schreiber, Die ältesten Spielkarten (Straßburg 1937).
[16] Ich nenne von meinen etwa zehn Publikationen zum Thema nur zwei: Das Alter der Spielkarten in Europa und im Orient, Börsenblatt f. d. dt. Buchh. 16 (1960) S. 250–258, und Archiv f. Gesch. d. Buchw. 2 (1959/60) S. 778–786; Die Beziehung der europäischen Spielkarten zum Orient und zum Ur-Schach, Archiv f. Kulturgesch. 42 (1960) S. 1–36.
[17] Die Handschrift Ms. cat. b—IV—21 ist auf Papier mit Wasserzeichen der Jahre 1465–1479 geschrieben, muß also auf ca. 1480 datiert werden. Vgl. J. Z. Cuevas, Catalogo de los manuscritos Castellanos de la Real Bibl. de El Escorial 1 (1924) S. 57. Nach frdl. briefl. Mitteilung vom 15. Mai 1948 ist die ganze Handschrift von einer Hand und mit gleicher Tinte geschrieben, so daß an der Datierung „ca. 1480" nicht zu rütteln ist.

'fast jeder Sammelhandschrift dartun. Das zweite Argument findet C. (S. 618) in dem subjektiven Eindruck der „Originalität des altspanischen Werkes" bei seiner Übersetzung ins Deutsche [18]. Mit dem Argument, daß der Eindruck der Originalität auch einen zeitlichen Vorrang vor anderen Werken des gleichen Themas erweise, würde man etwa Wolfram's Parzival zeitlich vor seine faktische Quelle Chrestien stellen müssen oder Alfred Rethels hervorragende Totentanzholzschnitte von 1850 vor die Totentanzholzschnitte des 15. Jahrhunderts. Mit solcher Argumentierung ist wissenschaftlich nichts anzufangen.

Die „Danca general de la muerte" ist in 79 achtzeiligen Strophen mit dem künstlichen Reimschema ababccb gedichtet. Es ist unwahrscheinlich, daß aus einer so hochentwickelten Form sich so primitive Formen wie die 24 Zweizeiler des ältesten lateinischen Totentanztextes und die 48 Vierzeiler des im 3. Viertel des 14. Jahrhunderts gedichteten deutschen Würzburger Totentanzes entwickelt haben sollten. Das kunstvoll Durchgebildete ist meist als eine auf Grund primitiverer Vorformen erreichte Endstufe anzusehen, nicht umgekehrt. Gegen eine Herkunft des Totentanzes aus Spanien spricht auch, daß sich in den mittelalterlichen spanischen Konzilsakten keine Hinweise auf Friedhofstänze finden [19], wie sie für das östlichere Europa nachgewiesen sind, daß sich in Spanien keinerlei Vadomori-Verse gefunden haben, deren Verwandtschaft zu den Totentanztexten unbestritten ist und die sich in Deutschland und Frankreich in fast unübersehbarer Zahl in den Handschriften finden. Auch gibt es in Spanien nicht die geringste Spur irgend eines Totentanzgemäldes: wenn Spanien der Ausgangspunkt für alle europäischen Totentanzgemälde und Totentanzbilderbogen wäre, wäre diese Denkmalslosigkeit doch allzu auffällig.

Die, wie gesagt, nur in der einen Escorialhandschrift von ca. 1480 überlieferte „Danca general" wird von den Romanisten auf Grund literarhistorischer, sprachlicher und stilistischer Erwägungen auf die Mitte

---

[18] Diese S. 628—648 abgedruckte Übersetzung enthält eine Reihe Willkürlichkeiten und Fehler. Als Beispiel nenne ich Str. 19, wo *fenchistest el arca* („Du hast die Schatzkammer gefüllt", nämlich mit der vorher erzählten Beraubung des ganzen Königreiches) von Cosacchi S. 633 folgendermaßen übersetzt wurde: „*Du bist mit gespanntem Bogen auf die Jagd gegangen.*" Infolge Verwechslung von *arca* „Schatzkammer" mit *arco* „Bogen" kam C. in Schwierigkeit und hat, statt zu übersetzen, phantasiert. Irreführend ist auch S. 634, Anm. 56 die Glossierung zu Str. 26 *La danca que disen morir* (der Tanz der Sterben heißt) mit „*Ein Tanz, der danse macabre heißt*".
[19] Freundlicher Hinweis des Hispanisten Dietrich Briesemeister.

des 15. Jahrhunderts datiert[20]. Man hat in ihr auch historische Anspielungen auf einen Papst spanischer Herkunft, auf Papst Calixt III. (1455—1458) aufgezeigt, auf seine Bemühungen um den Kreuzzug gegen die Türken („echar la cruzada"), die wenigstens in Ungarn 1456 zu Siegen führten, auf seine Rehabilitierung der Jeanne d'Arc im Jahre 1456 („perdonas dar") und vor allem auf seinen Nepotismus, d. h. die Versorgung von Verwandten mit kirchlichen Ämtern („proveerde obispadas, dar beneficios"), die seitdem bei den Päpsten Schule gemacht hat, aber nach Calixts Tode erstmals zu öffentlicher Kritik und Zurückweisung führte[21]. Alle diese für die Zeit nach 1450 sprechenden Argumente hat C. nicht einmal erwähnt, geschweige denn widerlegt. Somit hängt die Frühdatierung völlig in der Luft. Übrigens beweist die Charge des Condestable in der Danca general Str. 25/26, daß der Text auf eine französische Vorlage nach 1370 zurückgeht: in Spanien gab es diese Charge nicht, in Frankreich aber wurde sie erst 1370 für den verdienten Söldnerführer Bertrand du Guesclin geschaffen. Mit der unbestreitbaren Datierung der „Danca general" auf „nach 1450" fällt das ganze Beweisgebäude von Cosacchi's voluminösem Makabertanz-Buch in sich zusammen, wie denn die Ableitung der Totentanzgemälde von einer rein literarischen Dichtung, die C. ausschließlich als Lehrgedicht betrachtet wissen will (S. 648), von vornherein etwas Unwahrscheinliches hat. Daran ändert sich auch nichts durch die Annahme eines aus so heterogenen Bräuchen wie Karneval- und Harlekintreiben, Wildes-Heer-Sagen, Winteraustreiben, Weihnachtsspielen und Reigentänzen aller Art erschlossenen Teufelstanzes und eines noch in Teufelsmaske getanzten Kirchentanzes: warum sollten solche Teufel-Kirchentänze auf Kirchhöfen und in Kirchen im Bilde verewigt worden sein? Ebenso wenig läßt sich aus den ganz verschiedenartigen Lehrgedichten über Tod und Vergänglichkeit die Eigenart des Totentanzes mit seiner regelmäßigen Reihung halbverwester Toter mit Standespersonen im Wechsel und auf dem Friedhof verstehen.

Für seine These einer spanischen Herkunft aller Totentänze hätte Cosacchi die Behauptung von José Subira in seiner Musikgeschichte von Spanien (1953 und 1957) anführen können, daß es eine lateinische Version des Totentanzes bereits in einer spanisch-wisigotischen Toledoer

---

[20] Vgl. G. B a i s t, Gröbers Grundriß der roman. Philol. 2,2 (1897) S. 428; J. F i t z m a r i c e - K e l l y, Geschichte der span. Lit. (Heidelberg 1925) S. 84; Margherita M o r r e a l e, La danza dela muerte, Annali del Corso di Lingue e Litterature sfraniere presso L'Università di Bari 6 (1963) S. 1—70.
[21] Miguel Angel C h u l i l l a, La danca de la muerte, Humanidades 14 (Comillas 1962) S. 369—383; vgl. auch Fr. Xaver S e p p e l t, Geschichte der Päpste 2 ([2]1957), S. 326—330.

Handschrift des 11. Jahrhunderts gebe[22]. Subira gab freilich für diese Behauptung keine Quelle an und auch A. Machabey fragte sich 1959 vergeblich nach der Quelle[23]. Jedoch sind die Toledoer lateinischen Totentanz-Hexameter bereits 1935 veröffentlicht worden[24], und 1962 wurde im Rahmen eines Kataloges wisigotischer Handschriften darauf hingewiesen[25]. Es handelt sich um 23 Hexameter, die im Toledoer Cod. misc. 381 dreiundzwanzig Standesvertretern vom Papst bis zum Curatus in den Mund gelegt sind. Schon daß in Vers 17 der Kartäuser zu Worte kommt, hätte Herausgeber und Katalogschreiber abhalten müssen, diesen Eintrag der Sammelhandschrift ins 11. Jahrhundert zu datieren: der Kartäuserorden wurde ja erst 1084 gegründet, und es wird einige Zeit vergangen sein, ehe die Öffentlichkeit und die Dichtung von diesen in der engen Bergschlucht von Grenoble lebenden wenigen Insassen der Kartause als einem achtunggebietenden Orden Notiz nahmen. Die Einreihung des *Conestabilis* als Nr. 6 der Standesreihe zeigt aber, daß der Text nach 1370, der Schaffung der Connétable-Würde in Frankreich, anzusetzen und am ehesten in Frankreich zu lokalisieren ist. Ich gebe als Probe die ersten drei, dem Papst, Kaiser und Kardinal in den Mund gelegten Hexameter:

1. *Cum deus in terris habear, quidem morte cadendum est.*
2. *Omnibus imperito, mihi mors tamen imperat una.*
3. *Cardineum cogit mors atra relinquere culmen.*

Nach den jeweils mit der Standesbezeichnung als Überschrift versehenen Hexametern folgen in der Toledoer Handschrift noch 42 Ständebezeichnungen ohne zugehörige Hexameter. Das zeigt, daß es sich um eine Abschrift handelt und daß der Abschreiber es müde wurde, die offenbar an leicht zugänglicher Stelle vorhandenen letzten 42 Hexameter ebenfalls abzuschreiben. Die mutmaßliche Vorlage dieser Abschrift bildet aber eines der um 1500 von dem Pariser Verleger Thielman Kerver gedruckten Stundenbücher, in denen sich sämtliche Standesvertreter in gleicher Reihenfolge zusätzlich eines Narren als Nr. 66 finden, dazu sämtliche 66

---

[22] José S u b i r a , Historie de la música espanola e hispano-americana (Barcelona 1953) S. 146; S u b i r a — Antoine-El. C h e r b u l i e z , Musikgeschichte von Spanien, Portugal, Lateinamerika (Stuttgart 1957) S. 45.
[23] A. M a c h a b e y, A propos de la discussion sur la danse macabre, Romania 80 (Paris 1959) S. 118—129, bes. S. 120 Anm. 2.
[24] Francisco Estere B a r b a , El códice misceláneo visigótico de la Biblioteca Pública de Toledo, Anales de la Universidad de Madrid, Letras, 4 (1935) S. 220—231.
[25] Augustin M i l l a r e s C a r l o , Manuscritos visigóticos, in: Hispania sacra 14. 1961 (1962) S. 337—444 (bzw. S. 1—108), S. 414 f. = 78 f: Nr. 179 „Mors cunctos imperat una".

Hexameter, also auch die in Toledo nicht abgeschriebenen, und zwar als Unterschrift von schönen, bei den „Vigiliae mortuorum" gegebenen kleinen Totentanz-Metallschnitten [26]. Diese Kerverschen Totentanz-Hexameter können nicht viel älter als 1490 sein, denn sie setzen Marchants Danse-macabre-Ausgabe von 1486 voraus, in der erstmals mit der „Danse macabre des hommes" auch die „Danse macabre des femmes" veröffentlicht wurde. Von den 74 männlichen und weiblichen Figuren des Druckes von 1486 hat Kerver die meisten (d. h. 66) übernommen, im wesentlichen auch in der gleichen Reihenfolge; nur ließ er den Narren am Schluß der Männerreihe weg und setzte statt dessen eine Närrin an den Schluß der Frauenreihe. Zunächst wurden offensichtlich die französischen Achtzeiler der „Danse macabre" von Kerver oder im Auftrag Kervers in ein französisches Reimpaar komprimiert [27], dann wurden diese französischen Reimpaare zu einfachen Hexametern zusammengepreßt. Man vergleiche die Verse des Papstes von 1425/1486 mit dem französischen und lateinischen Gegenstück Kervers:

1424/25 = Marchant 1485/86	Kerver ca. 1490:
Hé? fault-il, que la dance maine le premier, qui suis dieu en terre? J'ay eu dignité souveraine en l'église comme Saint Pierre et comme autre mort me vient querre. Encar point morit ne cuidasse, mais la mort à tous maine guerre: peu vault honneur, qui si tost passe.	Non ostant, que sois dieu en terre la mort m'assault et me fait guerre. Hs. Toledo: Cum deus in terris habear, quidem morte cadendum est.

Auch andere Stundenbuchdrucker haben bei den „Vigiliae mortuorum" kleine Holz- oder Metallschnitte mit Totentanzpaaren eingefügt. Meines Wissens ist es Kerver allein, der dabei Verse zufügt und der aus der

---

[26] Ich fand die Hexameter in T. Kervers „Officia quotidiana sive Horae beatae Mariae", Paris 1512 = Bayer. Staatsbibl. Im. mort. 37 a. Sie wurden bereits vollständig abgedruckt durch N. C. K i s t, Archief voor kerkelijke geschiedenis 15 (1844) S. 468—473. Die 37 ersten Hexameter veröffentlichte Wolfgang S t a m m l e r, Die Totentänze des Mittelalters (München 1922) Exkurs 1, nach einem humanistischen Sammelcodex von ca. 1510, 26 weitere aus Chr. Hilschers Dresdner Totentanz Ellen B r e e d e , Studien zu den lat. u. deutschsprachl. Totentanztexten (Halle 1931) S. 29—31. Auf ein in einem Auktionskatalog angezeigtes, für T. Kerver gedrucktes „Officium beatae virginis secundum usum Romanae ecclesiae", Paris um 1495, mit diesen lateinischen Hexametern wies W. S t a m m l e r, Der Totentanz (1948) S. 47 hin. ohne freilich zu merken, daß es sich um die Fortsetzung der von ihm selbst 1922 und 1948 als Exkurs veröffentlichten Serie Nr. 1—37 handelt.

[27] Mir lag vor Kervers „Heures", Paris 1502, Bayer. Staatsbibl. Im. mort. 36.

Danse-macabre-Ausgabe von 1486 den Totentanz der Männer und den der Frauen in fast vollständiger Folge verwertet. Während Marchant aber die „Danse macabre des femmes" ohne Holzschnitte ließ und dadurch den Charakter seiner Publikation als Andachtsbuch verstärkte, hat Kerver bei seinen Drucken Männer und Frauen gleich liebevoll mit Bildern und Versen versehen lassen und damit einen engeren Anschluß an die Totentänze versucht und erreicht. Jedoch mußte, da diese kleinen Metallschnitte nur die äußere Randleiste neben dem Text der „Vigiliae mortuorum" bilden, eine Isolierung der einzelnen Totentanzpaare in Kauf genommen werden, während Guy Marchant's Holzschnitte bei dem gewählten Folioformat von „Danse macabre des hommes" jeweils zwei Totentanzpaare auf jeder Seite nebeneinander unterbringen und so die Illusion eines geschlossenen Reigens erwecken konnten. Eine solche Isolierung der einzelnen Tanzpaare finden wir beim Übergang zu buchmäßiger Veröffentlichung öfters. Holbein nahm diese Isolierung der Tanzpaare im Buch zum Anlaß, den Menschen in seiner Alltags-Szenerie bei seiner Tätigkeit zu zeigen, den Tod aber als unwillkommenen Störenfried und Eindringling. Kervers Metallschnitte, ein Vierteljahrhundert vor Holbeins Entwürfen geschaffen, wissen noch nichts von solcher Umdeutung der Einzelpaar-Isolierung. Ihre Totentanzpaare bewegen sich auf blumensprießendem Freiland in einer Art Tanz, halten damit also andeutungsweise die Friedhofs-Szenerie fest, die bei den Totentänzen alte Tradition ist. In diesem Zusammenhang sei erwähnt, daß der Pariser Drucker Kerver ein Deutscher war und aus Koblenz stammte, also vielleicht schon schlichtere deutsche Totentänze kannte, ehe er Marchants formvollendete Holzschnittausgabe der Pariser Danse macabre zu Gesicht bekam.

Kervers Stundenbücher waren dank ihrer künstlerischen Ausstattung sehr beliebt und weit verbreitet, zumal Kerver durch Zutaten und z. T. auch durch Übersetzung des lateinischen Textes in andere Sprachen einer solchen Verbreitung nachhalf. Ein besonderes Augenmerk richtete Kerver auch auf Spanien, wie jeder Hispanist weiß. Das oben erwähnte „Officium beatae virginis" von ca. 1495, das die Totentanz-Holzschnitte mit den lateinischen Hexametern enthält, war für Spanien gedruckt; denn es enthält ein Gebet in spanischer Sprache an Karl den Großen, der in einigen Städten Nordspaniens als Heiliger verehrt wird [28]. Damit ist die Verbreitung der Kerverschen lateinischen Totentanz-Hexameter

---

[28] Katalog Nr. 675 von Joseph B a e r , Codices manu scripti saeculorum IX ad XIX, incunabula xylographica et typographica annorum 1450 ad 1500 (Frankfurt/Main 1921) Nr. 563, nach W. S t a m m l e r , Der Totentanz (München 1948) S. 47.

in Spanien gesichert. Der Schreiber, der in der Toledoer Handschrift 23 Totentanz-Hexameter schrieb und die Überschriften 42 weiterer ohne Text zufügte, hat offensichtlich aus dem Kerver-Druck von 1495 oder aus einem anderen Stundenbuch Kervers abgeschrieben. Für den Ursprung des Totentanzes können diese späten Hexameter keine Aussagekraft haben. Daß aber selbst in solchen Stundenbüchern Totentanzbild und Totentanzvers vereint wurde, zeigt, wie eng beim Totentanz diese Verbindung war. Diese enge Verbindung von Bild und Text findet sich bei keiner anderen Vergänglichkeitsdichtung, verlangt also ihre besondere Erklärung.

Die Verbindung von Bilderzyklus (wenn wir die Reihung der Totentanzpaare nach Einleitungsszene so nennen dürfen) mit Einzelversen zu jeder Szene zeichnet in der Tat die Totentänze vor allen anderen mehr oder weniger verwandten Tod- und Vergänglichkeitsdichtungen aus. Von den vielen hundert Vadomori-Gedichten, die jeweils eine Vielzahl von menschlichen Ständen, Zuständen und Charakteren nennen, die man hätte illustrieren können, ist kein einziges illustriert worden. Der elegische Charakter des Gedichtes forderte und fand keine Bilddarstellung. „Die drei Lebenden und drei Toten", ein Gedicht von 45 vierzeiligen Strophen, wurden zwar als Bildszene in die Monumental- und Buchmalerei übernommen, mußten sich aber eine radikale Reduzierung des Textes gefallen lassen, meist eine Konzentrierung auf den Kerngedanken: *Quod fuimus, estis; quod sumus, vos eritis* [29]. Von allen Tod- und Vergänglichkeits-Dichtungen ist es allein der Totentanz, der in seiner Reihung von 24 bis 66 Totentanzpaaren mit Unterschriften unter jedem Paar eine Art Bilderzyklus mit einer Vielzahl die Einzelszenen erläuternden Versen darstellt. Darin ist der Totentanz den Bilderbogen von „Christus und der Minnenden Seele" gleich, die 20 Einzelszenen mit je vier, Christus und der Minnenden Seele in den Mund gelegten Versen bieten [30].

Als Bilderzyklus mit erklärenden Einzelversen steht der Totentanz in der größeren Tradition der christlichen, mit erklärenden „Tituli" versehenen Bilderzyklen. Papst Gregor I. (Epist. IX. 208, vgl. XI, 10) hatte bereits empfohlen: *Idcirco enim pictura in ecclesiis adhibetur, ut hi qui litteras nesciunt, saltem in parietibus videndo legant, quae legere in codicibus non valent.* Sollten die Bilder ihre Aufgabe erfüllen, kompri-

---

[29] Vgl. Karl Künstle, Die Legende der drei Lebenden und drei Toten, (Freiburg 1908).
[30] Vgl. H. Rosenfeld, Verfasserlexikon d. dt. Lit. d. MA. 5 (1955) Sp. 140—143; die dort angekündigte Spezialarbeit konnte ich noch nicht zum Abschluß bringen.

miert und visuell religiöse Buchwerke zu ersetzen, so mußten sie einerseits sorgfältig vorgeplant werden, andererseits aber auch eindeutige Interpretationshilfen erhalten. Zu diesem Zwecke dienten seit Paulinus von Nola (353—431) und bis zu den Wandgemälden im Kölner Dom im 14. Jahrhundert sogenannte „Programmtituli", die meist in lateinischen Hexametern kurz den Inhalt der einzelnen Szenen des Bilderzyklus angaben und unter den Bildern angebracht wurden [31], damit die Geistlichen bei ihrer Interpretation der Bilder in der Predigt einen festen Anhaltspunkt hatten. Seit etwa 1200, also seit dem Umbruch des Kunststiles von der Romanik zur Gotik, werden die rein objektiv beschreibenden Programmtituli oft ersetzt durch Verse, die den dargestellten Personen in den Mund gelegt werden. Sie werden auf den Darstellungen sowohl der Buch- wie der Monumentalmalerei den redenden Personen oft auf Spruchband beigegeben, das diese in den Händen halten oder das sich um sie rankt [32]. Aber gerade bei rein lehrhaften Themen werden diese Verse oft auf das Feld unter der Szene versetzt („versetzte Spruchbandtituli"), also an die Stelle, an der früher die Programmtituli angebracht waren. Voraussetzung für diese „Versetzung" der Verse unter das Bild ist, daß die Szene so einfach ist, daß ohne weiteres ersichtlich ist, zu welcher Bildperson diese Verse gehören. Diese Art der Beschriftung zeigen die Gedichte und Bilderbogen von „Christus und der Minnenden Seele" [33] mit ihren etwa 20, jeweils nur die beiden Gesprächspartner abbildenden Einzelszenen, und diese Art der Beschriftung zeigen auch sämtliche mit Versen versehenen Totentanzgemälde jeweils unter jedem Tanzpaar. Wo bei den Totentanzgemälden statt der kurzen, den einzelnen Tanzpartnern in den Mund gelegten Versen (Zwei- oder Vierzeilern)

---

[31] Vgl. E. Steinmann, Die Tituli in der kirchl. Wandmalerei im 5.—11. Jh. (Leipzig 1892); Julius v. Schlosser, Quellenbuch zur Kunstgeschichte (Wien 1896); A. Steffens, Die alten Wandgemälde auf der Innenseite der Chorbrüstungen des Kölner Domes, Zeitschr. f. christl. Kunst 15 (1903) S. 129 ff.; 161 ff.; 193 ff.; 225 ff.; 257 ff.; 283 ff.; H. Rosenfeld, Das deutsche Bildgedicht (Leipzig 1935) S. 17 ff.

[32] Gereimte Spruchbandtituli finden wir z. B. im Illustrationszyklus der Berliner Eneit (Berlin Ms. germ. fol. 282) und der „Driu liet von der maget" (Berlin Ms. germ. oct. 109). — Ikonographisch gehen die Spruchbandtituli zurück auf frühchristliche Darstellung von Propheten und Aposteln mit aufgerollter Buchrolle, auf der der Anfang ihres Werkes sichtbar gemacht wurde. Vgl. Rosenfeld, a. a. O. S. 22 ff. — Nicht ausgefüllte Spruchbänder auf Gemälden beweisen sowenig wie nicht fertiggebaute Kirchen, daß kein Plan zur Fertigstellung vorlag; anderseits mögen Maler aus dekorativen Gründen Spruchbänder als Modeerscheinung angebracht haben, wo Beschriftung nicht vorgesehen war.

[33] Vgl. Romuald Banz, Christus und die Minnende Seele (Breslau 1908). Der Bilderbogen von 1500 auch bei Rosenfeld, Totentanz (s. Anm. 46) Abb. 40, und Rosenfeld, Bayer. Jahrbuch f. Volkskunde 1955, Abb. 43.

umfangreichere Verse beigegeben werden, z. B. Achtzeiler, verschiebt
sich gewissermaßen das Gleichgewicht zwischen Bild und Text. Der Text,
der ursprünglich nur die Bilder eindrücklich verdeutlichen sollte, erhebt
jetzt literarische Ansprüche, ist somit dann für ein Publikum bestimmt,
das nicht nur Belehrung und Verlebendigung des Bildes suchte, sondern
auch literarische Feinheiten zu würdigen wußte.

Hier ist die Pariser „Danse macabre" einzureihen. Sie ist deshalb in
der deutschen Totentanzforschung nicht an die Spitze der Überlieferung
gestellt, sondern als Bearbeitung eines lateinischen Totentanzes für das
hochgebildete Pariser Publikum angesehen worden [34]. Man muß deshalb
erwägen, ob dieser Text, der 1424/25 unter das Totentanz-Monumental-
gemälde der Friedhofsarkaden von St. Innocents in Paris geschrieben
wurde, nicht überhaupt als Dichtung des Literaten Jean LeFèvre anzusehen ist. In seinem „Respit de la mort" (1376) gebrauchte er zum ersten
Male den Begriff *„dance macabre"*, der später weitergebraucht, aber
nicht mehr verstanden, sondern als Hinweis auf einen Textautor *„Macha-
ber"* angesehen wurde. Jean LeFèvre sagt, nachdem er von einer schweren Krankheit berichtet hat: *Je fis de macabré la danse, qui toutes gens
maine à sa tresche et à la fosse les adresche, qui est leur derraine maison.*
In diesen Versen sah schon Gaston Paris 1895 den Beweis, daß LeFèvre
einen Totentanz gedichtet habe [35]. Daß der Pariser Text von 1425 mit
LeFèvres Versen identisch sein kann, dafür sprechen unter anderem die
Verse der „Danse macabre" über den König. Im Jahre 1425 war Frankreich im Zustande tiefster Erniedrigung durch Bürgerkrieg und äußere
Feinde, Paris selbst in den Händen der Engländer, der 1422 zur Regierung gekommene König Karl VII. ein schwacher, verweichlichter Fürst,
der trotz der Not des Landes seine Tage mit schönen Frauen und Günst-
lingen vertändelte. Der König der „Danse macabre" wird aber mit den
Worten begrüßt: „Kommt, edler gekrönter König, berühmt durch Kraft
und Tapferkeit". Er antwortet: „Ich habe nicht tanzen gelernt; beim
Tanzen und Singen gebärdet man sich zu wild, nur gelassen kann man
gut sehen und bedenken, was Stolz, Kraft und Abstammung vermögen."
Diese Worte entsprechen dem Bild des sparsamen, staatsklugen, kriegerischen und durch eine harte Schule der Not zu vollem Erfolg empor-
gestiegenen Königs Karls V. (1364—1380), dem das Volk deshalb den
Beinamen „der Weise" gab. Mit Karl V. brachte man die danse macabre

---

[34] Vgl. Wolfgang S t a m m m l e r, Die Totentänze des MA. (München 1922);
d e r s.; Der Totentanz, Entstehung und Deutung (München 1948).

[35] G. P a r i s, La danse macabré de Jean Le Fèvre, Romania 24 (1895) S.
588 ff.

auch im 16. Jahrhundert noch in Verbindung, sicherlich auf Grund einer mündlichen Tradition, denn in den „Contes et discours d'Eutrapel"[36] wird von dem Totentanz in St. Innocents gesagt: *que ce savant et belliqueux roy Charles le quint fit peindre, où sont représentées au vif les affigiés des hommes de marque de ce temps là et qui dansent en la main de la mort.*

Solche Beobachtungen und Nachrichten lassen es als wahrscheinlich annehmen, daß die 1424/25 in Paris angebrachten Danse-macabre-Verse die verlorene Dichtung des Jean LeFèvre darstellen. Das Pariser Wandgemälde hat (sofern die Holzschnitte von 1485 auch in diesen Besonderheiten genau dem Gemälde folgen) Einzelheiten der Verse im Bilde berücksichtigt. Zum Beispiel wird den Worten des Kaisers „Bewaffnen muß ich mich jetzt mit Pickel und Schaufel" insofern Rechnung getragen, als zwar nicht dem Kaiser selbst, der wie üblich Schwert und Reichsapfel in den Händen hält, aber doch seinem Totenpartner Totengräberpickel und Schaufel auf die Schulter gegeben werden. Es sind die Geräte, die wir auf französischem Gebiet gern der Personifikation des Todes beigegeben finden, der eben unter dem Bilde des Totengräbers erscheint. Im Grunde passen diese auch bei anderen Totenpartnern auftauchenden Geräte und auch der „Pfeil des Todes", den weitere Totenpartner tragen, nicht recht zu der Vorstellung eines Totentanzes. In der Tat wird der „Tanz" nicht als richtiger Tanz der Toten auf dem Friedhof genommen, sondern nur noch in übertragenem Sinne als Ausdruck für das Sterben und die Hinleitung zum Grabe. Genauso betonte schon LeFèvre in dem angeführten Zitat daß „danse macabre" die Hinleitung der Menschen zum Grabe als ihrem letzten Hause sei. Das sieht wie eine Umdeutung einer ursprünglichen Tanzvorstellung im Sinne der französischen Vorstellung vom Tod als Totengräber aus. Die umfangreichen Danse-macabre-Strophen haben literarisches Gewicht und enden jeweils in einer Sentenz oder einem Sprichwort. Man kann sich nicht vorstellen, daß diese durchgeformten Strophen zu schlichten kurzen, nur der Bilderklärung dienenden Versen rückgebildet sein sollten, wie sie im ältesten lateinischen und deutschsprachigen Totentanztext vorliegen. Viel eher könnten solche kurzen Verse die Anregung zu einer literarisch so durchgeformten Dichtung gegeben haben.

Bilderverse konnten durch Abschrift an Ort und Stelle, durch briefliche Mitteilung oder auf ähnliche Weise von Ort zu Ort weitergegeben werden. Der Humanist Hartmann Schedel hat z. B. unter anderen Lesefrüchten sich auch solche Bilderverse unter Wandgemälden notiert. Aber

---

[36] Hrsg. C. Hippeau 1 (1875) S. 133.

eine entsprechende Weitergabe der Totentanzverse würde nicht erklären, daß diese Totentanzverse meist zusammen mit Bildern auftauchen, ja, daß manchmal Totentanzgemälde ohne Verse zu finden sind. Die Vadomori-Verse, die ein ähnliches Thema in einprägsamen Versen wiedergeben und eine immense Verbreitung gefunden haben, gaben nirgends Veranlassung zu bildlicher Darstellung. Im ausgehenden Mittelalter war es wohl nicht mehr üblich, Verse als Programm neu zu erstellender Wandgemälde zu benutzen, wie das für die sogenannten Programmtituli des frühen Mittelalters durch Kunsthistoriker wie E. Steinmann und Julius von Schlosser erwiesen wurde.

Wir wissen, daß die mittelalterlichen Maler Einzelvorlagen und ganze Musterbücher bei sich führten[37]. Seit dem 14. Jahrhundert mindestens gibt es auch geschlossene Weitergabe von Bilderzyklen in Form von Bilderbogen[38] auf Pergament und anderen rollbaren Stoffen, wobei man etwaige zu den Bildern gehörige Verse gleichzeitig weitergeben konnte. In den Ricordi des Trevisaner Patriziers Olivier Forzetta von 1335 werden solche Malvorlagen ausdrücklich *panni Theutonici* genannt, Man würde sie nicht „deutsche Tüchlein", genannt haben, wenn nicht diese Sitte und Praxis aus Deutschland nach Italien gekommen wäre, und noch Albrecht Dürer hat solche Tüchlein als Proben seiner Hand an seinen großen Kollegen Raffael gesandt. In den Ricordi von 1335 wird von solchen deutschen Tüchlein gesprochen, die als Vorlage für Glasfenster in der Minoritenkirche zu Venedig dienten und die dann kopiert und als Malvorlagen nach Treviso gesandt wurden[39]. Wenn wir hören, daß der Bruder des Kopisten die gleichen Malvorlagen auf Pergament- oder Papierbogen besaß, bekommen wir den Eindruck einer lebhaften Bilderbogenfabrikation auf Seidentuch, und es wurden eigene Rezepte für die technische Farbenbehandlung dieser „deutschen Seidentüchlein" überliefert. Sie sind offenbar eine Sonderform der Pergament-Bilderbogen. Bereits aus dem 13. Jahrhundert besitzen wir eine italienische Pergamentrolle, auf der die schadhaft gewordenen Wandbilder der Basilica St. Eusebio zu Vercelli mit ihren lateinischen Hexametern kopiert wa-

---

[37] Julius v. Schlosser, Zur Kenntnis der künstlerischen Überlieferung im späten Mittelalter, Jahrbuch der kunsthistor. Samml. Wien 23 (1902) S. 279—338.
[38] Zur Frage der mittelalterlichen Bilderbogen vgl. H. Rosenfeld, Der mittelalterl. Bilderbogen, Zschr. f. dt. Altert. 85 (1954) S. 266—275; Die Rolle des Bilderbogens in der dt. Volkskultur, Bayer. Jahrbuch f. Volkskunde 1955, S. 79—85; Bilderbogen, Reallexikon d. dt. Litgesch. 1 (1958) S. 174 f.; Sebastian Brants Narrenschiff und die Tradition der Ständesatire, Narrenbilderbogen und Flugblätter des 15. Jh., Gutenberg-Jahrbuch 1965, S. 242—248.
[39] Julius v. Schlosser, Tommaso da Modena und die ältere Malerei in Treviso, Jahrbuch der kunsthistor. Samml. Wien 19 (1898) S. 240—283.

ren⁴⁰. Selbstverständlich dienten auch Miniaturhandschriften als Malvorlage⁴¹. Die handlicheren Bilderbogen, die offenbar als charakteristisch für die Deutschen galten, wurden wohl besonders im Bereiche der neuen Bettelorden benutzt. Bei den Nachrichten aus Treviso handelte es sich um Franziskaner. Aus Deutschland stammen erste genaue Nachrichten darüber aus dem Kreis der Dominikaner.

Der berühmte Dominikanermystiker Heinrich Seuse (1295—1366) berichtet in seiner Lebensbeschreibung ausführlich von einem Bilderbogen, der ihn sein Leben lang begleitete⁴². In seiner Jugend ließ er sich diesen Bilderbogen, der den Weg der Seele durch die Welt zurück zu Gott darstellte, nach eigenen Ideen von einem Maler auf Pergament entwerfen, versah die Bilder mit den von ihm vorgesehenen lateinischen Versen und führte ihn bei seinen Reisen bei sich. Er heftete ihn jeweils als Andachtsbild an die Wand seiner Zelle. Diese Verwendung von Bilderbogen als Wandbild in häuslicher Sphäre kennen wir auch aus dem Interieur von Tafelbildern. Zum Beispiel sehen wir im Gelehrtenzimmer des hl. Lukas auf dem Altarbild von St. Wolfgang/Oberpfalz (ca. 1450) an der Schragentür ein Pergamentblatt mit dem Schmerzensmann⁴³. Später ließ Seuse den erwähnten Pergament-Bilderbogen als Malvorlage für Wandgemälde in der Kapelle seines Konstanzer Heimatklosters verwenden. Kopien des Bogens sandte er an seine „geistlichen Töchter" in den von ihm betreuten Frauenklöstern. Eine von ihnen, die Nonne Elsbeth Stagel, übersetzte die lateinischen Verse Seuses in deutsche Reime und hat sicherlich (was Seuse allerdings nicht ausdrücklich mitteilt) Kopien des Bilderbogens mit den deutschen Reimen an andere Frauenklöster gesandt. Auch von dem Mystiker Heinrich von Nördlingen wissen wir, daß er verschiedene *wol gemâlet brief* 1334 und 1335 an die Dominikaner-Nonne Margareta Ebner sandte, und Margarete erzählt, wie das Jesuskind eines dieser Bilderbogen in der Nacht lebendig wurde und sie umarmte und küßte⁴⁴. Die Dominikaner-Nonne Christina Ebner in Engelthal erzählt eine Vision: ein Engel zeigte ihr einen Bilderbogen, auf dem die liebes-

---

⁴⁰ Julius v. S c h l o s s e r , Jahrbuch der kunsthistor. Samml. Wien 23 (1902) S. 302 ff.
⁴¹ Julius v. S c h l o s s e r , Giustos Fresken in Padua und die Vorläufer der Stanza della Segnatura, Jahrbuch der kunsthistor. Samml. Wien 17 (1896) S. 13—100.
⁴² Heinrich Seuses Leben Kap. 20 und 35 sowie Zusätze zu seinem Briefbuch, vgl. Deutsche Schriften, hrsg. K. Bihlmeyer (Stuttgart 1907, Neudruck 1961) S. 60, 103, 106, 107, 396 ff.
⁴³ Vgl. K. V o l l , Monatsberichte über Kunstwiss. und Kunsthandel 1 (1900/01) S. 295 ff., mit Abb.; Kunstdenkmäler der Oberpfalz 4, S. 206, Taf. XI.
⁴⁴ Phil. S t r a u c h , Margareta Ebner und Heinrich v. Nördlingen (Freiburg 1882) S. 190, 192, 201.

kranke Seele und allerlei Orden abgebildet waren[45]. So sehr erfüllten die Bilderbogen die Phantasie der Mystikerinnen, daß ihre Träume davon überfließen.

Auch der älteste lateinische und deutsche Totentanz entstand, wie der Dominikanerprediger am Anfang und Ende des Textes erweist, in Dominikanerkreisen, wie denn auch die innere Haltung des schlichten Textes eine dominikanische ist. War, wie diese Zeugnisse erweisen, der mystisch-asketische Bilderbogen im Dominikanerorden eine ganz gängige Kommunikationsform, so wird der Bilderbogen auch für andere asketische Bereiche benutzt worden sein. Es liegt deshalb der Schluß nahe, daß auch der Totentanz, und zwar zunächst mit lateinischen Versen, als Bilderbogen im Kreise der Dominikanerklöster Deutschlands und Frankreichs weitergegeben wurde, ehe sein Text in die Landessprachen umgesetzt wurde, um nunmehr auch in Frauenklöstern und anderen weniger mit der lateinischen Sprache vertrauten Kreisen verständlich zu sein. Die Dominikanerpredigt am Anfang und am Schluß der Ständerevue machen es wahrscheinlich, daß dieser mutmaßliche Totentanz-Bilderbogen zunächst als Anregung für die Predigt oder Ermahnung aus Anlaß von Totengedenktagen gedacht war; wie die Totenbücher der Klöster erweisen, gab es oft genug Gelegenheit dazu, sich in der Predigt oder im klösterlichen Konvent mit dem Tode zu befassen. Solche Verbreitung als Bilderbogen würde die schnelle und weite Ausbreitung der Totentänze erklären. Es werden dann außergewöhnliche Anlässe wie Epidemiekatastrophen und ein Massensterben sein, die dazu führten, diese Bilderbogen auch als Malvorlagen für Monumentalgemälde zu nehmen. Von einigen Totentanzwandgemälden kennen wir den Zusammenhang mit Pestkatastrophen mit Sicherheit. Da vornehmlich solche Monumentalgemälde die Zeiten überdauert haben, hat man über diesen, wie ich meine, den Totentanz-Bilderbogen, der der Vorgänger und Anlaß war, vergessen.

Diese These, daß der Totentanz als dominikanischer Bilderbogen entstand und als solcher verbreitet wurde, habe ich bereits 1954 vertreten[46]. Ein Kritiker nannte das damals „eine epochemachende Erkenntnis"[47], der er freilich den Glauben versagen zu müssen glaubte, da es keine sicheren Zeugnisse dafür gebe. Der Historiker ist, wo sichere Zeugnisse fehlen, oft zu Rückschlüssen genötigt. Erhalten haben sich Totentanz-

---

[45] G. W. K. Lochner, Christine Ebners Leben und Gesichte zu Engelthal (Nürnberg 1872), Hs. 89, fol. 53.
[46] H. Rosenfeld, Der mittelalterliche Totentanz, Entstehung, Entwicklung, Bedeutung (Beihefte zum Archiv für Kulturgeschichte 3, Münster 1954).
[47] Fr. P. Pickering, Euphorion 49 (1955) S. 483.

Bilderbogen nur aus der 2. Hälfte des 15. Jahrhunderts, das sind über hundert Jahre nach den mutmaßlichen ersten Totentanz-Bilderbogen: ein niederdeutsches handschriftliches Totentanz-Bilderbogenfragment, ein italienisches Holzschnitt-Bilderbogenfragment und ein vollständig erhaltener, kolorierter französischer Bilderbogen mit Holzschnitten und Typendruck aus dem Jahre 1490. Es liegt nahe, aus diesen jüngeren Zeugnissen für Bilderbogenverbreitung des Totentanzes eine solche auch schon für die 2. Hälfte des 14. Jahrhunderts anzunehmen. Der zeitliche Abstand zwischen den vorhandenen Totentanz-Bilderbogen und den mutmaßlich hundert Jahre älteren verliert seine Gegenbeweiskraft, wenn man sich vergegenwärtigt, daß z. B. alle unsere Handschriften der „Germania" des Tacitus aus der 2. Hälfte des 15. Jahrhunderts stammen [48]. Glaubt man den Germania-Handschriften aus der 2. Hälfte des 15. Jahrhunderts die getreue Wiedergabe des Tacitus-Textes von 100 n. Chr., so sollte es auch kein grundsätzliches Bedenken geben, die erhaltenen Totentanz-Bilderbogen aus der 2. Hälfte des 15. Jahrhunderts als Dokumente ähnlicher Bilderbogen von 1350—1450 gelten zu lassen, wenn keine triftigen Gründe dagegen sprechen. Über die Schwelle von 1450 kommen wir auch bereits wesentlich weiter zurück, wenn wir eine Bemerkung in der Augsburger Handschrift von 1443, die den ältesten lateinischen Totentanztext als Abschrift aus einem „*codex albus*" bringt, als Hinweis auf eine Bilderbogenvorlage auffassen. Es heißt dort vor den Worten der Schlußpredigt: *item alius doctor depictus predicando in opposita parte de comtemptu mundi*. Nur wenn man einen Bilderbogen vor Augen hat, steht die Schlußfigur „auf dem gegenüberliegenden Teil" der Anfangsfigur gegenüber. Bei ursprünglicher Buchverbreitung sollte man Ausdrücke wie *finis* oder *exitus* erwarten.

Für die Ursprünglichkeit der Bilderbogen-Verbreitung könnte man auch ins Treffen führen, daß die erwähnten beiden Bilderbogenfragmente Texte aufweisen, die sonst nirgends überliefert sind, also nicht etwa Wiedergabe der Bilderverse bekannter Totentanzgemälde sind. Der vollständige französische Totentanz-Bilderbogen von 1490 freilich gibt den Danse-macabre-Text, den vordem bereits Guy Marchant 1485 veröffentlicht hatte, und auch mit sehr ähnlichen Holzschnitten. Dieser wie alle Bilderbogen einseitig bedruckte Bogen blieb uns nur dadurch erhalten, daß die Bibliothekare des königlichen Schlosses Blois den Bilderbogen auf Pappe aufklebten, zu einem Klappbuch zusammenfalteten und so unter die Bücher der Bibliothek einreihten. Er kam nach Schloß Blois

---

[48] Die Germania des Tacitus, erläutert von Rud. Much (Heidelberg 1937), S. XIV.

dadurch, daß der französische König 1502 nach Eroberung des Schlosses Blois den Bilderbogen als Malvorlage für das bekannte Totentanzgemälde im Schloßhof von Blois hierhersandte. Dieser Totentanz-Bilderbogen diente also im Jahre 1502 als Malvorlage, mithin einer Funktion, die wir den Bilderbogen ganz allgemein seit dem 14. Jahrhundert zuschreiben können. Das kann die These, daß am Anfang der Totentanztradition Totentanz-Bilderbogen stehen, in gewisser Weise stützen: im Zeitalter des gedruckten illustrierten Buches und der Icones (reinen Bilderbücher) konnten Bilderbogen als Malvorlagen nur als Überbleibsel einer älteren Tradition, nicht aber als etwas Selbstverständliches und Modernes gelten.

Der älteste lateinische Totentanz-Text, der einzig in einer ursprünglich Augsburger Handschrift (Cod. Pal. 314, fol. 79^r—80^v) von 1443 überliefert ist, gilt der deutschen Totentanz-Forschung schon seit vielen Jahrzehnten als Anreger der französischen Danse macabre. Uneinigkeit besteht nur hinsichtlich der Herkunft dieses lateinischen Totentanz-Textes. Während schon 1907 Wilhelm Fehse die Priorität der deutschen Totentanz-Vorstellung vor der französischen verfocht[49], wollte Wolfgang Stammler den lateinischen Totentanz-Text wegen seiner Verwandtschaft mit dem Vadomori in Frankreich beheimaten[50]. Aber das Vadomori zeigt gerade, wie ein Franzose der damaligen Zeit die menschliche Standesreihe sah: der König steht an der Spitze, es folgen Papst, Bischof und Ritter. Das ist offensichtlich die Perspektive, die sich aus dem im 13. Jahrhundert erstarkten französischen Nationalgefühl und aus der sogenannten „babylonischen Gefangenschaft der Kirche", d. h. dem Aufenthalt der Päpste in Avignon 1305—1377, ergab. Wenn demgegenüber der älteste lateinische Totentanz-Text genau wie der älteste deutschsprachige mit Papst, Kaiser, Kaiserin, König, Kardinal beginnt, so ist das gewiß die konventionellere, im Sinne des „römischen Reiches deutscher Nation" gesehene Reihung.

Daß dabei die Kaiserin mitten zwischen die männlichen hohen Würdenträger eingeschoben wurde, spricht ebenfalls für den deutschen Ursprung der lateinischen Verse: kein Vadomori und kein romanischer Totentanz kennt die Gestalt der Kaiserin! Die französische Danse macabre ließ sich zwar vom lateinischen Totentanz-Text, wie ich meine, und entgegen dem Vadomori die Reihenfolge *pape, empereur, cardinal, roy* suggerieren, kennt aber keinerlei Frauengestalten zwischen den männlichen Würdenträgern, also auch nicht Nonne und Mutter, die im latei-

---

[49] Wilh. Fehse, Der Ursprung der Totentänze (Halle 1907).
[50] Vgl. Anm. 34.

nischen und deutschsprachigen Totentanz-Text am Schluß der Standesreihe stehen. Als aber Marcial d'Auvergne der „Danse macabre des hommes" 1486 eine „Danse macabre des femmes" an die Seite stellte, also einen nur aus Frauen bestehenden Totentanz, da begann er seine Standesreihe (trotz des *empereur* am Beginn der „Danse macabre des hommes") nicht etwa mit der Kaiserin, sondern, wie es eben einem Franzosen näher liegen mußte, mit *La Royne* und *La Duchesse*. Auch das Oberaltaicher, wahrscheinlich aus Frankreich mitgebrachte Vadomori von 1446 [51], das dem alten Vadomori gegenüber 33 neue Stände einfügte, kennt zwar *imperator* und *regina,* aber keine *imperatrix.*

Diese Erwägungen sprechen zusammen mit der viel reicheren Entfaltung des Totentanzes auf deutschem Gebiet dafür, daß der lateinsprachige Totentanz-Text in Deutschland verfaßt wurde. Ein Rezensent meines Buches hat diese meine Erwägungen über die deutsche Herkunft des lateinischen Totentanz-Textes als „eine von komplexbehaftetem Neid inspirierte Geringschätzung alles Französischen" anprangern zu müssen geglaubt [52]. Dabei hat bereits 1490 der französische Chronist Petrus Desrey († 1514) in seiner Übersetzung der französischen Danse-macabre-Ausgabe von 1486 ins Lateinische versichert, diese neuerdings von ihm verbesserte „Chorea" sei vormals von einem ausgezeichneten Manne Namens Macaber in deutschen Versen herausgegeben worden: *Chorea ab eximio Macabro versibus alemanicis edita et a Petro Desrey trecacio quondam oratore nuper emendata* [53]. Wir dürfen dem Franzosen Desrey zutrauen, daß er sich nicht durch eine „von komplexbehaftetem Neid inspirierte Geringschätzung alles Französischen" leiten ließ, als er die Urfassung der „Danse macabre" auf deutsche Verse zurückführte. Irrte Desrey auch bezüglich des Verfassernamens, den er der Bezeichnung „la danse macabre" entnehmen zu können glaubte: für die Behauptung einer deutschen Vorlage werden ihm sicherlich irgend welche mündliche Überliefe-

---

[51] H. Rosenfeld, Das Oberaltaicher Vadomori-Gedicht von 1446 und Peter von Rosenheim, Mittellatein. Jahrbuch 2 (1965) S. 190—204. — Den Hinweis auf dies Vadomori in Clm 3549 verdanke ich Herbert Grundmann.
[52] Fr. P. Pickering, Euphorion 49, S. 484. Die gehässigen Angriffe P.'s wurden seinerzeit vom Herausgeber der Beihefte zum Archiv für Kulturgeschichte, Herbert Grundmann, in Euphorion 50 (1956) S. 487—488 zurückgewiesen.
[53] So lautet der Originaltitel, vgl. Gesamtkatalog der Wiegendrucke 7 (1938) Nr. 7957. Schon J.-Ch. Brunet, Manuel du libraire 2 (1861) Sp. 493 sah in diesem Titel den Beweis für ein deutsches Original: „Son titre atteste, que la danse macabre a été composée originairement en allemand". — Cosacchi (s. Anm. 8) S. 711 zitiert nur den von Melchior Goldast interpretierend erweiterten Titel aus dem Anhang von Rodericus Zamorensis, Speculum (Hanoviae 1613) S. 231 f., der völlig falsche Vorstellungen erweckt.

rungen bekannt gewesen sein. Jedenfalls boten die drei künstlerisch so hochstehenden Holzschnitt-Ausgaben der „Danse macabre", die Desrey's lateinischer Publikation vorausgingen [54], keinerlei Anlaß, an eine deutsche Textvorlage zu denken, und der lateinische Text Desreys folgt genau dem französischen Text der dritten Danse-macabre-Ausgabe von 1486. Da also auch Desrey's gewissermaßen zeitgenössiches, wenn auch unklares Zeugnis mit den wissenschaftlichen Erwägungen verschiedener Art zusammenstimmt, kann man die Priorität des deutschen Totentanzes bzw. den Ursprung des ältesten lateinischen Totentanz-Textes in Deutschland nicht einfach leugnen oder als absurd abtun.

Man darf die Frage, ob der Totentanz in Deutschland seinen Ursprung hat oder in Frankreich, nicht vom Standpunkt nationalistischen Ressentiments sehen. Die mittelhochdeutsche höfische Epik folgte durchwegs französischen Vorbildern und selbst in der deutschen Heldenepik, z. B. im Nibelungenlied, finden sich Spuren der Kenntnis franz. Chansons de geste. Wenn, wie ich annehme, der aus Deutschland gekommene lateinische Totentanz-Text die französische „Danse macabre" angeregt hat, so wäre dies ein höchst bescheidenes Gegengeschenk. Es geht nicht um die Ehre der Priorität, sondern es geht um die Ergründung der Eigenart des Totentanzes, die eben mit der Frage nach dem Ursprung des Totentanzes verknüpft ist.

Es war schon eingangs gesagt, daß es das Tanzmotiv ist (d. h. der Tanz halbverwester Toter mit den Vertretern der menschlichen Stände), das eine einleuchtende Erklärung bei der Frage nach dem Ursprung des Totentanzes verlangt, und da kommen wir nicht mit Hinweisen auf das Wilde Heer Wodans, das weder auf dem Friedhof erscheint noch tanzt, noch auf Teufelstänze lasziver Art vor den Kirchen (das erotische Element fehlt dem Totentanz völlig) noch mit der Behauptung von Teufelsmaskentänzen in der Kirche um den Prediger aus: weder tragen die Tänzer des Totentanzes Teufelsmasken noch tanzen sie um den Prediger noch würde das die Reihung Verwester und Unverwester erklären oder die Tatsache, daß die Totentänze an Kirchen- und Friedhofswände gemalt wurden.

Noch die Pariser „Danse macabre" nennt die Partner der Standesvertreter *le mort* (d. h. „der Tote") und nicht *la mort* („der Tod"). Auch in der „Danse macabre" ist noch vom Tanz die Rede, so, wenn der Papst erklärt, er müsse diesen Tanz anführen. Aber wir finden in der Illustration des ersten Danse-macabre-Druckes von 1485 keinerlei Musikinstrumente, die auf einen wirklichen Tanz hindeuten; vielmehr tragen die

---

[54] Gesamtkatalog der Wiegendrucke 7 (1938) Nr. 7943—7945.

namenlosen Toten, wie gesagt, die Totengräberwerkzeuge Pickel und Schaufel oder den bitteren Pfeil des Todes oder Sargdeckel. Erst Marchants Ausgabe von 1486 hat zwischen den Prediger (*L'acteur*) und den Holzschnitt mit Papst und Kaiser einen Holzschnitt mit einem vierköpfigen Totenorchester, d. h. Tote mit Dudelsack, Portativorgel, Harfe und Pfeife (Schalmei) nebst Trommel eingeschoben. Ich sehe das als einen Reflex der Heidelberger Ausgabe des mittelrheinischen Totentanzes von 1485 an. Im Heidelberger „*Der doten dantz mit figuren*" finden wir beim Partner von Bischof, Bruder und Bürgerin den Dudelsack, beim Partner des Pferners die Portativorgel, bei den Partnern des Domherren und des bösen Mönches die Harfe, beim Partner des Königs Trommel und Pfeife, außerdem am Anfang ein vierköpfiges Totenorchester mit Pfeife und Trompete [55]. In der „Danse macabre" von 1486 ist dieses vierköpfige Tanzorchester unorganisch eingeschoben, denn das Wort „Tanz" hat in der „Danse macabre" eine übertragene Bedeutung, wenn der Prediger am Anfang sagt:

> La dance macabre s'appelle
> que chacun a danser apprant:
> a homme et femme est naturelle.
> Mort n'espargne petit ne grant!

„Danse macabre" bedeutet also in übertragenem Sinne „Sterben", und so faßte es auch Jean LeFèvre schon auf, wenn er von der „de macabré la danse" sagt:

> qui toutes gens maine à sa tresche
> et à la fosse les adresche,
> qui est leur derraine maison.

Ehe diese Umdeutung des Tanzes namenloser Toter mit den Vertretern aller Stände zu einer Allegorie des Sterbens geschah, mußte einmal das Bild eines solchen Tanzes geschaffen werden. Zunächst muß es ein realer Tanz gewesen sein, ehe man diesem Bild eine übertragene Deutung geben konnte. Um einen realen Tanz aber handelt es sich zweifellos im ältesten lateinischen Totentanz-Text, wenn der Prediger am Anfang nach Erwähnung des Todes sagt:

> *Fistula tartarea vos jungit in una chorea,*
> *quae licet inviti saliunt ut stulti periti:*
> *haec ut pictura docet exempli figura.*

Hier ist es der Tod mit seiner Pfeife, der die Klugen wider ihren Willen zwingt, wie die Narren zu tanzen, und so alle zu einer Tanzschar

---

[55] Cosacchi (s. Anm. 8) S. 729 behauptet, „in der Häufung der Musikinstrumente zeige sich der Einfluß des Pariser Totentanzes": der Pariser Totentanz weist jedoch bis 1485 nicht ein einziges Musikinstrument auf!

vereint. Dementsprechend betonen Kardinal und Patriarch, daß sie gezwungen seien, sich der Schar anzuschließen (*adire catervam*), wobei mit „Schar" nur der vorher genannte Tanzchor gemeint sein kann. Der Graf sagt auch ausdrücklich, er sei den Tanzenden beigesellt (*chorisantibus associatus*), der Ritter, er werde in jene Tanzschar geführt (*ducor in ista chorea*), die Nonne, der Tod befehle ihr, hier zu tanzen (*me mors jubet hic chorisare*). Das Kind jammert, es müsse tanzen und könne noch nicht einmal gehen (*debeo saltare, qui nunquam scivi meare*), und seine Mutter antwortet, sie könne nicht helfen, denn der Tod sei zuvorgekommen und halte sie durch Tanzen zurück (*morte praeventa saliendo sumque retenta*). Andere nehmen auf die eingangs erwähnte Pfeife des Todes Bezug, die alle zum Tanze zwingt: der Kanonikus spricht von der Disharmonie des Todespfeifentones (*discrepat iste sonus et mortis fistulae tonus*), die Edelfrau, daß sie applaudieren würde, wenn sie ein Schauspiel des Lebens sähe, aber durch die Dissonanz der Todespfeife betrogen werde (*fistula me fallit mortis, qui dissona psallit*).

Hier im lateinischen Totentanz-Text ist es also ein ganz realer Tanz der menschlichen Standesvertreter mit den namenlosen Toten, die *mortis dirae consortes* „Gefährten des bitteren Todes", *distorti* „Ungestaltige" und *vani* „Leere", d. h. „Schemen" genannt werden und sich erdreisten, die menschlichen Standesvertreter mit Gewalt in den Tanzreigen zu ziehen, wie das die Baseler Totentanzbilder auch ganz deutlich zeigen. Der Ankündigung des Predigers, daß die Klugen unfreiwillig wie die Narren nach der Pfeife des Todes tanzen müssen (*inviti saliunt ut stulti periti*) entspricht die Klage des Erzbischofs, daß er nun ein Schemen unter Schemen sei *(nunc cum vanis ego vanus)*, die Klage der Kaiserin, daß sie vom Tode verwirrt sei (*morte confusa*), die Klage des Papstes, daß er auf frivole Weise zum Tod geschleppt werde und sich vergeblich wehre *(frivole nunc ducor ad mortem, vane reluctor)*. Die menschlichen Standesvertreter, die bereits als gestorben bezeichnet werden (z. B. *morte sum victus; morte nunc perii; raptus a vita, morte praeventa*) werden durch die mißtönende Pfeife des Todes gezwungen, mit den namenlosen Toten zu tanzen, und von diesen zu dem die Pfeife spielenden Tod hingezerrt (*heu, distorti praesumunt me dare morti*).

Was bedeutet dieser Tanz der namenlosen Toten mit den Standesvertretern? Es ist ein Tanz der bereits halbverwesten Toten mit den neu Verstorbenen, die deshalb noch ihre menschliche Standestracht tragen und noch Erinnerung an ihr menschliches Dasein haben, aber nun verwesen werden wie ihre Partner. Aber dieser Tanz bedeutet noch mehr. Der König sagt es uns mit seinem *miser in poenis*. Dieser Narrentanz nach der Pfeife des Todes über den Gräbern ist eine Strafe, ist eine

Fegfeuerqual, weil die jäh Verstorbenen nicht, wie der Prediger mahnt, rechtzeitig an das Ende dachten, sondern mitten in ihren Sünden dahingerafft wurden. Wir sehen uns hier im Bereich des besonders in Deutschland verbreiteten Armenseelenglaubens, des Glaubens an die unerlösten armen Seelen, deren Fegfeuerqual darin besteht, daß ihnen die Ruhe des Grabes versagt ist, daß sie nächtlich nach der Pfeife des Todes tanzen müssen.

Daß diese Qual des nächtlichen Armenseelentanzes nach der Pfeife des Todes im ältesten lateinischen Totentanz und in seiner deutschen Übersetzung, dem Würzburger Totentanz[56], mit einer Ständerevue von 24 Personen verbunden wurde, lag wohl an der damaligen von Pestkatastrophen heimgesuchten Zeit. Bei den Pestkatastrophen starben, wie wir wissen, Menschen aller Stände zu Tausenden jäh und unerwartet, unvorbereitet und wurden ohne Formalitäten unterschiedslos in Massengräbern verscharrt, so, wie sie gestorben waren. Die Tausende von Toten aller Stände ordneten sich dem Dominikaner des 14. Jahrhunderts zu einer Ständerevue von 24 Personen vom Papst bis zu Mutter und Kind, und er sah sie vor seinem inneren Auge aus den Massengräbern hervorkommen und sich widerwillig zum ersten Male dem Tanz der Armen Seelen über den Gräbern anschließen. Diese Fegfeuerqual des Narrentanzes über den Gräbern benutzte der Dominikanerprediger zur Mahnung an die Lebenden, rechtzeitig an das Ende zu denken *(finem pensate, que futura considerate)*. So dürfte der lateinische Totentanz-Text und Totentanz-Bilderbogen zunächst unter dem Eindruck des Massensterbens des Schwarzen Todes konzipiert und als Handreichung für die Totengedenkpredigt und das Totengedenken im Klosterkonvent weitergereicht sein. Es konnte nicht ausbleiben, daß man seinen Text für des Lateins weniger Kundige in die Landessprachen umsetzte. Bei neuen Pestkatastrophen hat man dann manchmal einen solchen Totentanz als Monumentalgemälde in Kirchen und auf Friedhöfen angebracht, um die Bevölkerung dauernd an rechtzeitige Buße zu mahnen, vielleicht aber auch in der unterschwelligen Hoffnung, mit dem Bilde des Todes den Tod bannen zu können. Wenn schon in der Heiligenverehrung sich neben der ursprünglichen und offiziellen Anschauung der Märtyrer und Heiligen als Fürbitter sich im Volksglauben immer stärker das Vertrauen

---

[56] Der früher „oberdeutscher vierzeiliger Totentanz" genannte Text, in einer Augsburger Handschrift von 1443 überliefert, ist eine recht genaue Übersetzung des lateinischen Totentanztextes (kritischer Text in meinem Totentanzbuch S. 308—320). Nach seinen Reimen muß der deutsche Text in Würzburg 1350—1370 gedichtet sein, wodurch das lateinische Original auf ca. 1350 datiert wird. — Gegen Cosacchi's diskriminierende Äußerung S. 717, der Würzburger Totentanz sei von mir „willkürlich erfunden", lege ich Verwahrung ein.

durchsetzte auf die unmittelbare Kraft des Heiligen, zu helfen und Wunder zu wirken [57], so werden sich auch beim Totentanz unterschwellig Glaube an Bildmagie und an die reale Existenz des abgebildeten Todes durchgesetzt haben. Für diese letztere Anschauung konnte schon eingangs das Volkslied vom Tod zu Basel, vom Gebet an den Tod und von seiner Erhörung angeführt werden.

Da man in Frankreich, wie es scheint, den Glauben an den Spielmann Tod und den nächtlichen Fegfeuertanz der Armen Seelen nicht kannte, wurde dort das Totentanzbild umgedeutet zu einer Allegorie auf das Sterben, und diese Umdeutung hat über die Niederlande und über den Rhein auf Nieder- und Westdeutschland zurückgewirkt und schließlich in Hans Holbeins Umdeutung des Totentanzes zu Bildern des Sterbens mitten im Leben zu einer neuen, dem Renaissancegeist verpflichteten Bildform geführt.

Für Frankreich, Italien und andere Länder war der Totentanz nur eine begrenzte Zeit lang Ausdruck der Vergänglichkeitsbetrachtung [58]. In Italien wurde er bald von der heimischen Vorstellung des Todestriumphes überwältigt, und in Frankreich gab es nur einen einzigen Totentanz-Text, wenn man von der literarisch gebliebenen „Danse macabre des femmes" und den von dem Koblenzer Kerver verbreiteten Totentanz-Kurzversen absieht. In Deutschland, wo der Glaube an den Spielmann Tod und den Arme-Seelen-Tanz über den Gräbern dem Totentanz eine tiefere Resonanz und eine weitere Ausbreitung verschafft hatten, sind die Totentänze bis in neuere und neueste Zeit nicht abgerissen, und immer wieder rang man erneut um den Begleittext. Der rationaleren dominikanischen Textform folgten zunächst gefühlvollere, die Gnade Gottes betonende franziskanische Texte; auch Sozialkritik und Reformationsstreit mischten sich ein, und nicht zuletzt hat auch die französische Umdeutung wieder auf Deutschland zurückgewirkt.

Endlich hat Hans Holbeins Umwandlung des Totentanzbildes eine weitgehende Wirkung auf die Ikonographie der deutschen Totentanzbilder gehabt und letztlich die Übertragung des Wortes „Totentanz" auf Todesvisionen aller Art gefördert. Wer heute über die Mühlenbrücke zu Luzern geht, der findet in den barocken Totentanzbildern an den Wänden aus dem Jahre 1616, die bis heute bewahrt wurden, legitime Nachfahren der Art Hans Holbeins und somit den Totentanz als Spiegel menschlicher Hinfälligkeit. Bis 1805 aber hat der Groß-Baseler Totentanz von 1440 die ältere Totentanz-Vorstellung bewahrt und

---

[57] Vgl. H. Rosenfeld, Legende (²1964).
[58] Vgl. auch H. Rosenfeld, Der Totentanz in Deutschland, Frankreich und Italien, Letterature moderne 5 (1954) S. 62—80.

weitergetragen, und wir sahen am Nachleben des Liedes vom Tod zu Basel, daß diese alte Bildform auch in einer veränderten Welt noch die Schauer auslösen konnte, um deretwillen einstmals die Vision des Tanzes der namenlosen Toten mit den neu Verstorbenen geschaffen wurde.

Das Nachleben des Totentanzes auf deutschsprachigem Boden darf wohl als unterschwelliges Weiterleben der alten Totentanz-Vorstellungen angesehen werden. Wenn aber der Totentanz im ausgehenden Mittelalter zu einem europäischen Gemeingut und damit zu einem europäischen Phänomen wurde, so zeigt sich dabei dem Kulturhistoriker ein Ineinandergreifen von Übernahme, Umgestaltung und neuer Ausstrahlung. Wie das Übernommene zum Eigenen ausgestaltet wird und zurückwirkt, und wie immer wieder Eigentümliches und Fremdes miteinander ringen, das ist ein reizvolles Spiel kultureller Kräfte und angeborener Schwere; es kann hier nicht weiter verfolgt werden [59]. Vielleicht dürfen wir für die Rolle der Nationen bei diesem europäischen Phänomen des Totentanzes das Dichterwort zitieren, das an sich von den verschiedenen Schalen eines römischen Brunnens spricht, aber zugleich bewußt zu symbolischer Sinndeutung des Lebens wird:

> Und jede gibt und nimmt zugleich
> und strömt und ruht.
> (C. F. Meyer)

Totentanz zu Groß-Basel, Dominikanerkirche (1440).

---

[59] Die Verflechtung der mittelalterlichen Totentänze findet man in meinem Anm. 46 zitierten Buch dargestellt.

MAGISTER BEIM UNTERRICHT IN EINER
MITTELALTERLICHEN UNIVERSITÄT

"DER ACKERMANN AUS BÖHMEN" - SCHOLASTISCHE DISPUTATION VON 1370 ODER HUMANISTISCHES WORTKUNSTWERK VON 1401?

Zur Literatur im dreisprachigen Böhmen des Spätmittelalters

Von Hellmut Rosenfeld (Universität München)

Als Arthur Hübner vor 48 Jahren sich mit seinem Oberseminar an die Neuwertung des "Ackermann aus Böhmen" machte, galt es, gegenüber Konrad Burdachs geistreicher Verbindung des Dichters mit der italienischen Renaissance das Deutsche in diesem Text herauszuarbeiten. Bei aller Verflechtung des Dichters mit der lateinischen Rhetorik seiner Zeit konnten die Klänge und Formeln deutscher Liebeslyrik, Marienlyrik, des deutschen Gesellschaftsliedes, Meistergesanges, deutscher Frauenschelte und die kraftvoll-rustikale Sprache des deutschen Fastnachtspiels herausgestellt werden[1]. Dabei galt als selbstverständlich, daß der Stadtschreiber und Schulrektor in Saaz ausschließlich der deutschen Sprachgruppe innerhalb des böhmischen Volkes angehörte. Ebenso galt als erwiesen, daß der tschechische "Tkadleček" von 1409 den deutschen Ackermanntext von 1401 als Vorlage benutzte, aber das Gespräch zwischen Ackermann und Tod in ein Gespräch des "Weberleins" mit dem Unglück umwandelte und durch Zusätze aller Art erweiterte.

Nach beinahe 50 Jahren stellt sich das Problem des "Ackermann aus Böhmen" (künftig AB abgekürzt) völlig anders. Jetzt gilt es nicht mehr das Deutsche (das freilich nicht zu leugnen ist) herauszukehren, sondern den Ackermanndichter in europäischen Zusammenhängen zu sehen und zugleich im Rahmen eines Böhmens, dessen Gebildetenschicht keine einseitige Deutschsprachigkeit kannte. Wir wußten vor 50 Jahren nicht, daß der Vater des Dichters Johann von Tepl a. 1374 als Dorfpfarrer (plebanus) des rein tschechischen Dorfes Šitboř, 50 km südwestlich von Pilsen (seit 18.Jh. "Schüttwa") starb[2] und daß Johann selbst sich meist Johannes de Šitboř nennt wie sein Vater. Tepl, wo Johannes wahrscheinlich die Klosterschule besuchte, Saaz, wo er schon vor 1375 Stadtnotar und dann auch Schulrektor war, und Prag, zumal Prager Neustadt, wo er 1411 Stadtnotar wurde, waren zu seiner Zeit intensiv zweisprachig (tschechisch/deutsch)[3]. Wir wissen von einem Schüler, der an der Saazer Schule Schwierigkeiten beim Studium hatte, weil er die tschechische Sprache nicht beherrschte[4]. Der Rat von Prager Neustadt bestand zur Hälfte aus Tschechen und hätte 1411 den damals ca. 66-jährigen Johann de Šitboř nicht zum Stadtnotar gewählt, wenn er nicht hohe Fürsprache gehabt und beide Landessprachen fließend beherrscht hätte. Johannes' Tochter Christinella war in erster wie in zweiter Ehe mit einem Tschechen verheiratet. Der Testamentsvollstrecker des Vaters, 1374/75, Jacob dictus Cubik, plebanus im tschechischen Dorf Mutnyn bei Hostau, 5 km nordwestlich von Šitboř (seit 17.Jh. Muttersdorf geschrieben), war ebenfalls Tscheche. Überdies erwies Johannes seine tschechische Sprachbeherrschung durch tschechische Einschübe und Glossen in lateinichen Formularen und kleine tschechische Gedichte. Er war also völlig zweisprachig. Aber das war nichts Ungewöhnliches. Wir haben im vorhussitischen Böhmen mit einer zweisprachigen Oberschicht zu tun, wobei Tschechen und Deutsche in harmonischer Symbiose lebten und, wie auch Johannes' Familie zeigt, eine enge Versippung nicht scheuten. Da Johannes de Šitboř studiert und den Magistertitel erworben hatte, sprach er aber selbstverständlich ebensogut Lateinisch. Mit dieser Dreisprachigkeit erfüllte er die Forderung seiner Zeit. "Das gebildete Böhmen der Luxemburgerzeit war ein weitgehend dreisprachiges Land", sagt der Prager Germanist Skála[5]. Seiner Sprachfähigkeit nach hätte Johannes seinen Ackermann ebensogut lateinisch oder tschechisch schreiben können. Wenn man seine fünf deutschen Reimpaare in dem von ihm der St. Niklas-Kirche zu Eger 1504 gestifteten Hieronymus-Offizium mit der gleichzeitigen lateinischen Widmung vergleicht[6], so erweisen sich die deutschen Verse als kümmerlich zusammengestoppelte Reimerei, während der lateinische Prosatext die gleiche kunstvolle Stilistik zeigt wie unser deutscher Ackermanntext von 1401. Man kann und muß daraus folgern, daß das Lateinische die Hauptsprache des dreisprachigen Johann de Šitboř war.

Bei der Dreisprachigkeit des Ackermanndichters wäre es theoretisch möglich, daß er auch der Verfasser des tschechischen "Tkadleček" (künftig TK abgekürzt) war. Die tschechischen Literarhistoriker J. Dobrovský (1811; 1819), V. Hanka (1824), K. Sabina (1866), V. Šembera (1869), J. Jireček (1876) hielten den tschechischen TK für die Vorlage des deutschen AB von 1401. Erst J. Knieschek machte 1877 darauf aufmerksam, daß das 14. AB-Kapitel auf das Jubeljahr 1400 anspielt (was durch die Jahresangabe in AB 14, 22 bestätigt wird), während das 4. Kapitel des TK auf den Brand von Königgrätz 1408 Bezug nimmt und mithin 1409 anzusetzen ist[7]. So blieb zunächst nur die Möglichkeit, den tschechischen TK als eine aufschwemmende Bearbeitung des deutschen AB von 1401 anzusehen. Da aber die älteste uns erhaltene Handschrift des AB sich erst in einem Sammelkodex von 1449 befindet, kamen L. L. Hammerich und J. Jungbluth 1951[8] auf den Gedanken, man könne mit Hilfe des TK an zahlreichen Stellen den Text des AB von 1401 erschließen, wobei natürlich zu berücksichtigen war, daß in TK nicht der Tod, sondern das Unglück Gesprächspartner ist. Doskočil hat 1961 sogar die These vertreten, daß Johann de Šitboř selbst den TK 1409 verfaßt habe.[9] Krogmann folgte Hammerich und kam in seiner Textausgabe 1954 zu dem wichtigen Ergebnis, daß der TK dem Urtext des AB näher stünde als der Archetypus aller deutschen Handschriften und Drucke.[10]

Der TK ist in Handschriften aus der 2. Hälfte des 15. Jahrhunderts erhalten, hat nur 16 Kapitel, zählt aber in Hs S fünfundvierzig, in Hs P hundertsechzehn Blätter, während AB mit 33 Kapiteln in Cgm 579 (H) nur fünf, im Stuttgarter Cod. H.B.X (phil.) 23 siebzehn Blätter füllt. Dieser Längenunterschied hatte die Meinung der tschechischen Literarhistoriker, der deutsche AB sei nur freie Übersetzung des TK, wesentlich gestützt. Daß nicht der AB-Dichter selbst dieses tschechische Werk verfaßte, verrät TK selbst eindeutig. Sein Verfasser rechnet sich I, 86 der (von ihm selbst auf das 15.-24. Lebensjahr festgelegten) "adolescentia" zu[11], während der AB-Dichter 1409 ca. 64 Jahre alt war. Zudem findet sich im dritten TK-Kapitel ein Kryptogramm des Verfassernamens "Ludvik". Auch ist Arbeitsweise und Diktion des TK eine ganz andere als im AB von 1401.

Trotz der unterschiedlichen Zahl der Kapitel und der unterschiedlichen Länge der Texte gibt es zahlreiche fast wörtliche Übereinstimmungen zwischen TK und AB. Desungeachtet kommt Krogmann, wie gesagt, zu der Feststellung, daß der TK dem ursprünglichen AB näher stehe als alle anderen Textzeugen von AB. Besser gesagt: unser deutscher AB von 1401 und der tschechische TK gehen auf eine gemeinsame Vorlage zurück. Es wäre sogar möglich, daß diese gemeinsame Vorlage von Johannes de Šitboř an den TK-Verfasser gelangte. Denn Ludvik schrieb seinen TK in Prager Neustadt[12], wohin Johannes Beziehungen hatte, da er 1411 dorthin als Stadtnotar berufen wird.

Für eine gemeinsame Vorlage von TK und AB plädiert auch das ausgezeichnete Buch von Hrubý. Nur möchte er den AB von 1401 und die gemeinsame Vorlage, den Ur-Ackermann, verschiedenen Verfassern zuschreiben[13] (worauf später eingegangen wird). Wesentlich ist zunächst, daß TK zahlreiche Autorenzitate genauer und mit ausführlicher Quellenangabe bringt. TK 87, 349ff. wird sogar einer Polemik des Averroes-Kommentars zu Aristoteles "De caelo", 3. Buch, gegen Avicenna gedacht, während AB 30,22 die Namen Avicenna und Aristoteles ohne jede Einzelheit nennt. Aristoteles' "De generatione et corruptione" wird TK 31, 118ff.; 32,142f. mit Verfasser- und Titelangabe zitiert, wogegen AB 31 nur eine kurze Zusammenfassung des Zitats ohne Quellenangabe bringt. In vielen anderen Fällen paraphrasiert AB Sentenzen, wo TK sehr viel genauer und mit Quellenangabe zitiert[14]. Beim "Römischen Bild des Todes" AB 16,25-37 habe ich schon 1935 auf Fulgentius als eine Quelle hingewiesen[15], ohne zu wissen, daß TK 110,12ff. tatsächlich mit "Lies Fulgentius" auf diesen Autor hinweist. Da sich der Verfasser des TK vielerorts als unselbständiger Abschreiber erweist, kann er diese Zitate nicht selbst identifiziert haben, sondern muß sie seiner Quelle entnommen haben, während AB bewußt kürzte und Quellenbelege wegließ.

Wie oberflächlich der Verfasser des TK oft verfuhr, erweisen Stellen, die nur auf den "Tod" seiner Vorlage, nicht auf das "Unglück" des eigenen Textes passen. Das Unglück wird TK 1,7 "unverschämter Mörder aller guten Leute" genannt[16], mehrmals als "Mäher" bezeichnet, eine der geläufigsten Vorstellungen vom Tode[17], als Gärtner, der die Bäume mit der Wurzel ausrotte, und ihm nachgerühmt, er sorge dafür, daß die Fische im Meere nicht überhand nähmen (TK 28,27-46). Bei der Weber-Allegorie, die in TK 7,5-8 an die Stelle der Ackermann-Allegorie tritt, heißt es zunächst richtig: "Ich bin ein Weber gelehrten Standes, kann ohne Holz, ohne Rahmen und ohne Eisen weben, mein Schiffchen, mit dem ich anzettele, ist von Vogelwolle, mein Garn aus dem Gewand verschiedener Tiere." Dann aber verfällt er in die Ackermann-Allegorie seiner Vorlage; denn er spricht vom Tau, der seinen Akker benetzt, womit die Tinte gemeint ist. "Acker" und "Tau" muß er in seiner Vorlage gefunden haben, die weitere Ausmalung, der Tau sei kein gewöhnliches Wasser, aber mit gewöhnlichem Wasser benetzt, eine Fortführung dieser nicht zum Weber passenden Elemente. Der AB von 1401 hat das ausführliche Bild der Vorlage knapp und eindrucksvoll verkürzt: "Ich bins genant ein ackerman, von vogelwat ist mein pflug" (3,1). Die gleiche Vorlage wird von TK unerträglich umgebogen und zerdehnt, von AB genial auf knappste Formel gebracht.

Da der TK oft Unpassendes aus seiner Vorlage übernahm, hat er uns auch die Datierung dieser Vorlage überliefert. TK 18,54ff. heißt es: "Willst du, daß wir dich mehr ehren als den Kaiser Julius oder den König Alexander oder den guten, wahrhaft guten Kaiser Karl?" Da TK 1409 zur Zeit von Kaiser Wenzel (1376-1419) schrieb, muß TK diese Stelle, wenn auch kürzer, der zur Zeit von Kaiser Karl IV. (†1376) entstandenen Vorlage entnommen haben, ohne sich etwas dabei zu denken. AB 30,27ff. hat 1401 geglättet und, wie das Meisterlied der Kolmarer Handschrift[18], "keiser karl" in eine Reihe mit anderen Vorzeithelden, mit "markgraf wilhelm" (vgl. Wolframs Willehalm) und Dietrich von Bern gestellt. Daß die gemeinsame Quelle von TK und AB den lebenden Böhmenkönig rühmt, erweist, daß der Verfasser dieser Vorlage von ca. 1370 in einer gewissen Beziehung zu Karl IV. stand. Wir haben uns zu fragen, ob der Verfasser dieses Ur-Ackermann von ca. 1370 Johannes de Šitbor̆, Sohn des ca. 1374 verstorbenen plebanus Henslin de Šitbor̆, gewesen sein kann?

Seitdem man weiß, daß Henslin de Sitbor bei seinem Tod Dorfpfarrer in Šitbor̆ war, hat man meist angenommen, Johannes sei außerehelich geboren und vom Vater auf der Tepler Klosterschule untergebracht worden. Wir wissen aber, daß Johannes einen Bruder hatte. Leonard, der Sohn der Schwester des Vaters und Archipleban von St. Marein im Lavanthal in Kärnten, hat sich 1375 bei dem plebanus Jacobus dictus Cubik, dem Testamentsvollstrecker, in Mutnyn (Muttersdorf), 5 km nordwestlich von Šitbor̆, wegen widerrechtlicher Zurückhaltung größerer Summen des väterlichen Erbes im Namen der beiden Brüder beschwert[19]. Bei außerehelicher Geburt wären sie nicht erbberechtigt gewesen. Auch hätte ein gewöhnlicher plebanus nie ein so großes Erbe hinterlassen können. Das väterliche Erbe war so groß, daß Johannes, der schon 1375 Stadtnotar in Saaz war, sich in Saaz ein Haus kaufen und eine umfangreiche Bautätigkeit an der Stadtmauer mit einem ihm gehörigen Befestigungsturm entfalten konnte[20]. Auch sein auswärtiges, mit dem Magistertitel abgeschlossenes Universitätsstudium setzt einen wohlhabenden Vater voraus. In Prag hat Johannes nach den dort noch vorliegenden Unterlagen den Magistertitel nicht erworben, auch bekam die Universität Prag erst 1390 einen Lehrstuhl für Römisches Recht[21], das für einen angehenden Verwaltungsbeamten und Notar lebensnotwendig war. Da AB 18,31 vom Rummelplatztreiben in Paris die Rede ist und AB 16,30 die typisch französische Auffassung des Todes als Totengräber mit Haue, Schaufel, Augenbinde und Ochse als Reittier wiedergegeben wird[22] und TK das auch für die Vorlage von 1370 bezeugt, absolvierte Johannes offensichtlich in Paris sein Studium wie seinerzeit der von ihm so hoch verehrte Kaiser Karl. Von da her wird auch das Wissen um die Pariser Kontroverse um die aristotelischen Lehren und ihre Vereinbarkeit mit dem Christentum verständlich[23].

Der wohlhabende Vater kann also erst nach seiner Verwitwung Pfarrer geworden sein. Sein Vetter, der Archipleban Leonard, der den Adressaten Cubik nur als "plebanus" bezeichnet, nennt seinen Onkel "dominus Henslinus de Šytbor". AB 7,10 wird von Johannes' verstorbener Gattin gesagt, sie sei "edel der geburte". Die Hausverkaufsurkunde vom 24.4.1415 nennt Johannes hinterlassene Witwe Clara "domina": alles Bezeichnungen, die nur Adligen zukommen. Leonard droht auch, Cubiks Unterschlagungen den "nobiles de Rosenberk" (einem der hervorragendsten böhmischen Adelsgeschlechter 150 km südöstlich von Šitbor̆) und Kaiser Karl IV. mitzuteilen. Das setzt enge Bindungen an Adel und Kaiser voraus. Johannes mag vor seinem Saazer Stadtnotariat einige Zeit in der kaiserlichen Kanzlei angelernt worden sein[24]. Daß er dann die Würde eines "tabellio publicus auctoritate imperiali" bekam, somit das Beurkundungsrecht mit eigenem Notariatssignet, spricht für besondere Beziehung zum Kaiserhof.

Henslin de Šitbor̆ gehörte mithin wahrscheinlich zum Adel. Vielleicht besaß er das Dorf Šitbor. Denn erst nach seinem Tod (1374) werden ein Držek Slíva (1375), seit 1391 die Wladyken von Stitar als Besitzer genannt[25]. Viele Kirchenpatrone ließen ihre Pfarren lange unbesetzt, um selbst die Einkünfte zu kassieren[26]. Henslin hat wohl statt dessen nach seiner Verwitwung die Priesterweihe genommen und die Pfarre selbst verwaltet. Bischof Wolfger von Passau, der Mäzen des Nibelungenlieddichters[27], hatte ebenfalls einen ehelichen Sohn und nahm erst als Witwer 55-jährig 2.6.1191 die Priesterweihe, 9.6.1191 die Bischofsweihe[28]. Daß Adlige Dorfpfarren übernahmen, zeigt auch Gundaker von Thernberg, Urbild der Schwanksammlung "Pfarrer von Kahlenberg". Er war 1330-1339 Pfarrer von Kahlenbergerdorf bei

Wien, dann Pfarrer in Kirchberg am Wechsel, 16 km von seinem Stammsitz Thernberg, und so wohlhabend, daß er wegen reicher Stiftungen an Kloster Lilienfeld dort eine Gedächtnistafel erhielt[29]. Ebenso mag Henslin nach dem Tod der Gattin im Pfarramt Trost gesucht haben.

Wenn Johannes de Šitbor zu Lebzeiten Karls IV. den Ur-Ackermann verfaßte, so kann nur sein Vater Henslin der klagende Witwer gewesen sein, dem der Autor AB 27,9 die Frage in den Mund legt: "Warzu sol ich mich wenden, in wertlich oder geistlich ordnung?" Wir wissen jedenfalls, daß der Vater die "geistlich ordnung" wählte. Das Werk des Sohnes konnte an das Streitgespräch des Witwers mit einem widersprechenden Gegner in Seneca's "De remediis fortuitorum" und viele lateinische Todesgedichte anknüpfen. Dieser Disput zwischen Witwer und Tod war zur Tröstung des vereinsamten Vaters gedacht. Aber der diputationsgeübte Magister der Pariser Universität gab damit zugleich ein Musterstück schulmäßiger Disputationskunst mit den für die Scholastik typischen Autoritätsbeweisen, exakter Quellenzitierung und selbstverständlich in lateinischer Sprache. Dabei wurde auch das heikle, in Paris so viel diskutierte Problem der Averroes-Interpretation des Aristoteles mit genauer Stellenangabe herangezogen (TK 87, 349-355)[30]. Bei der Themenänderung läßt der TK den Abschluß der Disputation von 1370 nicht erraten. Aber es ist kein Zufall, daß das (TK 18, 54ff. aus dem Urtext übernommene) Kompliment an Karl IV.: "der gute, wahrhaft gute Kaiser Karl", anklingt an die Formulierung, mit der des Dichters Vetter Leonard den lebenden Karl IV. bedenkt: "bene potens imperator Karolus Romanorum", ein Wortlaut, der dem Urtext sicher näher steht als der mit Wortwiederholungen belastete des TK.

Hrubý glaubt nicht, daß derselbe, der das im TK nachlebende scholastische Dictamen von 1370 verfaßte, auch den genialen deutschen AB-Text von 1401 erschaffen konnte[31]. Er ist auch nicht derselbe, denn zwischen der scholastischen Disputation des 25-jährigen Pariser Magisters und dem AB von 1401 liegen volle 30 Jahre, beinahe ein Menschenalter. Der jetzt 55-jährige reife Mann sagt im (an seinen ehemaligen Tepler Schulkameraden gerichteten) Widmungsbrief ausdrücklich: "libellus ackerman de novo dictato". Darin liegt die authentische Aussage, daß es einen Ur-Ackermann gab, aber auch, daß der Text jetzt völlig neu gedichtet wurde[32] und, wie es später heißt, "eben vom Amboß kommt". Die scholastischen Autoritätsbeweise von 1370 sind weitgehend zurückgedrängt, Zitate verkürzt, genaue Quellenangaben geradezu vermieden. Der Text wird statt dessen gestrafft und zu einem stilistischen Wortkunstwerk gemacht. Der Tod der Mutter seiner fünf Kinder konfrontierte jetzt Johannes selbst mit der Frage nach Vereinsamung und nach dem Sinn des Todes der Lebensgefährtin. Nicht ein Gott (wie Goethes Tasso es formuliert), sondern die Kunst der lateinischen Rhetorik gab dem nüchternen Manne der Schul- und Verwaltungspraxis Kraft und Möglichkeit, zu sagen, was er litt! Jetzt sucht er selbst Trost in dem dialektischen Widereinander der Standpunkte, schwankend zwischen Schmerz und Vernunft. Dabei fand er von ungewissen scholastischen Spekulationen zurück zur Geborgenheit in Gott. Er begnügt sich nicht wie viele seiner Zeitgenossen mit der Anrufung der Heiligen und Nothelfer, sondern wendet sich an Gott selbst als den Schöpfer der Welt ex nihilo (und das ist das Humanistische an seinem Werk). Hatte er einst dem verwitweten Vater ein scholastisches Meisterstück der lateinischen Sprache geliefert, so ehrt er jetzt seine Gattin, die Mutter seiner Kinder, die im Kindbett starb, indem er die lateinische Rhetorik in die Muttersprache der Verstorbenen, in die deutsche Sprache, aber "eine klage one reimen" (AB 2,15) umsetzt. Der Streit mit dem Tod, besser: die innere Dialektik des Menschen als eines Wanderers zwischen zwei Welten, löst sich im inbrünstigen Gebet, das in immer neuen Wendungen sich zu dem allmächtigen, aber unfaßbaren Gott bekennt, der Leben und Tod in seinen Händen hält, und er fleht um Erbarmen und Gnade für die über alles geliebte Gattin.

Anmerkungen

1 Arthur Hübner, Das Deutsche im Ackermann aus Böhmen (1935), Nachdruck in: Wege der Forschung (künftig abgekürzt WDF) 143 (1968), S.239-344; Hübner nennt S.239 neben sechs anderen auch mich als Mitarbeiter.
2 Willy Krogmann, in: WDF 143, S.539.
3 Freundliche Auskunft von Emil Skála, Prag, vom 7.2.1979.
4 Dušan Třeštík, in: Zápisky katedry československýchdějin a archivního studia 1956, Nr.2, S.3-10.
5 Emil Skála, Schriftsprache und Mundart im Ackermann aus Böhmen, in: Abhandlungen d.Sächs.Gesellsch.d.Wiss. zu Leipzig 57 (1964/65), H.2, S.63-72 bzw. S.72.
6 Abdruck durch Willy Krogmann, Ackermann-Ausgabe, in: Deutsche Klassiker des Mittelalters NF.1 (Wiesbaden 1954), S.34f.; alle Textzitate beziehen sich auf diese Ausgabe.
7 Johann Knieschek, Der Ackermann aus Böhmen, Prag 1877, S.112ff.
8 Der Ackermann aus Böhmen, hrsg. v. L.L.Hammerich und G.Jungbluth, Kopenhagen 1951 (Det Kgl. Danske Videnskabernes Selskab, Hist.-filol.Meddelelser 32, Nr.4).
9 Karel Doskočil, in: Sborník historický 8 (1961), S.67-102; ihm widersprach W. Krogmann in: WDF 143, S.542.
10 Krogmann, Ausgabe, S.82f.
11 Knieschek (s.Anm.7), S.116, Anmerkung.
12 Skála (s.Anm.5), S.63.
13 Antonín Hrubý, Der Ackermann und seine Vorlage, München 1971, S.204ff.
14 Hrubý, S.68f.; 75ff.; 83ff.
15 Hellmut Rosenfeld, Das Römische Bild des Todes im Ackermann, in: ZfdA 72 (1935), S.241-247; illustrierter Nachdruck in: Festgruß, Hellmut Rosenfeld zum 70.Geburtstag, hrsg. v. Fr.B.Brévart, Göppingen 1977 (GAG Nr.234), S.11-17.
16 Hellmut Rosenfeld, in: Studia neophil.25 (1953), S.90.
17 Hellmut Rosenfeld, Der mittelalterliche Totentanz, Köln [3]1974, S.10-14; ders., in: Lexikon der christl. Ikonographie 4 (1972), Sp.329.
18 Hrsg. Karl Bartsch, Neudruck Hildesheim 1962, S.27 Nr.255.
19 Abdruck durch Krogmann, Ausgabe, S.25f., und in: WDF 143, S.537f.
20 Karl Beer, in: WDF 143, S.104.
21 Hans-Friedrich Rosenfeld/Hellmut Rosenfeld, Deutsche Kultur im Spätmittelalter 1250-1500, Wiesbaden 1979, S.163.
22 Hellmut Rosenfeld, Der mittelalterliche Totentanz, Köln [3]1974, S.23-25; ders., in: Lexikon der christl. Ikonographie 4 (1972) Sp.328-331. Vgl. auch Rosenfeld (s.Anm.15), S.14f. und Abb.S.11. Im TK 109,37 zieht der Ochse ein Schleppnetz, während der Mann mit Augenbinde auf einem Hirsch sitzt (TK 109,77ff.), wie der Tod in der Göttweiger Hs Cod 459, fol.221 abgebildet ist.

23 Hrubý (s. Anm. 13), S. 68ff.; 209f.
24 Als offizielles Mitglied der Reichskanzlei ist er nach freundlicher Mitteilung von Peter Acht (1.6.1979) nicht nachzuweisen.
25 Karl Beer, in: WDF 143, S. 104.
26 Rosenfeld (s. Anm. 21), S. 263. Hier auch über die geringen Vorbedingungen für eine Priesterweihe.
27 Hellmut Rosenfeld, in: Beiträge zur Gesch. der dt. Sprache 91 (1969), S. 104-120.
28 F. v. Krones, in: ADB 44 (1898), S. 124-126.
29 Hellmut Rosenfeld, Philipp Frankfurter, in: Verfasserlexikon d. dt. Lit. des MAs, 2. Aufl. 2 (1980) Sp. 817-820.
30 Vgl. Hrubý (s. Anm. 13), S. 68ff.; 209ff.
31 Hrubý, S. 204ff.
32 So auch G. Jungbluth, in: Wirkendes Wort 18 (1968), S. 153: es sei mit zwei Fassungen des AB zu rechnen. K. J. Heilig (in: WDF 143, S. 139, Anm. a) übersetzte "neuerdings verfaßt", bezog das auf die Erstfassung und leugnet ausdrücklich eine neue Bearbeitung.

Randzeichnungen im Missale von Amiens (1323).

Danse macabre des femmes (1499).   Fabliaux-Hs. (13. Jh.).

Spielkarte Karls VI. von 1392.

Pariser Totentanz von 1424 (nach Marchant, 1485)

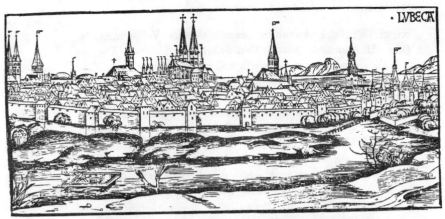

DAS REDENTINER OSTERSPIEL — EIN LÜBECKER OSTERSPIEL!

Das sogenannte Redentiner Osterspiel verdankt seinen Namen dem Schlußvermerk *Finitus est iste rycmus anno domini* MCCCCLXIIII *sequenti die Elisabethae in Redentyn* in der Karlsruher Handschrift, der einzigen, die den Text bringt. In der Annahme, damit sei die Vollendung der Urschrift gemeint, suchte Carl Schröder in seiner Ausgabe (1893) den Verfasser in Redentin und glaubte ihn in Peter Kalff zu finden, der 1465 als *magister curiae Redentin* erwähnt wird. Unter dem Namen Peter Kalff führt auch das Verfasserlexikon des deutschen Mittelalters das Redentiner Osterspiel auf. Ob aber Peter Kalff bereits 1464 in Redentin weilte, ist ungewiß, denn in den Urkunden wird 1450, 1456 und 1457 ein Georgius, 1466 ein Hinric Grusenberch als Hofmeister genannt. Noch zweifelhafter ist, ob dieser *hovemester to Redentyn broder Peter Kalff* jemals die Feder geführt hat, denn die Verwaltung dieses Gutshofes wird von dem Doberaner Kloster doch wohl keinem Schriftgelehrten, sondern einem Fachmann, einem Bauern, anvertraut worden sein. Dieser mag sogar ein Laienbruder, sicherlich aber kein Gelehrter und Dichter gewesen sein. Die Handschrift enthält aber vor der Niederschrift des Osterspieles einen gelehrten lateinischen Traktat über das Thema, inwiefern Christus mit der Sonne verglichen werden könne, und an das Osterspiel schließt sich dann noch ein von der gleichen Hand geschriebenes Gedicht 'O crux, spes unica' an. Mag nun ein Redentiner Hofmeister oder ein Geistlicher die Niederschrift vorgenommen haben: der Schreiber dieser Handschrift kann keineswegs als Verfasser des Osterspieles angesehen werden. Mit Recht hat Willy Krogmann in seiner Textausgabe (1937) darauf hingewiesen, daß die vorliegende Fassung so manchen sinnentstellenden Schreibfehler enthält. Dies läßt schließen, daß der Schreiber nach einer von anderer Hand geschriebenen Vorlage arbeitete. Das Datum kann sich nach allgemeiner Schreibgewohnheit nur auf die Vollendung dieser Abschrift, nicht aber auf die Vollendung der Dichtung selbst beziehen.

Die Verfasserschaft Peter Kalffs ist also gänzlich unbewiesen, die Entstehung der Dichtung in Redentin ungewiß. Gleichwohl hält auch Krogmann die Abfassung der Dichtung in Redentin für wahrscheinlich, weil die Insel Poel erwähnt wird. Poel aber liegt in der Nähe von Redentin, sie trennt die Wismarer von der Lübecker Bucht. Aber genügt diese

Ortsangabe, um die Dichtung in Redentin zu lokalisieren? In neueren Zeiten mag es vorkommen, daß in der Stille eines Dorfes ein Drama entsteht. Die mittelalterlichen Dramen sind aber kein solches Spiel der Phantasie, sondern stets für bestimmte Aufführungen zusammengestellt. Es ist aber ausgeschlossen, daß dieses kleine Dorf, das nicht einmal eine Kirche besaß, sondern zum Kirchspiel Neuburg gehörte, sich die Kosten und Umstände einer so umfangreichen Aufführung, wie sie dies Osterspiel darstellt, hätte leisten können und wollen. Auch ist die ganze Sphäre des Redentiner Osterspieles eine großstädtische. Nicht nur daß der Morgen, wie ihn der Wächter (Vers 766 ff.) schildert, nicht mit Hahnenschrei und Kuhgebrüll und anderen Geräuschen eines erwachenden Bauernhofes beginnt, sondern nur mit dem Füttern der Schweine durch *unser börger megede* (769). Auch die ganze Schar von Handwerkern vom Schneider, Bäcker, Knochenhauer und Heringshändler bis zum Krämer und Scheuermann (Schiffsentlader) spiegelt deutlich eine Großstadt, und zwar eine Seehafenstadt wider!

Wenn man schon an dem durch den Namen *Redentin* und die Insel Poel beschriebenen Umkreis festhalten wollte, käme als Entstehungsort der Dichtung nur Wismar in Frage, aber auch diese Möglichkeit verflüchtigt sich. Denn es ist gegen alle Psychologie eines mittelalterlichen geistlichen Dichters, daß er bei der einzigen genauen örtlichen Anspielung statt des eigenen Ortsnamens den einer fernen Nachbarstadt eingesetzt haben sollte! Wird doch weder Redentin noch Wismar im Dramentext erwähnt, aber der Teufel schickt seine Boten ausgerechnet nach Lübeck, um die Seelen der Krämer, Wäger, Knochenhauer, Scheuermänner, Gastwirtinnen, Bäcker, Fleischer, Schuhmacher und Mönche in die Hölle zu holen. Der Sinn kann doch nur der sein, den eigenen Beichtkindern ins Gewissen zu reden und ihnen gewissermaßen die Hölle heiß zu machen. Nur wenn die Aufforderung Luzifers an seine Teufel (1297), sich aus Lübeck bei dem dortigen großen Sterben schleunigst die Seelen der einzelnen bürgerlichen Standesvertreter zu holen, in Lübeck selbst zur Aufführung kam, konnte sie ihre unmittelbare Wirkung auf das Publikum ausüben, eine unmittelbare Einbeziehung des Theaterpublikums in die Handlung, wie sie für das spätmittelalterliche Drama selbstverständlich war. Wir müssen deshalb unbedingt Lübeck als Entstehungs- und Aufführungsort des sogenannten Redentiner Osterspieles ansehen, sofern dem nicht zwingende Gründe widersprechen sollten!

Der einzige, gegen die Entstehung in Lübeck geltend zu machende Grund ist aber die Erwähnung der Insel Poel. Wir müssen diese Frage deshalb im einzelnen prüfen. Es handelt sich um die Wächterszene am Grabe Christi (Vers 195 ff.). Die beiden Engel, die vom himmlischen Jenseits kommen, um das Grab zu öffnen, werden in den Augen der Küstenbewohner zu phantastisch schnellen Seefahrern, die in einem kleinen Boote von weither über die wilde See dahergefahren kommen. Der Wächter auf seinem hohen Wachtturme sichtet das Boot (206 ff.) „zwischen Hiddensee und Möne", also in unendlicher Ferne zwischen Südseeland und Rügen auf hoher See, aber die Grabwächter wollen erst geweckt sein, wenn das Boot *bi Poele* ist (212). Poel muß also, so schließt Krogmann daraus, für die Wächter eine ausgesprochen nahe gelegene Örtlichkeit sein, und dies passe nur für Redentin. Dazu ist zu sagen, daß Poel die ganze Wismarer Bucht zum Meere zu abriegelt, dem Beobachter in Redentin oder Wismar also den Blick nach dem offenen Meeresarm, vor allem in Richtung auf Hiddensee und Möne, völlig versperrt. Wer dies anschaulich vor Augen hat, würde von einem in Sicht kommenden Boote niemals sagen können, es sei *bi Pöele*, also in der Nähe von Poel, sondern nur *vor Pöele*. Wenn aber ein schnellfahrendes Boot vor der Insel Poel auftaucht, so ist es unmittelbar vor dem Ufer, und für Verteidigungsmaßregeln ist es dann wahrhaftig zu spät! Das aber ist doch gerade der Sinn: die Grabwächter wollen sich rechtzeitig genug wecken lassen, um noch alle Verteidigungsmaßregeln zu treffen.

Wen se sint bi Poele kann nur heißen: wenn sie längsseits von Poel sind, und dies ist in den alten Seebüchern die ständig wiederkehrende Formel, um den Seefahrern in den der Küste vorgelagerten Inseln Markierungspunkte für ihren Fahrtweg und die Wasserverhältnisse zu geben. Poel war aber nicht nur als solch Küstenmarkierungspunkt und als einzige Insel am Wasserweg dazu geeignet, den Anfahrtsweg der Engel und ihre Entfernung von Lübeck zu bezeichnen. Darüber hinaus war Poel aufs engste mit Lübeck verflochten, da das Lübecker Domkapitel durch Heinrich den Löwen den gesamten Zehnten der Insel und ein Dorf geschenkt bekommen hatte, das Lübecker Heiliggeiststift vier Dörfer auf Poel besaß und außerdem eine ganze Menge Lübecker Bürger auf dieser fruchtbaren Insel Besitzungen hatte. Poel war also in Lübeck jedermann und in jeder Beziehung wohlbekannt. Während von Redentin aus gesehen Poel nordwestlich, Hiddensee aber in entgegengesetzter Richtung liegt, geht eine gerade Fahrstraße zwischen Hiddensee und Möne an Poel vorbei die Travemündung hinein nach Lübeck. Natürlich ist der Blick faktisch durch die leichten Windungen der Trave versperrt und eine Sicht in solche Weiten auch von einem hohen Turm aus nicht möglich. Aber wie in der bekannten Weihnachtslegende von Selma Lagerlöf in der Christgeburtsnacht die Sibylle vom Kapitol aus bis in den Stall von Bethlehem zu schauen vermag, so erweitert sich für den mittelalterlichen Dramendichter in dieser Auferstehungsnacht der Blick in ungemessene Weiten. Der Turmwächter sieht auf gleiche wunderbare Weise wie die legendäre Sibylle in einer Entfernung von über 200 km den Nachen mit den himmlischen Boten auftauchen, und wir hören gleichsam, wie der Bug ihres Wunderbootes in rasender Eile die wilden Wasser durchfurcht. Die kluge Voraussicht der Menschen wird vor solchem Wunderschiff und seiner rasenden Eile zuschanden. Zwar wollen die Wächter sich wecken lassen, wenn das Boot bei Poel, also etwa 40 km vor Lübeck ist, aber auch das ist viel zu spät für die Blitzeseile der Himmelsboten, und in den Schlaf der lässigen Wächter tönt der Gesang, der das Wunder der Auferstehung begleitet. So eröffnen die realistischen Angaben über das Nahen des wunderbaren Engelbootes den Bewohnern der Seestadt Lübeck in der sinnlich-anschaulichen

Weise des Spätmittelalters den Blick für das übersinnliche Wunder der Auferstehung! Mag derjenige, der sich das Osterspiel im November 1464 in Redentin abschrieb, ein von Doberan auf den Redentiner Klostergutshof entsandter Mönch gewesen sein oder nicht, gedichtet hat er es nicht und gedichtet kann es nur in Lübeck sein! Es liegt nahe, das Massensterben zu Lübeck, das Vers 1295 ff. erwähnt wird, als eine Anspielung auf den Schwarzen Tod aufzufassen, der seit Pfingsten 1464 wieder einmal in Lübeck und dem ganzen Küstengebiet reiche Ernte hielt. Als die Pest ein Jahr vorher in Basel, Straßburg, Speyer, Meißen und Sachsen wütete und damit schrittweise der Küste immer näher kam, erneuerte man in der Marienkirche in Lübeck den alten, vielleicht schon verblichenen Totentanz, gewiß in dem geheimen Gedanken, durch diese Bildmagie die immer näher rückende Gefahr bannen zu können. Damals entstand ein Totentanz, der zum ersten Male in die alte, sehr verhaltene Form die Standessatire einfließen ließ und besonders die Sünden der bürgerlichen Stände anprangerte: wir spüren hier die Einwirkung der Teufelszenen des Osterspieles! Als dann trotz allem der Schwarze Tod Pfingsten 1464 seinen Einzug in Lübeck hielt und sein erbarmungsloses Morden begann, muß ein Lübecker Geistlicher einen ihm vorliegenden Osterspieltext selbständ'g umgearbeitet haben. Unter dem Eindruck der Unbußfertigkeit seiner von der Pest überraschten Beichtkinder baute er die Teufelszenen, die sonst etwa 150 Verse zählen, zu einer großen 950 Verse fassenden Satire auf die bürgerlichen Stände und Handwerker Lübecks aus und zu einer furchtbaren Drohung mit den Schrecken der Hölle. Der Dichter selbst oder ein Freund mag die Handschrift des eben entstandenen Osterspieles auf der Flucht vor der Pest nach Neuburg, dem Kirchdorf von Redentin, mitgenommen haben, wo Lübecker Bürger seit 1331 Besitzungen hatten. Hier borgte es sich jener Geistliche aus, der seine 12 Seiten zählende Abschrift am 20. November in Redentin vollendete. Wenn es nicht ein Doberaner Cistersienser war, so vielleicht ein vor der Pest aus Wismar entflohener Geistlicher. So greifen alle äußeren und inneren Umstände lückenlos ineinander und erhärten, daß Lübeck die Heimat dieses Osterspieles ist, das man deshalb statt 'Redentiner' lieber 'Lübecker Osterspiel' nennen sollte!

MÜNCHEN.   HELLMUT ROSENFELD.

NACHTRAG: POEL ALS LANDMARKE VOR LÜBECK

Der Wächter weckt v.205-210 die Grabhüter, als er fern zwischen den Inseln Hiddensee und Moene einen Mastkorb mit zwei Leuten auftauchen sieht. Er wird angewiesen, erst wieder zu wecken, wenn das in der wilden See nahende Schiff "bi Pöle" ist(v. 411). Wagners Seefahrtsspiegel von 1589 zeigt uns noch, daß die frühe Seefahrt immer landnah blieb und sich an alten "Landmarken" orientierte. Der linke Rand der Karte zeigt, offensichtlich auf Grund alter Tradition, als Landmarken "Luberg tho", also zur Lübecker Bucht, den Turm von Ouwevaer, den von Boeckhooch, dann den Kirchturm der Lübecker Bürgern gehörigen Insel "Poelandt" und weitere weniger markante Landmarken zur Lübecker Bucht und in der Ferne die Türme des wehrhaften Lübeck. Mit "bi Pöle" wird also eindeutig die Einfahrt zum dreitürmigen Wismar längsseits gelassen, aber deutlich eine wichtige Landmarke kurz vor der Einfahrt in die Lübecker Bucht notiert

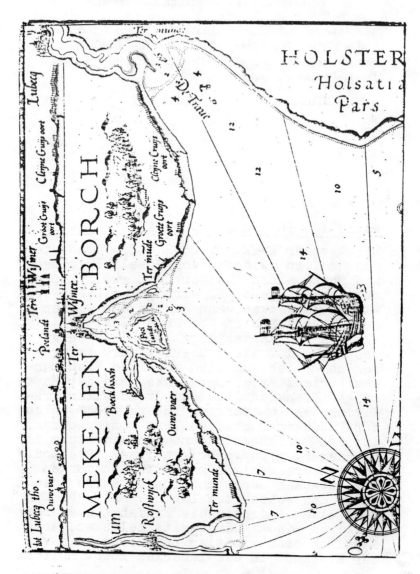

WAGNER, L.J.: SPIEGEL DER SEEFAHRT.
AMSTERDAM: CLAUSSOHN 1589
THEIL 2, KARTE 41.

BILDERBOGEN VON CHRISTUS UND DER
MINNENDEN SEELE (1500)
MÜNCHEN STB, EINBLATTDR III, 52 (35,5 × 26,5 cm)

Westfälischer Bilderbogen (1430).

DER MITTELALTERLICHE BILDERBOGEN

Neuere Forschungen lassen deutlich werden, daß die einschneidendste Wandlung im Mittelalter, die man im großen ganzen mit dem Übergang zur Gotik gleichsetzen darf, eine Wendung vom Objektiv-Sakralen, Symbolischen zum Subjektiv-Psychologischen ist. Im kirchlichen Kult treten an die Stelle verschlossener Reliquienschreine und Hostienkapseln verglaste Schaugefäße, Ostensorien und Monstranzen. Der Wunsch, die Reliquien unverhüllt zu sehen, der Wunsch, die Stätten der Heiligen wallfahrtend zu schauen, die Wallfahrt zu bestimmten Gnadenbildern: all das zeigt die Bedeutung, die man jetzt der heilbringenden Schau beimißt[1]. Das Anschauen der heiligen Hostie gilt geradezu als Ersatz für die Kommunion selbst. Das Anschwellen des Marienkultes ordnet sich als eine Versinnlichung des Religiösen diesem Zug der Zeit ebenso ein wie die neuen ikonographischen Themen der Kunst und der Strom der Mystik mit seinem Bestreben nach subjektivem Erleben des Heiligen. Selbst das Wunderwerk der Kathedrale konnte in subtilen Einzelinterpretationen ihrer Vor- und Frühformen letztlich auf den Wunsch nach Versinnlichung des Übersinnlichen zurückgeführt werden[2]. Die Tendenz zur Versinnlichung und Veranschaulichung ist nur als ein Emporsteigen volkstümlicher Elemente in den geistigen Bereich zu verstehen. Wenn sich bewahrheitet, daß dieses volkstümliche Bestreben nach Versinnlichung sich zuerst und vornehmlich auf ursprünglich keltischem Boden durch-

[1] ILDEFONS HERWEGEN, Kirche und Seele, Münster 1926; ANTON L. MAYER, Die heilbringende Schau in Sitte und Kult. In: Heilige Überlieferung, Festschr. f. I. Herwegen, Münster 1938, S. 234—62.
[2] HANS SEDLMAYR, Die Entstehung der Kathedrale, Zürich 1950.

setzt, so wäre das ein Hinweis, wie stark die Nachwirkung eines Substrates noch nach vielen Jahrhunderten ist.

Dieses Streben nach heilbringender Schau, nach Versinnlichung und subjektivem Erleben war auch der Nährboden für die mittelalterlichen Bilderbogen, Blätter, auf denen Text und Bild eine innige Gemeinschaft eingingen, wo das Bild als Versinnlichung des Intelligiblen, das Intelligible als sprachliche Form des Visuellen erscheint. Während das Buch, auch wenn es illustriert ist, höhere Ansprüche an den Leser stellt, war der Bilderbogen mit seinen wenigen Schriftzeilen jedem entzifferbar und verständlich, der nur die primitivsten Lesekenntnisse hatte. Deshalb ist die Bilderbogenliteratur die Literatur weitester Volkskreise, eine Massenkunst, die in die kleinste Stube oder Klosterzelle hineinfinden konnte.

Als Massenware für den Alltag weiter Kreise waren die Zeugnisse der mittelalterlichen Bilderbogenliteratur ganz anders dem Verschleiß anheimgegeben als umfangreichere Werke. Wenn größere Dichtungen und Prosawerke abgeschrieben und verbreitet wurden, so geschah dies oft genug garnicht, um einem wirklichen Lesebedürfnis nachzukommen, sondern vielfach war es, wie bei den Goldschnittklassikern des 19. Jh.'s, der bibliophile Wunsch des Sammlers, der Wunsch, das zu besitzen, wovon alle sprachen. Der Bilderbogen wurde nicht gesammelt. Waren die Pergamentbogen vom Gebrauch abgegriffen und verwischt, so wurde das Material anderen Zwecken dienstbar gemacht; soweit aber bereits Papier dafür verwendet wurde, so war die Haltbarkeit sowieso eine begrenzte. Es ist deshalb nicht verwunderlich, daß sich Bilderbogen des 13. und 14. Jh.'s nur ganz vereinzelt erhalten haben — wer hätte auch nur etwas von den Bilderbogen seiner Jugend gerettet? Die große Menge der Einblattdrucke des 15. Jh.'s, die meist durch Einkleben in Bücher auf uns gekommen sind, nötigt aber zu der Erkenntnis, daß dieser Kleindruckware eine nicht weniger umfängliche und vielfältige handschriftliche Ware vorangegangen sein muß, so, wie dem Briefdrucker der Briefmaler vorangegangen ist. Die alte Bezeichnung 'Briefmaler' hat sich als zunftmäßige Bezeichnung der Bilderbogenfabrikanten sogar weit in die Neuzeit hinein erhalten. Das zunftmäßige Handwerk des Briefmalers aber konnte sich erst entwickeln, nachdem illustrierte Einblätter, Andachtsbilder und Bilderbogen durch klösterliche und städtische Schreibstuben eingebürgert waren und eine stetig steigende Nachfrage danach entstanden war.

Wahrscheinlich hat die lehrhafte Spruchdichtung verhältnismäßig früh in die Einblattproduktion hineingefunden, wie denn eine Fixierung des mündlich Vorgetragenen in der Tendenz eines auf Schau und Versinnlichung gerichteten Zeitalters lag. Bisweilen hat dann ein eifriger Sammler den Text solcher Einblätter in eine Sammelhandschrift übernommen. So sind einer Breslauer Handschrift zwischen das Hohelied des Brun von

Schonebeck und Konrads Goldne Schmiede verschiedene solcher Einblattexte eingefügt, darunter zwei Strophen Reinmars von Zweter über das Idealbild des Mannes aus verschiedenen Tiergliedmaßen und als Gegenstück Strophen über das Idealbild der Frau[1]. Die Vorlage war offensichtlich illustriert, und ein Ausläufer dieser illustrierten Einblätter hat Ulrich von Hutten zu seinem 'Vir bonus' inspiriert, ein anderer ähnlicher Bilderbogen mit mittelniederdeutschem Prosatext wurde mit Bild in einer Hannoverschen Handschrift kopiert[2]. In die gleiche Sphäre gehört das älteste illustrierte Einblatt, das sich erhalten hat. Es ist ein Papierblatt in Folioformat (28,7 ×20,6 cm) aus dem Ende des 14. Jh.'s, das links Zaunkönig, Adler, Falke, Habicht und 'Blafuoz' (eine Falkenart) abbildet, rechts in einem 'Vogelspruch' die Tugenden eines guten Herren preist[3]. Die flüchtige Zeichnung sowie die Anpreisung eines *blades*: *der hort* am Schluß erweist, daß wir es hier bereits mit einer massenhaft angefertigten Werkstattware zu tun haben. Die erwähnte Breslauer Handschrift enthält auch die Verse eines illustrierten Einblattes über die Gestalt eines Amor carnalis, und zwar in deutscher und lateinischer Sprache. Die lateinischen Verse sind wahrscheinlich der Begleittext, den das Amorbild im 13. Jh. in klösterlichen Kreisen bekam, die deutschen Reime wurden dann im 14. Jh. hinzugefügt, als das Einblatt für weitere Kreise kopiert wurde. Ein 1475 gedruckter Holzschnittbogen[4] überliefert uns das dazugehörige Amorbild und die deutschen Reime in etwas gewandelter Gestalt, und in Brants Narrenschiff (Kapitel 'Von der Buhlschaft') und bei Hans Sachs (Werke, hsg. von A. v. Keller 4,307) finden wir ebenfalls Anklänge daran und damit willkommene Zeugnisse für die Kontinuität dieses Einblattes vom 13. bis zum 16. Jh.

Sebastian Brant knüpft aber nicht nur an solche von Spruchgedichten begleiteten Bildblätter an. Sein Narrenschiff (1494) ist vielmehr die Aufschwemmung eines mehrteiligen Bilderbogens, wie er im 'Achtnarrenblatt'[5], 'Acht Schalkheiten' und anderen Produkten vorliegt[6]. Das Achtnarrenblatt, dessen kurze Reime noch in einer Anzahl von Brants Kapiteleingängen widerklingen, bestand aus acht in zwei Reihen übereinander angeordneten Szenen und hatte eine Größe von 25×40 cm in Breitformat, also fast die Größe zweier Folioblätter. Im Unterschied zu den illustrierten

---

[1] Brun v. Schonebeck, hsg. v. A. Fischer, Tübingen 1893, S. XXXIIf.; 381ff.
[2] H. Rosenfeld, Das deutsche Bildgedicht, Leipzig 1935, S. 26f.
[3] Graph. Sammlg. Köln, Miniaturen d. 14. Jh.'s Nr. 109; der Text abgedr. durch Hansjörg Koch, PBrBeiträge 58 (1934) S. 265—67, der das Blatt irreführend als 'Gedichtkonzept' bezeichnet.
[4] M. L. Schreiber, Manuel de la gravure sur bois, Berlin 1893, VI, pl. XII.
[5] F. Zarncke, Zur Vorgeschichte des Narrenschiffes. Serapeum 1868, S. 49ff. u. (Fortsetzung) Leipzig 1871.
[6] Die 8 Schalkheiten, hsg. v. E. A. Butsch, Nürnberg 1873; Narrenkönigblatt, zu erschließen aus Nürnberger Holzschlüssel, abgeb. Anzeiger f. Kunde d. dt. Vorzeit N. F. 6, S. 413ff.

Sprucheinblättern, bei denen das Schwergewicht auf dem Text lag, haben wir hier einen mit Spruchbändern versehenen Bilderbogen vor uns: jede der acht Figuren hält ein Spruchband mit einem Reimpaar in Händen. Können wir solche Narrenbilderbogen auch nicht vor dem 15. Jh. nachweisen, so ist der Darstellungstyp, d. h. die Figur, die ein Reimpaar in Ichform auf einem Spruchband trägt, ein Erzeugnis des 13. Jh.'s. Bis dahin hat man bei mittelalterlichen Gemälden und Miniaturen Programmtituli, d. h. Verse, die den Inhalt des Bildes kurz wiedergeben. Im 13. Jh. beginnt man, der Bildfigur ein Spruchband mit Versen in Ichform beizugeben. Zugrunde liegt die antike Buchrolle, die im Mittelalter das Attribut der Apostel und Propheten blieb. Schrieb man zunächst auf diese Buchrolle den Anfang des von dem betreffenden Propheten verfaßten Buches zur Kennzeichnung, so deutete man dies später als Wiedergabe seiner mündlichen Äußerung und übertrug die nicht mehr verstandene Buchrolle als Spruchband auf andere Figuren und auch auf profane Darstellungen (Vf. a. a. O. S. 17ff.). Wo der Ernst oder die Übersichtlichkeit der Szene durch die Spruchbänder gestört würde, nahm man das Spruchband aus dem Bildgeschehen heraus und setzte es über die Bildfigur, so daß das Bild und das zu jeder Figur gehörige Reimpaar sich deutlich voneinander abheben und erst beim Betrachten miteinander verbunden werden. Dieser Schritt war schon getan, als die vielfigurigen Totentanzbilderbogen und die Bilderbogen von 'Christus und der minnenden Seele' entstanden.

Im allgemeinen sind nur Totentanzwandbilder und Totentanzbücher bekannt. Aber beide, Wandbilder wie Bücher, haben als gemeinsame Vorlage den Totentanzbilderbogen, der den Totentanzreigen in zwei Reihen übereinander darbot. Der einzige vollständig erhaltene Totentanzbilderbogen entstammt allerdings bereits der Buchdruckzeit. Es ist eine prachtvoll bemalte Ausgabe der Dance macabre mit den meist nach dem Verleger Anthoine Vérard benannten Holzschnitten. Dieselben Holzschnitte und Druckstöcke, die Pierre Le Rouge 1490 für diese Bilderbogenausgabe benutzte, sind dann 1492 durch Gilles Coustiau und Jean Menart für ihre Buchausgabe verwandt, nur den Erfordernissen des Buches gemäß umgestellt und um zwei kleine Gedichte und ein Kolophon vermehrt. Diese wohl von vornherein für den König bestimmte Bilderbogenausgabe von 1490 ergab einen bedruckten Streifen von 50 ×190 cm, also ein Vielfaches der Größe des Achtnarrenblattes (25 ×40 cm). Man war deshalb genötigt, den Streifen aus 3 verschiedenen Stücken zusammenzukleben. Das vorliegende Pariser Exemplar besteht aus drei Papierbogen (je 50 ×75 cm) und einem vorgeklebten Pergamentblatt, das auf der rechten Hälfte das prachtvoll bemalte Wappen des Königs enthält. Der Bogen ist zum Format 50 ×37 gefaltet, so daß die freien

Hälften des Pergamentblattes und des dritten Papierbogens eine Schutzhülle bilden.[1] Mag das große Format mit dem Zweck als Prachtausgabe zusammenhängen, der Druck als zweireihiger Bilderbogen wäre nicht erfolgt, wenn dies nicht die hergebrachte Verbreitungsweise des Totentanzes gewesen wäre. Zweifellos wollte der König die berühmte Dance macabre in der traditionellen Form besitzen. Seine Bibliothekare sahen sich genötigt, den unförmigen Bilderbogen zu einem Großfolio-Format zusammenzufalten, um ihn zwischen den anderen Büchern der königlichen Bibliothek im Schlosse Blois unterbringen zu können.

Auch der venetianische Totentanzbilderbogen von 1500 wurde, nach dem erhaltenen Teil zu urteilen, aus 6 Teilen zusammengeklebt und muß dann eine Größe von 47,5 ×120 cm gehabt haben. Aber nicht nur die gedruckten Totentanzbilderbogen zeigen solche stattliche Größe. Das handschriftlich hergestellte westfälische Totentanzfragment von ca 1440 besteht aus einem ungleich beschnittenen Pergamentblatt (20×21×18,5× 21,5 cm) und muß einem etwa 45×150 cm großen Bilderbogen entstammen. Da auch der Pergamentbilderbogen des 'Defensorium inviolatae virginitatis Mariae'[2] in der Ambraser Sammlung 56,6×84,4 cm groß ist, ein Pergamentbilderbogen des 13. Jh.'s aus Vercelli 60 ×180 cm[3], so sehen wir, daß die Totentanzbilderbogen im Format nicht über das Mögliche oder Übliche hinausgehen. Neben solchen großen Totentanzbogen wird es gewiß auch kleinere, weniger sorgfältig ausgeführte gegeben haben, die in der Größe mehr dem zwanzigteiligen Bilderbogen der Minnenden Seele (26,5 ×35,5 cm) entsprachen.

Wenn die illustrierten Einblätter in der Art des Vogelspruches als Kleinliteratur und Massenware ihren Absatz gefunden haben werden, so können doch so umfangreiche Bilderbogen wie die oben genannten nicht in gleicher Weise als Massenware angesehen werden. Wir haben es dabei vielmehr mit ursprünglich für klösterliche Konvente bestimmten Bogen zu tun, die mit ihren Bildern und lateinischen oder landessprachlichen Texten den Predigern als anschauliche Unterlage für Predigt und Seelsorge dienen sollten. Der älteste Totentanzbilderbogen ist wahrscheinlich im Würzburger Dominikanerkloster entstanden und von hier zu den anderen Dominikanerklöstern gewandert, zunächst mit lateinischen, dann mit deutschen Versen[4]. Daß sich dann auch Weltpriester und interessierte Laien Kopien anfertigen ließen, versteht sich von selbst, ebenso, daß

---

[1] Die Buchausgabe von 1492 änderte nicht nur die Anordnung der Holzschnitte, sondern bei Nr. 25—27 auch die Reihenfolge und umfaßt einschließlich der oben erwähnten Zutaten 24 bedruckte Seiten im normalen Buchformat 25 × 18 cm.
[2] J. Schlosser, Jahrb. d. kunsthistor. Samml., Wien 23 (1902) S. 287ff.
[3] Schlosser a. a. O. S. 302ff.
[4] Vgl. H. Rosenfeld, Der mittelalterliche Totentanz, Köln 1954 (Beihefte z. Archiv f. Kulturgeschichte 3).

diese Bilderbogen weiter als Malvorlagen für Wandgemälde und Glasfenster dienen konnten.
In den Recordi des Trevisaner Patriziers Olivier Forzetti von 1335 wird von 'deutschen Tüchern' gesprochen, die als Vorlage für die Glasfenster des Franziskanerklosters dei Frari zu Venedig dienten. Sie wurden von dem Maler Magister Marcus kopiert und an die Franziskaner zu Treviso gesandt und dienten hier als Vorlage für Wandgemälde, während ein anderer Minorit die Vorlage dieser Tücher auf Pergament besaß[1]. Neben Pergamentbilderbogen haben wir hier also solche auf Seidentuch, wie es denn besondere Rezepte zur Herstellung solcher bemalten Tücher gab. Da Forzetti den Ausdruck 'deutsche Tücher' gebraucht — noch Dürer schickte Raffael auf Tücher gemalte Proben seiner Hand —, so muß diese transportable Art von Malvorlagen als ein besonderes Charakteristikum der Deutschen gegolten haben. Bereits aus dem 13. Jh. besitzen wir eine italienische Pergamentrolle, auf der die schadhaft gewordenen Wandbilder der Basilica St. Eusebio zu Vercelli mit ihren lateinischen Hexametern kopiert waren; das Umgekehrte, Bilderbogen als Malvorlagen für Gemälde und Glasfenster, war vielleicht, wie der Bilderbogen überhaupt, eine deutsche Erfindung, während Miniaturhandschriften häufiger als Malvorlagen für Monumentalmalerei nachzuweisen sind[2]. Jedenfalls aber waren es die neu entstandenen Bettelorden, Franziskaner und Dominikaner, die dem aus dem Volk emporsteigenden Bedürfnis nach Versinnlichung und Anschaulichkeit am stärksten nachgaben und den Bilderbogen pflegten, der dann — wie die italienischen Beispiele und die Totentanzwandbilder in Deutschland und Frankreich bezeugen — auch als Vorlage für Wandbilder und Glasgemälde diente.

Im Dominikanerorden wurde der Bilderbogen alsbald in den Dienst der Mystik gestellt, die ja mit ihrem Hang zu visionärer Schau der bildlichen Anregung am meisten bedurfte. Im Bereich der Mystik wird der Bilderbogen kleiner und intimer: er wandert aus dem Klosterrefektorium oder den Klosterkreuzgängen in die einzelne Zelle hinein. Er muß sich kleiner und billiger geben, um Besitztum der vielen von der Mystik Berührten werden zu können: der Bilderbogen der Minnenden Seele mißt trotz seiner 20 Szenen nur noch 35,6 ×26,5 cm!

Welche Rolle der Bilderbogen im Leben der Mystiker spielte, ersehen wir beispielhaft aus mystischen Selbstzeugnissen. So sendet Heinrich von Nördlingen 1334 und 1335 der Nonne Margarete Ebner verschiedene *wol gemalet brief*, und Margarete erzählt, wie das Jesuskind eines dieser Bilderbogen in der Nacht lebendig wird, sie umhalst und

---

[1] J. SCHLOSSER, Jahrb. 19 (1898) S. 240ff.
[2] J. SCHLOSSER, Jahrb. 17 (1896) S. 13ff.; 23 (1902) S. 336.

küßt[1]. Die Nonne Christina Ebner in Engelthal bekommt im Traum durch einen Engel einen Brief (Bilderbogen) gezeigt, auf dem allerlei Orden und die liebeskranke Seele abgebildet waren[2]: so sehr erfüllt der kleine mystische Bilderbogen die Phantasie der Mystikerinnen, daß ihre Träume davon überfließen!

Wichtiger noch sind die genauen Angaben, die sich bei dem Dominikaner Heinrich Seuse finden[3]. In seiner Jugend läßt er sich auf einem Pergament die Ewige Weisheit in minniglicher Gestalt entwerfen. Diesen Bilderbogen nimmt er 1324 mit nach Köln auf die Hohe Schule und setzt ihn in seiner Zelle ans Fenster: offensichtlich soll er hier transparent wie ein gotisches Kathedralfenster auf geheimnisvolle visionäre Weise Gott vergegenwärtigen. Dann bringt er den Bilderbogen wieder mit heim und *verwürkt* ihn in seine Kapelle, sei es, daß er ihn dort als Andachtsbild aufhängt, sei es, daß er ihn wie andere seiner Entwürfe als Vorlage für Wand- und Deckenmalereien benutzen läßt. Andere Bilder, die er durch einen Maler an die Wände der Kapelle malen läßt, sendet er mit ihren lateinischen Texten an seine geistliche Tochter Elsbeth Stagel, also offensichtlich schickt er ihr den Bilderbogen, den der Maler als Vorlage benutzt hatte. Elsbeth brachte die lateinischen Texte in deutsche Reime, und gewiß wird sie nicht versäumt haben, den Bilderbogen nun mit deutschem Text zu vervielfältigen und an andere Nonnen weiterzusenden. Wir sehen also die Rolle des Bilderbogens als Malvorlage und Andachtsbild sowie seine Verbreitung von Kloster zu Kloster, erst mit lateinischem, dann — dem Verständnis breiterer Kreise angepaßt — mit deutschem Text.

Die Bedeutung des Bilderbogens für die Mystik, die wir bei Heinrich von Nördlingen und Seuse unmittelbar und beispielhaft sehen, ist bisher nicht genügend gewürdigt. In einer Sammelhandschrift des 1488 verstorbenen Basler Dominikaners Stephan Irmy sind auf dem freien Rand einiger Blätter nicht weniger als drei Variationen des Bilderbogens von der kreuztragenden Minne festgehalten, indem das Bild des Bilderbogens in lateinischer Sprache beschrieben wird und dann die deutschen Reime dazu vermerkt werden[4]; es sind die gleichen Reime, die dann, zu einem Wechselgespräch vom Klosterleben erweitert, öfters variiert in mystischen Handschriften des 15. Jh.'s vorkommen[5]. Den Bilderbogen von 'Christus

---

[1] PH. STRAUCH, Margarete Ebner und Heinrich von Nördlingen, Freiburg 1882, S. 190, 192, 201.
[2] G. W. L. LOCHNER, Christina Ebners Leben und Gesichte zu Engelthal, Nürnberg 1872 (Hs. 89, f. 53).
[3] Lebensbeschr. Kap. 20 u. 35, sowie Zusätze z. Briefbüchlein, vgl. Dt. Schriften, hsg. v. K. BIHLMEYER, Stuttgart 1907, S. 60, 103, 106, 107, 396ff.
[4] Basler Hs. A. IX. 2, Bl. 180 u. 239v, vgl. G. BINZ, Die dt. Hss. d. öff. Bibl. d. Univ. Basel, 1907. I, S. 118 u. 122f.
[5] Vgl. R. BANZ: Christus und die Minnende Seele, Breslau 1908, S. 3ff., 253ff.; EL. BENARY, Liedformen d. dt. Mystik im 14./15. Jh. Diss. Greifsw. 1936, S. 83; ferner München Cgm 837, Bl. 237f. H. ROSENFELD, Kreuztragende Minne, Verfasserlex. 5 (1954).

und die minnende Seele' aus dem 14. Jh. können wir in seinen 20 Szenen aus Holzschnittbogen und Fragmenten sowie aus textlich aufgeschwellten Lehrgedichten des 15. Jh.'s rekonstruieren. Das von BANZ[1] herausgegebene Buchgedicht der Minnenden Seele stellt den Szenen des Bilderbogens eine Eingangsszene voraus, deren erste beiden Reimpaare (*Ich leg mich in mîn bettlîn guot, her Jesus hab mich in sîner huot*) als Nachtgebet in die Reihe der christlichen Segen gehören und gewiß illustriert als gesondertes Blatt verbreitet waren. Ein entsprechendes Bild findet sich einer Münchner Prosahandschrift 'von der Gemahelschaft Christi' Cgm 1454 unorganisch eingegliedert. Die von BARTSCH herausgegebene 'Minnende Seele' enthält unorganisch eine Prosastelle: *Darumb daz du dinen wiln kerst ze mir, so sol gesunt werden in mir din begirde. Here, in diner minne fürsih mich daz ich ewiclichen verstricket werde in dir, wan ich niht selbe kan getuon von mir, ez si denn daz du mich verpindest in den armen der minne.* Es ist nicht schwer, aus dieser Prosa die zugrunde liegenden beiden Reimpaare herauszulesen:

> *Swen du dîn wilen kêrst ze mir,*
> *so sol gesunden dîn begir.*
> *Her, dîner minne vürsihe ich mich,*
> *daz ich êwic verstricket werde in dich!*

Sie korrespondieren mit den beiden folgenden Reimpaaren, die ebenfalls nicht in den Zyklus des Gesamtgedichtes passen:

> *Hie nach dînes herzen ger*
> *binde ich dich ane widerkêr.*
> *Diu êre unde daz lop ist dîn,*
> *ich wil niendert anders sîn!*

Auch hier haben wir die Verse eines Bilderbogens vor uns, dessen Bilder durch die Sätze *Hie erscheint er in den Wolken* und *Hie pint er zu im* angedeutet werden. Es ist ein zweiteiliger Bilderbogen, der an Stelle der 20 Stufen des größeren Bilderbogens nur den Anfang und das Ende des Weges der Minnenden Seele zu Gott wiedergibt: den Anruf des fern in den Wolken thronenden Heilands und die mystische Einung und Bindung, die üblicherweise durch Umarmung wiedergegeben wird. Die zu diesen Bilderbogenversen gehörigen Bilder konnte ich in einem Antiphonar (St. Georgen 5) vom Anfang des 14. Jh.'s wiederfinden, wo sie unorganisch beim officium St. Agnetis am Rande in einer S-Ranke eingefügt sind[2]. Anderseits finden sich beide Bilder etwas variiert und auseinandergerissen in der

---

[1] Die Texte bieten R. BANZ a. a. O. S. 259ff. und K. BARTSCH, Die Erlösung, Quedlinburg 1858, S. 216ff.; zur Datierung und zur Rekonstruktion der Bilderbogen vgl. H. ROSENFELD, Christus und die Minnende Seele, Verfasserlex. 5 (1954) und eine größere Arbeit gleichen Titels, die 1954 erscheinen soll.

[2] Vgl. ALFRED STANGE, Dt. Malerei d. Gotik 1 (1934) S. 39, Abb. 44.

erwähnten Münchner Handschrift Cgm 1454 'von der Gemahelschaft Christi': der zugrundeliegende Bilderbogen war also vom frühen 14. bis zum späten 15. Jh. in mystischen Kreisen bekannt. In ähnlicher Weise lassen sich ein Bildbogenblatt mit der 'minnekranken Seele', ein Klopfan-Blatt (*Ich klopfe an daz herze dîn, tuo ûf, mîn hort und lâ mich în*) und ein ursprünglich wohl einen weltlichen Liebeszauber wiedergebendes Blatt vom Liebesapfel (*Disen apfel soltu mit mir essen und mîner liebe niht vergessen*) aus dem Frühdruck 'Von der innigen Seele' (1502) erschließen. Wahrscheinlich werden sich noch viele sonst unbekannte Bilderbogen und Andachtsblätter auf ähnliche Weise rekonstruieren lassen. Wir decken damit eine Volkskunst und Volkspoesie auf, die selten den ästhetischen Maßstäben standhält, die aber als seelisches Rüstzeug weiter Kreise uns viel tiefere Aufschlüsse über den spätmittelalterlichen Menschen geben kann als manche berühmte Dichtung.

Auf spätmittelalterlichen Gemälden mit realistischem Interieur kann man gelegentlich Bilderbogen oder Andachtsblätter als selbstverständlichen Einrichtungsgegenstand der spätmittelalterlichen Wohnstube finden. Das bekannte Altarbild von St. Wolfgang/Oberpfalz (ca 1450) zeigt ein Pergamentblatt mit dem Schmerzensmann an der Schranktür im Zimmer eines Gelehrten (des Heiligen Lucas)[1]. Das altflandrische Porträt eines jungen Mannes von Petrus Christus (ca 1450) zeigt im Hintergrund an der Wand ein illuminiertes Pergamentblatt mit dem Brustbild Christi und einem Text darunter[2]. Ähnliche Vorstellungen erweckte schon Seuses Bemerkung über den Bilderbogen, der ihn sein ganzes Leben begleitete. Mag in einer Zeit wie der unsrigen, die den 'Verlust der Mitte' zu beklagen hat, das Wandbild rein ästhetischen Zwecken dienen oder noch äußerlicheren Gründen sein Dasein verdanken: im Mittelalter war es zweifellos nicht so. Als der Maler, der Seuses Kapelle ausmalte, an den Augen erkrankte, stieg Seuse auf das Malgerüst, fuhr mit der Hand über die erst in Kohle umrißhaft skizzierten Heiligenfiguren und legte dann die Hand auf die erkrankten Augen des Malers: alsbald gesundete dieser, so fest war der Glaube an die Heilkraft des Bildes. So wenig für Seuse diese Wandbilder nur Schein waren, sondern leibhaftige Vergegenwärtigung des Heiligen, so wenig waren die Bilderbogen des Mittelalters nur Literatur. Nein, die Bilderbogen waren oder wurden magische Hilfen zu heilbringender Schau, sei es, daß sie die minnende Seele die Stufenleiter zur Einigung mit Gott emporführten, sei es, daß sie Segenswünsche in Bild und Wort verkörperten, sei es, daß sie wie die Narrenblätter die Torheiten und Sünden der Welt vertreiben

---

[1] K. Voll, Monatsberichte über Kunstwiss. u. Kunsthandel 1 (1900/01) S. 295f. mit Abb., und Kunstdenkmäler d. Oberpfalz 4, S. 206, Taf. XI.
[2] J. Schlosser, Jahrb. 23 (1902) S. 301.

halfen. Von hier aus finden wir auch den Zugang zur Verbreitung der Totentanzbilderbogen und -wandbilder. Sie waren aus der Vision des Massentodes durch die Pest erwachsen und zunächst eine Mahnung zu rechtzeitiger Buße. Aber sie waren oder wurden zugleich ein Bildzauber, um die Gläubigen vor dem plötzlichen Pesttode zu retten: alle Totentanzbilder des Mittelalters sind unmittelbar vor oder nach Pestkatastrophen gemalt oder erneuert. Wie der Assyrer Sanherib dem Pestgott Smintheus eine Bildsäule errichtete, damit sein von der Pest ergriffenes Heer durch den Anblick des Pestgottes gerettet werde, wie Moses in der Wüste eine eherne Schlange errichtete, damit, wer von giftigen Schlangen gebissen wurde, durch den Blick auf die eherne Schlange gesunde, so wurden alle mittelalterlichen Totentanzgemälde errichtet, um den von der Pest Bedrohten die Gnade heilbringender Schau zu gewähren. Es fließen dabei sicher verschiedene Vorstellungen zusammen. Neben eine rein apotropäische Wirkung (Abspeisung des Todes mit gemalten Opfern) tritt wohl der Opfergedanke (Beteiligung an den Kosten und schauende Beteiligung am Opfergang des Bildes) und endlich der Komplex des Sympathiezaubers: wie etwa Gelbsucht durch Anschauen einer Goldamsel oder eines gelben Krautes geheilt wird, so muß der Anblick des Todes den Tod vertreiben können. Diese verschiedenen Vorstellungskomplexe greifen wohl ineinander und machen die Totentanzwandbilder zu kultisch-magischen Gegenständen heilbringender Schau. Gleiche Abwehrmagie hatten zweifellos die Totentanzbilderbogen und Bilderbücher im Kloster und Privathaus zu erfüllen, so wie hier die kleinen Andachtsbilder die magische Vergegenwärtigung des Heiligen zur Aufgabe hatten, die in den Kirchen durch Glasfenster und Altarbilder geschah. Der mittelalterliche Bilderbogen ist also nicht nur eine Form der Massenverbreitung von Volkskunst und Volkspoesie und damit ein Vorläufer der Volksliteratur des 16. und 17. Jh.'s, er ist nicht nur die Malvorlage zahlreicher Gemäldezyklen, nein, er ist zugleich ein seelenkundlich und volkskundlich nicht zu unterschätzendes magisches Mittel heilbringender Schau und insofern mit der volkstümlichen Glaubenshaltung des ausgehenden Mittelalters aufs engste verbunden.

Venetianischer Bilderbogen (1500).

BILDERBOGEN MIT VOGELSPRUCH

Oberrhein. Handschrift (28,7 x 20,6 cm)
Angeblich um 1400, nach Papierzeichen P
um 1470

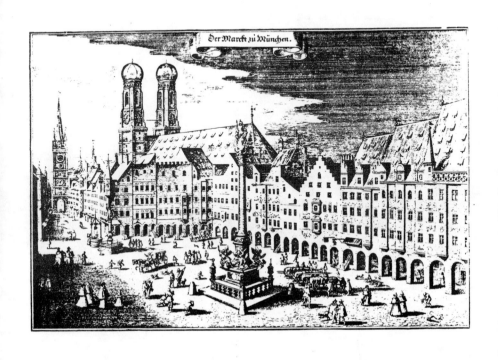

HELLMUT ROSENFELD
ZUR DARSTELLUNG DES EIGENGERICHTS
(PERSÖNLICHES, BESONDERES, EINZEL-GERICHT, JUDICIUM PARTICULARE)
IN DER MITTELALTERLICHEN KUNST UND LITERATUR
-BILDERBOGEN, BUCHILLUSTRATION, VOLKSDRAMA UND HANS HOLBEIN-

Das frühe Christentum lebte vom Glauben an die Parusie, das Wiederkommen Christi zum Jüngsten Gericht (judicium generale), bei dem die Lebenden und die Toten vor dem Richterstuhl des wiederkommenden Christus Rechenschaft über ihre Taten ablegen sollten und zur ewigen Seligkeit begnadigt oder zu ewiger Verdammnis verurteilt werden. Das Apostolische Glaubensbekenntnis, das in vorliegender Form wohl aus dem 5. Jahrhundert stammt, von Karl dem Großen dem Reichsgesetz eingegliedert wurde und noch heute in jedem christlichen Gottesdienst gesprochen wird, hält das im 2. Artikel fest: "Er wird wiederkommen von dort zu richten die Lebenden und die Toten"[1]. Die Bildende Kunst aller Jahrhunderte wurde nicht müde, dieses Endgericht immer wieder neu darzustellen, meist mit Maria und Johannes dem Täufer als vergeblichen Fürbittern für die Schuldigen, mit dem Aufstieg der Beseligten zum Himmel und dem Sturz der Verdammten in die Hölle, oft mit dem Erzengel Michael als Seelenwäger, wobei zunächst die Waagschale mit der guten Seele schwerer wiegt als die Gegenschale, später umgekehrt die Waagschale des Guten leichter ist als die der Schuld[2]. Neben die Darstellungen der Kunst, gipfelnd vielleicht in Michelangelos Sixtinischem Weltgericht 1530/1541, treten seit etwa 1350 zahlreiche Weltgerichtsaufführungen in oder vor der Kirche. Erhalten haben sich die Texte des sogenannten Berliner, Berner, Churer, Donaueschinger, Kopenhagener, Münchner, Schaffhauser, Walenstatter Weltgerichtsspieles[3]. Alle diese Spiele beginnen mit den Posaunenstößen der Engel, die Toten zu erwecken, gipfeln in der Begnadigung der Barmherzigen und der Verdammung der Unbarmherzigen sowie der vergeblichen Fürbitte der Gottesmutter und des Johannes für die Verdammten, und enden mit dem Einzug der Begnadeten unter Führung von Christus, Maria und den zwölf Aposteln in den Himmel. Für jede Aufführung wurde der Text neu durchgearbeitet, umgestaltet, gekürzt oder erweitert. Am umfangreichsten und großartigsten ist das Münchner Weltgerichtsspiel, das in der Woche nach Corporis Christi (2. Juni) 1510 auf dem Münchner Marktplatz unter Anteilnahme der gesamten Münchner Bevölkerung aufgeführt wurde[4]. Es ist der gleiche Platz, wie ihn noch Matthaeus Merian's "Topographia Germaniae" zeigt, nur erhielten die Türme der Frauenkirche im Hintergrund erst 1512 ihre "welschen" Zwiebelhauben und die mächtige Mariensäule in der Mitte wurde erst 1638 errichtet, so daß 1510 der ganze Platz für Aufführungen frei war. Aus den Stadtakten wissen wir, daß ein Zimmermeister mit etwa 40 Arbeitern in acht Tagen der zweiten Maihälfte Bühne und "spilschragen" (also wohl Sitzbänke für Zuschauer) errichtete. Möglicherweise bildete das Haus mit den beiden Erkern und dem Treppengiebel den Hintergrund des Thrones Gottes auf der erhöhten Simultanbühne, gewissermaßen die Fassade des Himmels, so wie in Renward Cysart's Plan der Luzerner Passionsaufführung 1583 auf dem Weinmarkt das erkerreiche "Huß zur Sonnen" als "Himmel" eingezeichnet ist.[5]

Da der Münchner Rat diese Zimmermannskosten bezahlte sowie Zehrkosten für die Verstärkung der vier Torwachen an den Aufführungstagen Anfang Juni, aber keinerlei Unkosten für die Mitspieler verbuchte wie bei den Fronleichnamsspielen der Jahre 1492, 1494, und 1505 auf dem gleichen Platz,[6] wurde die Aufführung wohl voll getragen von der Priesterbruderschaft von St. Peter. Sie wurde 24. Januar 1450 bischöflich approbiert und nahm nachweislich auch Laien, sowohl Brüder wie auch Schwestern, als Mitglieder auf.[7] In der St.Peter-Kirche dicht am Marktplatz, der ältesten Münchner Kirche,[8] haben sich wohl die etwa hundert Mitspieler versammelt, um von dort feierlich auf den Marktplatz und die dort aufgeschlagene Bühne zu ziehen.

Am gleichen Tage, wahrscheinlich unmittelbar vor dem Weltgerichtsspiel, wurde eine ganz andere Moralität aufgeführt, die im Druck als "Figur und Exempel vom Aygengericht und sterbenden Menschen" vorgestellt wird.[9] Das Wort "Eigengericht" ist sonst nirgends belegt, auch nicht in J.A. Schmellers "Bayerischem Wörterbuch" und in der Neuauflage des Grimmschen Wörterbuches.[10] Es ist vielleicht für den Münchner Spieltext geprägt für das, was wir heute mit "persönliches, besonderes oder Einzel-Gericht", lateinisch mit "Judicium particulare" umschreiben. Es meint also das Gericht (im Gegensatz zu "Letztes, Jüngstes, Welt-Gericht" oder "Judicium generale") über jeden einzelnen Menschen unmittelbar nach dem Tod durch Gott selbst und zwar mit sofortiger Begnadung zu himmlischer Herrlichkeit oder Verdammung zu sofortiger ewiger Höllenqual, ein Gericht also, das bei logischem Denken das Endgericht durch Christus am Jüngsten Tage überflüssig machen würde. Der mittelalterliche Mensch dachte nicht so rational, sondern sah die Todesnot des einzelnen und seine Verantwortung vor Gott und das gewaltige Endgericht am Ende aller Zeiten als zwei Seiten desselben Überganges in überweltliche Regionen, bei dem die innerweltlichen Kategorien von Raum, Zeit und logischer Folge ungültig wurden. Die moderne Wissenschaft hat weitgehend die im Glauben und in der Theologie so fest verankerte Existenz des Einzel-Gerichts unbeachtet gelassen. Das Lexikon der christlichen Ikonographie 1968/1976 bringt keinen diesbezüglichen Artikel, und die 2. Auflage des Lexikons für Theologie und Kirche 1957/1967 bietet weder im Text noch im Register ein entsprechendes Stichwort.[11] Um so wichtiger ist, daß das mittelalterliche Publikum von 1510 trotz der großartigen Aufführung des Münchner Weltgerichtsspiels offensichtlich von der stark lehrhaften Moralität vom Einzelgericht weit stärker angesprochen und ergriffen wurde. Denn dieses Eigengerichtsspiel wurde binnen weniger als sieben Wochen bereits am 19. Juli 1510 durch Hans Schobser mit 32 Holzschnitten im volkstümlichen Kleinquartformat voller Eile ausgedruckt und gerade vom Laienpublikum gekauft und zerlesen. Deshalb blieben nur zwei Exemplare erhalten, in London und München; letzteres wurde 1510 für Kloster Tegernsee gekauft und kam erst bei der Säkularisierung 1803 in die Kurfürstlich-Bayerische Bibliothek zu München. So ergreifend auch das Münchner Weltgerichtsspiel das Ende der Welt ausmalte, dem mittelalterlichen Menschen war das Einzelgericht unmittelbar nach dem Tode hautnäher, drängender und wichtiger, und damit die Frage "Wie bekomme ich einen gnädige Gott?". Den Jurastudenten Martin Luther trieb diese Frage 1505 ins Erfurther Eremitenkloster, den Wittenberger Theologieprofessor Martin Luther 1510 zur Reise nach Rom. Die Münchner Einwohnerschaft fand diese Frage ausführlich, gemeinverständlich und klar im

Münchner Eigengerichtsspiel von 1510 beantwortet. Die Holzschnitte des Münchner Eigengerichtsspiel-Druckes von 1510 sind offensichtlich von einem guten Künstler, der auch an der Aufführung teilgenommen hatte, entworfen, vielleicht von dem Hofmaler Jan Pollack, aber etwas zu eilig und primitiv von mittelmäßigen Holzschneidern fertiggestellt.[12] Durch geschickte Mehrfachverwendung konnten die 31 Illustrationsbilder auf zwölf Einzelholzschnitte reduziert werden. Der Doppel-Holzschnitt auf Blatt a IV (Abb.7), 10x15 cm groß, zeigt im großen ganzen das Bühnenbild des Vorspiels und deshalb unten statt des Einzelmenschen die Gesamtheit der bittflehenden Menschheit, im mittleren Teil die zwölf Apostel, wie sie das anschließende Weltgerichtsspiel um den Richterstuhl Christi zeigte. Der oberste Teil bringt wie die Weltgerichtsbilder den von zwei Fürbittern angesprochenen Richter, aber hier ist es außer Maria, die auf ihre Brüste zeigt, die Christus als Kind nährten, statt des Johannes, Christus selbst, der im Hinweis auf seine Wunden Gottes Erbarmen fordert. Anstelle des Holzschnittes mit der Gesamtmenschheit werden an der entsprechenden Stelle des Druckes Einzelholzschnitte mit dem Vollzug des Gottesurteils über die Einzelseele dargeboten, ihre Aufnahme in das Paradies, ihre Einweisung in das Fegefeuer, ihre Ergreifung durch den Teufel (Abb.2). Andere Holzschnitte zeigen den Sterbenden in der Art der "Ars moriendi", umgeben von Priester, Engel, Teufeln auf dem Totenbett, ferner totentanzähnliche Szenen sowie Arme Seelen in Fegfeuerqual (Abb.11c). Sie erinnern, daß Fegfeuer, Armseelenkult, Totentanz[13] und Ars moriendi die Vorstellung des Einzelgerichts durch Gott voraussetzen, ungeachtet dessen, ob die Darstellung dieses Einzelgerichts bereits üblich war!
Ursprünglich glaubte die Christenheit an den Schlummer der Toten bis zur Erweckung durch die Posaunenrufe zum Jüngsten Gericht. Dieser Glaube durchzieht die Zeiten von Kopten, Nestorianern, Tatian ca 170, Laktantius ca 330, Kirchenvater Aphraates ca 340 bis zu Wiedertäufern, Arminianern, Sozinianern und den Adventisten und Ernsten Bibelforschern von heute.[14] Freilich ließen sich manche Bibelstellen gerade im Sinne von Lohn und Strafe unmittelbar nach dem Tod auslegen, so daß, je länger die Wiederkehr Christi sich verzögerte, desto mehr Stimmen sich dafür erhoben. Schon Klemens von Rom 101 betonte, daß Petrus

durch seinen Märtyrertod "an den ihm gebührenden Ort der Herrlichkeit gekommen sei". Aus dieser Sicht entwickelt sich der Glaube, daß alle Märtyrer unmittelbar zu Gott emporsteigen,[15] wie schon Polykarp 155 bezeugt. Dann verfechten Theologen wie Irenäus 200, daß jeder gleich nach seinem Tode die ihm gebührende Stätte erhalte, also auch der Böse. Dementsprechend lehrt Origenes 234 die Zuteilung von Himmelslohn und Höllenstrafe gleich nach dem Tode, und Ähnliches auch Augustinus 430. Dieser Lehre vieler Theologen[15] stellte sich aber die packende Vorstellung von dem Weltenrichter Christus am Ende der Zeiten aus dem zweiten Artikel des Glaubensbekenntnisses und zahlreichen bildlichen Darstellungen entgegen, während der Lehre vom Gericht unmittelbar nach dem Tode anschauliche Vorstellungen zunächst fehlten. Daß man schon in Karolingischer Zeit beide Vorstellungen miteinander vereinen und auch veranschaulichen konnte, zeigt das bairische Stabreimgedicht "Muspilli" von 802/814,[16] das der deutsche König Ludwig der Deutsche für so wichtig hielt, daß er es eigenhändig um 850 in den ihm geschenkten Prachtkodex Clm 14098 hineinschrieb. Während der Schlußteil in Visionen vom Weltuntergang und Weltgericht schwelgt, mahnen die Eingangsverse 1-10, rechtzeitig an den eignen Tod zu denken, an die Todesstunde, in der die Heere des Satans und die des Himmels um die den Körper verlassende Seele kämpfen. Das Gericht nach dem Tode erscheint also in mittelalterlich-ritterlicher Art als eine Art Gotteskampf um das Recht. Im 15. Jahrhundert hat der Bilderzyklus der "Ars moriendi" die Sterbenöte und priesterliche Sterbetröstung noch einmal unter dieser Vorstellung sehr eindrucksvoll gestaltet.[17] Das Schlußbild des Blockbuchs von 1470 zeigt, wie die vom Priester gestärkte Vertrauen auf den gekreuzigten Erlöser die Angriffe der Teufel auf die entweichende Seele vereitelt (Abb.12).

Aber der Kampf zwischen Engeln und Teufeln um die Seele ließ nur Verdammung oder Seligkeit zu, kein der Gerechtigkeit Gottes angemessenes abwägendes Urteil. Erst Läuterungsstrafen neben Begnadung oder Verdammung erweisen einen gerechten göttlichen Richter. Mindestens seit dem 11. Jahrhundert darf der Glaube an das Fegfeuer, über das eine Augustin zugeschriebene Schrift "De igne purgatorio" existiert, als allgemein verbreitet gelten.[18] Der Glaube, daß man den Seelen der Verstorbenen durch Toten-Messen, Gebete und gute Werke helfen könne, ist bereits in unserem Nibelungenliedtext von 1203 nachzuweisen.[19] Damit ist die Geläufigkeit des Glaubens an Läuterungsstrafen erwiesen, wie sie dann das zweite Konzil von Lyon 1274 formuliert[20] und Dantes "Divina Commedia" 1319 in großartiger Vision darstellt. Erst 1336 wird von Benedictus XII. in der Konstitution "Benedictus Deus" das Gericht Gottes gleich nach dem Tode dogmatisch fixiert und in dem Unionsdekret Eugens IV. "Decretum pro Graecis" in Florenz 1438 bestätigt.[21] In diese Richtung paßt auch, wenn Theologen und Kanonisten seit dem 13. Jahrhundert das Recht der Kirche, Ablässe für Verstorbene zu erteilen, verfechten.[22] Freilich sind viele in Gebetbüchern zitierte Ablaßgarantien gefälscht; den ersten nachweisbaren Ablaß für Verstorbene erteilte 1457 Papst Calixtus III. anläßlich eines Kreuzzuges.[23] Gottes Einzelgericht über den Menschen unmittelbar nach dem Tode war also verhältnismäßig früh allgemein anerkannt und stand als lebendige Voraussetzung konsequentermaßen hinter Fegfeuerglauben, Armseelenkult, Totentanzüberlieferung und der Ars-moriendi-Literatur; jedoch unterblieb lange eine richtige Bildgestaltung. Im Gegensatz zum Endgericht und seiner universalen Bedeutung gehört das Einzelgericht in den Bereich persönlicher Frömmigkeit und Glaubenshaltung und damit nicht zur sakralen Großkunst, sondern zur Sphäre von Bilderbogen und Andachtsbild. Ausgangspunkt zur Bildgestaltung bilden Einzelillustrationen zu dem in vielen Sprachen verbreiteten "Speculum humanae salvationis", das etwa 1324 in Straßburg entstand. Hier wird an Marias, zu ihrem Sohn gesprochenen Hinweis auf ihre Brüste, die ihn als Kind nährten (der eigentlich beim Jüngsten Gericht seinen Platz hatte) als eigene Szene angereiht, wie nun Christus seinerseits Gottvater seine Wunden vorweist und um ihretwillen von Gott Erbarmen für die Menschen erheischt. Das ist eine Stufenfolge der Fürbitte, wie sie auch noch das Münchner Weltgerichtsspiel von 1510 bringt. Koepplin nennt dies Bildmotiv "Gnadentreppe".[24] Wenn man beide Szenen vereinte und zu Gottvater, Christus und Maria unten noch den Menschen als bittflehenden Angeklagten hinzufügte, konnte das zum Schema der Einzelgerichtsdarstellung werden. Das Heilbronner Epitaphgemälde für Friedrich

Mengot (1370), 93x71 cm groß, zeigt den Übergang vom Motiv der Gnadentreppe zur Einzelgerichtsdarstellung deutlich (Abb.1). Gottvater ist oben in der linken Ecke eingefügt, aber noch nicht seiner Richterrolle gemäß in den Mittelpunkt der Komposition gerückt. Jedoch verwandeln die Schriftbänder[25] aller Bildpersonen die schlichte bildliche Darstellung des Gemäldes gewissermaßen in eine dramatische Gerichtsszene, der man den Titel von Johann Gersons etwa 1400 entstandener Schrift "Tenor appellationis cuiusdam peccatoris a divina justitia ad divinum misericordiam" geben könnte. Die Verwendung der Schriftbänder zeigt außerdem, daß das große Gemälde Wiedergabe eines handlichen Bilderbogens ist, den man zum Entziffern des Textes beliebig drehen und wenden konnte. Diese Dramatisierung steigert sich in einem Nürnberger, nach 1400 gemalten Bilderbogen, 36x24 cm groß, durch die Vielzahl der Personen und Schriftbänder zu einer regelrechten Gerichtsszene über dem Bett des Sterbenden (Abb.2), wobei die Verwandschaft zur Arsmoriendi-Illustration ins Auge fällt.

Der schwäbsiche Holzschnittbilderbogen von etwa 1495, 35x20,6 cm groß, zeigt Gottvater als thronenden Kaiser mit erhobenem Richterschwert in der Rechten und zugleich als zürnenden Gott mit Pfeilen, Rute und Geißel in der Linken, die Fürbitter vor ihm noch in Form der Gnadentreppe (Abb.3). Jedoch fehlt in dieser Gerichtsszene die Gestalt des Erbarmen suchenden Angeklagten. Er wird vertreten durch das gereimte Fürbittgebet unter dem Holzschnitt. Bei dem schwäbischen Holzschnittbilderbogen von etwa 1480, 26,8x19,7 cm groß (Abb.5), wird das Eigengerichtsmotiv noch weiter reduziert. Zwar fehlt hier der Mitleid erflehende Angeklagte nicht, aber Gottvater wird weggelassen, und Christus weist seine Wunden in dem deutschen Reimpaar nicht dem Richtergott vor, sondern widersinnigerweise seiner Mutter. Der geschäftstüchtige Bilderbogendrucker dachte mehr an die Augengefälligkeit der Darstellung von Mutter und Sohn als an den eigentlichen religiösen Sinn. Aus Norddeutschland sind mir keine Eigengerichtsbilderbogen bekannt geworden, dafür aber im Bremer Dom das Relief-Epitaph des Propstes Friedrich Schulte (1509), also wohl im gleichen Jahr entstanden wie das Münchner Eigengerichtsspiel von 1510 (Abb.4), das Gottvater als thronenden Kaiser mit Reichsapfel und Zepter zeigt. Maria und Christus knien vor ihm in Art der Gnadentreppe, umgeben und überragt von überreicher Symbolik: Kreuz, Martersäule, Essigschwamm, Lanze und ein Engel, der Christus den Märtyrerkranz überbringt. Beim Original, das ich 1983 im Duster des Domes unter der Orgelempore entdeckte, kommt die gutdurchdachte Komposition zu voller Wirkung: Der Tote darf im gläubigen Blick auf Christus und sein Erlösungswerk eines milden Richtergottes gewiß sein! Da die den Heiligen Geist symbolisierende flatternde Taube in ähnlicher Weise Gottvater zugeordnet ist wie auf dem in Abb. 3 wiedergegebenen, auch sonst kompositionell verwandten Holzschnittbilderbogen von 1495, könnte der Bremer Bildhauer einen solchen Bilderbogen auf Wunsch des Bestellers benutzt und selbständig umgearbeitet haben. In Süddeutschland sind diese Eigengerichtsbilderbogen gewiß viel häufiger gewesen, als bisher nachweisbar war. Einen der bisher unbekannten und verschollenen können wir aus dem doppelten Reflex, den er hervorgerufen hat, weitgehend eindeutig eruieren. Gerade daß er diesen doppelten Reflex hervorrief, sonst aber zerlesen und verloren wurde, beweist, daß hier das Einzelgericht eine einprägsame und eindrückliche Gestaltung gefunden hatte. Hans Holbeins des Älteren Votivbild des Ulrich Schwarz, 87x76 cm groß (Abb.8), galt früher als Epitaphbild für den 1478 hingerichteten Augsburger Bürgermeister dieses Namens,[26] ist aber, wie aus der Autobiographie von dessen Enkel Matthäus Schwarz hervorgeht, erst 1508 gemalt. Das Bild zeigt unter Gottvater und den beiden Fürbittern, wie wir jetzt wissen,[27] in Wirklichkeit den Sohn des Hingerichteten, den Augsburger Weinhändler Ulrich Schwarz (1449-1519) zusammen mit siebzehn Söhnen, darunter den erwähnten Matthäus, mit seinen drei Ehefrauen und vierzehn Töchtern. Zur Anfertigung dieser 35 Porträts erhielt der berühmte Porträtmaler Holbein den Auftrag, und diese Virtuosenleistung macht den kunstgeschichtlichen Wert dieses Gemäldes aus. Als ich vor vier Jahren mich mit dem Münchner Eigengerichtsspiel zu beschäftigen begann und zufällig wieder einmal das Augsburger Schaezler-Palais besichtigte, fiel mir erst in die Augen, daß das Holbeinsche Gemälde dem Typus nach zu den Eigengerichtsdarstellungen gehört. Zweifellos hat der Besteller einen ihm zugekommenen Eigengerichtsbilderbogen Holbein übergeben mit dem Auftrag, in Art des Bilderbogens das Votivbild zu malen, das ihm für den Todesfall (der erst 11 Jahre später eintrat) einen gnädigen Gott beim Einzelgericht sichern sollte. In dieses Heilsbegehren schloß er auch seine damals noch lebenden 31 Kinder sowie seine drei Ehefrauen ein. Holbein hat sicherlich den ihm vorgelegten Eigengerichtsbilderbogen ziemlich getreu kopiert, wie ja auch die deutlich lesbaren Schriftbänder wahrscheinlich machen. Ihre schlichten deutschen Reime stehen in der Tradition der lateinischen und deutschen Texte der älteren Bilderbogen dieses Motivs; neu ist nur die Erwähnung von Gottes Richterschwert. Holbein dürfte sie wörtlich aus seiner Vorlage übernommen haben; sie seien hier wiedergegeben:

1. Vater, sich an mein wunden rot,
   hilf den menschen aus aller not
   durch meinen bittern tod!

2. Her, thun ein dein schwert, das du hast gezogen
   und sich an die brist, die dein sun hat gesogen!

3. Barmherzigkait will ich allen den erzaigen,
   die da mit warer reu von hinnen schaiden!

Die Haltung und Gebärde der drei heiligen Personen und den Text ihrer Schriftbänder hat Holbein also vermutlich von seiner Vorlage übernommen, aber anstelle des bittflehenden knienden Einzelmenschen des Bilderbogens auftragsgemäß das Porträt des Stifters und seiner vierunddreißigköpfigen Familie eingesetzt. Den gleichen Bilderbogen, der Holbein 1508 als Vorlage diente, benutzte auch der Verfasser des Münchner Eigengerichtsspiels von 1510 als Vorlage und Anregung, das göttliche Gericht und das Verhalten im Leben und beim Sterben an verschiedenen Beispielen in einer Art Moralität zu erörtern. Holbeins Gemälde (Abb.8) und der in Abb. 7 abgebildete Holzschnitt des Druckes von 1510 stimmen in der Haltung und Gebärde fast völlig überein. Insbesondere ist die Gebärde des Schwertziehens, die in den sonst bekannten Eigengerichtsbilderbogen nicht begegnet, aber im Schriftband der Maria bei Holbein für die Vorlage bezeugt ist, ein wichtiges Indiz für die gemeinsame Vorlage. Der Text des Münchner Eigengerichtsspiels zählt 1848

Verse,[28] ist also im einzelnen sehr viel ausführlicher, natürlich auch in der den Bilderbogenschriftbändern entsprechenden Fürbittszene. Trotzdem klingen die Schriftbandverse hier und da an. Auf das Schwert nimmt Gott selbst v. 105 Bezug "Ich wird aufziehen das schwert der gerechtigkait....", Maria fordert wie in Holbeins Schriftband v. 154 f. zwar nicht Gott, sondern Christus auf "Sich an die prüst, die du ...gesogen". Christi Schriftbandverse klingen im Spieltext wieder, wenn Christus v. 166 Gott auffordert "Sich an mein wunden, angst und pein", und Gott v. 115/188 antwortet: "Wo er sich bekert von sünden grob...so will ich im helfen auß aller not." Die lapidare Kürze der Schriftbandverse, die Holbein aus dem verlorenen Bilderbogen übernahm, ist im Münchner Eigengerichtsspiel für das ergriffen lauschende und die Handlung mit den Augen erlebende Publikum ausführlich und unmißverständlich aufbereitet. Die dazwischengeschalteten erläuternden Gespräche zwischen dem voll im Leben stehenden Kaufmann und dem Seelsorger haben zusätzlich dazu beigetragen, daß die Nachfrage nach dieser Anweisung zu richtigem Leben in der Welt und zu heilssicherem Sterben, wie dargetan, so stark war.

Das an sich so eindrucksvolle und den Sterbenden mutgebende Bildmotiv, das Holbein 1508 aus dem verlorenen Bilderbogen übernommen hatte, verwandte auch Hans Holbein der Jüngere noch für den Titelrahmenholzschnitt eines Missale Speciale des Baseler Druckers Thomas Wolff, März 1521, 26,9x18,2 cm groß (Abb.6). Auch hier zieht Gottvater das Schwert wie im Gemälde von 1508, erscheint aber mit Kaiserkrone und Prachtgewand und in Wolken gehüllt in der oberen Rundung eines prächtigen Renaissanceportals, an dessen Vordersäulen sich die beiden Fürbitter lehnen. Wie die Darstellung der Armen Seelen im Fegfeuer unten in den Ecken zeigt, ist dabei weniger an das Einzelgericht gedacht als an Totenmessen zur Linderung der Fegfeuerqual. Ob der 1497 in Augsburg geborene, aber seit 1514 in Basel weilende Holbein das Augsburger Gemälde seines Vaters von 1508 in Erinnerung hatte oder dessen Vorlagebilderbogen benutzte, kann unentscheiden bleiben.

Auch im Holbeinschen Gemälde von 1508 ging hinsichtlich der verstorbenen Ehefrauen die Bitte um ein barmherziges Einzelgericht über in eine Fürbitte für Arme Seelen im Fegfeuer. Genauso schließt das

Münchner Eigengerichtsspiel von 1510 an die Vorführung verschiedener Einzelgerichtsfälle an den Hilferuf der Armen Seeln im Fegefeuer an und die Mahnung an die Lebenden, ihre Qual lindern zu helfen. Sicher ist Hilfe und Fürbitte für Arme Seelen eine naheliegende und legitime Möglichkeit, sich der Fürbitte der Heiligen und des Erbarmens Gottes beim Eigengericht würdig zu erweisen. Der Illustrator des Münchner Eigengerichtsdruckes von 1510 hatte die Leistungen der Nachlebenden für die Armen Seelen und ihre Wirkung nicht ungeschickt veranschaulicht durch eine Kanne kühlen Nasses, die der Engel über die in Fegfeuerflammen Leidenden ausgießt (Abb.11c, 10x6,5 cm groß), ein nachfühlbarer Vergleich. Andernorts hat der Wunsch, diesen Armseelentrost noch stärker zu betonen und zu symbolisieren, zu einer Umgestaltung des eigentlichen Eigengerichtsmotives geführt. So sehen wir auf dem Titelholzschnitt zu dem von A. van Berghen in Antwerpen 1509 gedruckten "Der zielen troost", 15,5x15 cm groß (Abb.9), den fürbittenden Christus einen Blutstrahl aus seiner Wunde und Maria aus ihrer Brust einen Strahl ihrer Muttermilch in den Kelch spritzen, der von dem Engel über die Armen Seelen zur Linderung aus ihren Feuerqualen ausgeschüttet wird. Daß eine spätere Bernhard-Legende in einer Vision des Heiligen die Gottesmutter mit einem Milchstrahl aus ihrer Brust seine Lippen netzten läßt, die sogenannte lactatio,[29] rechtfertigt nicht die hier vorgeführte und geradezu blasphemische Mischung des Erlöserblutes im Kelch der Eucharistie mit der Muttermilch der Gottesmutter. Man versteht durchaus Martin Luthers Entrüstung: "Aber ich mag Marias Brüste noch Milch nicht, denn sie hat mich nicht erlöset und selig gemacht." (WA 46, S. 663). Noch 1605 veranlaßte dieser unangemessene Auswuchs der Marienverehrung Carolus Soribanius zu einem lateinischen Spottgedicht über die Mischung von Christi Blut mit Marias Muttermilch.[30] Der Baseler Theologieprofessor Johannes Oekolampadius ließ im Gegensatz zu solcher Verfälschung des überkommenden Eigengerichtsbildmotivs auf dem Titelrahmenholzschnitt zu der von ihm bei Andreas Cratander in Basel 1524 herausgegebenen Evangelienerklärung Theophylacts Holbein (statt des 1521 noch von ihm gegebenen traditionellen Eigengerichtsmotivs) jetzt Gottvater als fernen Himmelsgott mit der Weltkugel und umgeben von Engelschören darstellen und vor ihm jetzt Christus allein knien als einzigen Fürbitter, Mittler und Erlöser.[31]

Diese Abkehr vom Eigengerichtsdarstellungsmotiv war eine bewußte Reaktion auf die blasphemisch übersteigerte Marienverehrung und ist symptomatisch für die Herauskehrung der konfessionellen Gegensätze. Luther hatte 1519 noch der "lieben Heiligen Fürbitt" und Anrufen bejaht (WA 2, S. 70); 1523 erst sprach er sich wegen der Mißbräuche für Ausrottung des Mariendienstes aus (WA 11, S. 61). Philipp Melanchthons, zu den Bekenntnisschriften der evangelischen Kirche zählende "Apologie" von 1531 bejaht ausdrücklich die Lobpreisung der Heiligen und ihre Anrufung als Fürbitter, verwirft aber ihre Anbetung als Helfer, Mittler und Versöhner, die ja entgegen ursprünglicher christlicher Dogmatik zuerst vom Kirchenvolk praktiziert und dann von der Kirche stillschweigend geduldet wurde.[32] Da dieser Unterschied dem Kirchenvolk schwer klarzumachen war, verschwanden entgegen den evangelischen Bekenntnisschriften die Heilige ganz aus dem evangelischen Kult, und die in die Defensive gedrängte katholische Kirche gab auch ihrerseits in Kontroversen verwickelte, und angezweifelte Bildmotive und Aspekte auf, darunter das hier behandelte Bildmotiv vom Eigengericht des sterbenden Menschen (aber natürlich nicht den Glauben an das Einzelgericht unmittelbar nach dem Tode).

Ich habe hier für das Bildmotiv den Ausdruck gebraucht, der beim Druck für im Titel des Münchner Spieles verwandt wurde. Daß dieses Wort "Eigengericht" nicht in den allgemeinen Wortschatz aufgenommen wurde erweist, daß der große Eindruck dieser Münchner Aufführung, zu der man natürlich von weit her kam, durch die stürmischen Ereignisse der Zeit bald verblaßte. In den Jahrzehnten um 1500 wurde allenthalben beim Denken an den eignen Tod nach Nothelfern, Fürsprechern und Rezepten für eine "ars bene moriendi" gesucht. Aber auch in der Geschichte der Frömmigkeit verschieben sich oftmals den zeitgeschichtlichen Aspekten zufolge die Akzente. Hundert Jahre früher hatte der Saazer Magister und Schulmeister Johannes de Sitbor bei der Begegnung mit dem Tod ganz anders reagiert. Nach meiner These von 1980 hat der eben aus Paris heimgekehrte Magister beim Tode der Mutter dem Vater eine lateinische Erörterung über die Naturnotwendigkeit des Todes in Form einer scholastischen Disputation und in lateinischer Sprache gewidmet. Beim Tode der eignen Gattin 1401 machte er zu eignem Trost aus der scholastischen Deduktion ein deutschsprachiges Wortkunstwerk. Die wissenschaftliche Erörterung des Problems wird zu einer leidenschaftlichen Anklage gegen den ordnungswidrigen Tod, die Gott als Herr der Welt schlichtet:

"Klager, habe ere, Tod, habe sige, seit jeder mensche das leben dem Tode, den leib der erden, die sele uns pflichtig ist zu geben."

Nach diesem Schiedsspruch Gottes geht der Blick des Autors zu Gott als Richter der Seele nach dem Tode. In an das "Buch der Liebkosungen" angelehnten Wortbildern wird Gottes Wesen und Macht umrissen und dann um Begnadung der Seele der verstorbenen Gattin gebeten. Dieser Beter braucht keine Nothelfer, Fürbitter, Garanten, er ist sich in der Intensität seines Leidens des Erbramens Gottes gewiß: darauf lag damals der Akzent. Doch auch im Münchner Eigengerichtsspiel von 1510 steht hinter dem vordergründigen, zürnenden Gott (Abb.7) der erbarmende Gott im Hintergrund (auf der kleineren Abb. 10), eine Akzentverschiebung nicht nur zwischen Prager Frühhumanismus und bairisch-schwäbischer Volksliteratur, sondern auch zwischen zweckfreier Selbstaussprache des Individuums und zweckgebundener Anleitung für die Praxis der Menge.

1 Josef Neuner/Heinrich Ross: Der Glaube der Kirche in den Urkunden
   der Lehrverkündigung, 5. Aufl. hrsg. von Karl Rahner.
   Regensburg 1958, S. 443.
2 Lexikon der christl. Ikonographie 4 (1972) Sp. 145.
3 Über diese Texte einzeln Hellmut Rosenfeld in: Verfasserlexikon
   der Dt. Lit. des Mittelalters, 2. Aufl., Bd. 1 ff.,
   Berlin, New York 1978 ff.
4 Hellmut Rosenfeld: Münchner Weltgerichtsspiel, in: Verfasserlex. 6
   (1987); Textausgabe, hrsg. von Rolf Bergmann (in Vorbereitung).
5 Hans Heinrich Borcherdt: Das europäische Theater im Mittelalter
   und in der Renaissance. Leipzig 1935, S. 13, Abb. 7
6 Otto Hartig, Münchner Jahrb. f. Bildende Kunst 3 (1926)
   S. 66 f., Nr. 337, 349, 387, 452.
7 Kopialbuch 1450-1640, Bl. 20, 1481, im Stadtarchiv München.
8 St. Peter, Mutterkirche der hier westlich der Isar gelegenen
   Orte, wurde von delegierten Schäftlarner Mönchen verwaltet und
   hieß deshalb "ze den Munichun". Das wurde auch zur Benennung des
   Marktes, den Heinrich der Löwe 1158 bei der Isarbrücke anlegte.
   Vgl. H. Rosenfeld, in: R. Schützeichel: Gießener Flurnamen-
   Kolloquium. Heidelberg 1985, S. 343 f.
9 Hellmut Rosenfeld: Münchner Eigengerichtsspiel, im: Verfasserlex. 6 (1987); Text in Joh. Bolte: Drei Schauspiele vom sterbenden Menschen/Stuttgarter Liter. Verein 269/270, 1927, S. 1-62.
10 Grimm's Deutsches Wörterbuch 3 (1882) Sp. 97 bringt jedoch "Eigen-
    gericht = Gericht über Eigenhörige" ohne Quellenangabe.
11 Beim "Letzten Gericht" (Bd. 4, Sp. 728-737) wird das Besondere
    Gericht S. 732 und 735 nur beiläufig erwähnt.
12 Hellmut Rosenfeld: Das Münchner Eigengerichtsspiel von 1510, Hans
    Schobsers Druck von 1510 und seine Illustrationen von Jan Pollack,
    in: Gutenberg-Jahrbuch 1982, S. 225 - 233.
13 Hellmut Rosenfeld: Der mittelalterliche Totentanz, Entstehung,
    Entwicklung, Bedeutung. Köln, Wien ^{1}1954, ^{2}1968, ^{3}1974,
    S. 44 ff.
14 Hierzu und zum Folgenden M. Premm: Kathol. Glaubenskunde Bd. 4
    (Wien 1983) S. 548 ff.

15 Hellmut Rosenfeld: Legende. 4. Aufl. Stuttgart 1982, S. 23.
16 Helmut de Boor/R. Newald: Geschichte der dt. Lit. 1 (^{8}1971)
   S. 53 - 57; Text bei Karl Müllenhoff/W. Scherer: Denkmäler dt.
   Poesie und Prosa aus dem VIII. - XII. Jahrhundert, 3. Aufl.
   Bd. 1 (1892) S. 7 - 15.
17 Hellmut Rosenfeld: Die Ars moriendi im Wettstreit zwischen
   Kupferstich- und Holzschnittkunst. In: Aus dem Antiquariat
   1986, H. 3, S. A 127 - 130; Ders.: Ars moriendi. In: Lexikon des
   gesamten Buchwesens, 2. Aufl. 1 (1986) 145 f.
18 Karl Rahner: Fegfeuer, in: Lex. für Theol. u. Kirche, 2. Aufl. 4
   (1966) Sp. 51 - 54; neuerdings Jacques LeGoff: La naissance du
   porgatoire. Paris 1981.
19 Hans-Adolf Klein: Erzählabsicht im Heldenepos und im höfischen
   Epos (GAG 226) Göppingen 1978, S. 108 ff.
20 Klein, a.a.O., S. 112.
21 Heinrich Denzinger: Enchiridion symbolorum definitionum et
   declaratio num de rebus fidei et morum. Editio 34. Freiburg
   1967, S. 857; 1002; 1304.
22 L. Höde: Ablaß, in: Lex. f. Theol. u. Kirche 2. Aufl. 1
   (1957) Sp. 46 - 54.
23 Hellmut Rosenfeld: Die Münchner Gebetsrolle Clm 28961,
   Zur Buch- und Frömmigkeitsgeschichte des 15. Jahrhunderts. In:
   Gutenberg-Jahrbuch 1970, S. 48-56 bzw. S. 54 ff.
24 Dieter Köpplin: Interzession, in: Lex. der christl. Ikonographie 2 (1970) Sp. 346 - 352; Ders.: Spätmittelalterl. Glaubensbilder, in: Martin Luther in und die Reformation in
   Deutschland, Ausstellung im Germ. Nationalmuseum Nürnberg.
   Frankfurt am Main 1983, S. 334-352 (hier auch Abb. 1-3, 5,
   6, 9 dieses Aufsatzes).
25 Hellmut Rosenfeld: Schriftband. In: Lexikon der christl. Ikonographie 4 (1972) Sp. 125 f.
26 Hubert Janitschek: Geschichte der deutschen Malerei.
   Berlin 1889, S. 274 f. (nebst Abb.).
27 Hans Holbein der Ältere und die Kunst der Spätgotik, Ausstellung im Augsburger Rathaus. Augsburg 1965, S. 89, Nr. 44;

der richtige Stifter wurde bereits eruiert in Zeitschrift für
bildende Kunst 22 (1857) Kunstchronik, Sp. 711.

28 Textausgabe in: Johannes Bolte: Drei Schauspiele vom sterbenden Menschen (Bibl. des Liter. Vereins Stuttgart 269/270)
1927, S. 1-62; Kommentierte Faksimile-Ausg., hrsg. von
Hellmut Rosenfeld (in Vorbereitung).

29 Christel Sqarr: Bernhard von Clairvaux. In: Lexikon der christl.
Ikonographie 5 (1973) Sp. 371-385 bzw. 377 f - Dagegen zeigt
sich eine unbekümmerte volkstümliche Verehrung der Mütterlich-
keit, wenn der alte Brunnen vor der katholischen Kirche zu Groß-
gmain bei Bad Reichenhall eine Rücken an Rücken zusammengewachsene
Doppelskulptur Marias aus ihren vier entblößten Brüsten das Wasser
herausspritzen läßt.

30 Textabdruck in Luneberg Mushard: Monumenta nobilitstis antiquae
Bremensis et Verdensis. Bremen 1708, S. 472.

31 Dieter Koepplin: Spätmittelalterl. Glaubensbilder (s. Anm. 24)
S. 340 f. und Abb. Nr. 454.

32 Rosenfeld: Legende (s. Anm. 15) S. 28 ff.

33 Hellmut Rosenfeld: Der Ackermann aus Böhmen - scholastische Dis-
putation von 1370 oder humanistisches Wortkunstwerk von 1401?
Zur Literatur im dreisprachigen Böhmen des Spätmittelalters. In:
Jahrbuch für Internationale Germanistik, Reihe A, Bd. 8, 3
(1980) S. 295-301; Ders.: Der Ackermann aus Böhmen. Von scho-
lastischer Disputation zum spätmittelalterlichen Volksbuch. In:
Festschrift für Felix Karlinger, Wien 1980 (Raabser Märchen-
Reihe 4) S. 161-170; Ders.: Johannes de Sitbor, der Tkadlecek
und die beiden Ackermannfassungen von 1370 und 1401. In: Die
Welt der Slaven 26 (1981) S. 102-124.

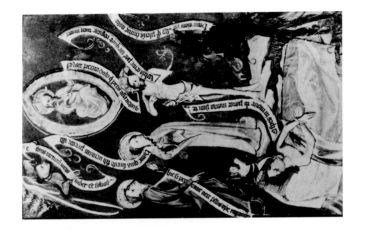

Abb. 1

Heilbronner Epitaphgemälde für Friedrich Mengot + 1370 (93 x 71 cm)

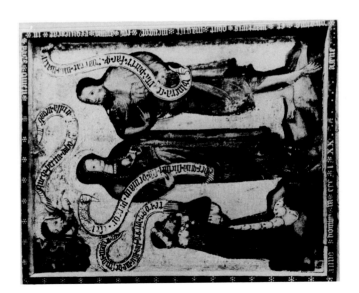

Abb. 2

Handgemalter Nürnberger Eigengerichts-bilderbogen, nach 1400 (36 x 24 cm)

Abb. 3
Schwäbischer gedruckter Bilderbogen
ca. 1495 (26,5 x 19,7 cm)

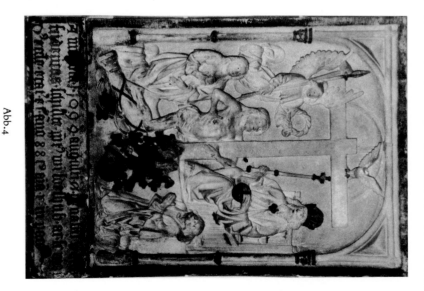

Abb. 4
Bremer Epitaph für Propst Friedrich Schulte + 1509
Foto: Karl-Hinrich Heuschert

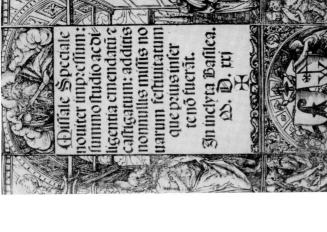

Abb.6
Titelrahmen-Holzschnitt von Hans Holbein d.J.
von 1521 (26,9 x 18,2cm)

Abb.5
Schwäbischer Holzschnitt-Bilderbogen
ca.1480 (26,8x19,7cm)

Abb. 7
Münchner Eigengerichtsspiel, 1510, Bl. a IV (15 x 10 cm)

Abb. 8
Augsburger Votivbild für Ulrich Schwarz, gemalt von Hans Holbein, 1508
(87 x 76 cm)

Abb. 9
Antwerpener Titelholzschnitt von "Der Zielen Troost", 1509
(15,5 x 15 cm)

Abb. 10
Münchner Eigengerichtsspiel, 1510, Bl. c V
(Holzschnitt 8,5 x 6,5 cm)

MÜNCHNER EIGENGERICHTSSPIEL, 1510

Abb. 11 a
Seele umkämpft cIV (6,3 x 8,4cm)

Abb. 11 b
Zum Fegfeuer verurteilt fII (6,5 x 10,2)

Abb. 11 c
Armseelen im Fegfeuer g III (6,4 x 10,3)

Abb. 12
Ulmer Arsmoriendi-Blockbuch von 1470, Holzschn. XI (21 x 15,5 cm)

BIBLIOGRAPHIE

der Veröffentlichungen von Hellmut Rosenfeld

1935 - 1987

1935

1. *Das deutsche Bildgedicht, seine antiken Vorbilder und seine Entwicklung bis zur Gegenwart. Aus dem Grenzgebiet zwischen bildender Kunst und Dichtung. (Teildruck, mit Inhaltsangabe auch im Volldruck nicht enthaltener Teile) Phil. Diss. Berlin 1935. Weimar 1935 (64. S.).

2. *Das deutsche Bildgedicht, seine antiken Vorbilder und seine Entwicklung bis zur Gegenwart. Aus dem Grenzgebiet zwischen bildender Kunst und Dichtung. (Palaestra 199) Leipzig: Mayer & Müller 1935 (VIII, 272 S.). (Vgl. Nr. 372).

3. Das römische Bild des Todes im "Ackermann". ZfdA 72 (1935) S. 241 - 247 (Wiederabdruck im Festgruß 1977).

4. C.F. Meyers "Nach einem Niederländer" und das Problem künstlerischer Gestaltung. GRM 23 (1935) S. 467 - 470.

5. Jahresbericht "Zeit der Romantik" 1932. JahresberLit NF 12 (1935) S. 185 - 219.

1936

6. Porträt und Urbild, ein epigrammatisches Motiv von der Antike bis zur Gegenwart. Archiv 169 (1936) S. 165 - 175.

7. Nordische Schilddichtung und mittelalterliche Wappendichtung, ihre Beziehung zum griechischen Schildgedicht und ihre literarische Auswirkung. ZfdPh 61 (1936) S. 232 - 269.

8. Jahresbericht "Zeit der Romantik" 1933. JahresberLit NF 13 (1936) S. 118 - 146.

9. Rez. Behaghel, O.: Odal, 1935, in: Archiv 170, S. 268.

10. Rez. Emrich, W.: Paulus im Drama, 1934, in: ZfdPh 61, S. 105 - 108.

11. Rez. Haessler, L.: Old High german biteilen and biskerien, 1935, in: Archiv 170, S. 268

12. Rez. Heun, H.G.: Der Satzbau des jungen Goethe, 1930, in: Archiv 170, S. 138.

13. Rez. Hohes Lied, St. Trudperter, hg. H. Menhardt, 1934, in: Archiv 170, S. 269.

14. Rez. Hoppe, W.: Das Bild Raffaels in der dt. Lit. von der Zeit der Klassik bis zum Ausgang d. 19.Jhs, 1935, in: Archiv 170, S. 270 - 271.

15. Rez. Naumann, H./G. Weydt: Herbst des Minnesangs, 1936 in:
    Archiv 170, S. 270 - 271.

16. Rez. Neumann, H.: Das Lob der Keuschheit, ein Lehrgedicht von
    Joh. Rothe, 1934, in: Archiv 170, S. 238 - 239.

17. Rez. Paul, A.: Der Einfluß Scotts auf die epische Technik
    Th. Fontanes, 1934, in: ZfdPh 61, S. 449 - 451.

18. Rez. Schneider, Th.: Der intellektuelle Wortschatz Meister
    Ekkeharts, 1935, in: Archiv 170, S. 137 - 138.

19. Rez. Schröbler, I.: Wikingische und spielmännische Elemente im
    2. Teil des Gudrunliedes, 1934, in: Archiv 170, S. 268 - 269.

20. Rez. Schurig, W.: Das Prinzip der Abstufung im dt. Vers, 1934,
    in: Archiv 170, S. 266 - 267.

21. Rez. Suge, W.: St. Simonismus und Junges Deutschland, 1935, in:
    ZfdPh 61, S. 206 - 207.

22. Rez. Walther, E.: Verluste auf dem Gebiet der mdh Lyrik, 1933,
    in: Archiv 170, S. 137 - 138.

23. Rez. Wolfdietrich I, Der echte Teil des Wolfdietrich der Am-
    braser Handschrift, hg. H. Schneider, 1931, in: Archiv 170,
    S. 269 - 270.

1937

24. Sternbeobachtung und Himmelsgloben in alter Zeit. Der Sterne 17
    (1937) S. 88 - 89.

25. Jahresbericht "Zeit der Romantik" 1934. JahresberLit NF 14
    (1937) S. 121 - 145.

26. Rez. Blenkinskop, E.S.: Bürgers originality. 1936, in: Archiv 171,
    S. 113.

27. Rez. Boyd, J.: Füetrers Parzival, material and sources, 1936, in:
    Archiv 172, S. 115 - 116.

28. Rez. Goetz, S.M.P.: The concept of nobility in german didactic
    literature of the 13. century, 1935, in: Archiv 172,
    S. 114 - 115.

29. Rez. Gudde, E.G.: Social conflicts in medieval German poetry, 1934,
    in Archiv 172, S. 115.

30. Rez. Haag, K.: Werbung für die allgemeine Sprachbaulehre, 1936,
    in: Archiv 171, S. 106.

31. Rez. Hese, E.E.: Die Jagd Hadamars von Laber, 1936, in: Archiv
    172, S. 116.

32. Rez. Hildebrand, E.: Über die Stellung des Liedes von Herzog Ernst
    in der mittelalterl. Literaturgeschichte, 1937, in: Archiv 172,
    S. 238.

33. Rez. Kayser, W.: Geschichte der deutschen Ballade, 1936, in: Archiv 171, S. 215 - 218.

34. Rez. Keferstein, G.: Parzivals ethischer Weg, 1937, in: Archiv 171, S. 218 - 219.

35. Rez. Krogmann, W.: Deutsch, eine wortgeschichtl. Untersuchung, 1936, in: Archiv 171, S. 109 - 110.

36. Rez. Krüger, A.G.: Die Quellen der Schwanritterdichtungen, 1936, in: Archiv 171, S. 72 - 74.

37. Rez. Rapp, C.T.: Burgher and peasant in the works of Thomasin von Zirclaria, Freidank und Hugo von Trimberg, 1936, in: Archiv 171, S. 110 - 111.

38. Rez. Rothe, Johannes: Der Ritterspiegel, hg. H. Neumann, 1936, in: Archiv 172, S. 116 - 117.

39. Rez. Weller, M.: Gesprochene Muttersprache, 1935, in: Archiv 1971, S. 106 - 107.

40. Rez. Wilhelm, Fr./R. Newald: Ahd Lesebuch, 1930, in: Archiv 1971, S. 110.

41. Rez. Wörterbuch, Trübners deutsches, hg. A. Götze, 2./3. Lfg, 1936/37, in: Archiv 172, S. 114

42. Rez. Wolfrm v. Eschenbach: Parzival und Titurel, 4. Aufl. hg. M. Marti, 1972/32, in: Archiv 171 S. 111 - 112.

1938

43. Rez. Benary, E.: Liedformen der dt. Mystik im 14./15. Jh., 1936, in: Archiv 173, S. 258.

44. Rez. Bergeler, A.: Das dt. Bibelwerk Heinrichs v. Mügeln, 1938, in: Archiv 174, S. 246.

45. Rez. Burger, H.O.: Die Kunstauffassung der frühen Meistersinger, 1936, in: DLZ 1938, Sp. 120 - 123 (4°).

46. Rez. Esdras und Neemyas, Deutschordensdichtung aus d. 14. Jh., hg. S.D. Stirk, 1938, in: Archiv 174, S. 245.

47. Rez. Johann v. Neumarkt: Briefe, hg. P. Piur, 1937, in: Archiv 174, S. 244 - 245.

48. Rez. Johann v. Tepl: Der Ackermann aus Böhmen, hg. A. Hübner, 1937, in: Archiv 173, S. 257 - 258.

49. Rez. Koch, Fr.: Geschichte der dt. Dichtung, 1937, in: Archiv 174, S. 101 - 106.

50. Rez. Kohler, E.: Der Liebeskrieg, zur Bildersprache höf. Dichtung, 1935, in: Archiv 173, S. 258

51. Rez. Ludwig, H.: Heinrichs von Mügeln Ungarnchronik, 1938, in: Archiv 174, S. 245 - 246.

52. Rez. Much, R.: Die Germania des Tacitus erläutert, 1937, in: Archiv 173, S. 74 - 78.

53. Rez. Taylor, A.: The litary history of Meistergesang, 1937, in: Archiv 173, S. 258 - 259.

54. Rez. Wörterbuch, Trübners deutsches, hg. A. Götze, 4./5. Lfg, 1937, in: Archiv 173, S. 256 - 257.

55. Rez. Zastrau, A.: Das dt. Rolandlied als nationales Problem, 1937, in: Archiv 174, S. 106 - 108.

1939

56. Buchhändler und Bücherfreund anno 1599, Beitrag zur Buchhandels- und Bibliotheksgeschichte, mit 2 unveröffentlichten Briefen, Zentralbl. f. Biblw. 56 (1939), S. 294 - 305.

57. Heinses Lebens- und Kunstanschauung und die Romantik, Archiv 175 (1939) S. 145 - 154.

58. Rübezahl und sein ältestes Bild. Der Wanderer im Riesengebirge 59 (1939) S. 68 - 70 (4°).

59. Eine unveröffentlichte Urkunde, Beitrag zur hessischen Orts-, Familien- und Kulturgeschichte des ausgehenden 15. Jhs. Hessenland 50 (1939) S. 175 - 176 (4°).

60. Jahresbericht "Zeit der Romantik" 1935. JahresberLit NF 15 (1939) S. 148 - 179.

61. Rez. Ege, Fr.: Europäische Meister des 19./20. Jhs. Nr. 17, Finnland, 1937, in: Ungar. Jahrbücher 19 (1939) S. 383.

62. Rez. Erich, O.A./R. Beitl: Wörterbuch der Volkskunde, 1936, in: Archiv 176, S. 59 - 60.

63. Rez. Grimm, Brüder: Ewiges Deutschland, ihr Werk im Grundriß, 1939, in: Archiv 176, S. 115.

64. Rez. Hammerich, L.L.: Der Text des Ackermann aus Böhmen, 1938, in: Archiv 176, S. 70 - 72.

65. Rez. Harnisch, K.: Dt. Malererzählungen, die Art des Sehens bei Heinse, Tieck, Hoffmann, Stifter und Keller, 1938, in: DLZ 1939, S. 450 - 454 (4°).

66. Rez. Herder, J.G.: Mensch und Geschichte, sein Werk im Grundriß, 1939, in: Archiv 176, S. 115.

67. Rez. Hildebrandlied, hg. W. Grothe, 1938, in: Archiv 176, S. 65 - 67.

68. Rez. Lennartz, Fr.: Die Dichter unserer Zeit, 1938, in: Archiv 176, S. 73.

69. Rez. Naumann, H.: Dt. Dichten und Denken von der germanischen bis zur staufischen Zeit, 1938, in: Archiv 176, S. 114 - 115.

70. Rez. Rall, H.: Zeitgeschichtliche Züge im Vergangenheitsbild mittelalterlicher Schriftsteller, 1937, in: ZfdA 76, Anz. S. 115 - 118.

71. Rez. Reismann-Grone, Th.: Siegfried, 1938, in Archiv 176, S. 67 - 69.

72. Rez. Schröder, E.: Dt. Namenkunde, 1938, in: Archiv 176, S. 61 - 63.

73. Rez. Stoephasius, R.v.: Die Gestalt des Pilatus in d. mittelalterlichen Passionsspielen, 1938, in: Archiv 175, S. 242 - 243.

74. Rez. Weinhold, K.: Altnordisches Leben, 1938, in: Archiv 175, S. 219.

75. Rez. Werner, Fr.: Das Todesproblem in den Werken Th. Hippels, 1938, in: ZfdA 76, Anz. S. 184.

1940

76. Die vandalischen Alkes "Elchreiter", der ostgermanische Hirschkult und die Dioskuren, GRM 28 (1940) S. 245 - 258. (vgl. Nr. 88).

77. Das älteste Bild Rübezahls. Schles. Blätter f. Volkskunde 2 (1940) S. 54 - 62.

78. Die Dioskuren als Leuko polo und die alces "Elchreiter" der Vandalen, zu Tacitus' Germania 43, 16. Rhein. Museum f. Philologie 89 (1940) S. 1 - 6.

79. Pieta und Jesus-Johannesgruppe, ihre geistigen Grundlagen, ihre Bedeutung. Geistige Arbeit 7 (1940) S. 5 - 6 (2^0). (Vgl. Nr. 330).

80. Rez. Dominicus, A.: Straßburgs dt. Bürgermeister Bask und Schwander 1873 - 1918, 1939, in: Archiv 177, S. 54.

81. Rez. Ittner, Th.: The christian legend in german literature, 1937, in: ZfdA 77, Anz. S. 146 - 148.

82. Rez. Markwardt, B.: Geschichte der dt. Poetik I, Barock und Frühaufklärung, 1937, in: ZfdPh 65, S. 204 - 205.

84. Rez. Tscharner, E.H.v.: China in der dt. Dichtung bis zur Klassik, 1939, in: ZfdA 77, Anz. S. 31 - 32.

85. Rez. Weber, O.: Peter Suchenwirt, Studien über sein Wesen und Werk, 1937, in: Archiv 177, S. 115 - 117.

86. Rez. Weidman, R.H.: A study of nominal compounds in Middle High German, based on the Manesse Ms, 1938, in: Archiv 177, S. 117.

87. Rez. Wörterbuch, Trübners deutsches, hg. A. Götze, Bd. 1 u. 3, 1939, in: Archiv 177, S. 47 - 48.

1941

88. *Die vandalischen Alkes "Elchreiter", der ostgermanische Hirschkult und die Dioskuren, eine Abhandlung über germanischen Götterglauben, seinem Vater Dr. theol. Johannes Rosenfeld zum 50jährigen Amtsjubiläum gewidmet, Heidelberg 1941 S. 245 - 258. (Vgl. Nr. 76).

89. Um die älteste Zeitschrift, ein Wort zur Klärung des Begriffe und Meinungen. Zentralblatt f. Biblw. 58 (1941) S. 133 - 148.

90. Rez. Ackermann, O.: Schwabentum und Romantik, 1939, in: Archiv 178, S. 133 - 134.

91. Rez. Burdach, K.: Der Gral, Forschungen zu seinem Ursprung und seinem Zusammenhang mit der Longinuslegende, 1938, in: Archiv 178, S. 134 - 135.

92. Rez. Littenbach, M.: Der frühe Minnesang, 1939, in: Archiv 178, S. 138.

93. Rez. Koschlig, M.: Grimmelshausen und seine Verleger, 1939, in: Archiv 178, S. 138.

94. Rez. Schmidt, W.: Die 24 Alten Ottos v. Passau, 1937, in: Archiv 179, S. 144 - 145.

95. Rez. Thomas, H.: Untersuchung zur Überlieferung der Spruchdichtung Fraubenlobs, 1939, in: Archiv 178, S. 140 - 141.

1940 - 1946: Kriegsdienst (Marine).

1947

96. Das Wesen der Legende als literarische Gattung. Neues Abendland 2 (1947) S. 237 - 238 (4°).

1948

97. Die Gans in Glaube und Brauch. Denkendes Volk 2 (1948) S. 376 - 377 (4°).

98. Wie entstand unsere Schrift? Denkendes Volk 2 (1948) S. 279 - 282 (4°).

98a. *Seele, Welt, Gott: Aufbau, Sinn und Glaube von Goethes Faust, 1948 (78 S., 4°).
(Wegen Konkurs des Verlages ungedruckt).

1949

99. *Magie und Zauber, ihre seelischen Untergründe, ihre Bewährung und ihre Verflechtung mit dem Religiösen, Volkskunde als Seelenkunde.

Öffentlicher Vortrag in der Bayer. Landesstelle für Volkskunde 1949. (Masch.-Ms. in dem Institut für Volkskunde, München, 34. S.).

1950

100. Wir in Thomas Mann's "Doktor Faustus", zugleich ein Beitrag zur Sinnesdeutung des Romans. Wingolfsblätter 69 (1950) Sp. 13 - 16 (4°).

101. Der christliche Film, ein Machtwort zu Harald Brauns "Nachtwache". Wingolfsblätter 69 (1950) Sp. 29 - 32 (4°).

102. Kummer mit Dissertationen. Nachrichten für wissenschaftl. Bibliotheken 3 (1950) S. 43 - 45.

103. Die Magie des Namens, Bayerische Tierkosenamen als volkstümliche Sprachschöpfungen und ihre seelischen Untergründe. Bayer. Jahrbuch für Volkskde 1950, S. 94 - 98 (4°).

104. *Die Schichtung im germanischen Totenkult und Götterglauben und ihre Bedeutung für die deutsche Volkskunde und Geistesgeschichte und als Nährboden mystischer und rationaler Denkform. Phil.-Habil.-Schrift, München 1950 (Masch.-Schrift, II, 85 Bl., 4°).

1951

105. *Karte zur ahd Lautverschiebung mit den wichtigsten Mundartgrenzen. 1. Aufl. München (Selbstverlag) 1951, Zweifarbendruck 31 x 43 cm. (Vgl. Nr. 235, 261, 372a).

106. Die studentischen Gemeinschaftsformen in volkskundlicher Sicht. Der Convent 2 (1951) S. 183 - 184 (4°).

107. Die Legende als literarische Gattung. GRM 33 (1951) S. 70 - 74.

108. Rez. Kirchner, J.: Bibliothekswissenschaft, 1951, in: Welt und Wort 6, S. 366.

109. Rez. Kirchner, J.: Germanistische Handschriftenpraxis, 1950, in Welt und Wort 6, S. 120.

110. Rez. Maurer, Fr.: Leid, Studien zur Bedeutungs- und Problemgeschichte, 1951, in: Welt und Wort, 6, S. 363.

1952

111. Buch, Schrift und lateinische Sprachkenntnis bei den Germanen vor der christlichen Mission. Rhein. Museum für Philologie 95 (1952) S. 193 - 209.

112. Die Entwicklung der Ständesatire im Mittelalter. ZfdPh 71 (1952) S. 196 - 207.

113. Das Hildebrandlied, die indogermanischen Vater-Sohn-Kampf-Dichtungen und das Problem ihrer Verwandtschaft. Dt. Vjschr. 26 (1952) S. 413 - 432.

114. Die Leitrufe für unsere Zugtiere. In: Aussaat und Ernte. Ein Lese- und Hausbuch, München 1952, S. 79 - 82.

115. Das Redentiner Osterspiel - ein Lübecker Osterspiel. Beiträge 74 (1952) S. 485 - 491.

116. Lexikon des Buchwesens, hg. J. Kirchner, Bd. 1. Stuttgart 1952:
   a) Bilderbogen 88
   b) Buch.............111
   c) Fotodruck........255f.
   d) Paulus Fürst........273
   e) Gesangbuch..........284f.
   f) Heinrich Keffer.....377f.

117. Rez. Clark, J.M.: The dance of death in the Middle Ages and the Renaissance, 1950, in: Universitas 7, S. 84 - 85.

118. Rez. Eis, G.: Studien zur ahd Fachprosa, 1951, in: Welt und Wort 7, S. 139.

119. Rez. Johann v. Tepl: Der Ackermann aus Böhmen, hg. L.L. Hammerich/G. Jungbluth, 1951, in: Welt und Wort, 7, S. 139 (4°).

120. Rez. Krahe, H.: Sprachverwandtschaft im Alten Europa, 1951, in: Welt und Wort 7, S. 139 - 140 (4°).

121. Rez. Scholte, J.H.: Der Simplizissmus und sein Dichter, 1951, in: Universitas 7, S. 304 - 305.

122. Rez. Schröder, W.J.: Der Ritter zwischen Welt und Gott, Idee und Problem des Parzivalromans Wolframs v. Eschenbach, 1952, in: Welt und Wort 7, S. 140 (4°).

123. Rez. Schwarz, E.: Goten, Nordgermanen, Angelsachsen, 1951, in: Welt und Wort 7, S. 66 - 67 (4°).

124. Rez. Thierfelder, Fr.: Dt. Sprache im Ausland, 1951, in: Welt und Wort 7, S. 67 (4°).

125. Rez. Wellner, Fr.: Drei liturgische Reimhistorien aus dem Kreis der Minderen Brüder, 1951, in: Welt und Wort 7, S. 67, (4°).

1953

126. Die Legende von der keuschen Nonne, Beitrag zur Soziologie und Psychologie von Legenden- und Sagenbildung. Bayer. Jahrbuch f. Volkskunde 1953, S. 43 - 46 (4°).

127. Der historische Meistersinger Sixt Beckmesser und der Meistergesang. Euphorion 47 (1953) S. 271 - 280.

128. Zur Versfolge im Hildebrandlied und seinem seelischen Konflikt. Beiträge 75 (1953) S. 480 - 483.

129. Ackermann, Hans, Schuldramatiker, 16. Jh. NDB 1, S. 37 (4°).

130. Adelbrecht, Priester, Legendendichter, 12. Jh. NDB 1, S. 57 (4°).

131. Alber von Windberg, Dichter, 12 Jh. NDB 1, S. 122 - 123 (4°).

132. Albrecht, bair. Epiker um 1270, NDB 1, S. 176 - 177 (4°).

133. Albrecht von Halberstadt, 13. Jh. NDB 1, S. 177 - 178 (4°).

134. Albrecht von Scharfenberg, bair. Epiker, NDB 1, S. 178, (4°).

135. Alexander, Der wilde, Spruchdichter, NDB 1, S. 195, (4°).

136. Altswert, Meister, Lehrdichter, NDB 1, S. 230 (4°).

137. Arnold, Priester, österr. Dichter um 1130, NDB 1, S. 378 - 379 (4°).

138. Arnold, Priester, alem. Legendendichter, NDB 1, S. 379 (4°).

139. Frau Ava, Dichterin, 12. Jh. NDB 1, S. 464 (4°).

140. Beckmesser, Sixt, Meistersinger, NDB 1, S. 464 (4°).

141. Lexikon des Buchwesens, hg. J. Kirchner, Bd. 2. Stuttgart 1953.
 a) Landesbibliotheken.....412
 b) Liederbuch.............432
 c) Liederkonkordanz......432
 d) Loseblattausgaben......446
 e) Lumbeckverfahren.......450
 f) Meilern................476
 g) Mikrobuch..............485
 h) Mikrofilm.............485f.
 i) Minnesängerhandschriften...................487
 k) Nationalbibliotheken...515f.
 l) Präsenzbibliotheken ..609f.
 m) Romanführer...........652
 n) Säkularisation........670f.
 o) Stadtbibliotheken.....736
 p) Titelbuch.............780
 q) Totentanz........784-786
 r) Universitätsbibliotheken................. 815
 s) Varityper............823
 t) Verein dt. Bibliothekare................829
 u) Wiegendruckpreise.....870f.

142. Rez. Johann v. Tepl: Der Ackermann aus Böhmen, hg. L.L. Hammerich/G. Jungbluth, Bd. 1, Kopenhagen 1951, in: Studi neophil. 25, S. 87 - 94.

1954

143. *Der mittelalterliche Totentanz, Entstehung, Entwicklung, Bedeutung. (1. Auflage) (Beihefte zum Archiv für Kulturgeschichte 3) Köln: Böhlau 1953 (IX, 372 S., 12 Taf.). (Vgl. Nr. 385, 496).

144. Der mittelalterliche Bilderbogen. ZfdA 85 (1954) S. 66-75.

145. Der Totentanz in Deutschland, Frankreich und Italien. Letterature moderne 5 (1954) S. 62 - 80 (französ. Resume S. 123 - 124).

146. Der Totentanz, sein Werden und Verfall. Wirkendes Wort 4 (1954) S. 327 - 337.

147. Eduard Hartl 1892 - 1953 (Nachruf). ZfdPh. 73 (1954) S. 111 - 115.

148. Rez. Schröder, W.J.: Der dichterische Plan des Parzivalromans, 1953, in: DLZ 75 (1954) Sp. 757 - 762 (4°).

149. Rez. Stammler, W.: Kleine Schriften zur Literaturgeschichte des Mittelalters, 1953, in: ZfdPh 73, S. 332 - 333.

1955

150. Die bayerischen Haustierkosenamen. Der Zwiebelturm 10 (1955) S. 197 - 198 (4°).

151. Die Literatur des ausgehenden Mittelalters in soziologischer Sicht. Wirkendes Wort 5 (1955) S. 330 - 341. (Vgl. Nr. 229).

152. Die Rolle des Bilderbogens in der deutschen Volkskultur. Bayer. Jahrbuch für Volkskunde 1955 S. 79 - 85, Abb. 42 - 45 (4°).

153. Wielandlied, Lied von Frau Helhen Söhnen und Hunnenschlachtlied, histor. Wirklichkeit und Heldenlied. Beiträge 77 (1955) S. 204 - 248. (Vgl. Nr. 154).

154. *Wielandlied, Lied von Frau Helchen Söhnen und Hunnenschlachtlied, historische Wirklichkeit und Heldenlied, nebst Nachtrag "Theoderich und das Blutrachemotiv". Dr. theol. Johannes Rosenfeld zum 90. Geburtstag gewidmet. Tübingen 1955 S. 204-248.

155. Alemannischer Ziu-Kult und SS. Ulrich- und Afra-Verehrung in Augsburg. Archiv f. Kulturgesch. 37 (1955) S. 306 - 335.

156. Alber v. Windberg, Dichter d. 12. Jhs. Verf.-Lex. 5, Sp. 12

157. Albrecht, Dichter des Jüng. Titurel. Verf.-Lex. 5, Sp. 28-31.

158. Albrecht v. Scharfenberg, bair. Epiker. Verf.-Lex.5, Sp. 32.
158a. Alexander, Der wilde, Spruchdichter. Verf.-Lex. 5, Sp. 32-33.

159. Alpharts Tod. Verf.-Lex. 5, Sp. 40 - 43.

160. Altswert, Meister, Lehrdichter. Verf.-Lex. 5, Sp. 43.

161. Arnold, Priester, alem. Legendendichter. Verf.-Lex. 5, Sp.60-61.

162. Arnold, Priester, österr. Dichter um 1130. Verf.-Lex. 5, Sp.61.

163. Frau Ava, Dichterin, 12. Jh. Verf.-Lex. 5, Sp. 71 - 72.

164. Beckmesser, Sixt, Meistersinger. Verf.-Lex. 5, Sp. 74 - 75.

165. Berthold v. Regensburg, Volksprediger. Verf.-Lex. 5, Sp. 91.

166. Beheim, Michael, Meistersinger. Verf.-Lex. 5, Sp. 77 78.

167. Biterolf, Heldenepos. Verf.-Lex. 5, Sp. 99 - 100.

168. Brant, Sebastian, Didaktiker. Verf.-Lex. 5, Sp. 167 - 169.

169. Christus und die Minnende Seele. Verf.-Lex. 5, Sp. 140 - 143.

170. Dietrich und Wenezlan, Heldenepos. Ver.-Lex. 5, Sp. 154 - 155.

171. Eckenlied, Heldenepos. Verf.-Lex. 5, Sp. 162 - 163.

172. Ermenriks Dot, Heldendichtung. Verf.-Lex. 5, Sp. 162 - 163.

173. Gelre, Wappendichter, 14. Jh. Verf.-Lex. 5, Sp. 251 - 252.

174. Heinrich der Vogler (Rabenschlacht, Dietrichs Flucht, Heldenepen). Verf.-Lex. 5, Sp. 361 - 367.

175. Hildebrandlied, Verf.-Lex. 5, Sp. 410 - 413.

176. Hildebrandlied, Jüngeres. Verf.-Lex. 5, Sp. 413 - 415.

177. Holland, Johann, Wappendichter, 15. Jh. Verf.-Lex. 5, Sp. 420 - 422.

178. Kalff, Peter (Redentiner bzw. Lübecker Osterspiel). Verf.-Lex. 5, Sp. 497 - 499.

179. König Laurin, Heldenepos. Verf.-Lex. 5, Sp. 530 - 533.

180. Konrad von Mure, Didaktiker, 13. Jh. Verf.-Lex. 5. Sp. 561 - 565.

181. Konrad von Würzburg, Nachtrag. Verf.-Lex. 5, Sp. 568.

182. Kreuztragende Minne. Verf.-Lex. 5, Sp. 685 - 686.

183. Rosengarten von Worms, Heldenepos. Verf.-Lex. 5,Sp. 987-991.

184. Schodeler, Wernher d.Ä., schweizer. Chronist. Ver.-Lex.5, Sp. 1040 - 1041.

185. Schwarz, Hans, Meistersinger. Verf.-Lex. 5, Sp. 1045.

186. Totentanz. Verf.-Lex. 5, Sp. 1090 - 1094.

187. Wielandlied. Verf.-Lex. 5, Sp. 1124 - 1132.

188. Beheim, Michael, Meistersinger. NDB 2, S. 6 - 7 (4°).

189. Berthold v. Regensburg, Volksprediger. NDB 2, S. 164 - 165 (4°).

190. Birken, Sigismund von, Dichter, 17. Jh. NDB 2, S. 256 - 257 (4°).

191. Brant, Sebastian, Didaktiker. NDB 2, S. 534 - 536 (4°).

192. Brunner, Thomas, Schuldramatiker. NDB 2, S. 684 (4°).

193. Rez. **Stammler,** W.: Kleine Schriften zur Sprachgeschichte, 1954, in: Welt und Wort 10, S. 234 (4°).

1956

194. Goten und Greutungen. BzNf 7 (1956) S. 195 - 206.

195. Gutenberg als Erfinder der Buchdrucktechnik. Börsenbl. 12 (1956) S. 1709 - 1722 (4°).

196. Die Inschrift des Helms von Negau. ZfdA 86 (1956) S. 241 - 265.

197. Die Kosenamen und Lockrufe unserer Haustiere und die Leitrufe unserer Zugtiere. Rhein. Jahrbuch f. Volkskunde 6 (1956) S. 50 - 90; 307 - 312, 1 Karte.

198. Kräuterbeigaben in alten Büchern. Börsenbl. 12 (1956) S. 651 - 652 (4°).

198a. Desgl., in: ArchGBw 1 (1956) S. 138 - 140 (4°).

199. Die ältesten Spielkarten und ihre Farbzeichen. Börsenbl. 12 (1956) S. 636 - 642 (4°).

199a. Desgl., in ArchGBw 1 (1956) S. 122 - 128 (4°).

200. Telkörner und verwandte Brauchtumsnamen in sprachlicher Hinsicht und Neitharts telkorn. Bayer. Jahrbuch f. Volkskunde 1956, S. 108 - 113 (4°).

201. Rez. Horacek, B.: Die Wortstellung in Wolframs Parzival, 1953, in: DLZ 77, Sp. 115 - 116 (4°).

1957

202. Buchhändler, Bücherfreund und Bücherpreis im 16./17. Jahrhundert. Börsenbl. 13 (1957) Nr. 72a, S. 53 - 63 (4°).

203. Goten und Greutungen (Schlußwort). BzNf 8 (1957) S. 36 - 43.

204. Ost- und Westgoten. Die Welt als Geschichte 17 (1957) S. 245 - 258.

205. Sagentradition, Kulttradition und Völkerschichtung, Betrachtungen zu Gräbersagen und Dreifrauenkult. Bayer. Jahrbuch f. Volkskunde 1957, S. 144 - 150 (4°).

206. Cuno, Johannes, Schuldramatiker, 16. Jh. NDB 3, S. 437 - 438 (4°).

207. Dähnhardt, Alfred, Volkskundler. NDB 3, S. 468 - 469 (4°).

208. Dangkrotzheim, Konrad, elsäss. Reimdichter. NDB 3, S. 509 (4°).

209. Dietrich von Bern, Sagenheld. NDB 3, S. 687 - 690 (4°).

210. Rez. Geissler, Fr.: Brautwerbung in der Weltliteratur, 1955, in: Wirkendes Wort 7, S. 121.

1958

211. *Münchner Spielkarten um 1500, ein Beitrag zur Datierung der

Spielkarten des 15. und 16. Jahrhunderts, aus Anlaß des 400jährigen Jubiläums der Bayer. Staatsbibliothek un der 800 Jahrfeier der Stadt München (Schriften des Dt. Spielkartenmuseums Bielefeld Nr. 1). Bielefeld 1958 (25 S., 19 Taf.).

211a. *Desgl., als "Kleiner Druck der Gutenberg-Gesellschaft Mainz Nr. 65.

212. Beckmesser, Sixt, Meistersinger. Lexikon f. Theol. u. Kirche 2 (^{2}1958) S. 92 (4°).

213. Beheim (Beḫam), Michael, Meistersinger. Lexikon f. Theol. u. Kirche 2 (^{2}1958) S. 24 - 25 (4°).

214. Bilderbogen. Reallex. 1 (1958) S. 174 - 175.

215. Boner, Ulrich. Lexikon f. Theol. u. Kirche (^{2}1958) Sp. 585 (4°).

216. Bücherpreis, Antiquariatspreis und Einbandpreis im 16. und 17. Jahrhundert. Gutenberg-Jahrb. 1958, S. 358-363 (4°).

217. Zur Datierung der Spielkarten des 15. und 16. Jahrhunderts. Börsenbl. 14 (1958) S. 454 - 464, 22 Abb. (4°).

217a. Desgl., in: ArchGBw 1 (1958) S. 616 - 626, 22 Abb. (4°).

218. Emblemliteratur. Reallex. 1 (1958) S. 334 - 335.

219. Familienblatt. Reallex. 1 (1958) S. 450 - 456.

220. Gab es im Mittelalter schablonierte Graphik und Spielkarten? Philobiblon 2 (1958) S. 275 - 287 (Nachtrag 3, 1959, S. 73).

222. Die studentischen Gemeinschaftsformen in volkskundlicher Sicht. Wingolfsblätter 77 (1958) S. 169 - 171.

223. Die Herkunft des Wortes "Wingolf" und "Wingolfit". Wingolfsblätter 77 (1958) S. 146 - 147.

224. Der Name der Telkorn-(Elkorn-) Singer, seine sprachliche Deutung und die Wortsippe german.*delg. Beiträge 80 (Tüb. 1958) S. 466 - 488.

225. Die N-Stämme in der Namen- und Wortkomposition und die Ing-Namen. BzNf 9 (1958) S. 190 - 201.

226. Die Ortsnamen Rimsting, Raisting und Peiting. Blätter f. oberdt. Namenforschung 1 (1958) S. 28 - 31.

227. Peisenberg und die Ortsnamen auf -berg. Blätter f. oberdt. Namenforschung 1 (1958) S. 24 - 28.

228. Völkernamen in Ortsnamen und Personennamen und ihre geschichtliche Auswertung. Vortrag auf dem VI. Internationalen Kongreß für München 1958 S. 99 (Vgl. Nr. 271).

229. Rez. Geiger, E.: Der Meistergesang des Hans Sachs, 1956, in: Wirkendes Wort 8 (1958) S. 312.

230. Rez. Gutenberg-Jahrbuch 1957. Zentralblatt f. Biblw. 72 (1958) S. 144 - 146.

231. Rez. Kirchner, J.: Das dt. Zeitschriftenwesen,, seine Geschichte und Probleme, Teil 1, 1958, in: Börsenbl. 14 (1958) S. 1296 - 1297 (4°).

232. Rez. Korn, D.: Das Thema des Jüngsten Tages in d. dt. Literatur, 1957, in: Wirkendes Wort 8 (1958) S. 183

233. Rez. Moll, O.: Sprichwörterbibliographie, 1958, in: Börsenbl. 14 (1958) S. 1721 - 1722 (4°).

234. Rez. Schweizer, B.: Die Flurnamen des südwestl. Ammerseegebietes, 1958, in: DLZ 79, Sp. 1068 - 1071 (4°).

1959

235. *Karte zur ahd Lautverschiebung mit den wichtigsten Mundartgrenzen, 2. Auflage. München: Selbstverlag 1959. Zweifarbendruck 31 x 43 cm. (Vgl. Nr. 105, 261, 372a).

236. Der "Landesvater" und das studentische Brauchtum. Wingolfsblätter 78 (1959) S. 5 - 10.

237. Legende. Reallex. 2 (1959) S. 13 - 31.

238. Makulaturforschung und Einbanddatierung. Börsenbl. 15 (1959) S. 281 - 284 (4°).

238a. Desgl., in: ArchGBw 2 (1959) S. 431 - 434 (4°).

239. Duller, Raphael, Meistersinger. NDB 4 (1959) S. 185 - 186 (4°).

240. Egen v. Bamberg, Dichter, 14. Jh. NDB 2, S. 324 (4°).

241. Egenolf v. Staufenberg, elsäss. Dichter um 13.00. NDB 4, S. 324 (4°).

242. Rez. Hunger, E./C. Meyer: Studentisches Brauchtum, 1957, in: Wingolfblätter 78, S. 55.

243. Rez. Kieslich, G.: Das historische Volkslied als publizistische Erscheinung, 1958, in: Börsenbl. 15, S. 705-706 (4°).

244. Rez. Marx, J.: Die österr. Zensur im Vormärz, 1959, in: Börsenbl. 15, S. 1321 - 1322 (4°).

245. Rez. Neu, Th.: Bibliographie E. Spranger, 1958, in: Börsenbl. 15, S. 78 (4°).

246. Rez. Schwabe, K.: Verzeichnis der Schriften von G. Ritter, 1958, in: Börsenbl. 15 S. 793 (4°).

247. Rez. Unnik, W.C. van: Evangelien im Nilsand, 1960, in: Börsenbl. 15, S. 1961 (4°).

248. Rez. Zaunmüller, W.: Bibliograph. Handbuch der Sprachwörterbücher 1460 - 1958, 1958, in: Börsenbl. 15, S. 515-516 (4°).

249. Rez. Zischka, G.A.: Index Lexicorum, Bibliographie der lexikalischen Nachschlagswerke, 1959, in: Börsenbl. 15, S. 617 - 619 (4°).

1960

250. Das Alter der Spielkarten in Europa und im Orient. Börsenbl. 16 (1960) S. 250 - 258 (4°).

250a. Desgl., in: ArchGBw 2 (1960) S. 778 - 786 (4°).

251. Die Beziehung der europäischen Spielkarten zum Orient und zum Ur-Schach. Archiv f. Kulturgesch. 42 (1960) S. 1 - 36.

252. Johannes v. Rheinfelden, Didaktiker, 14. Jh. Lexikon f. Theol. u. Kirche 5 (²1960) Sp. 1075 (4°).

253. Name und Kult der Istrionen (istwäonen), zugleich Beitrag zu Wodankult und Germanenfrage. ZfdA 90 (1960) S. 161 - 181.

254. Sinn und Aufgabe der Männerbünde einst und jetzt. Wingolfsblätter 79 (1960) S. 93 - 100.

255. Was ist "Faksimiledruck" und was ist "Herausgeber"? Börsenbl. 16 (1960) S. 741 (4°).

256. Rez. Blaser, Fr.: Bibliographie der Schweizer Presse, 1956/58, in: Börsenbl. 16, S. 1540 - 1541 (4°).

257. Rez. Kirsch, G./K. Roepke: Schriften zur Geschichte der Juden, 1959, in: Börsenbl. 16, S. 291 (4°).

258. Rez. Melzer, J.: Deutsch-jüdisches Schicksal in dieser Zeit, Wegweiser durch das Schrifttum der letzten 15 Jahre, 1960, in: Börsenbl. 16, S. 103 (4°).

259. Rez. Salathe, R.: Die Anfänge der histor. Fachzeitschrift in der dt. Schweiz 1694 - 1813, 1959, in: Börsenbl. 16, S. 1168 (4°).

260. Rez. Schmitt, Fr.A.: Stoff- und Motivgeschichte d. dt. Literatur, 1959, in: Börsenbl. 16, S. 1288 - 1289 (4°).

1961

261. *Karte zur ahd Lautverschiebung nebst den wichtigsten Mundartgrenzen, 3. verbesserte Auflage. München Selbstverlag 1961. Zwiefarbendruck 31 x 43 cm. (Vgl. Nr. 105, 235, 372a).

262. *Legende (1. Auflage, Sammlung Metzler, Realienbücher für Germanisten, Abt. Poetik). Stuttgart 1961 (3 Bl. 87 S.).

263. Franck, Fabian, Orthograph, 16. Jh. NDB 5, S. 316-317 (4°).

264. Frankfurter, Philipp, Schwankdichter, 16. Jh. NDB 5, S. 351 (4°).

265. Frey, Jakob, Schwankdichter, 16. Jh. NDB 5, S. 418 (4°).

266. Friedrich v. Sunnburg, Spruchdichter, NDB 5, S. 600 (4°).

267. "Germana vel ad monte" und der Name der Germanen. BzNf 12 (1961) S. 250 - 262.

268. Kultur und Religion der Germanen (bis 375 n. Chr.) in: Oldenbourgs Abriß der Geschichte antiker Randkulturen, München 1961, S. 17 - 38, 1 Karte.

269. Losbücher vom Ende des 15. Jahrhunderts. Börsenbl. 17 (1961) S. 2381 - 2386, 5 Abb., (4°).

269a. Desgl., in: ArchGBw 4 (1962) Sp. 1117 - 1128, 5 Abb. (4°).

270. Die Spielkarten als volkstümliche Massenkunst, Neue Beiträge zum Alter der Spielkarten. Börsenbl. 17 (1961) S. 206-208 (4°).

270a. Desgl., in: ArchGBw 3 (1961) Sp. 561 - 566 (4°).

271. Völkernamen in Orts- und Personennamen und ihre geschichtliche Auswertung (VI. Internationaler Kongreß für Namenforschung 1958, Sektionsvortrag 80), in: Studia onomastica Monacensia 4 (1961) S. 649 - 655. (Vgl. Nr. 228).

272. Rez. Athenäum 1798 - 1800, hg. A.W. Schlegel und Fr. Schlegel, Faksimile hg. E. Behler, 1960, in: Börsenbl. 17, S. 302 (4°).

273. Rez. Bertsche, K.: Die Werke Abrahams a Santa Clara in ihren Frühdrucken, 2. Aufl., hg. M.O. Krieg, 1961, in: Börsenbl. 17, S. 1839 - 1840 (4°).

274. Rez. Clarije, P.: Was ist antik? 1961, in Börsenbl. 17, S. 1482 - 1483 (4°).

275. Rez. Hirschberg, L.: Der Taschengoedeke, Faks. hg. E. Friedrichs, 1961, in: Börsenbl. 17, S. 1473.

276. Rez. Moritz, E.-M.: Die Bibliothek der freien Reichsstadt Schweinfurt, 1959, in: Börsenbl. 17, S. 302 - 303 (4°).

277. Rez. Newald, R.: Nachleben des antiken Geistes im Abendland bis zum Beginn des Humanismus, 1960, in: Börsenbl. 17, S. 303 - 304 (4°).

278. Rez. Raabe, A.: Schiller im Atomzeitalter, 1961, in: Börsenbl. 17, S. 927 (4°).

279. Rez. Rudolf, R.: Ars moriendi, 1960, in: Welt und Wort 16, S. 64 (4°).

280. Rez. Weitnauer, A.: Keltisches Erbe in Schwaben und Baiern, 1961, in: Welt und Wort 16, S. 225 (4°).

1962

281. Kalender, Einblattkalender, Bauernkalender und Bauernpraktik, mit dem Text der Bauernpraktik von 1508 und einem Bauernkalender von 1574. Bayer. Jahrbuch f. Volkskunde 1962, S. 7 - 24, 4 Taf., Abb. 2 - 13 (4°).

282. Kalender und andere Funde in Buch- und Archivalieneinbänden. Mitteilungen f. Archivpflege in Bayern 8 (1962) S. 19 - 21, 2 Taf.

283. Das Mainzer Kartenlosbuch von 1510 und die Spielkartentradiiton Gutenberg-Jahrbuch 1962, S. 212 - 218 (4°).

284. Die Kudrun: Nordseedichtung oder Donaudichtung? ZfdPh 81 (1962) S. 289 - 314.

285. Das Schwein im Volksglauben und in der Spielkartentradition. Börsenbl. 18 (1962) S. 622 - 625 (4°).

286. Spielkarten aus aller Welt und ihr Zusammenhang. Börsenbl. 18 (1962) S. 1410 - 1412 (4°).

287. Symbolik und Zeitgemäßheit. Wingolfsblätter 81 (1962) S. 26 - 29.

288. Totentanz. Religion in Geschichte u. Gegenwart 6 (^{3}1962) Sp. 957 - 958.

289. Um das Verfasserlexikon d. dt. Literatur des Mittelalters. Archiv 199 (1962) S. 181 - 182.

290. Milliaria, Faksmiledrucke zur Dokumentation der Geistesentwicklung, hg. v. Rosenfeld und Otto Zeller, Bd. 1. 2. Aalen: Zeller 1962 (4°).-Letzter Bd. 24, Osnabrück 1975.

291. Rez. Harms, H.: Künstler des Kartenbildes, 1962, in: Börsenbl. 18, S. 2120 (4°).

292. Rez. Herderblätter, Faks.-Ausgabe zum 70. Geburtstag von W. Haas, 1962, m.d.Tit. "Das junge literarische Prag" in: Börsenbl. 18, S. 2121 - 2122 (4°).

293. Rez. Horst, I.: A bibliogrphy of Menno Simons, 1962, in: Börsenbl. 18, S. 1941 - 1942 (4°).

294. Rez. Muris, O./.G. Saarmann: Der Globus im Wandel der Zeiten, 1961, in: Börsenbl. 18, S. 2225 - 2226 (4°).

295. Rez. Petzold, J.: Bibliotheca bibliographica, Faks.-Ausg. 1962, in: Börsenbl.18, S. 146 - 147 (4°).

296. Rez. Pinder, E.: Charta lusoria, Spielkarten aus aller Welt und 6 Jahrhunderten, 1961, in: Börsenbl. 18, S. 1410.

297. Rez. Weitnauer, A.: Keltische Erbe in Schwaben und Baiern, 1961, in: DLZ 83, S. 430 - 432 (4°).

1963

298. Bauernkalender und Mandlkalender als literarisches Phänomen des 16. Jahrhunderts und ihr Verhältnis zur Bauernpraktik. Gutenberg-Jahrbuch 1963, S. 88 - 96, 2 Taf. (4°).

299. Die Literatur des ausgehenden Mittelalters in soziologischer Sicht. Wirkendes Wort, Sammelband II, Ältere dt. Sprache und Literatur. Düsseldorf 1963, S. 287 - 298. (Vgl. Nr. 151).

300. Eine Salzburger Urkunde von 1288 für Kloster Benediktbeuren. Mitteilungen der Gesellschaft f. Salzburger Landeskunde 103 (1963) S. 55 - 56.

301. Germanischer Zwillingskult und indogermanischer Himmelsgottglaube, Elch, Hirsch und Pferd in der uranischen Mythologie. In: Märchen, Mythos, Dichtung, Festschrift zum 90. Geburtstag von Fr.v.d.Leyen 19.8.1963. München 1963, S. 269 - 286.

302. Passional, Legendenwerk. Lexikon f. Theol. u. Kirche 8 (^{2}1963) Sp. 143 - 144 (4°).

303. Petrus Wiechs von Rosenheim OSB, Didaktiker, 15. Jh. Lexikon für Theol. u. Kirche 8 (^{2}1963) Sp. 379 - 380 (4°).

304. Rez. Bettereidge, H.T.: Klopstocks Briefe, 1963, in: Börsenbl. 19, S. 1276 (4°).

305. Rez. Braun, W.: Studien zum Ruodlieb, 1962, in: Studia neophil. 35, S. 330 - 333.

306. Rez. Glocke, G.: Kleine Chronik der Buchhandelsbeziehungen zwischen Lyon und Frankfurt im 16. Jh., 1962, in: Börsenbl. 19, S. 1732 - 1733 (4°).

307. Rez. Johnson, A.F./V. Scholderer: Short-title-ctalogue of german books printed in the german-speaking countries and german books printed in other countries from 1455 - 1600, now in the British Museum, 1962, in: Börsenbl. 19, S. 1274 - 1275 (4°).

308. Rez. Hauptprobleme, Drei, der alphabet. Katalogisierung, 1962, in: Börsenbl. 19, S. 1452 (4), unter dem Titel: "Verfasser und Buchtitel als Problem".

309. Rez. Kirchner, J.: Das dt. Zeitschriftenwesen, seine Geschichte und Probleme, Teil 2, 1962, in: Börsenbl. 19, S. 1728 - 1729 (4°).

310. Rez. Lengenfelder, K.: Ex officina Hesseliana, Beitrag zur Geschichte des Buchdrucks an der Universität Altdorf, 1963, in: Börsenbl. 19, S. 2023 - 2024 (4°).

311. Rez. Porträtsammlung der Österr. Nationalbibliothek, Die Vertreter des schöngeistigen Schrifttums, 1963, in: Börsenbl. 19, S. 2269, S. 2289 - 2290 (4°).

312. Rez. Rammensee, D.: Bibliographie der Nürnberger Kinder- und Jugendbücher 1522 - 1914, in: Zschr. f. Biblw. 10, S. 80-81.

313. Rez. Raabe, A.: Idealistischer Realismus, eine genetische Analyse der Gedankenwelt Fr. Schillers, 1962, in: Welt und Wort 18, S. 122 (4°).

1964

314. *Bauernpraktik, ein Bauernkalender aus dem Jahre 1543, mit Einführung von H. Rosenfeld, Meisenheim: A. Hain 1964.

315. *Legende. 2. verbesserte Auflage (Sammlung Metzler, Realienbücher für Germanisten, Abt. Poetik). Stuttgart 1964 (3. Bl., 89. S.).

316. *Deutsche Spielkarten aus fünf Jahrhunderten, 79 Abbildungen, hg. H. Rosenfeld und E. Kohlmann (Inselbücherei Nr. 755). Frankfurt: Insel 1964 (52 S.).

317. *Die schönsten deutschen Spielkarten, 32 farbige Tafeln, hg. H. Rosenfeld und E. Kohlmann (Inselbücherei Nr. 755). Leipzig: Insel 1964 (52 S.).

318. Der Dukus Horant und die Kudrun von 1233. Mitteilungen aus dem Arbeitskreis für Jiddistik 2 (1964) S. 129 - 134.

319. Gutenberg and the Master of Playing Cards. Papers of the bibliographical Society of America 1964, p. 53 - 59. (Zur These von Hellmut Lehmann-Haupt)

320. Der Meister der Spielkarten und die Spielkartentradition und Gutenbergs typographische Pläne im Rahmen der Entwicklung der graphischen Künste. Börsenbl. 19 (1964) S. 1481 - 1488, 9 Abb. (4°).
320a. Desgl. in ArchGBw 5 (1964) Sp. 1505 - 1520, 9 Abb. (4°).

321. Der Probedruck von Comenius' Orbis pictus 1653 (1657?) und der Verlag Endter in Nürnberg. Börsenbl. 20 (1964) S. 1943 - 1953, 19 Abb. (4°).
321a. Desgl., in: ArchGBw 6 (1964) Sp. 877 - 898, 19 Abb. (4°).

322. Figürliche Rückdrucke der Spielkarten des 16. und 17. Jahrhunderts. Gutenberg-Jahrbuch 1964, S. 312 - 319, 13 Abb. (4°).

323. Die Titelholzschnitte der Bauernpraktik von 1508 - 1600 als soziologische Selbstinterpretation. Festschrift f. Josef Benzing. Wiesbaden 1964, S. 375 - 389, 7 Abb.

324. Hg. *Comenius, J.A.: Orbis sebsualoum pictus, Faks.-Druck der Ausgabe Norinbergae 1658, mit Nachwort von H. Rosenfeld (Milliaria Nr.4) Osnabrück: Zeller 1964 (2 Titelbl., Porträt, 8 Bl., 310 S., 5 Bl. Faks., 10 Bl., 16 S. Faks.).

325. Rez. Koch- und Kellermeisterei 1581, Faks. hg. J. Arndt, 1964, in: Börsenbl. 20, S. 1855 - 1856 (4°).

326. Rez. Moralia Horatiana Bd. 1 und 2, hg. W. Brauer, 1963, in: Börsenbl. 20, S. 1855 - 1856 (4°).

327. Rez. Pfeifer, W.: Wörterbuch der dt. Tiernamen, Lfg 1: Insekten und Beiheft 1: Käfer, 1963, in: DLZ 85, Sp. 794 - 796 (4°).

328. Rez. Rosinus, S.: Aderlaßkalender aus 1503, Faks. hg. W. Taeuber, 1962, in: Börsenbl. 20, S. 1603 (4°).

328a. Rez. Wisniewski, R.: Kudrun, 1963, in: Germanistik 5, Nr. 1170.

329. Hg. Festgruß Hans-Friedrich Rosenfeld zum 65. Geburtstag dargebracht von Freunden, Kollegen und Schülern. München: Selbstverlag 1964 (1Port., X, 20 Bl.) (4°).

1965

330. *Pieta und Jesus-Johannes-Gruppe, ihre geistigen Grundlagen, ihre Bedeutung. München: Selbstverlag 1965 (8 Bl.). (Vgl. Nr. 79).

331. *Sagentradition, Kulttradition und Völkerschichtung, Betrachtungen zu Gräbersagen und Dreifrauenkult. München (Selbstverlag) 1965 (8Bl.,4°). (Vgl. Nr. 205).

332. Flugblatt, Flugschrift, Flugschriftenserie, Zeitschrift: Die "Hussitenglock" von 1618 im Rahmen der Entwicklung der Publizistik 10 (1965) S. 556 - 580.

333. Germanen (Kultur und Religion der Germanen). In: Lexikon der Alten Welt, Zürich: Artemis Verlag 1965, S. 1052 - 1055.

334. Der Name des Dichters Ulrich Füetrer (eigentlich Furtter) und die Orthographie, insbesondere die Zwielaut- und Umlaut-Bezeichnung in bairischen Handschriften des 15. Jahrhunderts. Studia neophil. 37 (1965) S. 116 - 133.

335. Sebastian Brants "Narrenschiff" und die Tradition der Ständesatire, Narrenbilderbogen und Flugblätter des 15. Jahrhunderts. Gutenberg-Jahrbuch 1965, S. 242 - 248, 4 Abb. (4°).

336. Neues über alte Spielkarten. Börsenbl. 21 (1965) S. 2236 - 2237 (4°).

337. Das Oberaltaicher Vadomori-Gedicht von 1446 und Peter von Rosenheim. Mittellateinisches Jahrbuch 2 (1965) S. 190 - 204.

338. Dienst am Handschriften-, Buch- und Zeitschriftenwesen, Prof. J. Kirchner zum 75. Geburtstag. Börsenbl. 21 (1965) S. 1531 - 1532 (4°).

339. Rez. Eis, G.: Altdeutsche Zaubersprüche, 1964, in: Bayer. Jahrbuch f. Volkskunde 1964/65, S. 117 (4°).

340. Rez. Ekschmitt, W.: Das Gedächtnis der Völker, Schrift und Schriftkunde auf Tontafeln, Papyri und Pergamenten, 1964, in: Börsenbl. 21, S. 1436 (4°).

341. Rez. Kopp, M.: Nicolaus Henricus und Cornelius Sutor, Bürger und Drucker zu Ursel, 1964, in: Börsenbl. 21, S. 512 (4°).

342. Rez. Langosch, K.: Lateinisches Mittelalter, 1963, in: Börsenbl. 21, S. 122 - 123 (4°).

343. Rez. Nebenstunden, Bibliothekarische, J. Giessler zum 65. Geburtstag, 1964, in: Börsenbl. 21, S. 123 124 (4°).

344. Rez. Ostwald, R.: Nachdrucksverzeichnis von Einzelwerken, Serien und Zeitschriften aus allen Wissensgebieten (Reprints), 1965, in: Börsenbl. 21, S. 1871 (4°).

345. Rez. Rath-Vegh, I.: Die Komödie des Buches, 1964, in: Börsenbl. 21, S. 284 (4°).

346. Rez. Überlieferungsgeschichte der mittelalterlichen Literatur, von K. Langosch u.a., 1964, in: Börsenbl. 21, S. 1190-1192 (4°).

347. Rez. Wisniewski, R.: Kudrun, 1963, in: ZfdPh 84, S.287-290.

1966

348. "Ach Gott, wem soll ich's klagen?" Eine neuaufgefundene Fassung des Volksliedes vom Liebesabschied von 1481. ZfVolkskde 62 (1966) S. 204 - 208.

349. Flugschrift, Flugschriftenserie, Zeitschrift: Betrachtungen zur "Hussitenglock" 1618 - 1620. Gutenberg-Jahrbuch 1966, S. 227 - 234 (4°).

350. Die Namen der Heldendichtung, insbesondere Nibelung, Hagen, Wate, Hetel, Horand, Gudrun. BzNf 1 (1966) S. 231 - 265.

351. Das Plagiat. Reallex. 3 (1966) S. 114 - 126.

352. Die europäischen Spielkarten und die islamische Welt. Die Spielkarte 3 (1966) Heft 3, Bl. 3 - 13 (4°).

353. Der Totentanz als europäisches Phänomen. Archiv f. Kulturgesch. 48 (1966) S. 54 - 83.

354. Die Urgeschichte des Schachspieles und der Spielkarten. Die Spielkarte 3 (1966) Heft 4, Bl. 7 - 15 (4°).

355. Ein Volkslied vom Liebesabschied und das Dietrichepos Sigenot im Dinkelsbühler Land um 1480. Alt-Dinkelsbühl 46 (1966) S. 17 - 24.

356. Wie ich zur Spielkartenforschung kam. Die Spielkarte 3 (1966) Heft 2, Bl. 2-3 (4°).

357. Der Zusammenhang der europäischen Spielkarten. Die Spielkarte 3 (1966) Heft 2, S. 4-10 (4°).

358. Rez. Arndt, J.: Gesundheitsbüchlein von 1523, 1967, in: Börsenbl. 22, S. 119 - 120 (4°).

359. Rez. Bibliothek und Wissenschaft, 1964, in: Börsenbl. 22, S. 857 - 858 (4°).

360. Rez. Bowra, M.: Heldendichtung, 1964, in: Wirkendes Wort 16, S. 278 - 281.

361. Rez. Cosacchi, St.: Makabertanz, der Totentanz in Kunst, Poesie und Brauchtum des Mittelalters, 1965, in: Archiv f. Kulturgesch. 48, S. 58 - 64.

362. Rez. Dukus-Horaht, hg. P.F. Ganz, F. Norman, W. Schwarz, 1964, in: DLZ 87, Sp. 126 - 129 (4°).

363. Rez. Füetrer, U.: Persibein, hg. R. Munz, 1964, in: DLZ 87, Sp. 408 - 410 (4°).

364. Rez. Gichtel, P.: Die Bilder der Münchner Tristan-Handschrift Cgm 51, 1965, in: Archiv 202, S. 379 - 380.

365. Rez. Gichtel, P.: Die Bilder der Münchner Tristan-Handschrift Cgm 51, 1965, in: DLZ 87, Sp. 23 - 24 (4°).

366. Rez. Hellwig, H.: Werkstudenten im Buchgewerbe im Ausgang des 15. Jahrhunderts, 1965, in: Börsenbl. 22, S. 120 (4°).

367. Rez. Roricer, M.: Das Büchlein von der Fialen Gerechtigkeit 1486, 1965, in: Börsenbl. 22. S. A 854 (4°).

368. Rez. Schmitt, Fr.A.: Stoff- und Motivgeschichte der dt. Literatur, 1965, in: Börsenbl. 22, S. 857 - 858 (4°).

369. Rez. Short-title-Catalogue of books, printed in the Netherlands and Belgium from 1470 - 1600, 1965, in: Börsenbl. 22, S. 1417 (4°).

370. Rez. Speckenbach, K. Studien zum Begriff "Edelez Herze" im Tristan Gottfrieds v. Straßburg, 1965, in: DLZ 87, Sp. 22 - 24 (4°).

371. Rez. Tenner, H.: Kleines Panoptikum der Versteigerer, Buchund Kunsthändler, 1966, in: Börsenbl. 22, S. 2269 (4°).

1967

372. *Das deutsche Bildgedicht, seine antiken Vorbilder und seine Entwicklung bis zur Gegenwart. Aus dem Grenzgebiet zwischen bildender Kunst und Dichtung (Palaestra 199). Reprint New York: Johnson 1967. (Vgl. Nr. 2).

372a. *Karte zur ahd Lautverschiebung, mit den wichtigsten Mundartgrenzen. 4. verbesserte Aufl. München (Selbstverlag) 1967, Zweifarbendruck 31 x 43 cm. (Vgl. Nr. 105, 235, 261).

373. "Ach Gott, wem soll ich's klagen?" Betrachtungen zu einer 1481 aufgezeichneten unbekannten Fassung. JbVolkslf 12 (1967) S. 173 - 176.

373a. Das Alter des Kartenspiels und die Spielkarten bei den Juden. In: Börsenbl. 23, S. 3095 - 3097.

374. Die Brautwerbungs-, Meererin- und Südeli-Volksballaden und das Kudrun-Epos von 1233. JbVolkslf 12 (1967) S. 80 - 92.

375. Die Herkunft des Namens Dinkelsbühl, Bayerland 69 (1967) Nr. 3, S. 32 - 33 (4°).

376. Die bayerischen Ortsansichten vor neunzig Jahren. Schönere Heimat 56 (1967) S. 92 - 93, 4 Abb. (4°).

377. Ein neues handschriftliches Sigenot-Fragment. ZfdA 96 (1967) S. 78 - 80.

378. Rez. Bibliographie zur Geschichte der Stadt Leipzig, Sonderband 4 (Buch, Buchdruck, Buchhandel) 1967, in: Börsenbl. 23, S. 2411 (4°).

379. Rez. Dahme, K.: Handbuch der Bayer. Bibliotheken, 1966, in: Börsenbl. 23, S. 2410 (4°).

380. Rez. Geith, K.-E.: Priester Arnolts Legende von der hl. Juliane 1965, in: ZfdPh 86, S. 455 - 457.

381. Rez. Jammers, E.: Das königliche Liederbuch des dt. Minnesangs, 1965, in: DLZ 88, Sp. 18 - 20 (4°).

382. Rez. Löschburg, W.: Die Deutsche Staatsbibliothek und ihre Kostbarkeiten, 1966, in: Börsenbl. 23, S. 677 (4°).

383. Rez. Ottendorf-Simrock, W.: Die Grimms und die Simrocks, 1966, in: Börsenbl. 23, S. 672 (4°).

384. Rez. Westernhagen, C.v.: H. Wagners Dresdener Bibliothek, 1966, in: Börsenbl. 23, S. 672 (4°).

1968

385. *Der mittelalterliche Totentanz, Entstehung, Entwicklung, Bedeutung, 2. verbesserte und vermehrte Aufl. (Beihefte zum Archiv für Kulturgeschichte 3). Köln: Böhlau 1968 (IX, 378 S., 12 Taf.) (Vgl. Nr. 143, 496).

386. *Heimerans Vornamenbuch. Geschichte und Deutung. München 1968 (222 S.).

387. Eine neuentdeckte deutsche Amicus- und Amelius-Verslegende des 13. Jahrhunderts. Beiträge 90 (1968) S. 43 - 56.

388. Der Münchner Maler und Dichter Ulrich Füetrer (1430 - 1496) in seiner Zeit und sein Name (eigentlich Furtter). Oberbayer. Archiv 90 (1968) S. 128 - 140.

389. Die Namen Nibelung, Nibelungen und die Burgunder. Blätter für die oberdt. Namensforschung 9 (1968) S. 16 - 21.

390. Die deutschen wissenschaftlichen Bibliotheken. In: Dokumentation deutschsprachiger Verlage, 3. Ausgabe, hg. C. Vinz/G. Olzog. München 1968, S. 7 - 13.

391. Ludwig Steinberger 1879 - 1968 (Nachruf). Onoma 12 (1966/67) S. 287 - 288, 1 Portr.

392. Rez. Alma mater Philippina, Festgabe für die Universitätsbibliothek Marburg, 1968, in: Börsenbl. 24, S. 2554 (4°).

393. Rez. Books, One bundred influential American, 1967, in: Börsenbl. 24, S. 3071 - 3072 (4°).

394. Rez. Bräuning-Oktavio, H.: Herausgeber und Mitarbeiter der Frankfurter Gelehrten Anzeigen 1772, 1966, in: Börsenbl. 24, S. 1741 - 1742 (4).

395. Rez. Engelsing, R.: Massenpublikum und Journalistentum im 19. Jahrhundert, 1966, in: Börsenbl. 24, S. 190 - 191 (4°).

396. Rez. Hauschka, E.R.: Die Staatliche Bibliothek in Regensburg, 1967, in: Börsenbl. 24, S. 3217 (4°).

397. Rez. Hodes, F.: Ad Bibliothecam J. Chr. Senckenberg, 1968, in: Börsenbl. 24, S. 3217 (4°).

398. Rez. Kirchner, J.: Bibliographie der Zeitschriften bis 1900, 1966/67, in: Börsenbl. 24, S. 956 - 957 (4°).

399. Rez. Oberschelp, R.: Die Bibliographien zur dt. Landesgeschichte, 1967, in: Börsenbl. 24, S. 1912 (4°).

400. Rez. Raab, H.: Apostolische Bücherkommissare in Frankfurt am Main, 1967, in: Börsenbl. 24, S. 1740 - 1741 (4°).

401. Rez. Vekene, E. van der: (Luxemburger Neue Zeitungen) Faksimile-Ausgaben, 1967/68, in: Börsenbl. 24, S. 965 (4°).

402. Rez. Wagner, N.: Getica, Untersuchungen zum Leben des Jordanes und zur frühen Geschichte der Goten, 1967, in: Gnomon 24, S. 839 - 841.

403. Rez. Widmann, H.: Der Buchhandel vor der Erfindung des Buchdrucks, 1968, in: Börsenbl. 24, S. 967 (4°).

404. Rez. Wilpert, G. v./A. Gühring: Erstausgaben dt. Dichtung 1600 - 1960, 1967, in: Börsenbl. 24, S. 1592-1593 (4°).

405. Rez. Zimmermann, E.: Druch der Jahrhunderte Strom, Geschichte der Hess. Landesbibliothek, 1967, in: Börsenbl. 24, S. 964 - 965 (4).

1969

406. Buch und Buchstabe, Zur Sprach- und Kulturgeschichte des Schrift- und Buchwesens von den Germanen bis auf Gutenberg. Gutenberg-Jahrbuch 1969, S. 338 - 344 (4°).

407. Die Datierung des Nibelungenliedes Fassung *B und *C durch das Küchenmeisterhofamt und Wolfger von Passau. Beiträge 91 (1969) S. 104 - 120.

408. Fastnacht und Karneval, Name, Geschichte, Wirklichkeit, Arch. f. Kulturgesch. 51 (1969) S. 175 - 181.

409. Ein neu aufgefundenes Fragment von Hartmann's "Armen Heinrich" aus Benediktbeuern. ZfdA 98 (1969) S. 40-64, 1 Taf.

410. Zur Geschichte von Nachdruck und Plagiat, mit einer chronologischen Bibliographie zum Nachdruck von 1733 - 1824, Börsenbl. 25 (1969) S. 3211 - 3228 (4°). (Vgl. Nr. 427).

411. Die Herkunft des Namens Dinckelsbühl. Alt-Dinckelsbühl 49 (1969) S. 33 - 36.

412. Der Name Wieland. BzNf NF 4 (1969) S. 53 - 62.

413. Reprint und wissenschaftliche Forschung. Börsenbl. 25 (1969) S. 3005 - 3006 (4°).

414. Tod, Totentanz, Jenseits. Die Sammlung Alfons Meister (Dillingen), nebst einer Bibliographie der dazugehörigen Spezialbibliothek. Börsenbl. 25 (1969) S. 3267 - 3278, 4 Abb. (Vgl. Nr. 430).

415. Vorzeitnamen und Gegenwartsnamen in der mittelalterlichen Dichtung und die Schichtung der Namen. Disputationes ad Montium vocabula aliorumque nominum significationes pertinentes, Wien 1969, Tom. 2, S. 333 - 340.

416. Rez. Funke, F.: Buch und Schrift von der Frühzeit bis zur Gegenwart, 1968, in: Börsenbl. 25, S. 69 - 71 (4°).

417. Rez. Kudrun, 5. Aufl. hg. K. Stackmann, 1965, in: ZfdPh 88, S. 106 - 108.

418. Rez. Musculus, A.: Wider den Fluchteufel 1561, Faks.-Druck, 1968, in: Börsenbl. 25, S. 427 (4°).

419. Rez. Ostwald, R.: Nachdruck-Verzeichnis (Reprints), 1969, in: Börsenbl. 25, S. 2447 (4°).

420. Rez. Reitzenstein, W.-A. Frhr v.: Ortsnamenforschung in Bayern, 1968, in: Schönere Heimat 58, S. 379.

421. Rez. Schulz, U.: Die Berlinische Monatsschrift (1783 - 1796), 1969 in: Börsenbl. 25, S. 2153 - 2154 (4°).

422. Rez. Vademecum für Ethnologen, 1969, in: Börsenbl. 25, S. 425 - 426 (4°).

423. Bibliographie der Werke Steubs. a) in: Steub, L.: Berchtesgaden (1860), Faks. 1969. b) in: Steub, L.: Reichenhall (1860), Faks. 1969. Berchtesgadener Schriftenreihe Nr. 5/Nr. 6a.

1970

424. Aristoteles und Phillis, eine neu aufgefundene Benediktbeurer Fassung um 1200. ZfdPh 89 (1970) S. 321 - 336, 1 Taf.

425. Bayern in der Kudrundichtung von 1233. Bayernland 72 (1970) Nr. 4, S. 28 - 32, mit 4 Wappenabb. (4°).

426. Forschung und Wissenschaft als Schicksal und Verantwortung. (Selbstrechenschaft) Börsenbl. 26 (1970) A S. 346-348 (4°).

427. Zur Geschichte von Nachdruck und Plagiat. Mit einer chronologischen Bibliographie zum Nachdruck 1733 - 1824. ArchGBw 11 (1970) Sp. 337 - 372 (4°). (Vgl. Nr. 410).

428. Die Narrenbilderbogen und Sebastian Brant. Gutenberg-Jahrbuch 1970, S. 298 - 307 (4°).

429. Ein neues Passionalfragment (M). ZfdA 99 (1970) S, 157 - 158.

430. Tod, Totentanz, Jenseits. Die Sammlung Alfons Meister (Dillingen) nebst einer Bibliographie der zugehörigen Spezialbibliothek. ArchGBw 11 (1970) Sp. 449 - 472, 4 Abb. (4°) (Vgl. Nr. 414).

431. Der Totentanz. Abbottempo (deutsch) 8 (1970) 2, S. 26 - 31, mit 9 farbigen, 6 einfarb. Abb.

432. The dance of death. Abbottempo (engl.) 8 (1970) 2, S.26-31.

433. La danse macabre. Abbottempo (franz.) 8 (1970) 2, S. 26-31.

434. Ho choros tou thanatou (Der Totentanz, griech.). Abbottempo (griech) 8 (1970) 2, S. 26-31.

435. La danza della morte, Abbottempo (ital.) 8 (1970) 2, S.26-31.

436. Shi-no-buto (Der Totentanz, japan.). Abbottempo (Japan.) 8 (1970) 2, S. 26-31.

437. De dodendans. Abbottempo (niederl.) 8 (1970) 2, S. 26-31.

438. La danza de la muerte. Abbottempo, (Span.) 8 (1970) 2, S. 26 - 31.

439. Ölüm dansi (Der Totentanz, türk.) Abbottempo (türk.) 8 (1970) 2, S. 26-31.

440. Universitätsreform und Studentenunruhe. Wingolfsblätter 89 (1970) S. 70-76.

441. Zur Vor- und Frühgeschichte und Morphogenese von Kartenspiel und Tarock. Archiv f. Kulturgesch. 52 (1970) S.65-94.

442. Vor- und Nachwort-Verfasser als Autoren und Herausgeber. Zeitschr. f. Biblwesen 18 (1970) S. 108-111.

443. Rez. Dittmann, W.: Hartmanns Gregorius, 1966, in: ZfdPh 89, S. 115 - 116.

444. Rez. Dresler, A.: Unser Jahresbegleiter, der Kalender. Graphik 23, Heft 1 - 12, 1970, in: Börsenbl. 26, A S. 261 - 262 (4°).

445. Rez. Kirchner, J.: Aufsätze aus Paläographie, Handschriftenkunde, Zeitschriftenwesen und Geistesgeschichte, 1970, in: Börsenbl. 26, A S. 197 - 199 (4°).

446. Rez. Kirchner, J.: Bibliographie der Zeitschriften des dt. Sprachgebietes bis 1900, Bd. 1, 1969, in: Börsenbl. 26, A S. 9 - 10 (4°).

447. Rez. Krumbach, H./K. Pfeiffer: Mittelamerikan. Bilderhandschriften, 1970, in: Börsenbl. 26, A S. 22 - 23 (4°).

448. Rez. Kunze, H./G. Rückl: Lexikon des Bibliothekswesen, 1969, in: Göttingsche Gelehrte Anzeigen 222, S. 296 - 299.

449. Rez. Lavater, J.C.: Physionomische Fragmente 1775-1778, Faks.-Ausgabe 1969/1970, in: Börsenbl. 26, S. 219-221 (4°).

450. Rez. Schwob, U.M.: Kulturelle Beziehungen zwischen Nürnberg und den Deutschen im Südosten im 14.-16. Jahrhundert, 1969, in: Börsenbl. 26, A S. 166 - 167 (4°).

451. Rez. Widmann, H.: Der Drucker-Verleger H. Estienne, 1970, in: Börsenbl. 26, A S. 200 (4°).

1971

452. Zur Benennung des Faches Volkskunde. DGV-Informationen Nr. 80 (1971) S. 77 - 78.

453. Die deutschen wissenschaftlichen Bibliotheken. Dokumentation deutschsprachiger Verlage, 4. Ausg. hg. C. Vinz/G. Olzog, 1971, S. 14 - 22.

454. Bild und Schrift. Die verschiedenen Versuche zu ihrer Verschmelzung. Börsenbl. 27, S. 1179 - 1188, 10 Abb. (4°).
454a. Desgl., ArchGBw 11, Sp. 1653 - 1672, 10 Abb. (4°).

455. Der Buchschmuck als typographisches Problem bei Gutenberg und den Druckern des 16. bis 18. Jahrhunderts. Gutenberg-Jahrbuch 1971, S. 308 - 317, 9 Abb. (4°).

456. Goten und Geten und Verwandtes. Börsenbl. 27 (1971) S. 305 - 306 (4°).

457. Zur Spanischen Herkunft der Spielkarten. Schachbuch-Besprechungen Nr. 9 (Januar 1971) S. 59 (4°).

458. Personen-, Orts- und Ländernamen in Wolframs Parziva, Gestaltung, Schichtung, Funktion. Innsbrucker Beiträge zur Kulturwissenschaft 16 (1971) S. 203 - 214.

459. Zum Tode von Adolf Dresler (Nachruf). Börsenbl. 27 (1971) A S. 464 - 465 (4°).

460. Antiquar Dr. Alfred Willy gestorben (Nachruf). Börsenbl. 27 (1971) A S. 466 - 467 (4°).

461. Rez. Briesemeister, D.: Bilder des Todes, 1970, in: Börsenbl. 27, A S. 202 - 204 (4°).

462. Rez. Brückner, W.: Populäre Druckgraphik Europas, Bd. Deutschland, 1969, in: Archiv f. Kulturgesch. 53, S. 135.

463. Rez. Gerstner, H.: Die Brüder Grimm, 1970. In: Welt und Wort 26, S. 214; Mitteilungen des Dt. Germanistenverbandes 18, S. 45 - 46.

464. Rez. Masser, A.: Bibel. Apokryphen und Legenden, Geburt und Kindheit Jesu in der religiösen Epik des dt. MAs, 1969. In: Beiträge 93, S. 442 - 444.

1972

465. *Legende, 3. verbesserte und vermehrte Auflage (Sammlung Metzler, Bd. 9) Suttgart 1972 (94 S.).

466. Der Aufbau des Bibliothekswesens in Deutschland. Börsenbl. 28 (1972) S. 1589 - 1593 (4°).

467. Sebastian Brant und Albrecht Dürer, Zum Verhältnis von Bild und Text im Narrenschiff. Gutenberg-Jahrbuch 1972, S. 328-336, 6 Abb. (4°).

468. Buchschmuck als typographisches Problem bei Gutenberg. In: Der gegenwärtige Stand der Gutenberg-Forschung, hg. H. Widmann (Bibliothek des Buchwesens 1). Stuttgart 1972, S. 200-210.

469. Neu entdecktes Fragment (F) aus Ulrichs von dem Türlin "Willehalm" (um 1300). ZfdA 101 (1972) S. 146 - 149.

470. Ze hewe wart sin grüenez gras, Zu Hartmanns "Armen Heinrich" E 70-75 und dem Sinnbereich dieser Metapher. ZfdA 101 (1972) S. 133 - 143.

471. Sammler ex officio. In: Börsenbl. 29, S. 32-34 (4°).

472. Schriftband. In: Lexikon der christlichen Ikonographie Bd. 4, Sp. 125 f.

473. Tod (Ikonographie). Ebenda Bd. 4, Sp. 327 - 332 (4°).
473a. Totentanz (Ikonographie). Ebenda 4, Sp. 343-347 (4°).

474. Was können Münchner Bibliotheken dem Sammler bieten?
In: Börsenbl. 29, S. A336 - A339 (4°).

475. Rez. Eckelmann, H.: J. Hemeling, Schreib- und Rechenmeister, 1971, in: Börsenbl. 28, A S. 90-92 (4°).

476. Rez. Gerstner, H.: Biblische Legenden, 1971, in: Welt und Wort 27, S. 145 (4°).

477. Rez. Heydorn, H.-J.: J.A. Conenius, Geschichte und Aktualität 1670-1970, 1971, in: Börsenbl. 29, A S. 169-170 (4°).

478. Rez. Kunze, K.: Studien zur Legende der hl. Maria Aegyptica, 1969, in: Beiträge 94, S. 291 - 293.

479. Rez. Mayer, L.A.: Mamluk Playing Cards, 1971, in: Archiv f. Kulturgesch. 54, S. 400 - 401.

480. Rez. Mayer, L.A.: Mamluk Playing Cards, 1971, in: Zeitschr. der Dt. Morgenländischen Gesellschaft 122, S. 362-364.

481. Rez. Meyen, F.: Verzeichnis der Spezialbibliotheken in der BRD, 1970, in: Börsenbl. 28, S. A275 - A276 (4°).

482. Rez. Schriftzeugnisse, Frühe, der Menschheit, Vortäge in Hamburg 9./10.10.1969, 1971, in: Börsenbl. 28, S. A 120-121 (4°). -Zur Runenthese von Heinz Klingenberg.

483. Rez. Volkskultur und Geschichte, Festgabe für J. Dünninger, hg. von D. Harmening u.a., 1970, in: Beiträge 94,239-242.

1973

484. Die Bühne des Tegernseer Antichristspieles als Orbis terrarum. Literatur und Sprache im europäischen Mittelalter, Festschrift für Karl Langosch, 1973, S. 63 - 74.

485. Konrad Celtis als Lobredner der Buchdruckkunst. Gutenberg-Jahrbuch 1973, S. 195 - 198 (4°).

486. Ende eines Museums (Bielefelder Spielkartenmuseum). Börsenbl. 29 (1973) A S. 239 - 240 (4°).

487. Der Gebrauch der Schablone für Schrift und Kunst seit der Antike und das schablonierte Buch des 18. Jahrhunderts. Gutenberg-Jahrbuch 1973, S. 71 - 84 (4°).

488. Max Geisberg und die neuere Spielkartenforschung., In: Geisberg, M.: Alte Spielkarten, hg. H. Rosenfeld. Baden-Baden: Koerner 1973, S. 5-20.

489. Heldenballade. In: Handbuch des Volksliedes, Bd. 1. München: Fink 1973, S. 57 - 87, 3 Taf.

490. Phol ende Wuodan vuorun zi holza: Baldermythe oder Fohlenzauber? Beiträge 95 (1973) S. 1 -2.

491. Rez. Barthel, G.: Konnte Adam schreiben? Weltgeschichte der Schrift, 1972, in: Börsenbl. 29 (1973) A S.126-127 (4°).

492. Rez. Bidev, P.: Das Schachspiel als Weltsymbol, 1972, in: Archiv f. Kulturgesch. 55, S. 224 - 225.

493. Rez. Hoffmann, D.: Die Welt der Spielkarte, 1972, in: Börsenbl. 29, A S. 247 - 250 (4°).

494. Rez. Lang, H.W.: Die Buchdrucker des 15. bis 17. Jahrh. in Österreich, 1972, in: Börsenbl. 29, A S. 84

494a. Rez. Weber, B.: Wunderzeichen und Winkeldrucker 1543-1586, 1972, in: Archiv f. Kulturgeschichte 55, S. 236 - 237.

495. Hg. Geisberg, Max: Alte Spielkarten. Mit einem Vorwort hg. H. Rosenfeld (Studien zur dt. Kunstgesch. 66, 132, 205) Baden-Baden: Koerner 1973 (311 S., Zahlr. Abb.).

1974

496. *Der mittelalterliche Totentanz, Entstehung und Entwicklung, Bedeutung, 3. verbesserte und vermehrte Auflage (Beihefte zum Archiv für Kulturgeschichte 3). Köln: Böhlau 1974 (IX, 380 S., 12 Taf.). (Vgl. Nr. 143, 385).

497. Frühneuhochdeutsche Literatur. In: Handlexikon der Literturwissenschaft, München: Ehrenwirt 1974, S. 144 - 150. (Vgl. Nr. 517).

498. Vorreformatorischer und nachreformatorischer Meistersang. Zur Augsburger Meistersingschule von Ulrich Wiest bis Raphael Duller. In: Studien zur dt. Literatur und Sprache des Mittelalters, Festschrift für Hugo Moser, Berlin 1974, S. 253 - 271.

499. Die Namen in Wolframs "Parzival", Herkunft, Schichtung, Funktion. In: Wolfram-Studien 2 (1974) S. 36 - 52.

500. Maximilian Graf von Montgelas und seine Bibliothek. Bibliotheksforum Bayern 2 (1974) S. 179 - 209, 1 Portr., 1 Faks.

501. Brants Narrenschiff und seine Stellung in der Publizistik und zur Gesellschaft. In: Beiträge zur Geschichte des Buches und seiner Funktion in der Gesellschaft, Stuttgart 1974, S.230-245.

502. Eine neu entdeckte frühe Neureuther-Lithographie. Börsenbl. 30 (1974) A S. 260-262, 1 Abb. (4°).

503. Internationale Spielkartenausstellung der Albertina in Wien. Börsenbl. 30 (1974) A. S. 350-354, 5 Abb. (4°).

504. Gutenbergs Wappen, seine Entstehung und die angeblichen Jüdischen Ahnen Gutenbergs - zugleich ein Beitrag zur Namen- und Kulturgeschichte des ausgehenden Mittelalters. Gutenberg-Jahrbuch 1974, S. 35-46, 6 Abb. (4°).

505. Johannes von Rheinfelden, Didaktiker. NDB 10 (1974) S. 567.
505a. Andre Jolles, Literatur- und Kunstforscher. NDB 10 (1974)
S. 586 - 587 (4°).

506. Rez. Hoffmann, D.: Spielkarten, Inventarkatalog der Spielkartensammlung des Histor. Museums Frankfurt am Main, 1972. In: Zeitschrift für Volkskde 70, S. 143 - 146.

507. *Hg. (mit H. Kuhn und H.-J. Schubert) Festschrift 75. Geburtstag von Hans-Friedrich Rosenfeld = H.-Fr. Rosenfeld: Ausgewählte Schriften zur deutschen Literaturgeschichte, germanischen Sprach- und Kulturgeschichte und zur deutschen Wort-, Mundart- und Volkskunde, Bd. 1.2. (Göppinger Arbeiten zur Germanistik 124/125) Göppingen 1974 (XI, 854 S.).

508. Rez. Fabian, B.: Die Meßkataloge Georg Willers, 1972. In: Börsenbl. 30, 1974, S. A 347f. (4°).

509. Rez. Ortmann, W.: Ortsnamenbuch von Bayern, Landkreis Scheinfeld 1967. In: Blätter für oberdeutsche Namenforschung 13, 1972/74, S. 52 f.

1975

510. Zur Datierbarkeit früher Spielkarten in Europa und im nahen Orient. Gutenberg-Jahrbuch 1975, S. 353-371, 14 Abb.

511. Die Pirckheimer-Gesellschaft und ihre "Marginalien". In: Börsenbl. 31, 1975, S. A 70- A 75 (4°).

512. Zu den frühesten Spielkarten in der Schweiz, eine Entgegnung. In: Zeitschrift für Schweizererische Archäologie und Kunstgeschichte 32, 1975, S. 179-180 (4°).

513. Rez. Schmid, U.: Codex Karlsruhe 408, 1975. In: Wort 25, 1975, S. 430.

514. Rez. Suchowski, J.: Delectatio und Utilitas, Beitrag zum Verständnis mittelalterlicher komischer Literatur, 1975. In: Wort 25, 1975, S. 428-430.

1976

515. Die Münchner Gebetsrolle Clm 28961, Zur Buch- und Frömmigkeitsgeschichte des 15. Jahrhunderts. In: Gutenberg-Jahrbuch 1976, S. 48-56, 6 Abb. (4°).

516. Zur Geschichte der Spielkarten, Forschungsbericht 1965 bis 1975. Börsenbl. 32 (1976) S. A 286 - A 297 (4°).

517. Frühneuhochdeutsche Literatur (1350-1500). In: Handlexikon zur Literaturwissenschaft, 2. Auflage. München: Ehrenwirth 1976, S. 144 - 150 (Vgl. Nr. 497).

518. Artikel in: Dizionario critico della Letteratura Tedesca, hg. Ute Schwab, Torino 1976.

a) Amicus und Amelius......18
b) Aristoteles u. Phillis..27
c) Athis u. Prophilias..37-38
d) Kreuzfahrt
   Ludwigs des Frommen....207
e) Totentanz 219-220
f) Dukus Horant.......248-249
g) Aegidius.............265
h) Göttweiger Trojaner-
   krieg..................412

i) Heinrich von Burgus.......459
k) Legende...............649-651
l) Legendare................651
m) Buch der Märtyrer.....693-694
n) Mai und Beaflor..........723
o) Trierer Silvester.......1084
p) Suchensinn..............1140
q) Peter Suchenwirt....1140-1141
r) Süßkind von Trimberg....1143

1977

519. Frau Ava und der deutsche Personenname Awe. In: Brevart, Fr. B.: Festgruß Hellmut Rosenfeld zum 70. Geburtstag gewidmet (GAG Nr. 234) Göppingen 1977, S. 19-27.

520. Zur Geschichte und Struktur des romanischen Volksbuches, ein Tagungsbericht. In: Börsenbl. 33 (1977), S. A 304-305.

521. Nibelungische Lieder zwischen Geschichte und Politik: Parallellied, Annexionslied, Sagenmischung, Sagenschichtung. In: Beiträge 99 (1977) S. 66-77.
521a. Desgl., Bebilderter Sonderdruck.

522. Probleme der Entstehung von Volkspublizistik am Rande der Hochliteratur im ausgehenden Mittelalter, Resume des Vortrags auf der Tagung in München 13.-16. Juni 1977. In:
Berichte, im Auftrag der Internationalen Arbeitsgemeinschaft für Forschung zum romanischen Volksbuch 4, Seekirchen/Österr. 1977, S. 89 - 92.

523. Das Römische Bild des Todes im "Ackermann". In: Brevard, Fr.B.: Festgruß (wie Nr. 519), Göppingen 1977, S. 11-18, m. 4 Abb., Bebilderter Nachdruck von Nr. 3 (1935).

524. Ulmer Kartendrucker um 1500 als Produzent zum Export nach Italien und Frankreich. In: ArchGBw 18, 3 (1977) Sp. 525 - 542 (4°).

525. Kaspar von der Rhön, Heldendichtungssammler. In: NDB 11 (1977) S. 319.

526. Kirchner, Johannes, Epigraphiker (1859-1940). In: NDB 11 (1977) S. 662f.

1978

527. *Deutsche Kultur im Spätmittelalter, 1250 - 1500 (mit Hans-Friedrich Rosenfeld). Wiesbaden: Athenaion 1968 (Handbuch der Kulturgeschichte, 1. Abt. Zeitalter deutscher Kultur) 335 S., 181 Abb., 2 Fabrtaf.

528. Erzählende Volkspublizistik im ausgehenden Mittelalter, Französische Spielkarten um 1500 als Dokumente verlorener Volksliteratur. In: Gutenberg-Jahrbuch 1978, S. 90-95.

529. Der Hagenauer Dichter Konrad Dangkrotzheim (1372-1444) in neuer Sicht, Ein adliger Schöffe als Volksdichter und Meistersinger. In: Recheres germaniques, Revue annuelle No 8 (1978) S. 129 - 142.

530. Hexenglaube ist in Mitteleuropa autochthon. In: Der Schlern 52 (1978) S. 499.

531. Zur Systematik und geschichtlichem Form- und Bedeutungswandel der idg. Männer-Frauen-Rufnamen. In: Debus, Friedhelm/K. Puchner: Name und Geschichte, Henning Kaufmann zum 80. Geburtstag, München 1978, S. 137-148.

532. Der Tod in der christlichen Kunst. In: Zeitschrift für Gerontologie 11 (1978) S. 562-574, 16 Abb. engl. Summary.
532a. Desgl. In: Jansen, Hans Helmut: Der Tod in Dichtung, Philosophie und Kunst, Darmstadt 1978, S. 94-106.

533. Zur Wandlung des Begriffes "Antiquar". In: Börsenbl. 34 (1978) S. A 290 - 291.

534. Die Acht Schalkheiten. In: Verf.-Lex., 2. Aufl. 1 (1978) Sp. 23 f.

535. Achtnarrenblatt. Desgl., Sp. 25-26.

536. Alpharts Tod. Desgl., Sp. 258-261.

537. Amicus und Amelius. Desgl., Sp. 329-330.

538. Aristoteles und Phyllis. Desgl., Sp. 434-436.

539. Basler Totentanz. Desgl., Sp. 633-634.

540. Bauernpraktik. Desgl., Sp. 640-642.

541. Beckmesser, Sixt, Meistersinger. Desgl., Sp. 658-660.

542. Berliner Totentanz. Desgl., Sp. 734-735.

543. Berliner Weltgerichtsspiel. Desgl., Sp. 735-737.

544. Berner Totentanz. Desgl., Sp. 747-748.

545. Berner Weltgerichtsspiel. Desgl., Sp. 748-749.

546. Christus und die Minnende Seele. Desgl., Sp. 1235-1237.

547. Churer Weltgerichtsspiel. Desgl., Sp. 1271-1274.

548. Rez. Bahlow, Hans: Deutsches Namenlexikon, Familien - und Vornamen nach Ursprung und Sinn erklärt, 1976. In: BzNf NF. 13 (1978) S. 420-421.

549. Rez. Leyden, R. von: Indische Spielkarten, Inventarkatalog der indischen Sammlung des Deutschen Spielkartenmuseums, 1977. In: Börsenbl. 34 (1978) S. A 64 - 65.

1979

550. Christlicher Dreifrauenkult als wiedererwachter keltischer Volksglaube. In: Der Schlern 53 (1979) S. 574-576.

551. Konrad Duden zum 150. Geburtstag. In: Wingolfsblätter 98 (1979) S. 54 - 56.

552. Wie Heimito ein deutscher Vorname wurde. In: Der Sprachdienst 23 (1979) S. 86.

553. Der "Mercurius" im 17. Jahrhundert als "Newe Zeitung" und als Persiflage. In: Gutenberg-Jahrbuch 1979. S. 221-227.

554. Singschule und Meistersinger vor 1500, Zur Problematik der Meistersangforschung. In: Schützeichel, Rudolf: Studien zur deutschen Literatur des Mittelalters, Bonn 1979, S.687-712.

555. Dioskuren. In: Lurker Manfred: Wörterbuch der Symbolik (Kröners Taschenausgaben Bd. 464) Stuttgart 1979, S. 118.

556. Donar (Thor). Desgl., S. 118-119.

557. Germanen. Desgl., S. 183-184.

558. Held. Desgl., S. 222-223.

559. Himmelsgötter. Desgl., S. 240-242.

560. Kalender. Desgl., S. 290-292.

561. Kelten. Desgl., S. 296-298.

562. Namen. Desgl., S. 399-400.

563. Narr. Desgl., S. 400-401.

564. Schachspiel. Desgl., S. 499-500.

565. Spiele. Desgl., S. 534-536.

566. Spielkarte. Desgl., S. 536-537.

567. Tod. Desgl., S. 582.

568. Todessymbolik. Desgl., S. 582-583.

569. Todsünden. Desgl., S. 583-584.

570. Totenbrauchtum. Desgl., S. 585-586.

571. Totentanz. Desgl., S. 588-589.

572. Unterweltsgötter. Desgl., S. 601-602.

573. Wodan. Desgl., S. 643-644.

574. Zwillinge. Desgl., S. 656-657.

575. Rez. Borghart, K.H.R.: Das Nibelungenlied, Die Spuren mündlichen Ursprungs in schriftlicher Überlieferung, 1977. In: Archiv für Kulturgesch. 61 (1979) S. 244-245.

576. Rez. Brednich, R.W.: Die Darfelder Liederhandschrift 1546-1565, 1976. In: Bayer. Jahrbuch f. Volkskde 1978/79, München 1979, S. 137.

577. Rez. Franz, Kurt: Kinderlyrik. Struktur, Rezeption, Didaktik, 1979. In: Börsenbl. 35 (1979) S. A 284.

578. Rez. Moser, Dietz-Rüdiger: Die Tannhäuser-Legende, eine Studie über Intentionalität und Rezeption katechetischer Volkserzählungen zum Bußsakrament, 1977. In: Jahrbuch für Volksliedforschung 24 (1979) S. 197-199.

579. Rez. Spielkarten, Schweizer, Kunstgewerbemuseum Zürich (Wegleitung 323), 1978. In: Börsenbl. 35 (1979) S. A 66f.

580. Rez. Weitershaus, F.W.: Das neue Vornamenbuch, 1978. In: BzNf NF. 14 (1979) S. 116.

581. Rez. Wunderlich, W.: Der Schatz des Drachentöters, Materialien zur Wirkungsgeschichte des Nibelungenliedes, 1977. In: Archiv für Kulturgesch. 61 (1979) S. 242-244.

1980

582. Der Ackermann aus Böhmen, Von scholastischer Disputation zum spätmittelalterlichen Volksbuch. In: Europäische Volksliteratur, Festschrift für Felix Karlinger (Raabser Märchenreihe Bd. 4), Wien 1980, S. 161 - 170.

583. Der Ackermann aus Böhmen - Scholastische Disputation von 1370 oder humanistisches Wortkunstwerk von 1401 ? Zur Literatur im dreisprachigen Böhmen des Spätmittelalters. In: Jahrbuch für Internationale Germanistik, Reihe A, Bd. 8, 3 (1980) S. 295 - 301.

584. Desgl., Illustrierter Sonderdruck, München: Selbstverlag 1980 (10 Bl., 7 Abb.).

585. Barlaam und Joasaph (Barlaam und Joasaphat), geistlicher Roman, VI. Deutsche Literatur. In: Lexikon des Mittelalters 1 (1980) Sp. 1467 - 1468 (4°).

586. Gleitlaute in Komposita und der Ortsname Dinkelsbühl. In: BzNf NF. 15 (1980) S. 134 - 139.
586a. Desgl., Illustrierter Sonderdruck.

587. Eberhard König, Dramatiker, Erzähler (1871-1949).
In: NDB 12 (1980) S. 335.

588. Ein Meistergesang als illustriertes Volksbuch mit Karenspielabbildungen (1520). In: Gutenberg-Jahrbuch 1980,
S. 97 - 104, 2 Abb., 3 Taf.

589. Orts- und Ländernamen in der mittelalterlichen Dichtung.
In: Blätter für oberdeutsche Namenforschung 17 (1980)
S. 9 - 23.

590. Das St. Galler Weltgericht mit Textausgabe.
In: ZfdA 109 (1980) S. 116 - 128.

591. Dangkrotzheim, Konrad. In: Verf.-Lex., 2. Aufl. Bd. 2
(1980) Sp. 39-42.

592. Donaueschinger Weltgerichtsspiel.   Desgl., Sp. 204-205.

593. Ehrenbloß, Hans.   Desgl., Sp. 386-387.

594. Frankfurter, Philipp.   Desgl., Sp. 817-820.

595. St. Galler Weltgericht.   Desgl., Sp. 1016-1063.

596. Gelre (eigentlich Heynen).   Desgl., Sp. 1186-1187.

597. Rez. Bahlow, Hans: Abhandlungen zur Namenforschung und Buchgeschichte, 1980. In: BzNf NF. 15 (1980) S. 442f.

598. Rez. Breatnach, P.A.: Die Regensburger Schottenlegende,
1977. In: Mittellat. Jahrbuch 15 (1980) s. 245-246.

599. Internationale Zeitschriftenschau über Buchwesen.
In: Börsenbl. 36 (1980) S. A 130-136. A 278-280.
(Rosenfeld hat 1972 - 1987 in AdA halbjährlich kritisch
über Artikel zum Buchwesen in internationalen Zeitschriftheften mehr oder weniger ausführlich berichtet.)

1981

600. "Die Acht Schalkheiten", "Die Sechzehn Schalkheiten" und
Peter Schöffers "Schalksgesinde auf der Frankfurter Messe":
Bilderbogen und Flugblätter aus dem Bereich des Fastnachtspieles. In: Gutenberg-Jahrbuch 1981, S. 193-206.

601. Burgunden, § 3: Burgundensagen (a.Burgundenuntergang; b.
Attilas Tod; c. Brunhild-Lied; d. Sigiberts Tod; e. Nibelungenname; f. Hagen; g. Jungsiegfriedsage und Werbungsmärchen; h. Nibelungenlied). In: Reallexikon der German.
Altertumsforschung, 2. Aufl. 4 (1981) Sp. 231-233.

602. Heinrich von Lübeck (I.). In: Verf.-Lex. 3 (1981) Sp. 780f.

603. Johannes de Sitbor, der Tkadlecek und die beiden Ackermann-
Fassungen von 1370 und 1401. In: Die Welt der Slaven 26
(1981) S. 102 - 124.

604. Der alttschechische Tkadlecek in neuer Sicht: Ackermann-
Vorlage, Waldenser-Allegorie oder höfische Dichtung ?
In: Die Welt der Slaven 26 (1981) S. 357 - 378.

605. On the morphogenesis of games, especially of chess and
playing-cards. In: The Playing-Card-Journal of the International Playing-Card-Society vol. 9, Nr. 3 (1981) S.69-82.
605a. Desgl., Illustrierter Sonderdruck (16 Bl., 11 Abb.).

606. Die Namen Chiemsee und Chieming.
In: Blätter für oberdeutsche Namenforschung 18 (1981) S.21-26.

607. (Ortsname und Sage) Erwiderung. In: Desgl., S. 53-55.

608. Spielkartensammler und Spielkartenforscher tagten in Wien
(24./27.IX.1981). In: AdA 1981, H.12, S. A 520-522.

609. Desgl., Illustrierter Sonderdruck (2 Bl., 5 Abb.).

610. Tarockanische Spiele: Wiener Spielkarten und ihre Hersteller (Ausstellung im Otto-Wagner-Pavillon, Wien).
In: AdA 1981, H. 12, S. A 521-522.

1982

611. *Legende (Sammlung Metzler M 9), 4. verbesserte und vermehrte Auflage. Stuttgart 1982 (VI, 103 S.).

612. Hat Gutenberg sein Erfurter Studium 1418 unterbrochen ?
In: Gutenberg-Jahrbuch 1982, S. 106-107.

613. Der von Kürenberg, Lyriker Mitte des 13. Jh.s
NDB 13 (1982) S. 233.

614. König, Mattheus, Spruchdichter, 2. H. des 15. Jh.s
NDB 13 (1982) S. 221.

615. Das Münchner Eigengerichtsspiel von 1510, Hans Schobsers Druck
von 1510 und seine Illustrationen von Jan Pollack.
In: Gutenberg-Jahrbuch 1982, S. 225-233, 16 Abb.

616. Der mittelalterliche Totentanz und seine Rezeption im
19. und 20. Jahrhundert. In: Kühnel, Jürgen (u.a.):
Mittelalter-Rezeption II, Gesammelte Vorträge des 2.
Salzburger Symposions (GAG Nr. 358) Göppingen 1982.
S. 455 - 472, 7 Abb.

617. The cultural-Historical view of the origin and evolution
of playing-cards and their suit-signs and illustrations.
A paper, given at the 1981 convention of the Society.
In: The Playing-Card 11, No 1 (1982) S. 30 - 31.

618. Rez. Leyden, Rudolf von: Die Welt der indischen Spielkarte, Geschichte, Systematik und Herstellung, mit einem Katalog der Sammlung des Museums für Völkerkunde, Wien. In: AdA 1982, H. 1, S. A 432 - 433.

619. Rez. Leyden, R.v., D. Duda, M. Roschanzamir: Spielkartenbilder in persischen Lackmalereien der Österr. Nationalbibliothek, 1981. In: AdA 1982, H. 1, S. A 32 - 33.

620. Rez. Stein, Helga: Zur Herkunft und Altersbestimmung einer Novellenballade (=FFC Nr. 224), Helsinki 1979.
In: Bayer. Jahrbuch für Volkskunde 1980/81, Volkach 1982, S. 215 - 216 Zum Nachleben der KUDRUN von 1233 in Volksballaden !

1983

621. *Gutenberg als Erfinder der Buchdrucktechnik.
München: Selbstverlag 1983 (16 Bl., 18 Abb., 2 Taf.).

622. Der Hohle Baum A (Der wahrsagende Baum).
In: Verf.-Lex., 2. Aufl., 4 (1983) Sp. 105-106.

623. Holland, Johann. Desgl., Sp. 106-108.

624. Meister Ingold (Wild). Desgl., Sp. 381-386.

625. Johannes von Rheinfelden O.P. Desgl., Sp. 718-721.

626. Sog. "Koblenzer Weltgerichtsspiel". Desgl., Sp. 1278f.

627. Martin Luther und seine Epoche: die Martin-Luther-Ausstellungen in Augsburg und Nürnberg. In: AdA 1983, H. 7/8, S. A 250 - 255.
627a. Desgl., Vermehrter Sonderdruck (6 Bl., 6 Abb.).

628. Präsenz und Prä#sentation Martin Luthers Zu den Ausstellungen in Stuttgart, Veste und Stadt Coburg, West-Berlin/Godesberg/München. In: AdA 1983, H. 11, S. A 329 - 337, mit 10 Abb.
628a. Desgl., Vermehrter Sonderdruck (10 Bl., 13 Abb.).

629. Waldemar-Bonsels-Preis für buchwissenschaftliche Arbeiten: zur Preisverteilung in München.
In: AdA 1983, H. 4, S. A 130 - 131.

630. Rez. Bahlow, Hans: Pommersche Familiennamen, 1982.
In: BzNf NF. 18 (1983) S. 224 - 225.

1984

631. Beobachtungen zur Meistersangforschung: Vom Fahrenden zum seßhaften Sänger. In: Spechtler, Fr. V.: Lyrik des ausgehenden 14. und des 15. Jahrhunderts (Chloe Bd. 1) Amsterdam 1984, S. 207 - 229.

632. Die germanischen Runen im Kleinen Schulerloch und auf der Nordendorfer Bügelfibel A. In: ZfdA 113 (1984) S. 159-173.

633. Holbeins Holzschnittfolge "Bilder des Todes" und der Basler Totentanz sowie andere Beispiele von der Einwirkung der frühen Buchillustration auf andere Werke.
In: Gutenberg-Jahrbuch 1984, S. 317-327, mit 12 Abb.

634. Dietrich von Bern. In: Reallexikon der Germanischen Altertumskunde, 2. Aufl., 5 (1984) S. 425 - 430.

635. Dietrichdichtung.   Desgl., S. 430 - 442.

636. Dioskuren.   Desgl., S. 482 - 484.

637. Titel. In: Reallexikon der Deutschen Literaturgeschichte, 2. Aufl., 4 (1984)   S. 439 - 454.

638. Totentanz.   Desgl., S. 513 - 523.

639. Zeitung und Zeitschrift Desgl., S. 976 - 998.

640. Luther und die Folgen für die Kunst. Zur Ausstellung der Hamburger Kunsthalle. In: AdA 1984, H.2, S. A 56-60.
640a. Desgl., Vermehrter Sonderdruck (6 Bl., 11 Abb., 4°).

641. Die letzte Reise. Sterben, Tod und Trauersitten in Oberbayern. Zur Ausstellung im Münchner Stadtmuseum.
In: AdA 1984, H. 8, S. A 302 - 306, 5 Abb., 4°).
641a. Desgl., Vermehrter Sonderdruck (6Bl., 9 Abb., 4°).

642. Wallfahrt kennt keine Grenzen. Zur Ausstellung im Bayerischen Nationalmuseum. In: AdA 1984, H. 9, S. A 347-352.

643. Rez. Belgrader, M.: Das Märchen von dem Machandelboom (KHM 47), Der Märchentypus AT 720, 1980. In: Zeitschrift für Volkskunde 80 (1984) S. 131 - 133.

644. Rez. Koller, E.: Totentanz, Versuch einer Textembeschreibung, 1980. Desgl., S. 130 - 131.

645. Rez. Mezger, W.: Hofnarren im Mittelalter, 1981. In: Bayer. Jahrbuch für Volkskunde 1983/84, S. 198.

1985

646. Zur Darstellung des Eigengerichts in der mittelalterlichen Kunst und Literatur.
In: AdA 1985, H. 10, S. A 361 - 368, 11 Abb. (4).

647. *Zur Darstellung des Eigengerichts (Persönliches, Besonderes, Einzel-Gericht, Judicium particulare) in der Mittelalterlichen Kunst und Literatur - Bilderbogen, Buchillustration, Volksdrame und Hans Holbein.
Vermehrter Sonderdruck, München 1985 (8 Bl., 12 Abb.).

648. Flurnamen in der städtischen Nomenklatur als Geschichts-
quelle. In: Schützeichel, Rudolf: Gießener Flurnamen -
Kolloquium (BzNf NF., Beiheft 23) Heidelberg 1985,
S. 343 - 351.
648a. Flurnamen in der städtischen Straßennomenklatur als Ge-
schichtsquelle (Vermehrter Sonderdruck, mit 1 Abb.).

649. Kopenhagener Weltgerichtsspiel. In: Verf.-Lex., 2. Aufl.,
5 (1985) Sp. 310-311.

650. Lamme, Heinrich (Lübeck 1411) Desgl., Sp. 512 - 513.

651. Lübecker Totentänze.   Desgl., Sp. 935 - 938.

652. Luzerner Antichrist- und Weltgerichtsspiel
Desgl., Sp. 1089-1092.

653. Luzerner Weltgerichtsspiel.   Desgl., Sp. 1099-1102.

654. Figurensatz. In: Reallexikon zur Deutschen Kunstgeschichte
Bd. 8, 82. Lfg (1985) S. 944-950.

655. Figurgedicht. Desgl., S. 1012 - 1020.

656. Rez. Kohlmann, Theodor: Bube, Dame, König: Alte Spielkarten
aus Berliner Museums- und Privatsammlungen, Katalog,
1982. In: Die Zeitschrift für Volkskde 81 (1985) S. 142-143.

1986

657. *Eine frühe und anonyme Neureuther-Lithographie nebst Rudolf
Graf von Montglas´Dornröslein-Romanze, 1833 (Faks.).
München: Selbstverlag 1986 (9 Bl., 4°.

658. Die Ars moriendi im Wettstreit zwischen Kupferstich- und Holzschnittkunst. In: AdA 1986, H. 3 (Sondernummer zum 60. Geburtstag von Dr. Karl H. Pressler) S. A 127-130, 6 Abb.
658a. Desgl., Vermehrter Sonderdruck (4 Bl., 9 Abb.).

659. Die Geburt der Moderne aus dem Geist der Religion? Wechsel-
seitige Erhellung der Künste, Luther und die Künste, die Künste
und Moderne, Festschrift für Helmut Motekat.
Frankfurt am Main 1986, S. 431 - 449, 1 Abb.

660. Das Kartenspiel in Europa im 14. bis 16. Jahrhundert und der
Orient. In: Der Schlern 60 (1986) S. 725 - 732, 3 Taf.

661. Oberrheinisches Kartenspiel mit Eselkopf-Maskerade und Phantasie-
     Farben (ca. 1540). In: The Playing-Card 14 (1986)
     In: The Playing-Card 14 (1985/86) S. 48-52, 3 Taf.

662. Der neu entdeckte oberrheinische Eselspiel-Kartenspiel-
     Druck (ca. 1540). Spielkarten-Farbzeichen als populäre
     Illustrationskunst. In: Gutenberg-Jahrbuch 1986, S. 344-354.

663. Early References to playing-cards.
     In: Playing-Card-World, Issue 44 (May 1986) S. 17.

664. Mittelrheinischer Totentanz. In: Verf.-Lex. 6 (1986) Sp.625-628.

665. Das Evangelium in den Wohnungen der Völker. Die Sammlung
     Gertrud Weinhold im Alten Schloß Schleißheim (9. Juli 1986).
     In: AdA 1986, H. 9, S. A 382 - 384, 2 Abb.
665a. Desgl., Vermehrter Sonderdruck (3 Bl., 4 Abb. 4°).

666. Ludwig I. von Bayern, der königliche Mäzen. Zur Ausstellung
     der Bayer. Staatsbibliothek. In: AdA 1986, H. 11, S. A 452-454.

667. Ackermann von Böhmen, Johannes de Sitbor (früher: von Saaz).
     In: Lexikon des gesamten Buchwesens, 2. Aufl. 1 (1986) S. 17f.

668. Akademien der Wiss. 41   672. Ars memorandi........144f.

669. Akademieschriften...........42   673. Ars moriendi.........145f.

670. Amman, Jost 80   674. Bauernkalender........258

671. Antichrist und die   675. Beichtspiegel........279f.
     15 Zeichen................101f.
                                        676. Belial...............285f.

677. Rez. Harms, W. (u.a.): Illustrierte Flugblätter des Barock.

678.   Harms, W./B. Rattay: Illustrierte Flugblätter aus den Jahr-
        hunderten der Reformation und der Glaubenskämpfe, 1983.
        In: Zeitschrift für Volkskunde 82 (1986) S. 158 - 159.

679. Rez. Herbers, K.: Der Jakobuskult des 12. Jhs, 1984. Desgl., 281.

680. Rez. Kretzenbacher, L.: Wortbegründetes Typologie-Denken auf
     mittelalterlichen Bildwerken, 1983. Desgl. S. 167 - 168.

681. Rez. Kohlmann, Theodor: Berliner Spielkarten, Berlin 1984.
     In: Bayer. Jahrbuch für Volkskunde 2 1986)1987, S. 213.

682. Rez. Rattelmüller, P.-E.: Schafkopf-Tarock (nebst) Kleine
     Spielkartenkunde, München 1985. Desgl., S. 213-214.

1987

683. *Eine frühe und anonyme Neureuther-Lithographie nebst
     Rudolf Graf von Montglas'Dornröslein-Romanze, 1833 (Faks.)
     2. Aufl., Limitierter Liebhaberdruck, München: Selbstver-
     lag 1987 (10 Bl., 4°).

684. Die Völkernamen Baiern und Böhmen, die althochdeutsche Lautverschiebung und W. Mayerthalers These>Baiern=Salzburger Rätoromanen<-Völkernamen, Völkerwanderung, Stammesgenese und die Namen Baiern, Bayern, Bajuwaren. In: Bergmann, Rudolf (u.a.): Althochdeutsch, Rudolf Schützeichel zum 60. Geburtstag am 20. Mai 1987 gewidmet, 2 Bde, Heidelberg 1987, Bd 2, S. 780ff.

685. Der Tod in christlicher Kunst und christlichen Glauben. Der sterbende Mensch in Furcht und Hoffnung vor dem göttlichen Gericht. In: Jansen, Hans Helmut (Hrsg.): Der Tod in Dichtung, Philosophie und Kunst, 2. Aufl., Darmstadt 1987.

686. Münchner Eigengerichtsspiel. In: Verf.-Lex. 6 (1987) im Druck!

687. Münchner Weltgerichtsspiel...........................Desgl.

688. Mysner, Lieder- und Reden-Dichter....................Desgl.

689. Narrenkaiserverse ("Sechzehn Schalkheiten")..........Desgl.

690. Nordböhmischer Totentanz.............................Desgl.

691. Petrus von Rosenheim OSB. In: Verf.-Lex. (im Ms. abgeliefert)

692. Reynmann (Rynmann), Leonhard.........................Desgl.

693. Schaffhauser (früher:Rheinauer) Weltgerichtsspiel......Desgl.

694. Schalksgesinde auf der Frankfurter Messe (ca. 1512)....Desgl.

695. Ulmer Totentanz......................................Desgl.

696. Vado mori..Desgl.

697. Wallenstadter Weltgerichtsspiel......................Desgl.

698. Westfälischer Totentanz..............................Desgl.

699. Würzburger Totentanz.................................Desgl.

700. Zimmernscher Totentanz...............................Desgl.

701 - 714. Lexikon des gesamten Buchwesens, 2. Aufl., Bd 1 (im Druck)

701. Bilderbogen. 702. Bilderchronik. 703. Bilderwörterbuch.
704. Blockbuch. 705. Boner, Edelstein. 706. Buchbinder, Benedikt.
707. Chiromantie. 708. Chronik-Illustration. 709. Clofigl, Casp.
710. Concordantia caritatis. 711. Defensorium inviolatae virginitatis Mariae. 712. Dialekt-Wörterbuch. 713. Dialogus creaturarum.
714. Euryalus und Lucretia................................Desgl.

ABKÜRZUNGEN

AdA..............Aus dem Antiquariat, Beilage zum Börsenbl. (s.d.)
ArchGBw..........Archiv für Geschichte des Buchwesens, 1958 ff.
Archiv...........Archiv für das Studium der neueren Sprachen und
                 Literaturen (Herrigs Archiv), 1846ff.
Beiträge.........Beiträge zur Geschichte der deutschen Sprache und
                 Literatur (PBB), 1874ff.
Börsenbl. ......Börsenblatt für den Deutschen Buchhandel-Frank-
                 furter Ausgabe-, 1945ff.
BzNf.............Beiträge zur Namenforschung (NF. = 1966f.).
desgl. ...."gleicher Fundort wie bei vorhergehender Nr.".
DLZ..............Deutsche Literaturzeitung für Kritik der inter-
                 nationalen Wissenschaft, 1880ff.
Dt. Vjschr. ....Deutsche Vierteljahresschrift für Literatur-
                 wissenschaft und Geistesgeschichte, 1923ff.
(Fs)...........Festschrift für den Genannten.
GRM..............Germanisch-Romanische Monatsschrift, 1909ff.
Hg., hg. ....Herausgeber, herausgegeben von .....
JahresberLit.....Jahresbericht über die wissenschaftlichen Er-
                 scheinungen auf dem Gebiete der neueren deutschen
                 Literatur, Berlin 1924ff.
JbVolkslf........Jahrbuch für Volksliedforschung, 1956ff.
MA...............Mittelalter.
(N)............Nachruf für den Genannten.
NDB..............Neue Deutsche Biographie, München 1953ff.
Reallex. ....Reallexikon der deutschen Literaturgeschichte,
                 2. Aufl., Berlin 1958ff.
Rez. ....Rezension des anschließend genannten Buches.
Verf.-Lex. ......Die deutsche Literatur des Mittelalters, Ver-
                 fasserlexikon, 1933-1955; 2. Aufl., 1978ff.
WWort............Wirkendes Wort, Düsseldorf 1950/51ff.
ZfdA ....Zeitschrift für deutsches Altertum und deutsche
                 Literatur, 1841ff.
ZfdPh ....Zeitschrift für deutsche Philologie, 1869ff.
* (Stern vor einem Titel) = Publikation, die selbstständig er-
                 schienen ist.

DIE SACHGRUPPEN ZUM SCHLAGWORTREGISTER DER BIBLIOGRAPHIE

I.	Literaturgeschichte, Literarische Gattungen, Motive, Probleme.
II.	Handschriften, Fragmente, Textausgaben........................
III.	Autoren und Dichtungen des Mittelalters.......................
IV.	Drama und Theater im Mittelalter.............................
V.	Heldendichtung und Heldensage................................
VI.	Meistersinger, Spruch- und Wappendichter.....................
VII.	Totentanz und Tod in Kunst und Literatur.....................
VIII.	Bildkunst/Dichtung, Buchillustration, Illustrierte Wiegen- und Früh-Drucke..
IX.	Kartenspiel: Ursprung, Datierung, Zusammenhang mit Orient und Urschach...
X.	Einzelne Autoren des 16.-20. Jahrhundert.....................
XI.	Sprachgeschichte und Wortgeschichte..........................
XII.	Namenforschung und Namengeschichte...........................
XIII.	Schrift, Buchdruck, Buchgattung, Buchhandel..................
XIV.	Zeitschriftengeschichte und Pressewesen......................
XV.	Bibliotheksgeschichte und Bibliothekspraxis..................
XVI.	Vorgeschichte, Germanenkunde, Religionsgeschichte............
XVII.	Volkskunde, Volksbrauch, Volksfrömmigkeit....................
XVIII.	Kulturkunde und Geistesgeschichte............................
XIX.	Nachrufe, Festaufsätze, Festschriften........................
XX.	Rezensierte Autoren..

SCHLAGWORTREGISTER ZUR BIBLIOGRAPHIE

VERFERTIGT VON H. ROSENFELD

I. Literaturgeschichte, literarische Gattungen, Motive, Probleme

Adel in der Didaktik des MA.....28
Annexionslied/heldenlied..521,521a
Antike Vorbilder...........1,2,372
Antiker Geist..................277
Ballade (Geschichte)........33,489
Bilderbogen...........144,214,600
Bildgedicht (Geschichte)...1,2,372
Bildkunst/Dichtung .1,2,83,372,659
Brautwerbung (Motiv).......210,284
China (Motiv)...................84
Einfache Formen in der Literatur (Jolles)..........107,237,262,505a
Emblem-Literatur...............218
Epigrammatik.....................6
Erstausgaben deutscher Dichtung404
Fachprosa......................118
Figurgedicht...............220,655
Frühneuhochdeutsche Literatur (1350-1500)...............497,517
Geburt der Moderne aus dem Geist der Religion?..................659
Gralslegende....................91
Jüngster Tag in der Literatur..232
Kalender (Geschichte)......444,560
Legendare...................518/1
Legenden (Gattung),..81,96,107,126
Legende (Geschichte) 237,262,315, 465,476,611
Leid als Problem...............110
Liebesabschied (Motiv).348,355,373
Liebeskrieg als Motiv...........50
Liedformen der Mystik...........43
Malererzählungen................65
Literatur des Spät-MA in soziologischer Sicht..............151,299
Malererzählungen................65
Nachdruck (Geschichte).....409,427

II. Handschriften, Fragmente, Textausgaben.

(Ed=Fragment-Edition)
Amicus and Amelius (Ed).........40
Aristoteles und Phillis (Ed)...387
Bilderzyklus in Münchner Tristan-Handschrift................364,365
Codex Karlsruhe 408,513
Darfelder Lieder-Hs............576
Dukus Horant (Ausgabe).........362

Fuetrer, Ulrich (Persibein)....363
Hartmann Armer Heinrich, Hs E (Ed) 409,470
Hildebrandslied.................67
Johannes von Neumarkt...........47
Johannes von Tepl, Ackermann....48 64,119, 142
Kudrun (Ausgabe)...............417
Manessische Handschrift........381
Minnesang, Spüäter..............15
Minnesänger-Hss...............141i
Münchner Gebetsrolle Um 28961..515
Ortsansichten bayer. Städte ...376
Passional Fragment M (Ed)......429
Rothe's Lob der Keuschheit.....16
Sigenot-Fragment (Ed)......355,377
Tacitus Germania................52
Überlieferung im MA............346
Ulrich von dem Türlin's Willehalm-Fragment (Ed)..................469
Volkslied vom Liebesabschied,Fragment (Ed) 348,354,373
Wolfram von Eschenbach..........42

III.Autoren und Dichtungen des Mittelalters
(ohne Dramen-, Helden-, Meister- und Todes-Literatur)

Acht Schalkheiten..........534,600
Acht Narrenblatt...............535
Adelbrecht, Priester...........130
Ägidius......................518g
Alber von Windberg.............131
Albrecht's Jüngerer Titurel132,157
Albrecht von Scharfenberg (Merlin u.a.).....................134,158
Altswert...................136,160
Amicus und Amelius........518b,538
Aristoteles und Phillis...518b,538
Arnold,Priester............137,162
Arnolt,ewart.....(1163)138,161,380
Attis und Profilias..........518c
Frau Ava..............139,163,519
Barlaam und Josephat...........585
Berthold von Regensburg....165,189
Boner, Ulrich..................215
Bragi's Ragnardrapa..............7
Brant Sebastian112,168,191,335,428 467,501

Buch der Märtyrer..............51m
Celtis, Konrad................485
Christus und die Minnende Seele
169,546
Didaktik des 13. Jh.............28
Egen von Bamberg..............240
Egil's Berudrapa(u.a.)...........7
Egenolf von Staufenberg.......241
Ehrenbloß, Hans...............593
Ekkehart (Wortschatz)..........18
Esdras und Neemyas.............46
Franck, Fabian................263
Frankfurter, Philipp......264,594
Freidank......................37
Frey, Jacob...................265
Fuetrer (Furtter),Ulrich27,334,388
Gottfried's Tristan...........370
Göttweiger Trojanerkrieg......518h
Gottfried's Tristan...........370
Hadamar von Laber..............31
Hartmann's Arnmer Heinrich
............409,470;Gregorius 443
Heinrich von Burgus..........518i
Herzog Ernst-Lied..............32
Der Hohle Baum................622
Hugo von Trimberg..............37
Ingold, Meister...............624
Johannes von Neumarkt..........47
Johannes von Rheinfelden252,505,625
Johannes von Saaz (Tepl, Sitbor)
3,48,84,119,142,603
Komische Literatur im MA 514
Konrad von Mure...............180
Konrad von Würzburg.........7,181
Kreuzfahrt Ludwigs des Frommen518d
Kreuztragende Minne...........182
Künig, Mattheus...............614
Der Kürenberger...............613
Lamme, Heinrich...............650
Mai und Beaflor..............518n
Maria Aegyptica...............478
Mysner........................688
Otto von Passau................94
Passional.....................302
Petrus von Rosenheim...303,337,691
Regensburger Schottenlegende...598
Reynmann (Rynmann), Leonhard...692
Rothe, Johannes............7,16,38
Rudolieb......................305
Schalksgesinde auf der Frankfurter
Messe.........................600
Sechzehn Schalkheiten.........600
Schodeler, Wernher............184
Silvester, Trierer...........518o
Süßkind von Trimberg.........518r
Tannhäuser-Legende............578
Thjodolf's Hauslöng.............7

Thomasin von Zerklaere.........37
Tkadlecek (tschech.)......603,604
Titurel, Jüngerer.........132,157
Ulfr's Husdrapa.................7
Wolfram von Eschenbachen
42,122,148,201,458,499

IV. Drama und Theater im Mittelalter

Ackermann, Hans...............129
Antichristspiel, Luzerner.....652;
Tegernseer....................484
Brunner, Thomas...............192
Bühne des Tegernseer Antichristspiels........................484
Cuno, Johannes................206
Fastnachtspiel..527 (S.172ff.),600
Geistliches Drama ..527 (S.168ff.)
Karff, Peter (Redentiner Osterspiel)........................115
Münchner Eigengerichtspiel615,686
Osterspiel, Lübecker..... 115,178;
Osterspiel, Redentiner........115
Paulus im Drama...............178
Pilatus im Passionsspiel.......73
Weltgerichtsspiel, Berliner....543
Weltgerichtsspiel, Berner.....545
Weltgerichtsspiel, Churer.....547
Weltgerichtsspiel,Donaueschinger
592
Weltgerichtsspiel,Koblenzer...626
Weltgerichtsspiel,Kopenhagner..649
Weltgerichtsspiel,Luzerner.652,653
Weltgerichtsspiel,Münchner....687
Weltgerichtsspiel,Rheinauer...613
Weltgerichtsspiel,Schaffhauser.613
Weltgerichtsspiel,St.Galler...595
Weltgerichtsspiel,Wallenstadter697

V. Heldendichtung und Heldensage

Alpharts Tod..........159,536,635
Annexionslied/Heldenlied......521
Biterolf..................167,635
Blutrachemotiv bei Theoderich..154
Brautwerbungsballaden.........274
Burgundensagen,Burgundenuntergang
601
Brunhild(613)in Burgundensage..601
Dietrich von Bern.........209,634
Dietrich-Dichtung.............635
Dietrich und Wenezlan..170,601,635
Dietrichs Flucht.......153,154,174
Dukus Horant......... 318,518f,362
Eckenlied.................171,635
Ermenricks Dot (Lied).........172

Gudrun, Gundrun (Name)
Heinrich der Vogler............174
Heldenballade/Heldenlied...489,521
Heldendichtung/Gesch./Politik. 521
Heldendichtung der Welt(C.M.Bowra)
   360
Heldennamen............350,389,415
Heldenzeitlied/Heldenlied......489
Herzog-Ernst-Lied...............32
Hildebrandlied.....113,128,175,489
Hildebrandlied, Jüngeres...176,489
Horand (Name)..................350
Hunnenschlachtlied.........153,154
Jungsiegfriedsage/Werb.märchen.601
Kaspar von der Rhön............525
König Laurin...............179,635
Kudrun.....19,284,318,328a,347,374
Kudrun/Bayern/Donau........284,425
Lied von Frau Helchen Söhnen
   153,154,635
Meererin-Balladen..............374
Namen in der Heldendichtung....350
Nibelung (Name)........350,389,601
Nibelungenlied/Datierung durch
Küchemeisterhofamt.............407
Nibelungenlied/mündliche
Überlieferung..................575
Nibelungenlied/Nachwirkung.....581
Nibelungische Lieder.......521,601
Parallellied/Heldenlied........521
Rabenschlacht......153,154,174,635
Rosengarten von Worms......183,635
Sagenmischung/Sagenschichtung..521
Sigenot (Fragment).............355
Siegfried/Brautwerbung.........601
Sigibert (575) = Siegfried...601
Südeli-Balladen................374
Vater-Sohn-Kampf-Lieder........113
Völundarkvida..............153,154
Wielandlied............153,154,187
Wolfdietrich................23,635
Wolfger von Passau als Auftrag-
geber des Nibelungenliedes.....407

VI. Meistersinger, Spruch- und Wappendichter

Alexander, der Wilde...........135
Altswert, Meister..........136,160
Amman, Jost......................7
Augsburger Singschule (Wiest bis
Duller)................498,554,631
BeckmesserSixt 127,140,164,212,541
Beheim, Michael........166,188,213
Bruderschaften.................631
Dangkrotzheim Konrad208,529,591,631
Didaktik........................28

Donauwörther Singschule....554,631
Duller, Raphael............239,498
Friedrich von Sunnenburg.......266
Gelre (Heynen)...............173,596
Heinrich von Mügeln.........44,51
Hierzelin........................7
Holland, Johann............177,623
Konrad von Würzburg..............7
Kunsttheorie der Meistersinger..45
Meistergesangreform (angebliche)
des Hans Felz..................554
Meistergesang (Geschichte).....53
Meistersinger vor 1500.........554
Nürnberger Singschule..........554
Rosenplüt........................7
Rothe, Johannes..................7
Sachs, Hans................229,388
Schwarz, Hans..................185
Soziale Konflikte...............29
Suchensinn...................7,518p
Suchenwirt, Peter.......7,85,518q
Wiest, Ulrich..............498,554
Zilies von Seine.................7

VII. Totentanz und Tod in Kunst
   und Literatur
(Ttz = Totentanz)

Ackermann aus Böhmen......... 48,
64,119,142,582,583,584,603,604,667
Ars moriendi......279,658,658a,673
Basler Ttz.................539,633
Berliner Ttz...................542
Cosacchi, St. (Makabertanz)...361
Eigengericht (Gottes Gericht nach
dem Tod) in Kunst und Literatur
   646,647,685
Hippel, Th./Todesproblem........75
Holbein's Bilder Todes/Basler Ttz
   633
Holbein's Votivbild des Ulrich
Schwarz....................646,647
Lübecker Totentänze............451
Mittelrheinischer Ttz..........664
Nordböhmischer Ttz.............690
Oberaltaicher Vadomori.....337,691
Petrus von Rosenheim/Todesgedicht
   303,337,691
Römisches Bild des Todes im Acker-
mann.........................3,523
Der Sterbende vor dem göttlichen
Gericht................646,647,685
Tod in christl. Kunst.472,532,532a
Tod in christl. Kunst und Glauben
   685
Tod/Sammlung Alfons Meister
   414,430

Totentanz (Lexikonartikel)
　　　　　　　141q,186,288,518e
Ttz, Bebilderte, mehrsprachige
Überblicke..............431-439
Ttz, Begriff, Entstehung, Entwicklung, Neuere Ttze und Ttz-Bücher638
Ttz in Deutschland, Frankreich,
Italien........................145
Ttz, Entstehung, Entwicklung, Bedeutung (MA)............143,385,446
Ttz als europäisches Phänomen..353
Ttz, Rezeption im 19./20. Jh..616
Ttz, Werden und Verfall........146
Ttz-Ikonographie...............473
Ttz-Sammlung Alfons Meister414,430
Totentanz-Symbolik.........571,638
Ulmer Ttz......................695
Vadomori..........337,658,658a,696
Westfälischer Ttz..............698
Würzburger Ttz.................699
Zimmernscher Ttz...............700

VIII. Bildkunst/Dichtung, Buchillustration, Illustrierte
　　　Wiegen- und Frühdrucke

Acht-Narren-Blatt..............535
Acht-Schalkheiten-Blatt....534,600
Amman, Jost....................670
Antichrist und die 15 Zeichen..671
Ars memorandi..................672
Ars mriendi...............271,673
Bauernkalender.....281,298,314,674
Beichtspiegel..................675
Belial.........................676
Boner's Edelstein..........215,705
Bild/SchriftVerschmelzung)454,454a
Bilderbogen/Eigengericht.......647
Bildepigramme, antike......1,2,372
Bildgedicht (Geschichte)...1,2,372
Brant, Sebastian und die Narrenliteratur....112,168,191,335,428,501
Brant's Narrenschiff/Dürer.....467
Buchillustration...........647,662
Buchschmuck, typographischer bei
Gutenberg......................468
Christus und die Minnende Seele546
Clofigl, Caspar Buchillustrator709
Comenius,.A.:Orbis pictus
　　　　　　　　　321,321a,324
Eigengericht auf Bilderbogen646,647
Eigengericht/Hans Holbein..646,647
Ekphrasis, antike..........1,2,372
Emblemliteratur............... 218
Figurensatz....................654
Figurgedicht..............220,655
Gemälde-Tituli im MA.......1,2,372

Gutenberg/Meister der Spielkarten
　　　　　　　　312,320,320a,455,468
Gutenberg/Wappen...............504
C.F. Meyer's "Nach einem Niederländer".........................4
Mandl-Kalender.................298
Montgelas, R. Graf von: Dronröslein (1833) 502,657
Münchner Eigengerichtsspiel
(Druck 1510)...............646,647
Münchner Gebetsrolle Clm 28961.515
Narrenbilderbogen..........335,428
Narrenkaiserverse..............689
Neureuther-Lithographie "Dornröslein"..................502,657,683
Pollack, Jan (Illustrator).....615
Schalksgesinde auf der Frankfurter
Messe.....................600,694
Schilddichtung...................7
Schriftband, Spruchband auf Gemälden.............................472
Sechzehn Schalkheiten......600,689
Totentanz, mittelalterlicher
　　　　　　　　107,143,431,496
Tristan-Illustrationszyklus in
Cgm 51....................364,365
Wappendichtung (MA).............7

IX. Kartenspiel: Ursprung, Datierung, Zusammenhang mit Orient
　　und Urschach
　　(Sp = Spielkarten)

Alter der Sp in Europa und Orient
250,250a,270,270a,286,296,660,663
Alter der Sp bei den Juden....373a
Alter der Sp in der Schweiz512,579
Ausstellung, Internationale, der
Sp in Wien.....................503
Auswahl von Sp 286,296,316,317,503
Bauernhochzeit-Tarock..........336
Berlinder Sp...............656,681
Beziehung der Sp Europas zum
Orient....250,250a,251,357,510,660
Datierbarkeit der Sp
211,211a,217,217a,250,250a,352,510
Eselkopf-Sp............660,661,662
Farbzeichen der Sp
　　　　　　　　　199,199a,251,660

Forschung über Sp......356,488,512
Französische Sp............522,528
Geisberg, Max und die Sp...488,495
Geschichte der Sp......441,493,516
Gresca und Riffa/Sp...441,457,516
Indische Sp...............549,618
Meister Ingold's Guldin Spil...624

Johannes von Rheinfelden (Kartenspielallegorie)........252,505,625
Kartendrucker, Ulmer...........524
Karten-Losbücher.....269,269a,283
Mamelucken-Sp..............479,480
Meister der Sp/Gutenberg
    319,320,320a,455,468
Meistergesang mit Sp-Illustrationen
    588
Münchner Sp um 1500............211
Museum für Sp..................486
Naibe, naibi, naipes.. 251,441,660
Papier-Geschichte/Sp..270,270a,682
Persische Sp (?)...............619
Rückseiten der Sp, figürliche..322
Schablonierung der Sp..........221
Schachspiel (Geschichte) 492;
(Symbolik)....................564
Schafkopf-Spiel............660,682
Schwein auf Sp.............285,441
Spanische Sp...............441,457
Symbolik der Sp................566
Tarock/Sp..............286,441,610
Urschach/Sp............251,354,660
Verbote der Sp.................441
Volksbrauchtum auf Sp..........662

X. Einzelne Autoren des 16.-20.
    Jahrhunderts

Abraham a Santa Clara..........273
Birken, Sigismund von..........190
Bonsels, Waldemar (Preisverteilung)
    629
Bürger, Gottfr. August.........26
Comenius, Joh.Amos321,321a,324,477
Fontane, Theodor/W.Scott........17
Franck, Fabian.................263
Frankfurter, Philipp...........284
Frey, Jakob....................265
Goethe's "Faust"...............98a
Goethe's Satzbau................12
Grimm, Brüder......63,383,463,464
Grimmelshausen, J.J. 93,121
Heinse, J.J. Wilhelm............57
Hemeling, J. (Schreibmeister)..475
Herder, Johann Gottfr. 66
Jolles, Andre.................505a
Junges Deutschland..............21
Kirchner, Johannes.............526
Klopstock, Friedr. Gottlob.....304
König, Eberhard................587
Lavater, Joh. Kaspar...........449
Ludwig I. von Bayern (Ausst.) 666
Luther, Martin (Ausstellungen)
    627,627a,628,628a,640,640a
Mann, Thomas "Dr. Faustus".....100

Menno, Simon...................293
Meyer, Conrad Ferd. 4
Montgelas, Max Graf von........500
Montgelas, Rudolf Graf von
    502,657,683
Prag um 1910...................291
Ritter, Gerhard (Historiker)...246
Schiller, Friedr. 278,313
Schlegel, A.W. u. Fr. 272
Simrock, Karl..................383
Spranger, Eduard (Kulturphilosoph)
    245
Steub, Ludwig (Bibliographie)..423
Wagner's Bibliothek............384

XI. Sprachgeschichte und Wortgeschichte
(Sg = Sprach-,WG = Wortgeschichte)

Angelsachsen (Sg)..............123
Antiquar (Wg)..................533
biskerien, biteilen (Wg)........11
Buch, Buchstabe (Wg).......11,406
*delg (Wg)................200,224
deutsch (Wg)....................35
Deutsch im Ausland.............124
Duden, Konrad..................551
Elkornsinger (Wg)..............224
Fastnacht (Wg).................408
Gleitlaute in Wortkomposita
    586,586a
Goten/Nordgermanen (Sg)........123
Istrionen (Wg).................253
Lautverschiebung, ahd. (Sg)
    105,235,261,372,684
Leitrufe für Zugtiere (Wg).114,197
Lockrufe für Haustiere.........197
Mundartgrenzen (Karte)
    105,235,261,372
Muttersprache...................39
Narr (Wg)......................563
N-Stämme in Komposita..........225
Nominalkomposita im Mhd.........86
Odal (Wg).......................9
Satzbau Goethes.................12
Sprachbaulehre..................30
Sprachverwandtschaft in Alteuropa
    120
Sprachwörterbücher.............248
telkorn (Wg)...............200,224
Tierkosenamen..............103,197
Tiernamen (Wg).................327
Wingolf, Wingolfit (Wg)........223
Wörterbuch, Trübners......41,54,87
WG-Aufsätze Bahlows 507
Wortschatz, intellektueller,
Ekkeharts......................18

Zwie- und Umlaut in bair. Hss. 334

XII. Namenforschung und Namengeschichte

Fa = Familien-, Fn = Flur-, On = Orts-, Pn = Personen, Vn = Völker-Namen

Ava, Awa (Pn) 519,632
Baiern, Bayern (Vn)...........684
Bajuwaren (Vn)................684
Bedeutung der idg. (Pn).......531
Böhmen (Vn)...................684
Bojer (Vn)................632,684
Chieming, Chiemsee (On,Pn)....606
Dinckelsbühl (On).........375,411
Familiennamen (Lexikon).......548
Flurnamen.............234,648,648a
Fuetrer, Furtter (Fa).....334,388
Germana vel ad monte (On,Vn)...267
Germanen (Vn).............253,267
Geten/Goten (Vn)..............456
Gleitlaut in Komposita........586
Greutungen (Vn).......194,203,204
Haustierkosenamen.............150
Heimito als dt. Pn............552
Heldendichtungen/Pn...........196
Istrionen (Vn)................253
Jud (o), Judeus, Judrat (Pn,Fa)504
Magie des Namens..........103,562
Namen in Dichtung des MA......589
Namenforschung.............72,597
Nibelung (Pn,Vn)......350,389,601
Ortsnamen, bayerische.........378
Ortsnamen auf -berg 227; auf -ing 225
Peisenberg (On)...............227
Peiting (On)..................226
Pommersche Fa.................630
Rafit (Fa)....................504
Raisting, Rimsting............226
Schotte, Schottmann (Fa)......504
Straßennamen..............648,648a
Systematik der Pn-Bildung.....531
Terwingen (Vn)........194,203,204
Völkernamen in Pn und On...228,271
Vornamen-Lexikon..............386
Vorzeit- und Gegenwarts- Pn in der Dichtung des MA..............415
Wieland W (Pn)................412

XIII. Schrift, Buchdruck, Buchgattung, Buchhandel

Aderlasskalender..............328
Antiquariatspreis im 16./17. Jh. 216
Bauernkalender........281,298,314
Bauernpraktik.............323,540
Bild und Schrift......111,454,454a
Bilderbogen 116a,214,701
Bilderchronik.................702
Bilderwörterbuch..............703
Blockbuch.....................704
Buch..................11,116b,406
Buchbinder, Benedikt (Drucker) 706
Buchdruck in Altdorf..........310
Buchdruck durch Gutenberg 195,621
Buchdruck durch H. Keffer in Leipzig.......................378
Buchdruck in den Niederlanden 369
Buchdruck in Ursel............341
Buchdrucker/Österreich........494
Buchdruckkunst bei Celtis.....485
Buchgeschichte................416
Buchgewerbe im Wiegendruck....366
Buchhandel..............56,202,306
Buchhandel Lyon/Frankfurt.....306
Buchhandel im Mittelalter.....403
Buchstabe (Germanen/Gutenberg 406
Buchschmuck als Problem bei Gutenberg u.a. 455
Bücherfreund 1599..........56,202
Bücherkommissare, Apostolische in Frankfurt....................400
Bücherpreis 141 u. 202, 216; im 16./.17. Jh. 141 u. 202, 216
Dialekt-Wörterbücher..........712
Einbanddatierung durch Makulatur 238,238a
Einbandpreis..................216
Einblattdrucke der Sammlung Wikiana in Zürich............494a
Emblem-Literatur 2 (S.46-78), 218
Estienne, H. als Verleger.....451
Evangelienhandschriften.......247
Faksimile-Druck...............255
Flugblatt.................332,335
Flugschrift...............332,349
Fotodruck....................116c
Fürst, Paulus (Verleger).....116d
Gebetsrolle, 15. Jh. 515
Gesangbuch...................116e
Gesundheitsbüchlein...........358
Gutenberg, Johannes: Erfurter Studium 612; Ahnen und Wappen 504
Gutenberg und Meister der Spielkarten........319,320,320a,455,468
Gutenberg als Erfinder der Buchdrucktechnik..............195,621
Henricus, N. Drucker..........341

Herausgeber, Vorwortverfasser, Autor......................255,442
Kalender.......281,282,298,444,560
Kinderbücher 312
Kräuterbeigaben in Büchern 198,198a
Leipziger Buchwesen............378
Liederbuch 141c
Losbücher 269,269a
Loseblattausgaben.............141d
Makulaturforschung........238,238a
Mandl-Kalender.................287
Messkataloge...................518
Mikrobuch.....................141g
Nachdruck=Geschichte.......410,427
Nachdruck-Verzeichnis (Reprints) 344
Narren-Bilderbogen.........335,428
Reprint-Verzeichnis........344,419
Reprint/Wissenschaft...........413
Romanführer...................141m
Schablonierte Bücher...........487
Schobser, Hans, Drucker........615
Schrift und Bild kombiniert 454,457
Schriftgeschichte...........98,416
Schrift-Schablonen.............487
Schriftwesen von Germanen bis Gutenberg......................406
Schriftzeugnisse, frühe ...340,482
Sutor, C., Drucker.............341
Titel (Entwicklung)............292
Titelbuch.....................141p
Werkstudent beim Wiegendruck...361
Wiegendruckpreis..............141u
Winkeldrucker (Einblattdrucker) 1543-1586....................494a

XIV. Zeitschriftengeschichte und Pressewesen

Um die älteste Zeitschrift......89
Akademieschriften..............669
Archiv, Berlinisches...........421
Berlinische Monatsschrift.....421a
Familienblatt (Geschichte).....219
Flugblatt/Bilderbogen..........600
Flugschrift, Politische....332,349
Flugschriftenserie/Zeitschrift 332,349
Frankfurter Gelehrte Anzeigen (Mitarbeiter).................394
Herder-Blätter.................292
Historische Fachzeitschrift (Anfänge in der Schweiz)..........259
Hussiten-Glock (1618/1620) Zeitschrift oder Serie?.......332,349
Journalistentum im 19. Jh. ...395

Marginalien, 1956ff. 511,715
Massenpublikum/Journalismus....395
Mercurius/Newe Zeitung.........553
Newe Zeitungen.........401,553,639
Schweizer Presse (Bibliographie) 256
Zeitschrift (Geschichte) 89,231,309,639
Zeitschriftenbibliographie 398,446
Zeitschriftenschau über Buchwesen Internationale.................599
Zeitung (Geschichte)...........639

XV. Bibliotheksgeschichte und Bibliothekspraxis

Bibliographie von Nachschlagewerken....................249,295
Bayerische Bibliotheken........379
Bibliothekslexikon.............448
Bibliothekswissenschaft....108,359
Deutsche Staatsbibliothek Berlin 382
Deutsches Bibliothekswesen.....466
Deutschsprachige Bücher(1455-1600) im British Museum..............307
Dissertationsdruck 102
Faksimiledruck (Fachwort)......255
Handschriftenpraxis............109
Herausgeber/Autor..............255
Hessische Landesbibliothek.....466
Katalogisierung................308
Kräuterbeigaben in alten Bucheinbänden...................198,198a
Landesbibliotheken............141a
Lumbeckverfahren (Klebebindung) 141e
Meilern (seitliche Heftung) 141f
Münchner Bibliotheken..........474
Nationalbibliotheken..........141k
Präsenzbibliotheken...........141l
Regensburger Staatl. Bibliothek 396
Säkularisation................141n
Sammler ex officio.............471
Schweinfurter Staatsbibliothek 278
Senckenbergische Bibliothek in Frankfurt......................317
Spezialbibliotheken in der BRD 481
Stadtbibliotheken.............141o
Taschengoedeke.................275
Titelbuch.....................141p
Universitätsbibliotheken......141r
Varityper.....................141s
Verein deutscher Bibliothekare 141t

Vor- und Nachwort-Verfasser/Autor 255,442
Wissenschaftliche Bibliotheken in Deutschland..........390,453

XVI. Vorgeschichte, Germanenkunde, Religionsgeschichte

Alkes...................76,78,88
Altnordisches Leben............74
Angelsachsen/Goten/Nordgermanen123
Arminius/Siegfried.............71
Balder-Mythos.................490
Brunhild (613)...........533,601
Buch bei Germanen..........11,406
Burgunden-Sagen...............533
Burgunder-Geschichte..........389
Dietrich von Bern/Theoderich 209,634
Dietrich-Dichtung.............635
Dioskuren....76,78,88,540,555,636
Donar (Thor)..............556,632
Dreifrauenkult................205
Elch-Reiter..........76,78,88,301
Fohlenzauber..................490
Germanen (Name und Herkunft) 253,333,552
Germania des Tacitus........52,78
Goten/Nordgermanen/Angelsachsen 123
Goten (Ost-, West-)... 204,402,456
Götterschichtung..............104
Gräbersagen, uralte.......205,331
Greutungen/Goten..........194,203
Helm von Negau (Inschrift)....196
Himmelsgottglaube.........301,559
Hirsch im Kult.......76,78,88,301
Istrionen (Kult)..............253
Kelten (Kult).................561
Keltisches Erbe...........280,297
Kulttradition, uralte.....205,331
Kultur der Germanen...........268
Latein-Kenntnis der Germanen 11,406
Mysthologie, uranische........301
Nordendorfer Bügelfibel A (Inschrift).....................632
Pferd im Kult.............301,410
Religion der Germanen.........268
Runeninschriften......196,482,632
Runenfälschungen..............632
Sagentradition, uralte....205,331
Schneerloch-Runen.............632
Sigibert (575) = Siegfried...533
Totenkult (Schichtung)........104
Unterweltsgottheiten..........572
Völkerschichtung 205

Wodan (Odin) 253,490,573,632
Zauberspruch, Merseburger von Phol und Wodan....................490
Ziu-Kult bei den Alemannen....155
Zwillingskult (Dioskuren) 301,574

XVII. Volkskunde, Volksbrauch, Volksfrömmigkeit

Afra-Verehrung (Augsburg)......155
Aftermontag (Dienstag).........155
Bauernkalender.....281,298,314,674
Bauernpraktik..........281,314,540
Bilderbogen/Volkskultur........152
Bruderschaftswesen..............59
Dähnhardt, A. 207
Dreifrauenkult........205,331,550
Einblattdrucke der Sammlung Wikiana.....................494a
Evangelium in den Wohnungen der Völker (Ausstellung)...........665
Fastnacht (Fasten-)............408
Fohlenzauberspruch.............490
Gans im Brauchtum...............97
Gebetsrolle, Münchnee..........515
Gräbersagen, uralte.......205,331
Hexenglaube in Europa..........530
Jesus-Johannes-Gruppe...........79
Kampf der Tugenden und Laster....7
Karneval (carne vale) 408
Kosenamen (Haustiere)......103,197
Kulttradition, ortsgebundene 205,331,550
Kulturgeschichte des späten MA 527
Leitrufe (Zugtiere).......114,197
Letzte Reise (Ausstellung)641,641a
Lockrufe (Haustiere)...........197
Losbücher 269,269a,283
Magie des Namens...........103,562
Magie, Zauber, Religion.........99
Mandl-Kalender.................298
Männerbünde (Studenten)........254
Narren 335,428,534,535,563,645,683
Pieta-Gruppe....................79
Populäre Druckgraphik..........462
Rübezahl-Sage................58,77
Sagenbildung...............126,205
Sagentradition, ortsgebundene 205,331
Sammlung Gertrud Weinhold (Schleißheim) 665
Schwein (Glück im Kartenspiel) 285
Studentische Gemeinschaftsformen 106,222
Symbolik/Zeitgemäßheit.........287
Telkörner-Brauchtum.......200,224
Todsünden, Sieben 7,569

Totenbrauchtum, Trauersitten
570,641,641a
Totenkult, germanischer........104
Ulrich-Verehrung (Augsburg)....155
Volkskunde (Fachbenennung).....452
Wallfahrt (Ausstellung)........642
Ziestag(=Dienstag).............155
Ziu-Verehrung in Augsburg......155

XVIII. Kulturkunde und Geistesgeschichte

Ablaß für Lebende und Tote 300,515
Akademien der Wissenschaften...168
Antik als Stil.................274
Antiker Geist im Abendland.....277
Aussätzige im Spätmittelalter
527 (S.83ff.)
Bettler, Pilger, Schotten im MA
504
Bruderschaften.....59,337,646,647
Christlicher Film..............101
Denkform (mystische/rationale) 104
Dichterporträts in Wien........311
Fahrende im Spätmittelalter
527 (S.83ff.)
Faksimiledrucke zur Dokumentation
der Geistesentwicklung 290
Finnische Kunst 61
Globus im Wandel...............294
Gutenberg's Ahnen und Wappen...504
Held (Symbolik)................568
Himmelsgloben im Wandel.........24
Jesus-Johannes-Gruppe/mystische
Unio 79,330
Juden (Schicksal in Europa)
257,258,504,527 (S.83ff.)
Keltisches Erbe 280,297,561
Kultur des Spätmittelalters
(1350-1500) 527
Ludwig I. von Bayern als Mäzen 666
Menno und Mennoniten...........293
Milliaria (Faksimile-Serie)....290
Narr (Symbolik)................563
Nürnberg und der Südosten......450
Ortsansichten, Bayerische......376
Pieta-Gruppe (Andachtsbild) 79,330
Sternbeobachtung in Mittelalter
und Barock.....................24
Symbolik und Zeitgemäßheit.....287
Universitätsreform und Studentenunruhe..........................440
Zeitgeschichte im Mittelalter...70
Zensur im Vormärz..............244

XIX. Nachrufe, Festaufsätze, Festschriften

Benzinger, Josef (Fs)..........323
Dresler, Adolf (N).............459
Dünninger, Joseph (Fs).........483
Giessler, Josef (Fs)...........343
Hartl, Eduard (N)..............147
Kaufmann, Henning (Fs).........531
Kirchner, Joachim (Fs).....338,445
Langosch, Karl (Fs)............484
Leyen, Friedrich von der (Fs)..301
Lohse, Gerhart (Fs)............554
Moser, Hugo (Fs)...............498
Pressler, Karl H. (Fs).........658
Rosenfeld, Hellmut 329,507,519,523
Rosenfeld, Johannes (Fs)....88,154
Schützeichel, Rudolf (Fs)......684
Steinberger, Ludwig (N)........391
Wendt, Bernhard (Fs)......285,426
Willi, Alfred (N)..............460

XX. Rezensierte Autoren

Ackermann, Otto.................90
Arndt, Julius..............325,358
Bahlow, Hans.......548,597,630
Behaghel, Otto...................9
Barthel, Gustav................491
Behler, Ernst..................272
Beitl, Richard..................62
Belgrader, Michael.............643
Benary, Eleonore................43
Bergeler, Alfred................44
Bertsche, K. 273
Betteridge, H.T. 304
Bidev, Pavle...................492
Birnbaum, S.A..................362
Blaser, Fritz..................256
Blenkinskop, E.S. 26
Borghart, Klees Herm. Rudi 575
Bowra, C. Maurice..............360
Boyd, James.....................27
Bräuning, Oktavio, H. 394
Brauer, Walter.................326
Braun, Werner..................305
Breatnach, Padraig A. 598
Brednich, Rolf Wilhem 576
Briesemeister, Dietrich........461
Brückner, Wolfgang.............462
Burdach, Konrad.................91
Burger, Heinz Otto..............45
Clarije, P. 274
Clark, James M. 117

Dahme, Klaus....................379
Dittmann, Wolfgang..............443
Dominicus, Alexander............80
Dresler, Adolf..................444
Duda, Dorothea..................619
Eckelmann, Helmut...............475
Ege, Friedrich..................61
Eis, Gerhard................118,339
Ekschmitt, Werner...............340
Emrich, Wilhelm.................10
Engelsing, Rolf.................395
Erich, Oswald A. 62
Fabian, B. 508
Franz, Kurt.....................577
Funke, Fritz 416
Ganz, P.F. 362
Geiger, Eugen...................229
Geisberg, Max...................495
Geissler, Friedmar..............210
Geith, Karl-Ernst...............380
Gerstner, Hermann......463,464,476
Gichtel, Paul...............364,365
Glocke, Gottfried...............306
Goetz, S. Mary Paul.............28
Götze, Alfred................41,54
Grothe, Walter..................67
Gudde, E.G. 29
Gühring, Adolf..................404
Haag, K. 30
Haas, Willi.....................291
Haessler, L. 11
Hammerich, L.L. 64,119,142
Harmening, D. 483
Harms, Hans.....................292
Harms, Wolfgang.............677,678
Harnisch, Käthe 65
Hauschka, Ernst R. 396
Hellwig, Hellmuth...............366
Herbers, Klaus..................679
Hese, Eva Elisabeth.............31
Heun, Hans Georg................12
Heydorn, Heinz Joachim..........477
Hildebrand, Erich...............32
Hirschberg, L. 275
Hodes, Franz....................397
Hoffmann, Detleff...........493,506
Hoppe, Wilhelm..................14
Horacek, Blanka.................201
Horst, Irvin B.
Hunger, E. 242
Ittenbach, Max..................92
Ittner, Robert Theodore.........81
Jammers, Ewald..................381
Johnson, A.F. 307,369
Jungbluth, Günther..........119,142
Kayser, Wolfgang................33

Keferstein, Georg...............34
Kieslich, G. 243
Kirchner, Jochaim
        108,231,309,398,445,446
Kirsch, Guido...................257
Klingenberg, Heinz..............482
Koch, Franz.....................49
Kohler, Erika...................50
Kohlmann, Theodor...........656,681
Koller, Erwin...................644
Kopp, Manfred...................341
Kopp, Peter F. 579
Korn, Dietrich..................232
Koschlig, Manfred...............93
Krahe, Hans.....................120
Kretzenbacher, Leopold..........680
Krogmann, Willy.................670
Krüger, A.G. 36
Krumbach, Helmut................447
Kunze, Horst....................448
Kunze, Konrad...................478
Lang, H.W. 494
Langosch, Karl..............342,346
Lavater, Johann Caspar..........449
Lehmann-Haupt, Helmut...........319
Langenfelder, Konrad............310
Lennartz, Franz.................68
Leyden, Rudolf von.....549,618,619
Ludwig, H. 51
Markwardt, Bruno................82
Marti, Marta....................42
Marx, j. 244
Masser, Achim...................464
Maurer, Friedrich...............110
Mayer, L.A. 479,480
Melzer, Joseph..................258
Menhardt, H. 13
Meyen, Fritz....................481
Meyer, C. 242
Mezger, Werner..................645
Moll, O. 233
Moritz, Else-Marie..............276
Moser, Dietz-Rüdiger............578
Much, Rudolf....................52
Müller, Richard.................83
Munz, Renate....................363
Muris, Oswald...................297
Musculus, Andreas...............418
Naumann, Hans................15,69
Neu, Th. 245
Neumann, Hans................16,38
Newald, Richard.............40,277
Norman, F. 362
Oberschelp, Reinhard............399
Ortmann, Wolf-Dieter............512
Ostwald, Renate............344,419

Ottendorf-Simrock, W. 383	Stammler, Wolfgang........149,193
Paul, Adolf....................17	Stein, Helga..................620
Petzold, J. 295	Stirk, S.D. 46
Pfeiffer, Wolfgang............327	Stoephasius Renata von.........73
Pinder, Eberhard..............296	Suchomski, Joachim............514
Piur, P. 47	Suhge, Werner..................21
Raab, H. 400	Taeuber, H.W. 328
Raabe, August.............278,313	Taylor, A. 53
Rall, Hans....................70	Tenner, Helmut................371
Rammensee, Dorothea...........312	Thierfelder, Franz............124
Rapp, Catherin Teresa..........37	Thomas, Helmuth................95
Rath-Vegh, Istvan.............345	Tscharner, Eduard Horst von....84
Rattay, Beate.................678	Unnik, W.C. van 247
Rattelmüller,Paul-Ernst.......682	Vekene, E. van der 247
Reismann-Grone, Th. 71	Wagner, Norbert...............402
Reitzenstein, Wolf-Armin, Frhr von 420	Walther, Elise.................22
	Weber, Bruno 494a
Roepke, Kurt..................257	Weber, Otfried 85
Roriczer, M. 367	Weidman, R.H. 86
Roschanzamir, M. 619	Weinhold, Karl.................74
Rückl, Gotthard 448	Weinhold, Gertrud.........660,660a
Rudolf, Rainer................279	Weiterhaus, Friedr. Wilh......580
Salathe, Rene.................259	Weitnauer, Alfred.........280,297
Schmid, Ute...................513	Wellner, Franz................125
Schmidt, W. 94	Werner, Fritz..................75
Schmitt, Franz Anselm 260,368	Westernhagen, Curt von........384
Schneider, Hermann.............23	Weydt, Günther.................15
Scholderer, Victor........307,369	Widmann, Hans.............403,451
Scholte, Jan Hendrik..........121	Wilhelm, Fr. 40
Schröbler, Ingeborg............19	Wilpert, Gero von 404
Schröder, Eduard...............72	Wisniewski, Roswitha..........328a
Schröder, Walter Johannes 122,148	Wunderlich, Werner 581
Schulz, Günther/Ursula........421	Zastrau, Alfred................55
Schurig, W. 20	Zaunmüller, Wolfram 248
Schwabe, K. 246	Zimmermann, Erich 405
Schwarz, Ernst................123	Zischka, Gert A. 240
Schwarz, W. 362	
Schweizer, Bruno..............234	
Schwob, Ute Monika............450	
Speckenbach, Klaus............370	
Stackmann, Karl...............417	

Abbildungsverzeichnis

Umschlag	Holzschnittrahmen von Augustini in psaltiorum prima quinquinquagenam explanatio, Paris 1529
S.2	Portraitfoto des Jubilars (Peter Rheinfelder,München)
S.20	Der edle Hiltbrant (Jüngeres Hildebranlied), Straßburg 1500.
S.21	Wielandsage auf "The Franks Casket" (ca. 700) einem Walfischbeinkästchen mit Runenschriften, nach: E.Wadstein,The Clermont Runic Casket, 1900, pl 2.
S.67	König beim Festmahl mit Küchenmeister und Truchseß,aus: "Der Schatzhalter" Nürnberg 1491.
S.84	Küchenmeister bei der Arbeit, aus: Kuchemaistrey, Augsburg 1494.
S.85	Begegnung zweier Ritter, aus: Le chevalier délibéré, by Olivier de la Marche,Paris 1488.
S.98	Pfosten vom holzgeschnitzten Kirchenportal der Stabkirche von Hyllestad in Norwegen (ca. 1200), nach E.Ploss, Siegfried-Sigurd der Drachentöter,Köln 1966,Abb.8b.
S.99	Regensburg, Holzschnitt aus Hartmann Schedel's Weltchronik,Nürnberg 1493
S.124	Wappen der Wittelsbacher als Grafen von Scheyern, der Grafen von Falkenstein, derer von Pappenheim und von Kloster Tegernsee, gezeichnet von H.Rosenfeld (Bayerland 72, 1970, Nr.4,S.30).
S.125	Christus mit seinen Jüngern im Sturm auf dem See Genezaret (Lk 8,24); statt eines Fischerbootes wird eine seetüchtige Karavelle gezeigt. Holzschnitt,15.Jh.
S.138	Liebesgarten, Holzschnitt aus: Heldenbuch,Straßburg 1483.
S.174	Runenstein von Möjbro (Uppland, Schweden, ca.350), nach: H.Arntz, Handbuch der Runenkunde, 2.Aufl., Halle 1944,Abb. 14.
S.185	Runeninschrift des Helms von Negau in Steiermark, Zeichnung von H.Rosenfeld (ZfdA. 86,1955/56,S.247): wohl um Christi Geburt.
S.205	Odin als Reiter mit seinen Raben auf dem Helm von Webdel (Uppland). ca. 600.
S.206	Eingangs-Holzschnitte in: Der Doten Dantz mit Figure. Heidelberg: Knoblochzer 1485, sowie Ritter, aus dem Baseler Totentanz-Blockbuch, Heidelberger Blockbuch in Cod.Pal.438,Bl. 129 ff., nach: H.Rosenfeld, Der mittelalterliche Totentanz, 1954,Abb.39
S.207	Heures d'Usage du Mans,Paris: Philipp Pigouchet pour Simon Vostre 15.4.1500 (Umschlagbild zu H.Rosenfeld, Der ma.Totentanz, Köln 1954).

S.237   Baseler Totentanz (1440),Ausschnitt,Federzeichnung von H.Rosenfeld, aus: H.Rosenfeld (wie S.206),Abb 14.

S.238   Magister mit Studenten, aus: H.Brunschwig,Buch der wahren Kunst zu destillieren,Straßburg 1512.

S.245/246   Abbildungen zur Ikonographie des Todes, aus: H.Rosenfeld (wie S.206) Abb. 2/3, 4.5.1,26. (Abb.1 wird jetzt als "nordital. nach 1450") bezeichnet.

S.247   Lübeck,Holzschnitt aus Hartmann Schedels Weltchronik, Nürnberg 1493, sowie "Die drei Marien am Grabe Christi", Holzschnitt aus: Spiegel menschlicher Behaltnis,Speier: 1479

S.254   Lübecker Bucht mit den Landmarken zur Einfahrt am Rande, Ausschnitt aus: Lucas Johannes Wagner, Spiegel der Seefahrt, Amsterdam: Claußsohn 1589,Theil 2,Karte 41.

S.255   Bilderbogen von Christus und der Minnenden Seele, Holzschnitte mit Typendruck (35,5 x 26,5 cm), Foto nach München StB., Sammlung Einblattdrucke III,52.

S.256   Westfälischer Bilderbogen auf Pergament,Fragment (Text Federzeichnung von H.Rosenfeld - ohne die Textzeilen - aus H.Rosenfeld wie S.206 Abb.17)

S.265   Venetianischer Totentanzbilderbogen, aus H.Rosenfeld wie S.206,Abb.18

S.266   Bilderbogen mit Vogelspruch, Handschriftliches Papierblatt (28,7 x 20,6 cm) in Graph.Sammlung Köln,Miniaturen des 14.Jhs.Nr. 109, oberrheinisch, angeblich um 1400, nach dem Papierzeichen P um 1470, möglicherweise aus Diebolt Laubers Hagenauer Werkstatt.

XII   Hellmut Rosenfeld: Selbstportrait. Linolschnitt 1926.

XIV   Hellmut Rosenfeld: Leben und Tod. Linolschnitt 1926.

GÖPPINGER ARBEITEN ZUR GERMANISTIK
herausgegeben von
ULRICH MÜLLER, FRANZ HUNDSNURSCHER, CORNELIUS SOMMER

GAG 233: DES STRICKERS 'PFAFFE AMIS', Hsg. von K. Kamihara. (1978).

GAG 234: FESTGRUSS HELLMUT ROSENFELD zum 70. Geburtstag 24. VII. 1977, herausgegeben von F. Brévart. (1977).

GAG 235: R. Natt, Der 'ackerman aus Böhmen' des Johannes von Tepl. Ein Beitrag zur Interpretation. (1977).

GAG 236: A. Mißfeld, Die Abschnittsgliederung und ihre Funktion in mittelhochdeutscher Epik. Erzähltechnische Untersuchungen zum "König Rother", Vorauer und Straßburger "Alexander", "Herzog Ernst" (B) und zu Wolframs "Willehalm" unter Einbeziehung altfranzösischer Laissentechnik. (1977).

GAG 237: K. Hilgemann, Semantik der Eigennamen. Untersuchungen zu Struktur der Eigennamenbedeutung anhand von norwegischen Beispielen. (1978).

GAG 238: B. Jäger, "Durch reimen gute lere geben". Untersuchungen zu Überlieferung und Rezeption Freidanks im Mittelalter. (1978).

GAG 239: K.P. Pilz, Phraseologie. Versuch einer interdisziplinären Abgrenzung, Begriffsbestimmung und Systematisierung. (1978).

GAG 240: OSWALD VON WOLKENSTEIN-LIEDERBUCH. Eine Auswahl von Melodien. Hsg. von H. Ganser und R. Herpichböhm. (1978).

GAG 241: J. E. Tailby, Der Reimpaardichter Peter Schmieher: Texte und Untersuchungen. (1978).

GAG 242: J. Schneider, Mittelhochdeutsche Liebeslyrik im Schulunterricht. Erfahrungsbericht über die praktische Durchführung einer Unterrichtseinheit in einer Oberstufenklasse. (1978).

GAG 243: G. Schmeisky, Die Lyrikhandschriften m (Berlin mgq 795) und n (Leipzig, Rep.II fol. 70a). Abbildung, Transkription, Beschreibung. (1978).

GAG 244: H. Finger, Untersuchungen zum "Muspilli". (1978).

GAG 245: F. Simmler, Die politische Rede im deutschen Bundestag. (1978).

GAG 246: R. Küster, Militärmetaphorik im Zeitungskommentar. (1978).

GAG 247: G. Hindelang, Auffordern. Die Untertypen des Aufforderns und ihre sprachlichen Realisierungsformen. (1978).

GAG 248: A. Edelmann-Ginkel, Das Loblied auf Maria im Meistersang. (1978).

GAG 249: C. Gray, Topoi of the Minnesang.

GAG 250: WOLFRAM VON ESCHENBACH, TITUREL, LIEDER. Mittelhochdeutscher Text und Übersetzung. Hsg. von **Wolfgang Mohr**. (1978).

GAG 251: F. Schubert. Sprachstruktur und Rechtsfunktion. Untersuchung zur deutschsprachigen Urkunde des 13. Jahrhunderts. (1978).

GAG 252: J. Strippel, Schondochs "Königin von Frankreich". Untersuchungen zur handschriftlichen Überlieferung und kritischer Text. (1978).

GAG 253: LORENGEL. Hsg. von **D. Buschinger**. (1979).

GAG 254: J. Belitz, Studien zur Parodie in Heinrich Wittenwilers "Ring". (1978).

GAG 255: H. Becker, Die "Neidharte". Studien zur Überlieferung, Binnentypisierung und Geschichte der Neidharte der Berliner Handschrift germ. fol. 779 (c). (1979).

GAG 256: H. Hoven, Studien zur Erotik in der Deutschen Märendichten. (1979).

GAG 257: W. Diercks, Empirische Untersuchungen zur Stilkompetenz von Grundschulkindern. (1979).

GAG 258: L. Jillings, "Diu Cröne" of Heinrich von dem Türlein: The Attempted Emancipation of Secular Narrative. (1979).

GAG 259: D. Baumgartner, Studien zu Individuum und Mystik im "Tristan" Gottfrieds von Straßburg. (1979).

GAG 260: D.K. Rosenberg, The "Schleiertüchlein" of Hermann von Sachsenheim: A Critical Edition with Introduction and Notes.

GAG 261: H. Kuntz, Zur textsortenmäßigen Binnendifferenzierung des Fachs Kraftfahrzeugtechnik. (1979).

GAG 262: G. Ehrmann, Georg von Ehingen "Reisen nach der Ritterschaft". Edition, Untersuchung, Kommentar. (1979).

GAG 263: H.D. Mück, Untersuchungen zur Überlieferung und Rezeption spätmittelalterlicher Lieder und Spruchgedichte im 15. und 16. Jahrhundert: Die "Streu-Überlieferung" von Liedern und Reimpaarrede Oswalds von Wolkenstein in den Handschriften a, ß, D, G, G1, K, O, r, t, u, v. Mit einer synoptischen Edition der gesamten Streuüberlieferungstexte. (1979).

GAG 264: A. Faugère, Les origines orientales du Graal chez Wolfram von Eschenbach. Etat des recherches. (1979).

GAG 265: I. Wild, Zur Überlieferung und Rezeption des "Kudrun"-Epos. Eine Untersuchung von drei europäischen Liedbereichen des "Typs Südeli". (1979).

GAG 266: W. Schmidt, Untersuchungen zu Aufbauformen und Erzählstil im "Daniel von dem blühenden Tal" des Stricker. (1979).

GAG 267: I. v. Tippelskirch, Die Weltchronik des Rudolf von Ems. Studien zur Geschichtsauffassung und politischen Intention. (1979).

GAG 268: J. Splett, Samanunga-Studien, Erläuterung und lexikalische Erschließung eines althochdeutschen Wörterbuches. (1979).

GAG 269: F. Zajadacz, Motivgeschichtliche Untersuchungen zur Artusepik: Szenen an und auf dem Meer. (1979).

GAG 270: Heinrich von Freiberg, Tristan. Hsg. von D. Buschinger.

GAG 271: K. Kossuth, A Case Grammar of old Icelandic. (1979).

GAG 272: E. Schäufele, Normabweichendes Rollenverhalten. Die kämpfende Frau in der deutschen Literatur des 12. und 13. Jahrhunderts. (1979).

GAG 273: D. **Duckworth**, The influence of biblical Terminology and Thought on Wolframs Parzival. With special Reference to the Epistle of St. James and the Concept of "Zwivel". (1980).

GAG 274: B. **Niles**, Pragmatische Interpretationen zu den Spruchtönen Walthers von der Vogelweide. Ein Beitrag zu einer kommunikationsorientierten Literaturwissenschaft. (1979).

GAG 275: **Wolfgang Mohr**, Wolfram von Eschenbach-Aufsätze. (1979).

GAG 276: D. **Buschinger**, Eberhard von Cersne, Der Minne Regel. Edition.

GAG 277: J. **Putmans**, Verskonkordanz zum "Herzog Ernst". (1980).

GAG 278: P. **Hölzle**, Die Kreuzzüge in der okzitanischen und deutschen Lyrik des 12. Jahrhunderts. Das Gattungsproblem "Kreuzlied" im historischen Kontext. (1980).

GAG 279: N. **Perrin**, Reification and the Development of Realism in Late Minnesang.

GAG 280: I. **Cannon-Geary**, "The Bourgoisie Looks at Itself": The Sixteenth Century in German Literary Histories of the Nineteenth Century. (1980).

GAG 281: H. **Janssen**, Zum Problem mittelalterlicher literarischer Gattungen. Das sogenannte "genre objectif". (1980).

GAG 282: S. **Wetekamp**, Petrus Dasypodius "Dictionarium latino germanicum et vice versa. Untersuchungen zum Wortschatz. (1980).

GAG 283: **Jean Fourquet**, Parzival. Cours d·Agrégation de 1963-1964. Edité par J.-P. **Vernon** (1979).

GAG 284: Choix de poésies lyriques du moyen âge allemand (Minnesang). Traduction francaise de **Jean Fourquet**. Editée par D. **Buschinger** à l·occasion de son quatre-vingtième anniversaire. (1979).

GAG 285: H. **Tervooren**, MINIMALMETRIK zur Arbeit mit mittelhochdeutschen Texten. (1979).

GAG 286: MITTELALTER-REZEPTION. Gesammelte Vorträge des Salzburger Symposions "Die Rezeption mittelalterlicher Dichter und ihrer Werke in Literatur, Bildender Kunst und Musik des 19. und 20. Jahrhunderts". Hsg. von J. **Kühnel**, H.-D. **Mück** und U. **Müller**. (1979).

GAG 287: P. **Stein**, Literaturgeschichte-Rezeptionsforschung-"Produktive Rezeption": Ein Versuch unter mediävistischem Aspekt anhand von Beobachtungen zu Günter de Bruyns Nachdichtung von Gottfried von Straßburgs Tristan im Kontext der wissenschaftlichen und kulturpolitischen Situation der DDR. (1979)

GAG 288: S. **Hartmann**, Altersdichtung und Selbstdarstellung bei Oswald von Wolkenstein: Die Lieder Kl. 1-7 im spätmittelalterlichen Kontext. (1980).

GAG 289: R. **Walker**, Peter von Staufenberg. (1980).

GAG 290: GOTTFRIED VON STRASSBURG, TRISTAN UND ISOLD. Nach der Übertragung von H. Kurtz, bearbeitet von **Wolfgang Mohr**. (1979).

GAG 291: HARTMANN VON AUE, EREC. Übersetzt und erläutert von **Wolfgang Mohr**. (1980).

GAG 292 - 294: Verskonkordanz zur Kleinen Heidelberger Liederhandschrift (Hs.A). Hsg. von G.F. **Jones**, U. **Müller** und F.V. **Spechtler** unter Mitwirkung von J.A. **Bennewitz** und R. **Schaden-Turba**. 3 Bde, (1979).

GAG 295: I. **Singendonk-Heublein**, Die Auffassung der Zeit in sprachlicher Darstellung. (1980).

GAG 296: K. **Jürgens-Lochthove**, Heinrich Wittenweilers "Ring" im Kontext hochhöfischer Epik. (1980).

GAG 297: I. **Hänsch**, Heinrich Steinhöwels Übersetzungskommentar in "De Claris Mulieribus" und "Äsop". Ein Beitrag zur Geschichte der Übersetzung.

GAG 298: **Ryszard Lipczuk**, Die Stellung der Zahlwörter im Rahmen der Wortarten. Eine Deutsch-Polnische Konfrontation.

GAG 299: P.H. **Arndt**, Der Erzähler bei Hartmann von Aue. Formen und Funktionen seines Hervortretens und seine Äußerungen. (1980).

GAG 300: W. **Mohr**, Gesammelte Aufsätze II: Lyrik.

GAG 301: Chr. **Schmid**, Die Lieder der Kürenberger-Sammlung. Einzelstrophen oder zyklische Einheiten? (1980).

GAG 302: O. **Gouchet**, Hagen von Tronje. Etude du personnage à l'aide des différents textes du Moyen-Age.

GAG 303: M.-B. **Halford**, Illustration und Text in Lutwin's "Eva und Adam". Codex Vindobonensis 2980. (1980).

GAG 304: SPRACHE - TEXT - GESCHICHTE. Beiträge zur Mediävistik und germanistischen Sprachwissenschaft aus dem Kreis der Mitarbeiter 1964-1979 des Instituts für Germanistik an der Universität Salzburg. Hsg. von P.K. **Stein** unter Mitwirkung von R. **Hausner**, G. **Hayer**, F.V. **Spechtler**, A. **Weiss**. (1980).

GAG 305: Frühneuhochdeutsche Rechtstexte II: Die Salzburger Landesordnung von 1526. Mit Einleitung, Register und Sacherklärungen hrsg. von F.V. **Spechtler** und R. **Uminsky**. Landesgeschichtliche Einführung von H. **Dopsch**. Rechtsgeschichtliche Einführung von P. **Putzer**. (1981).

GAG 306: R. **Leppin**, Studien zur Lyrik des 13. Jahrhunderts: Tanhuser, Friedrich von Leiningen. (1980).

GAG 307: S. **Brinkmann**, Die deutschsprachige Pastourelle (13. bis 16. Jahrhundert).

GAG 308: O. **Käge**, Motivation: Probleme des persuasiven Sprachgebrauchs, der Metapher und des Wortspiels. (1980).

GAG 309: G. **Brinker-Gabler**, Poetisch-wissenschaftliche Mittelalter-Rezeption. Ludwig Tiecks Erneuerung altdeutscher Literatur. (1980).

GAG 310: **Bert Nagel**, Kleine Schriften. (1981).

GAG 311: D. **Buschinger** (Hsg.), Der "Basler Alexander"

GAG 312: St. **Sziek**, Logisch-semantische Untersuchungen zu ausgewählten Handlungsverben im Deutschen.

GAG 313: R. **Bradley**, Narrator and Audience in Wolfram s "Parzival".

GAG 314: G. **Ecker**, Einblattdrucke von den Anfängen bis 1555. Untersuchungen zu einer Publikationsform literarischer Texte (mit Bildband). (1981).

GAG 315: N. **Gutenberg**, Formen des Sprechens.

GAG 316: H.-D. **Mück**/L. **Okken**, Die satirischen Lieder Oswalds von Wolkenstein wider die Bauern. Untersuchungen zum Wortschatz und zur literarhistorischen Einordnung.